本集刊得到中国－中亚人类与环境"一带一路"
联合实验室，文化遗产研究与保护技术教育部
重点实验室资助

Sponsored by China-Central Asia "the Belt and
Road" Joint Laboratory on Human and Environment
Research, Key Laboratory of Cultural Heritage
Research and Conservation

丝绸之路考古

第10辑

罗 丰 / 主编

中国考古学会丝绸之路考古专业委员会
西 北 大 学 文 化 遗 产 学 院 / 编
宁 夏 文 物 考 古 研 究 所

社会科学文献出版社
SOCIAL SCIENCES ACADEMIC PRESS (CHINA)

图书在版编目（CIP）数据

丝绸之路考古 . 第 10 辑 / 罗丰主编 ; 中国考古学会
丝绸之路考古专业委员会 , 西北大学文化遗产学院 , 宁夏
文物考古研究所编 . -- 北京 : 社会科学文献出版社 ,
2025. 6. -- ISBN 978-7-5228-5056-6

Ⅰ . K928.6-53

中国国家版本馆 CIP 数据核字第 2025EC1586 号

丝绸之路考古（第10辑）

主　　编 / 罗　丰
编　　者 / 中国考古学会丝绸之路考古专业委员会
　　　　　西北大学文化遗产学院
　　　　　宁夏文物考古研究所

出 版 人 / 冀祥德
责任编辑 / 赵　晨
文稿编辑 / 任海默
责任印制 / 岳　阳

出　　版 / 社会科学文献出版社·历史学分社（010）59367256
　　　　　地址：北京市北三环中路甲29号院华龙大厦　邮编：100029
　　　　　网址：www.ssap.com.cn
发　　行 / 社会科学文献出版社（010）59367028
印　　装 / 北京盛通印刷股份有限公司

规　　格 / 开　本：787mm×1092mm　1/16
　　　　　印　张：21.25　字　数：315千字
版　　次 / 2025年6月第1版　2025年6月第1次印刷
书　　号 / ISBN 978-7-5228-5056-6
定　　价 / 168.00元

读者服务电话：4008918866

目　　录

考古报告

新疆疏附阿克塔拉遗址群 2021 年度考古发掘简报

…………… 南京大学考古文物系　新疆维吾尔自治区文物考古研究所（1）

克拉斯纳亚列奇卡定居点佛教寺院：2010~2015 年主要发现

………………阿桑・И.托尔戈耶夫　阿列克谢・В.库利什

叶夫格尼・А.基　瓦列里・А.科利琴科　著

史砚忻　译注（28）

专题研究

塞伊玛－图尔宾诺遗存年代分析 ………刘　翔　高子衡　蒋佳怡（48）

新疆洋海墓地动物殉祭习俗研究 ………………邵会秋　宋佳雯（79）

试析秦汉柔术杂技的渊源与发展

——以秦陵 K9901 陪葬坑 28 号俑为例 ………薛　程　薛　艺（100）

从广西平南冶铁遗址出土炼渣看岭南地区早期块炼铁

技术及其源流………………………………张梦逸　李世佳（135）

汉唐时期和田水系中游变迁考略 ………………娃斯玛・塔拉提（153）

西藏梵文贝叶经《阿摩罗词典》与《如意牛注释》：

　　梵文写本初步调查及其诸藏译本 ……………………… 扎西本（174）

明代文献《委兀儿译语·地名》考述 …………………… 张　坤（192）

《夏小正》的丝路新篇 …………………………………… 夏国强（218）

黄文弼与中瑞西北科学考察研究补遗

　　——以黄文弼相关档案为中心 ………………………… 王新春（229）

喀喇巴剌噶孙碑研究：粟特文碑文辑释（下）

　　——附录 ……………… 吉田丰　著　陈泳君　吐送江·依明　译

　　　　　　　　　　　　　　　　　　　白玉冬　校对（250）

学术述评

入华粟特人石葬具的发现与研究史 ……………………… 马伯垚（280）

《丝绸之路考古》征稿启事 ………………………………………（325）

《丝绸之路考古》稿件书写格式及图片要求 ……………………（327）

新疆疏附阿克塔拉遗址群
2021年度考古发掘简报*

南京大学考古文物系
新疆维吾尔自治区文物考古研究所

摘　要： 2021年7~10月，南京大学考古文物系与新疆维吾尔自治区文物考古研究所联合对阿克塔拉遗址群两处遗址点进行发掘，发现了青铜时代的遗迹多处，出土了陶、石器百余件。其中遗址点1发现青铜时代火膛1处、灰堆8处、灰坑2个、灰沟1条、活动面1处，共出土陶、石、铜文物110件；遗址点2发现魏晋南北朝时期灰堆1处、灰沟1条，出土陶器（标本）19件。通过比较研究，可以认为阿克塔拉遗址的青铜时代遗存与安德罗诺沃文化有密切联系，这些发现为丰富阿克塔拉文化内涵、完善喀什地区史前文化编年序列提供了宝贵的材料。此外，发现的魏晋南北朝时期遗存，对探索了解喀什地区该时期的物质文化有重要意义。

关键词： 喀什　阿克塔拉　青铜时代　安德罗诺沃文化
魏晋南北朝

＊　本文系"考古中国"新疆考古项目——疏附县阿克塔拉遗址群考古发掘阶段性成果。考执字（2021）第265号。

一、地理位置与环境

阿克塔拉遗址群位于新疆疏附县乌帕尔镇乌普拉特村西约 4 公里处，地理坐标为北纬 39° 20′ 50.55″，东经 75° 21′ 20.20″，海拔高程约为 1512 米（图一）。遗址地处帕米尔高原东麓的河旁台地上，属于山前地带，周围群山环抱。地貌类型属于由风蚀和水流侵蚀作用形成的雅丹地貌，雅丹台地排列方向为西北—东南向，地表散布有陶片、石器、铜器残渣等遗物。

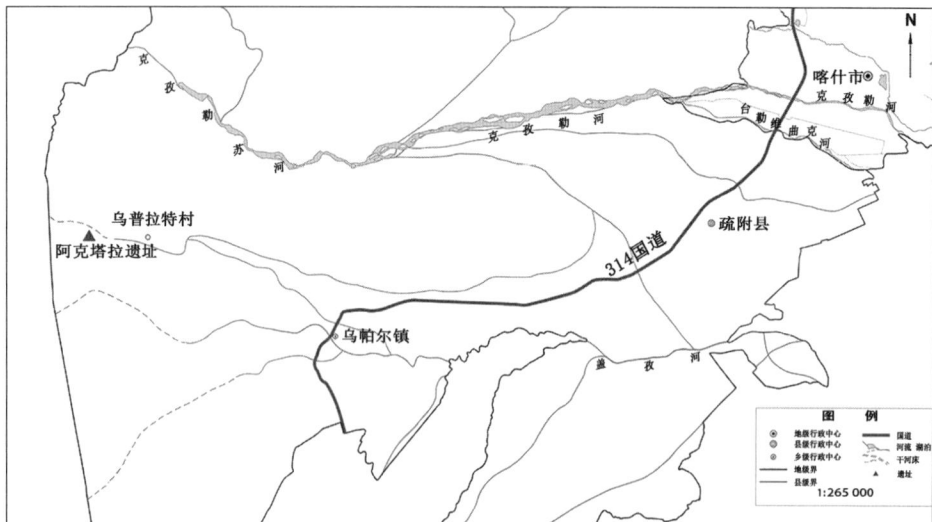

图一　遗址位置示意

该区域属暖温带大陆性干旱气候，年平均气温在 5℃ ~12℃，年平均降水量为 40~100 毫米，年蒸发量为 1500~2500 毫米。现地表生长植被主要是半沙漠地带的灌木物种，有无叶假木贼、戈壁藜、圆叶盐爪爪、麻黄等，一般在河边和现代村落里生长有杨树。

阿克塔拉遗址最早由新疆维吾尔自治区博物馆考古队于 1972 年发现，当时考古队调查命名了阿克塔拉、温古洛克、库鲁克塔拉和得沃勒克 4 处遗址，在遗址上采集了部分陶器、石器、铜器和骨器标本，认为该遗址年代为新石器时代末期。1990 年，新疆第二次文物普查时又对该遗址群进行了复查，认为其年代为新石器时代末期或青铜时代。根据我们的前期考古调查，阿克塔拉遗址群分布范围大而分散，遗迹点较多，目前，经正式编号的遗址点达 38 处，总的分布面积超过 10 平方公里。

2021 年 7~10 月，南京大学考古文物系与新疆维吾尔自治区文物考古研究所合作，对阿克塔拉遗址点 1 和遗址点 2 进行考古发掘。两处遗址点在不同的河旁阶地上，分别编为 I 区、II 区，II 区位于 I 区东北约 2.6 公里处（图二）。

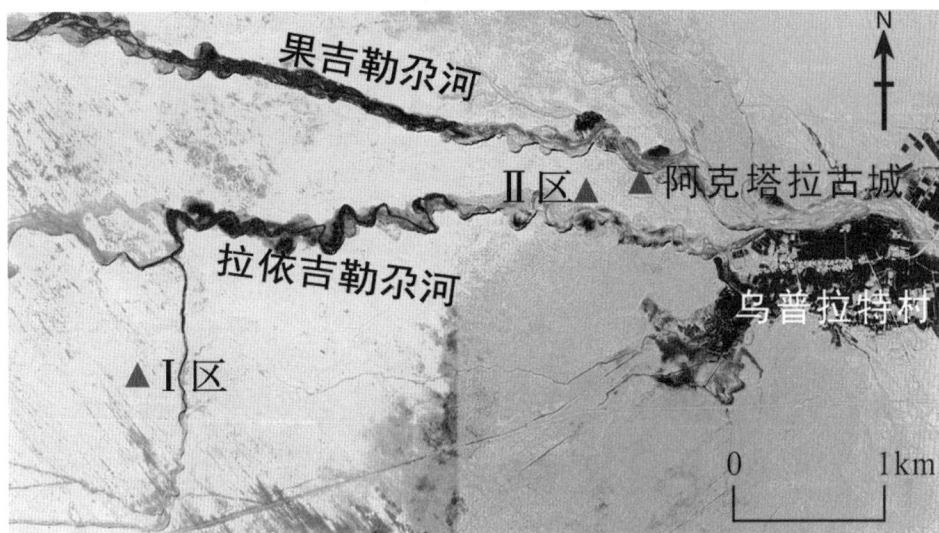

图二　遗址点 1、2 相对位置示意图

遗址点 1 位于 I 区台地，向北 400 米为拉依吉勒尕河，河流自西向东流经台地，在下游与果吉勒尕河汇合后形成且木干河。拉依吉勒尕河在台地北的河道已经干涸，下游水量充沛，主要得益于地下泉水的补给，雨季时上游涨水迅速，干涸的河道也会有水流。

遗址点 2 位于 II 区台地，在阿克塔拉古城外西南约 200 米处，台地南为拉依吉勒尕河，北为果吉勒尕河，河流对台地侵蚀严重。

发掘前利用 RTK 在各发掘区西南布置控制点，I 区布设 10 米 ×10 米探方 6 个、II 区布设 10 米 ×10 米探方 2 个。此外，实际发掘时在 II 区为完整揭露灰沟扩方 30 平方米，解剖一小土丘布设 1 米 ×20 米探沟 1 条。实际发掘总面积约 850 平方米。2021 年度的考古发掘在 I 区共清

理火膛 1 处、灰堆 8 处、灰坑 2 个、灰沟 1 条、活动面 1 处（图三），
在Ⅱ区清理灰堆 1 处、灰沟 1 条。

图三 Ⅰ区探方及遗迹平面分布图[1]

二、地层堆积

（一）Ⅰ区

遗址点 1 所在的Ⅰ区地势南高北低，自南向北大致呈三级阶梯状，

高差为 1~1.6 米，因水流冲沟和风力侵蚀，大部分区域的文化层及以上地层被自然力破坏，现已不存，遗物散落于地表（图四）。

图四　Ⅰ区地貌（南→北）

地层堆积南部较厚而北部薄，可划分为 3 层，其中第 1 层和第 2 层为自然层，仅存于探方 TN01E03 南部。第 3 层文化层也仅分布在探方 TN01E03、TN01E04 南部。Ⅰ区所有遗迹均开口于地表，打破生土。现以 TN01E03、TN01E04 南壁为例，介绍遗址的地层堆积情况如下[2]（图五）。

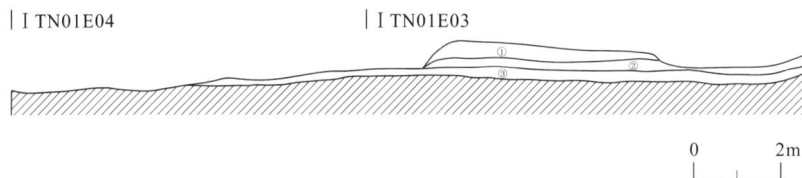

图五　TN01E03、TN01E04 南壁地层剖面图

第①层：青灰色粉砂土，厚 0~0.4 米。土质疏松，空隙较大，不见包含物，较纯净，只分布在 TN01E03 南部。

第②层：红褐色粉砂土，深 0~0.4 米，厚 0~0.25 米。土质疏松，该层底部部分区域包含少量炭屑，只分布在 TN01E03 南部。

第③层：黄褐色淤土，文化层，深 0~0.5 米，厚 0~0.25 米。土质较致密且硬，分布在 TN01E03、TN01E04 的南部，因水流淤积，土色驳杂，包含大量炭粒，出土少量陶片、动物骨骼等。该层以下为淤积形成的生土层。

第③层下即为生土。

从地层堆积来看，遗址所在台地最初应是不断淤积形成，人类活动直接发生在此淤积土层上，人类活动结束后遗址又遭到水流和风力侵蚀多次破坏，以致地表支离破碎。

（二）Ⅱ区

遗址点 2 所在的Ⅱ区，东北高西南低。以探方 TN02E02 东壁剖面为例，介绍堆积情况如下（图六）。

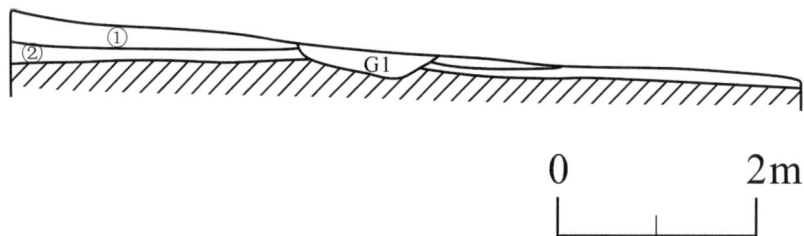

图六　TN02E02 东壁地层剖面图

第①层：表土层，红色粉砂土，土质疏松，发掘前地表即散落少量陶片，地层内包含少量炭屑、植物根系、动物骨骼等，大致呈坡状堆积，厚 0~0.55 米。G1 开口于该层下。

第②层：青灰色粉砂土，土质疏松，未发现任何遗迹、遗物，被 G1 打破。深 0~0.55 米，厚 0.13~0.2 米。

第②层以下为淤积形成的生土层。

三、遗迹

（一）Ⅰ区

遗迹主要有灰堆、灰坑、火膛、灰沟、活动面等，因自然破坏，所有遗迹皆开口于地表。遗迹集中分布于Ⅰ区东北部 TN03E04 内，仅 HD1、G1 位于Ⅰ区西南部 TN01E03 内。

1. 灰堆 8 处（以 HD2、HD5 为例介绍如下）

HD2 位于 TN03E04 西南部的缓坡上，整体呈东西长、南北短的椭圆形。因遗迹在西高东低的土坡上，堆积依地势呈斜坡状，长径 1.0、短径 0.7 米，堆积厚 0.05~0.24 米，周围有一圈木炭。堆积土色驳杂，为大量灰褐色土和红土，土质疏松，包含木炭、植物根系和红烧土块。出土少量陶片、动物骨骼、石器等，可辨器形有 1 件陶罐、石砧和石料（图七）。

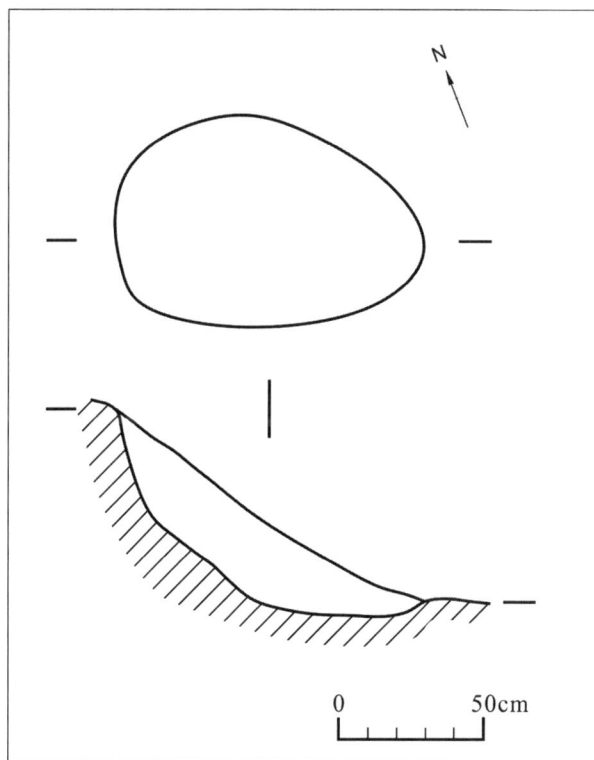

图七 HD2 平、剖面图

HD5 位于 TN03E04 东部，形状大致呈不规则形，长 2.21、宽 1.4 米，北部为硬面，南部为类似炉子的双半环状突起。堆积为淡黄色松软土、灰褐色土、红烧土混杂，厚 0.02~0.1 米，包含木炭、石灰颗粒，边

缘是红色的细沙。出土铜渣、铜片、铜锥、铜管、大块石头、陶片等
（图八、图九）。

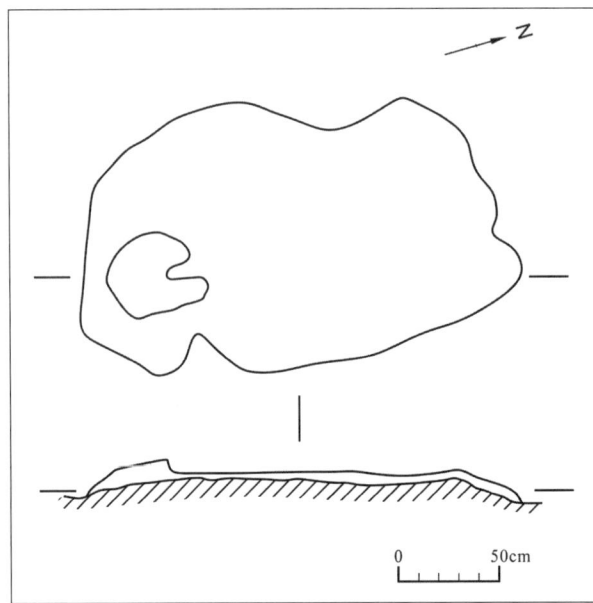

图八　HD5 平、剖面图

图九　HD5（东→西）

2. 灰坑 2 个

H1　位于 TN03E04 北部。开口呈椭圆形，底略小于口，斜壁平底，开口长径 1.3、短径 1 米，底部长径 1.1、短径 0.88 米，坑深 0.18~0.22 米。填土为黄褐色土，土质较硬，包含大量木炭。出土有石杵和少量陶片（图一〇）。

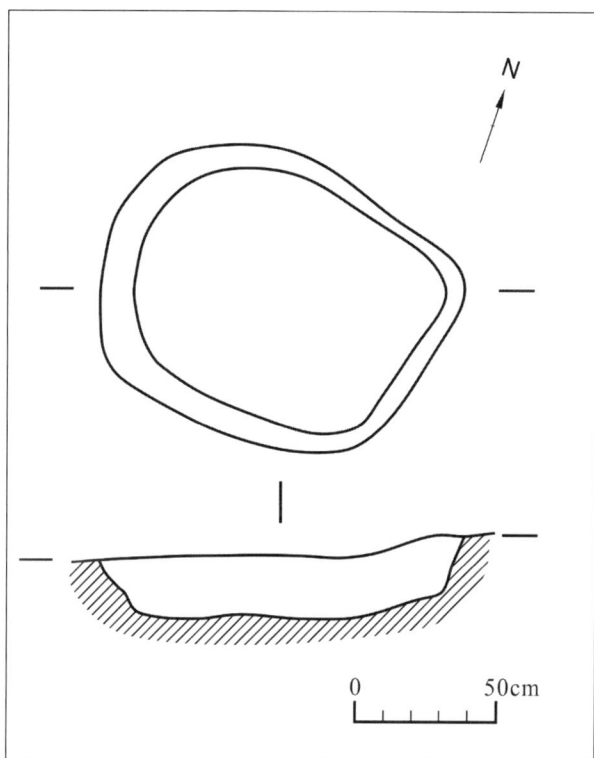

图一〇　H1 平、剖面图

H3　位于 TN03E04 东北角。平面呈椭圆形，弧壁，平底微圜，袋状坑。开口长径 0.86、短径 0.75 米，底部长径 1.1、短径 0.93 米，坑深约 0.4 米。填土为灰褐色土，土质疏松，包含大量木炭。出土少量陶片和动物骨骼（图一一）。

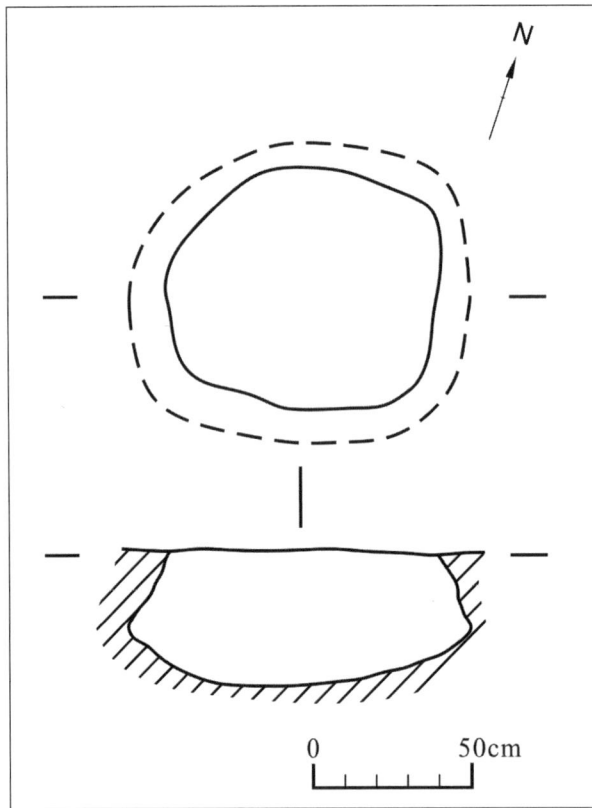

图一一　H3 平、剖面图

3. 火膛 1 处

HT1　位于 TN03E04 北部的土坡上，平面开口呈不规则形状，长 2、宽 1.3 米。底部略小于口，较平，土色发白。内部填土主要是松软的红烧土，包含大量木炭。从填土剖面观察，火膛内红烧土堆积可分为两层，中间被一层木炭隔开。第①层厚 0.14~0.24 米，第②层厚 0.02~0.13 米。出土少量的陶片和动物骨骼（图一二、图一三）。

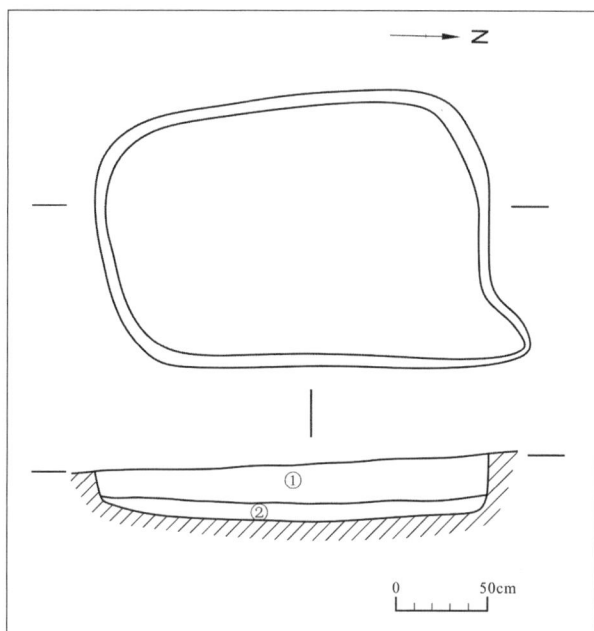

图一二　HT1 平、剖面图

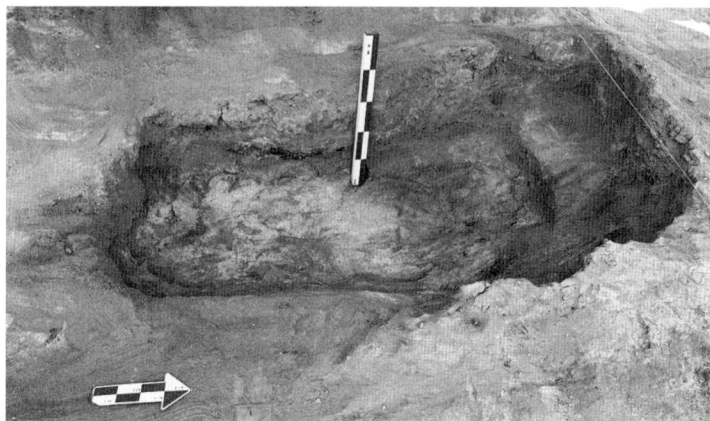

图一三　HT1（东→西）

4. 灰沟 1 条

G1　位于 TN01E03 中部偏东，部分延伸入探方东隔梁下，未延伸至邻方 TN01E04。开口于地表，打破生土层。平面为不规则状，斜壁向内收，底部凹凸不平。口部边缘不明显，沟壁在近开口处较为平缓，无加工痕迹。已揭露部分开口东西长 3.14、南北宽 0.3~1.2 米，坑深 0.15

米。沟内堆积仅有一层，填土为灰褐色土，土质疏松，包含较多炭粒、红烧碎土、植物根系等。出土陶片、动物骨骼等（图一四）。

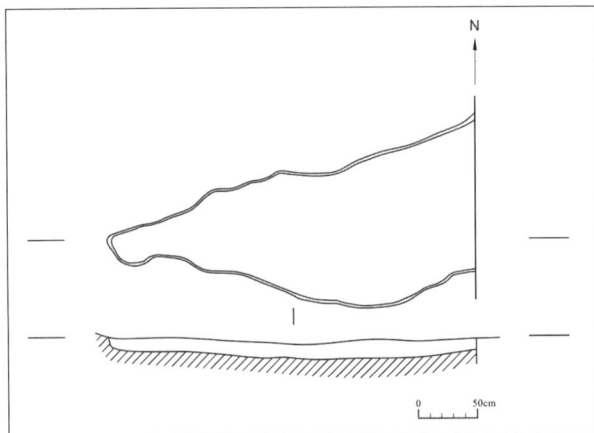

图一四　G1 平、剖面图

5. 活动面 1 处

HDM1　位于 TN03E04 中部偏北，北边紧邻 HT1、H1，北距 HT1 约 0.85 米，距 H1 约 0.38 米。开口于地表，清理前被风沙覆盖。平面呈不规则形状，东西长 2.1、南北宽 0.34~1.4、厚 0.05~0.09 米。土质坚硬，土色灰白偏黄，外缘分布大量木炭，内部也含少量炭粒。出土石磨盘、石杵、陶片、动物骨骼等（图一五）。

图一五　HDM1（北→南）

（二）Ⅱ区

共发现两处遗迹，分别是灰堆 1 处、灰沟 1 条。

G1　位于 TN02E02 东隔梁，延伸至探方外。开口于第①层下，平面呈不规则形状。东西长 5 米，南北最窄处 1.24 米，最宽处 2.55 米。探方东壁可以看见剖面形状，呈北高南低的斜坡状。最深 0.26 米、最浅约 0.04 米。沟内堆积可分为两层，第 1 层土质较硬，为黄褐色粉砂土，包含有炭屑、植物根系，厚 0.04~0.08 米。第 2 层土质较硬，为灰褐色土，包含有少量炭粒、红烧土块，深 0.04~0.08 米，厚 0.06~0.23 米，出土少量陶片。

四、遗物

各类遗物主要出土于地层和灰堆中，2021 年共出土遗物 129 件，陶器和石器数量较多。其中Ⅰ区出土各类器物 110 件，包括各类陶器 40 件、石器 50 件、铜器 19 件、青金石 1 件。Ⅱ区出土陶片标本 19 件。其中，Ⅰ区 TN03E04 遗迹最为集中，出土遗物数量丰富，共出土各类器物 79 件。现将 2021 年出土的部分遗物介绍如下。

（一）Ⅰ区

陶器　均为夹粗砂陶，以夹砂灰陶为主，夹砂灰陶占出土标本的 68.5%，其次有少量的灰皮红陶，占 14.2%，红皮灰陶和红褐陶数量最少，分别占 9.3% 和 8%。陶器大多手制素面，只有零星陶片发现戳印纹，胎质较疏松，烧制火候较低，器壁厚薄不一。陶器破碎程度严重，目前可修复的只有两件陶罐，其余均为口沿、器底残片。大量陶器表面有烟炱，说明该遗址点陶器应为实用器。

陶罐　完整器仅 1 件，其余均为可大致判断器形的口沿残片。大致可分为敛口罐与侈口罐两类。

敛口罐　1 件。标本 TN03E04 ①：4，夹粗砂灰陶，素面，器表光滑，为灰褐色。敛口，平沿，方唇，腹部微鼓，下腹斜收，平底。复原口径 17.3、腹部最大径 19、底径 9.5、高 16.5、壁厚 0.65~0.85、底厚 1.1 厘米（图一六，8；图一八）。

侈口罐　10 件。未发现完整器，除 HDM1：3 可大致拼合外，其余均为口沿至肩、腹部的残片。均为夹粗砂灰陶，陶质较疏松，多为侈口，窄沿外斜，方唇，束颈，溜肩，以素面为主，部分带有光滑陶衣。标本 HDM1：3，发现口沿与下腹部残片，可大致复原。夹粗砂灰陶，器表施有一层灰褐色光滑陶衣，尖圆唇，鼓腹，下腹斜收，底残。复原口径约 11.7、壁厚 0.5~0.8 厘米（图一六，9）。标本 HD3：1，残损严重，复原口径约 28、残高约 12.5、沿宽 1.2、壁厚 0.6~1.1 厘米（图一六，1）。标本 HD2：2，鼓腹，下腹斜收，底残。器表烟炱痕迹明显。复原口径约 31、残高约 13.9、壁厚 0.65~0.8 厘米（图一六，2）。标本 TN03E04 ①：5，颈部近肩处有两处直径约 0.5 厘米的穿孔。复原口径约 35、残高 10.3、壁厚 0.85 厘米（图一六，3）。标本 TN03E04 ①：1，窄平沿，上腹略鼓，内壁粗糙。复原口径约 25、残高 8.5、壁厚 0.7 厘米（图一六，4）。标本 TN01E03 ①：2，窄沿外斜，束颈。表面光滑有修整痕迹。复原口径 28.8、残高 6、壁厚 0.6~0.9 厘米（图一六，5）。标本 TN01E04 ①：3，口沿略不平整。复原口径 16.1、残高 5.5、壁厚 0.6 厘米（图一六，6）。标本 TN02E03 ①：4，器表光滑，施有一层红褐色陶衣，肩部有指甲掐印的纵半月形纹饰。复原口径约 15、残高 4.8、壁厚 0.6~0.8 厘米（图一六，7）。

其余为不可判断器形的口沿与器底残片。

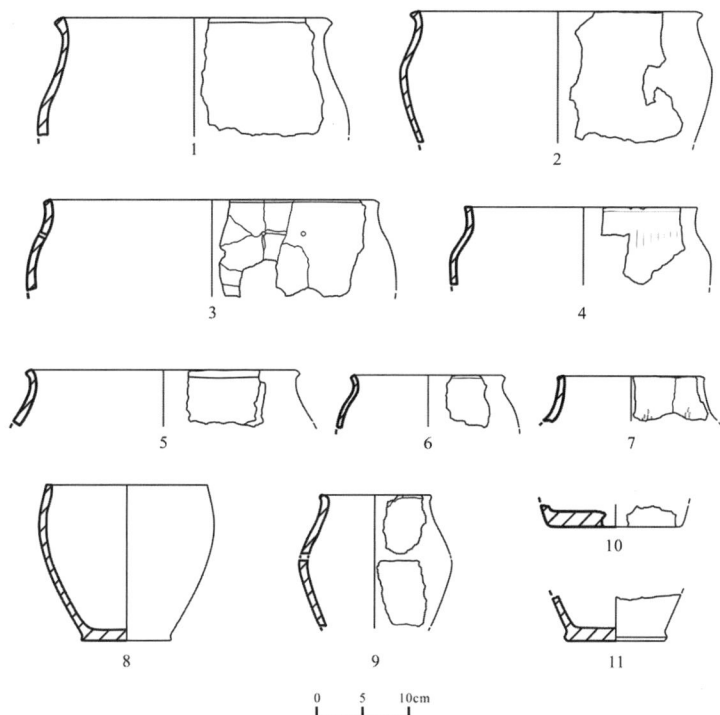

图一六　Ⅰ区出土陶罐

1～7. 陶罐口沿（HD3：1、HD2：2、TN03E04①：5、TN03E04①：1、TN01E03①：2、TN01E04①：3、TN02E03①：4）8、9. 陶罐（TN03E04①：4、HDM1：3）10、11. 器底（TN03E04①：2、HD2：1）

口沿　27 件。以夹粗砂灰陶为主，其次为夹粗砂褐陶。素面为主，部分标本带有陶衣。多为侈口，窄沿外斜，方唇；少部分为直口圆唇。选取部分标本介绍如下。标本 HT1①：3，残宽 4~7.3、残高 11.5、壁厚 0.8 厘米（图一七，1）。标本 HD6：2，沿下有抹制痕迹。残宽 8.4、残高 8.3、壁厚 0.8~1.0 厘米（图一七，2）。标本 TN03E04①：3，器表光滑，内壁粗糙。口微侈，颈部有烟炱痕迹。残宽 6.1、残高 6.4、壁厚 0.8 厘米（图一七，3）。标本 HD4：1，夹粗砂褐陶。口部微侈，圆唇。肩部可见一较规整穿孔。残宽 5.3、残高 5.8、壁厚 0.65~0.9，孔径约 0.4 厘米 ×0.6 厘米（图一七，4）。标本 TN02E03①：5，残宽 3.1、残高 4.8、壁厚 0.5~0.65 厘米（图一七，5）。标本 TN02E04①：2，束颈，溜肩。器表有土锈，内壁为红褐色。残宽 3.5、残高 4.75、壁厚

0.65 厘米（图一七，6）。标本 TN03E04 ①：19，残宽 4.4、残高 5.2、壁厚 0.9 厘米（图一七，7）。标本 TN01E04 ①：1，平沿，沿下有抹制痕迹，黑皮。残宽 3.9、残高 4.4、壁厚 0.8~0.9 厘米（图一七，9）。标本 TN02E03 ①：6，微侈口，窄平沿略内斜，黑皮。残宽 5.0、残高 3.5、壁厚 0.5~0.75 厘米（图一七，11）。标本 H1：4，直口，圆唇，黑皮。残宽 4.0、残高 4.6、壁厚 0.75 厘米（图一七，8）。标本 TN01E03 ③：5，直口，圆唇，器表光滑。残宽 4.5、残高 2.6、壁厚 0.5~0.65 厘米（图一七，10）。

器底　2 件。均为夹粗砂灰陶，平底。标本 TN03E04 ①：2，复原底径约 14.2、残高 2.3、壁厚约 0.7、底厚 1.6 厘米（图一六，10）。标本 HD2：1，复原底径约 10.5、残高 5.0、壁厚 0.65~0.75、底厚约 1.4 厘米（图一六，11）。

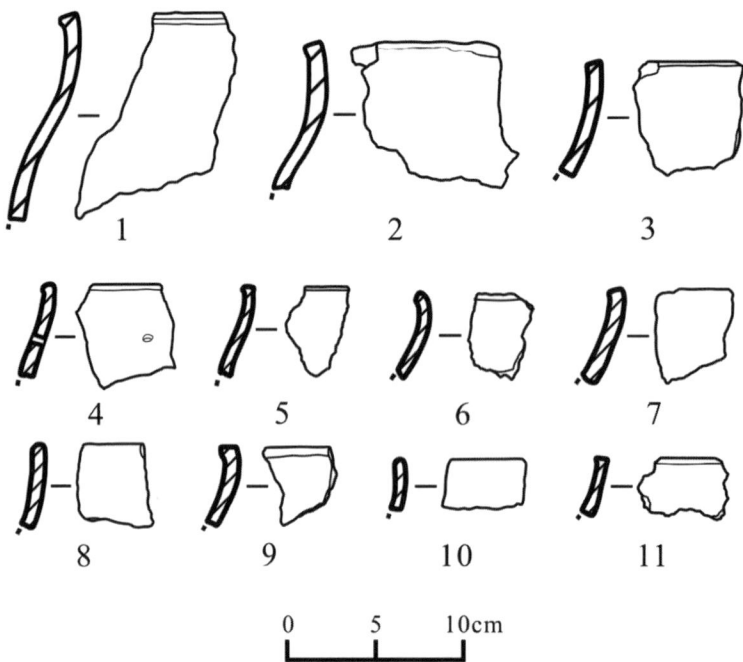

图一七　Ⅰ区出土陶器口沿

1~11. 口沿（HT1 ①：3、HD6：2、TN03E04 ①：3、HD4：1、TN02E03 ①：5、TN02E04 ①：2、TN03E04 ①：19、H1：4、TN01E04 ①：1、TN01E03 ③：5、TN02E03 ①：6）

石器　50 件。可分为打制石器和磨制石器。打制石器数量较少，约占石器总量的 10%，器型主要是石片、刮削器、石核石器。磨制石器数量较多，有的是先打制后磨制而成，有的是一次磨制而成。石质主要有砾石、砂岩、角砾岩、花岗岩、燧石、安山岩等。器型种类丰富，加工精细，主要有石磨盘、石杵、石锤、球形器等。

石核石器　TN01E04 ①：2，呈扁圆形。对石核二次加工后作为石器使用。器表有压剥留下的疤痕，一侧分布有凹点较密的砸痕。高 7.5、厚 2~4 厘米（图一九）。

图一八　陶罐（TN03E04 ①：4）

图一九　石核石器（TN01E04 ①：2）

石片　TN01E03 ①：5，单刃。毛坯为石片，刃缘由压制法加工而成，呈锯齿状，较锋利。长 3.8、宽 2.3、厚 0.6~0.9 厘米（图二〇，10；图二九）。

石杵　有圆柱形与棱柱形两类。HDM1 ：4，圆柱体。顶端和末端都呈球面，顶端小、末端大。正面和侧面有两道凹痕，背面平滑。长 10.3、厚 3.5~5.5、顶端直径 3~3.7、末端直径 5 厘米。近顶端凹痕较窄，0.9 厘米。近末端凹痕较宽，1.5 厘米（图二〇，7；图二四）。TN03E04 ①：17，棱柱体。正面和背面光滑。顶部宽平，背面和侧面有破裂疤痕。末端圆弧，有细小砸痕。侧面有细小凹痕。长 19.8、宽 3.5~5.4、最厚处 3.0 厘米。顶端长 5.1、宽 3.0 厘米（图二〇，1；图二一）。

石磨盘　马鞍形或长条形，一端翘起，盘面与背面经过磨制，较为光滑。HDM1 ：2，残，马鞍形。盘角经磨制，呈圆弧状，盘面有一圆形凹窝。残长 46.5、宽 24.3、厚 4.1~13.4 厘米（图二〇，4；图二三）。TN01E03 ① : 1，残存一半，盘角翘起，有砸击凹痕。残长 14.6、宽 9.5、最厚 5.0 厘米（图二〇，2；图二二）。TN03E04 ① : 18，长条形。一端微微翘起，一端经磨制呈弧角状。长 36.1、宽 12.6、厚 3.3~4.4 厘米（图二〇，3；图二一）。

石锤　均为近球形或扁球形，表面多较光滑。TN03E04 ① : 22，顶端宽平、末端圆弧，顶端和末端都有砸痕。残高 10.1、宽 4.9、厚 4.5 厘米（图二〇，5；图二五）。TN01E03 ① : 4，周围有锤击留下的砸痕。长 5.3、宽 4.8、厚 4.4 厘米（图二〇，8；图二六）。HDM1 : 5，表面粗糙，两端有明显磨制痕迹。长 6.4、宽 5.0、厚 4.6 厘米（图二〇，9；图二七）。

石凿　TN01E03 ③ : 3，楔形。磨制而成，表面光滑。刃部和顶部残，刃部有细小疤痕。长 9.4、宽 3.5、厚 3.5 厘米（图二〇，6；图二八）。

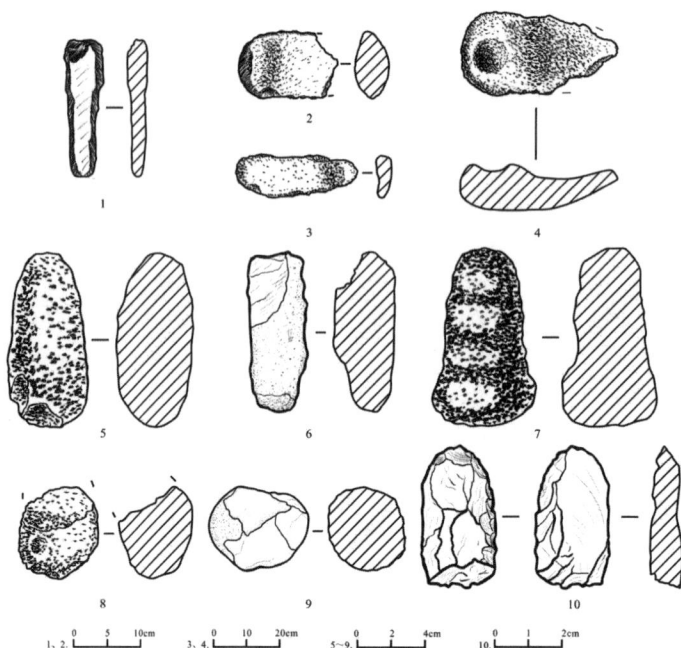

图二〇　Ⅰ区出土石器

1、7. 石杵（TN03E04 ① : 17、HDM1 : 4）2~4. 石磨盘（TN01E03 ① : 1、TN03E04 ① : 18、HDM1 : 2）5、8、9. 石锤（TN03E04 ① : 22、TN01E03 ① : 4、HDM1 : 5）6. 石凿（TN01E03 ③ : 3）10. 石片（TN01E03 ① : 5）

图二一　石杵、石磨盘
（TN03E04 ① : 17、TN03E04 ① : 18）

图二二　石磨盘（TN01E03 ① : 1）

图二三　石磨盘（HDM1 : 2）

图二四　石杵（HDM1 : 4）

图二五　石锤
（TN03E04 ① : 22）

图二六　石锤（TN01E03 ① : 4）

图二七　石锤（HDM1 ∶ 5）

图二八　石凿（TN01E03 ③ ∶ 3）

铜器　皆为小件铜器，完整器极少，可辨器型的有凿、钮、锥、珠、口沿以及环等。

铜凿　2 个。TN02E03 ① ∶ 8，头部扁平，尾部残。残长 4、尾部直径 0.8 厘米（图三一，4；图三〇）。TN02E03 ① ∶ 13，形制与 TN02E03 ① ∶ 8 相似，但体积较小，长 2.1 厘米（图三一，6）。

图二九　石片（TN01E03 ① ∶ 5）

图三〇　铜凿（TN02E03 ① ∶ 8）

铜钮　1 个。TN02E03 ① ∶ 9，乳钉状，残高 1.1、长 2 厘米（图三一，3；图三二）。

铜锥　1 个。TN03E04 ① ∶ 11，形状似 "丁" 字，长 3 厘米（图三一，8；图三三）。

铜珠　1 个。TN03E04 ①：10，外径 1、内径 0.4 厘米（图三一，7；图三四）。

铜器口沿　1 个。TN03E04 ①：12，直口、圆唇，唇上有一条细小凹槽。残长 3.8 厘米（图三一，1）。

铜环　1 个。TN03E04 ①：27，残存四分之一，呈弧形，长约 2.2 厘米（图三一，5）。

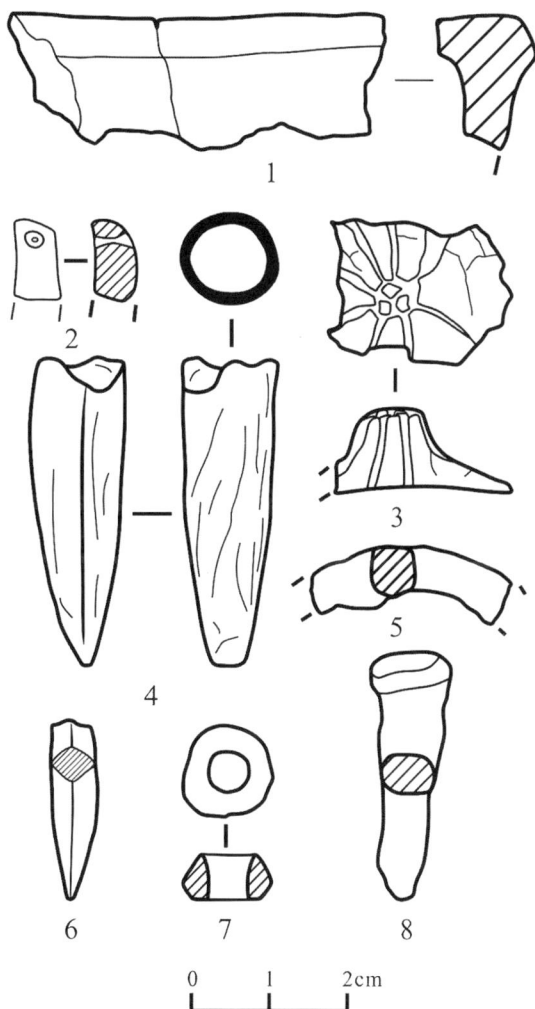

图三一　Ⅰ区出土铜器、青金石器

1. 铜器口沿（TN03E04 ①：12）2. 青金石珠（TN01E03 ③：1）3. 铜钮（TN02E03 ①：9）4、6. 铜凿（TN02E03 ①：8、TN02E03 ①：13）5. 铜环（TN03E04 ①：27）7. 铜珠（TN03E04 ①：10）8. 铜锥（TN03E04 ①：11）

图三二　铜钮（TN02E03 ①：9）　　　图三三　铜锥（TN03E04 ①：11）

青金石　1 枚。TN01E03③：1，青金石珠，残，呈弧形，上有穿孔。残长 1.0、厚 0.5 厘米（图三一，2；图三五）。

图三四　铜珠（TN03E04 ①：10）　　　图三五　青金石（TN01E03 ③：1）

（二）Ⅱ区

陶器　出土陶器基本为夹粗砂红陶，有零星夹细砂红陶和泥质红陶，火候较高，质地坚硬，可辨别器型有罐、盆，简介如下。

罐　2 件。TN02E01 ①：1，夹粗砂红陶，黄白色陶衣。口微敞，侈沿微卷，方唇，直颈，溜肩，肩部施刻划纹饰。颈肩部饰一道凹弦纹作为分隔，之下刻幔帐纹（或为折棱纹，因残损，不可区分）。口径约16.0、残高约 15.9、壁厚 0.8~1.0 厘米（图三六，1）。TN02E01 ①：2，夹粗砂红陶，黄白色陶衣。敞口，卷沿，方圆唇，束颈，斜肩，肩部施刻划纹饰。颈肩部饰一道凹弦纹作为分隔，之下刻幔帐纹。发现陶质、纹饰、壁厚与器耳残件（TN02E01 ①：15）类似，但不可拼合，推测原带耳。口径约 15.5、残高 15.1、壁厚 0.9~1.2 厘米（图三六，2）。

陶盆　1 件。TN02E01 ①：4，夹粗砂红陶，黄白色陶衣，器表有烟炱痕迹，捏压痕迹明显，器壁略不均匀。敛口，尖圆唇，弧腹，底残，推测为平底。复原口径约 22.5、高 8.5、底径约 17.5、壁厚 0.8~0.95 厘米（图三六，3）。

口沿　3 件。G1 ②：1，夹粗砂红陶，黄白色陶衣。口沿处因抹制略不平整。直口，平沿，方唇。残宽 5.9、残高 5.5、壁厚 0.7~0.8 厘米（图三六，5）。G1 ②：2，夹细砂红陶，黄白色陶衣。侈口，方唇，斜肩。复原口径约 11.5、残高 7.7、壁厚 0.8~1.0 厘米（图三六，4）。TN02E01 ①：5，夹粗砂红陶，黄白色陶衣，器表有烟炱痕迹。口部略凹凸，器壁因捏制、抹制不平整。敛口，方圆唇。残宽 7.25、残高 5.4、壁厚 0.6~0.9 厘米（图三六，6）。

器耳　2 件。TN02E01 ①：6，泥质红陶，桥形耳。残长约 4.6、宽 2.3~2.8、厚 0.8~1.0 厘米（图三六，11）。TN02E01 ①：15，夹粗砂红陶，黄白色陶衣。残耳宽约 3.5、最长处 3.1、厚约 2.2 厘米。根据陶质、陶色、壁厚等推测，与 TN02E01 ①：2 陶罐属同一件器物（图三六，8）。

器錾　1 件。TN02E01 ①：12，夹细砂红陶，黄白色陶衣。器表有烟炱痕迹，内壁有修整形成的平行弦纹状浅痕。残宽 4.9、残高 3.85、壁厚 0.8~1.0 厘米，錾宽约 4.0、高约 2.3、厚 0.6~2.7 厘米（图三六，10）。

颈肩部残片　1 件。TN02E01 ①：11，夹细砂红陶，陶质较疏松，残损严重。红色陶衣，器表光滑，陶衣多处剥落。肩部偏下处有一周凸棱。残宽 6.8、残高 11.4、壁厚 0.9~1.1 厘米（图三六，7）。

刻划纹标本　1 件。TN02E01 ①：7，残，颈肩部。深刻划"∧"形纹饰，推测为幔帐纹。残宽 4.2、残长 5.5、壁厚 0.6~1.2 厘米（图三六，9）。

器底　2件。TN02E01①：10，夹粗砂红陶，黄白色陶衣，内壁表面脱落严重，平底。底径约10.0、残高4.3、壁厚0.9~1.0、底厚1.2~1.6厘米（图三六，12）。TN02E01①：13，夹粗砂红陶，素面，平底。复原底径约23.5、残高10.0、壁厚1.2~1.4、底厚1.6厘米（图三六，13）。

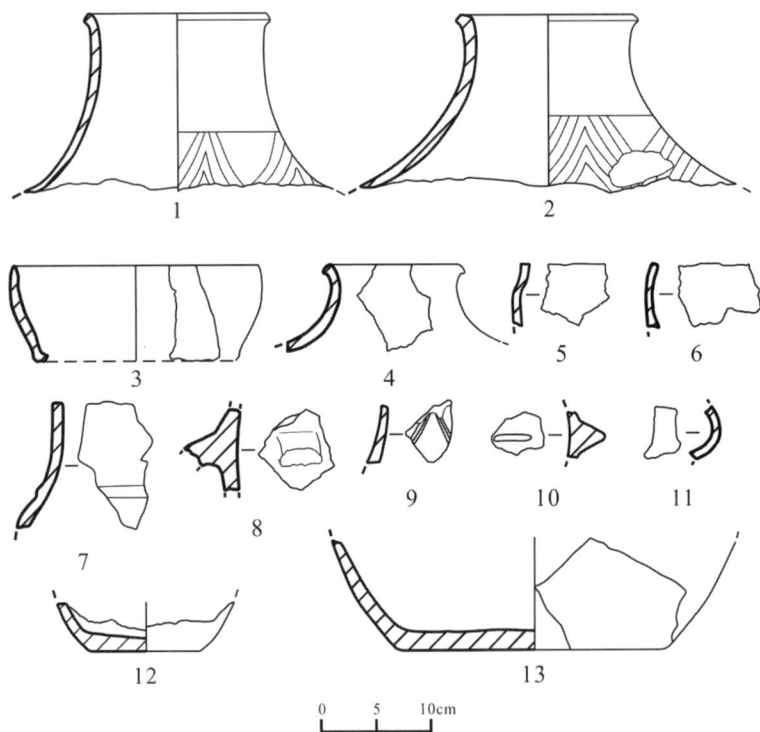

图三六　Ⅱ区出土陶器

1、2.陶罐（TN02E01①：1、TN02E01①：2）3.陶盆（TN02E01①：4）4~6.口沿（G1②：2、G1②：1、TN02E01①：5）7.颈肩部残片（TN02E01①：11）8、11.器耳（TN02E01①：15、TN02E01①：6）9.刻划纹标本（TN02E01①：7）10.器錾（TN02E01①：12）12、13.器底（TN02E01①：10、TN02E01①：13）

结　语

阿克塔拉遗址自1972年首次调查后[3]，便在学术界引起了极大反响，甚至有学者将此类遗存称为"阿克塔拉文化""阿克塔拉类型"等[4]，并将之视作塔里木盆地西南地区重要的史前遗存。然而，长久以来，限于资料太少，且不是考古发掘获取的材料，学术界对该类遗存的年代、文化内涵、社会面貌、源流等问题争议较大，因此，阿克塔拉遗址的考古发掘工作具有开创性意义，通过 2021 年的考古发掘，可以得到以下几点认识。

第一，明确了阿克塔拉遗存的主体年代为青铜时代，阿克塔拉遗址群年代上限可能到公元前 2000 年，遗址点 1 的绝对年代集中在公元前 1600~ 前 1500 年 [5]。根据遗址点 1 出土的陶器、铜器等遗物，对比遗址周边下坂地墓地青铜时代遗存，并与伊犁河谷、博尔塔拉河流域青铜时代考古资料比较，基本可认为阿克塔拉遗址点 1 所代表的青铜时代考古学文化特征与中亚青铜时代安德罗诺沃文化遗存有一定的联系。如出土陶器以夹粗砂灰陶的平底器为主，具有侈口、束颈、溜肩、斜腹的特征，与具有安德罗诺沃文化因素的遗址出土的陶器极为相似。虽然此次发掘出土的完整器不多，但修复好的一件平底斜腹罐与吉仁台沟口遗址 F1、H7 出土的平底斜腹罐特征一致 [6]，这也能说明阿克塔拉遗址群的年代以及其与安德罗诺沃文化的密切联系。

安德罗诺沃文化是青铜时代欧亚草原最为重要的考古学文化之一，其分布范围极广，对周边地区青铜时代考古学文化产生了极为深远的影响，目前已经在新疆多处遗址点发现了与安德罗诺沃文化联系密切的考古遗存。阿克塔拉遗址的考古发掘，将帮助我们进一步认识安德罗诺沃文化的年代、分期、流向和内涵，推进塔里木盆地青铜时代考古学文化年代序列的建立，并为探讨塔里木盆地西南与中亚、欧亚草原的早期文化交流提供重要的材料。

第二，在以往对阿克塔拉遗址的调查中，曾经发现大量颈部穿孔的陶器（珍珠纹陶器）[7]，这些调查采集的陶器大多为夹粗砂红陶，且数量众多。而本次考古发掘并未发现此类陶器，这说明阿克塔拉遗址群至少存在两个不同时期的考古遗存，且两个时期遗存的文化面貌具有较大的差异。因此，本次发掘为未来的考古工作指明了方向，后续将重点寻找珍珠纹陶器遗存，厘清两种遗存年代、源流、内涵上的差异。

第三，本次考古发掘还揭露了一处魏晋南北朝时期的遗址点，该遗址点位于阿克塔拉古城西南约 200 米处，与古城为同一时期遗存。此外，在乌帕尔绿洲还调查发现有魏晋时期的佛寺、烽燧[8]，这无疑说明直到历史时期，乌帕尔绿洲依然是人类活动的重要区域，本次考古发掘为了解乌帕尔绿洲魏晋南北朝时期的社会面貌提供了重要线索。

附记： 此次发掘得到喀什地区文物局、疏附县文旅局、乌帕尔镇政府、乌帕尔中学的大力支持，深表谢忱！

领　　队：水　涛

发　　掘：水　涛、赵东升、唐自华、殷　洁、
　　　　　曹　凯、邓　超、刘鹤群、逄　群、
　　　　　向天韬、曲梦圆、赵传意、郑钰函

修　　复：苏佰福

摄　　影：曹　凯、张慧琳

绘　　图：赵文正、孙震宇

执　　笔：曹　凯、殷　洁

注　释

[1] G1 延伸进 TN01E03 东隔梁，但未延伸至 TN01E04 内，延伸进隔梁部分未发掘。

[2] TN01E04 东隔梁未发掘。

[3] 新疆维吾尔自治区博物馆考古队《新疆疏附县阿克塔拉等新石器时代遗址的调查》，《考古》1977 年第 2 期，第 107~110 页。

[4] 羊毅勇《新疆古代文化的多样性和复杂性及其相关问题的探讨》，《新疆文物》1999 年第 3、4 期合刊，第 116~126 页；郭物《新疆史前晚期社会的考古学研究》，上海古籍出版社，2012 年，第 165 页。

[5] 曹凯、马鹏、曲梦圆《新疆疏附阿克塔拉遗址群 2021~2022 年考古发掘收获与初步认识》，《西域研究》2023 年第 2 期，第 125~131 页。

[6] 新疆文物考古研究所、伊犁哈萨克自治州文物局、尼勒克县文物局《新疆尼勒克县吉仁台沟口遗址》，《考古》2017 年第 7 期，第 57~70 页。

[7] 王立新《中国东北地区所见的珍珠纹陶器》，《边疆考古研究》第 2 辑，科学出版社，

2004 年，第 113~124 页。

［8］自治区文物普查办公室、喀什地区文物普查队《喀什地区文物普查资料汇编》，《新疆文物》1993 年第 3 期，第 1~112 页。

The 2021 Excavation of the Aketala Sites in Shufu, Xinjiang

Department of Archaeology and Cultural Relics, Nanjing University

Institute of Cultural Relics and Archaeology of Xinjiang

Abstract: From July to October 2021, a collaborative excavation was conducted by the Department of Archaeology and Cultural Relics of Nanjing University and the Institute of Cultural Relics and Archaeology of Xinjiang at two sites within the Aketala site complex. Numerous Bronze Age remains were unearthed, including over one hundred pottery and stone artifacts. Site 1 revealed one Bronze Age hearth, eight ash deposits, two ash pits, one ash trench, and one activity surface, yielding a total of 109 pottery, stone, and copper artifacts. Site 2 uncovered an ash deposit and an ash trench dating to the Wei–Jin Southern and Northern Dynasties, along with 19 pottery specimens. Comparative analysis suggests a close connection between the Bronze Age remains at the Aketala site and the Andronovo culture, enriching the cultural significance of Aketala. These findings provide valuable material for refining the prehistoric cultural chronology of the Kashgar region. Additionally, the discovery of remains from the Wei–Jin Southern and Northern Dynasties is of great significance for exploring the material culture of that era in the Kashgar region.

Keywords: Kashgar; Aketala; Bronze Age; Andronovo Culture; Wei–Jin Southern and Northern Dynasties

克拉斯纳亚列奇卡定居点佛教寺院：
2010~2015 年主要发现*

阿桑·И.托尔戈耶夫（Асан И. Торгоев））[1]　阿列克谢·В.库利什（Алексей В. Кулиш）[1]　叶夫格尼·А.基（Евгений А. Кий）[1]　瓦列里·А.科利琴科（Валери А. Кольченко）[2] 著
史砚忻[3] 译注
（1.俄罗斯国立冬宫博物馆　2.吉尔吉斯共和国科学院
历史与文化遗产研究所　3.陕西省考古研究院）

摘　要：本文介绍了俄罗斯国立冬宫博物馆同吉尔吉斯共和国科学院历史与文化遗产研究所于克拉斯纳亚列奇卡定居点（吉尔吉斯斯坦北部）开展吉俄联合考古的主要成果和发现。自 2010 年起，考古队持续探究定居点内被认为是天山北麓规模最大的佛教寺院中的一座建筑，据考古发现，该建筑为寺院庙宇之一。本文综述了克拉斯纳亚列奇卡遗址的考古史、地貌及上述庙宇的概况、各期营建史及主要发现，其中包含泥塑、壁画残块的发现。

关键词：吉尔吉斯斯坦北部　克拉斯纳亚列奇卡遗址
佛教建筑　佛教寺院　佛教艺术

＊　本文系陕西省考古研究院"一带一路"考古调查与发掘研究项目的阶段性成果，译自 Christoph Baumer and Mirko Novák eds., *Urban Cultures of Central Asia from the Bronze Age to the Karakhanids: Learnings and Conclusions from New Archaeological Investigations and Discoveries*, Wiesbaden: Harrassowitz Verlag, 2019, pp.349–363。为方便读者复制查询，译者还原了原文已转写为英文的俄语人名、地名及参考文献。俄语人名、地名一般依据黑龙江大学辞书研究所编《俄汉详解大词典·俄语汉语译音表》译出（黑龙江人民出版社，1998 年，第 6182~6183 页）；其他语言人名、地名综合了新旧两种译法。术语以音译为主。翻译过程中，先后得到秦始皇帝陵博物院睢盈女史、西北大学万翔先生的帮助，谨此致以衷心感谢！

序　言

由俄罗斯国立冬宫博物馆与吉尔吉斯共和国科学院历史与文化遗产研究所[1]组成的吉俄联合考古队（亦称天山考古队[2]），主要目标之一是探究克拉斯纳亚列奇卡（Красная Речка）遗址（图一[3]）。遗址位于比什凯克市以东 36 公里处，系整个楚河河谷最大的中世纪城镇（town）。遗址地貌复杂，大体由五部分组成：城堡、两个沙赫里斯坦（城圈范围）及其以西所谓西附建区与南附建区所在的广阔区域、一个以长墙围合的城郊区域（拉巴德）[4]。城镇存在于 8~13 世纪初，10~11 世纪占地面积达到最盛。11 世纪下半叶城镇开始衰落，13 世纪初定居点（settlement）规模大幅缩减并遭到焚毁。焚毁原因很可能与 1210 年乃蛮部首领屈出律反叛西辽统治者菊儿汗有关，也有可能是成吉思汗在天山地区的军事行动所致。

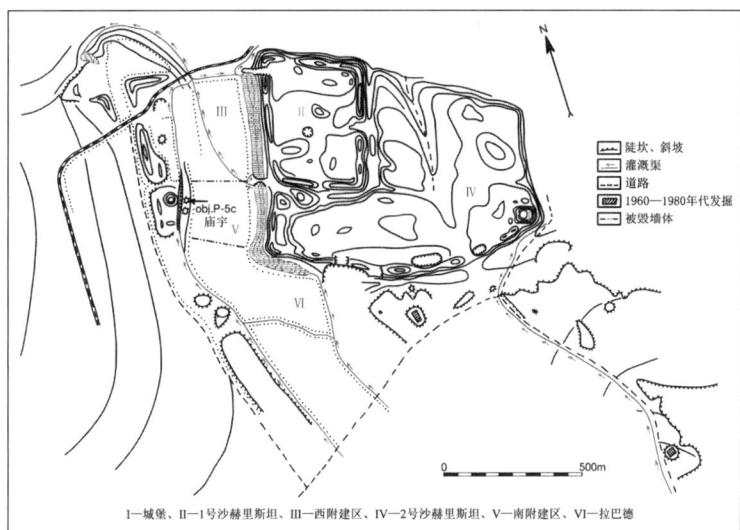

I—城堡、II—1 号沙赫里斯坦、III—西附建区、IV—2 号沙赫里斯坦、V—南附建区、VI—拉巴德

图一　克拉斯纳亚列奇卡定居点地貌平面图

（依据瓦连季娜·戈良切娃与阿桑·托尔戈耶夫的工作，© TShAE）

从大量文献记载可知，遗址之上最初的定居点可比定为奈瓦凯特城（Navekat / Nevekat）[5]。最早提到此城镇准确年代的，是一份粟特文婚约（711 年），出自穆格山（在今塔吉克斯坦）发现的迪瓦什梯奇

（Devashtich）文书。不过，截至目前我们尚未找到早过 8 世纪初叶的文化层 [6]。很难说这座城市（city）在喀喇汗朝时期的名称是什么，它极可能同时拥有一个古老的粟特语名称和一个突厥语名称。

2007 年，吉俄联合考古队开始发掘克拉斯纳亚列奇卡遗址，主要目标包括全面研究遗址结构、微观地层（microstratigraphics）堆积过程及年代序列。考古队延续了 В.Д.戈良切娃（В. Д. Горячева）对遗址中遭人为或自然力破坏区域进行调查的工作。

对南附建区建筑群的研究始于 2010 年，建筑群以锥状大土丘为中心。在这里，遗址的第三座佛教庙宇遗迹得以发现。历经 6 个田野发掘季，庙宇得以完全发掘并得到保护。鉴于掩盖庙宇的土丘是建筑群废墟的一部分，有必要首先介绍建筑群的地貌特征。

佛教庙宇遗迹位于定居点西部。其为一更大建筑群的组成部分，建筑群的中心是一座从远处即可望见的高耸锥状土丘（图二）。戈良切娃、

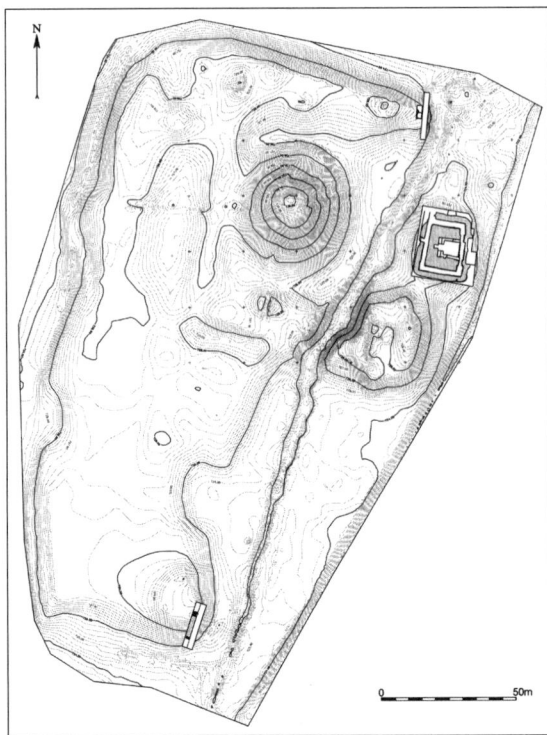

图二　中心为一锥状土丘的建筑群地貌平面图

（瓦列里·科利琴科、阿列克谢·库利什绘制，©TShAE）

К. М. 拜帕科夫（К. М. Байпаков）对建筑群的描述如下："'西附建区'以建筑群为主，中心是一座圆形土丘。建筑群四面环墙，东界是另外两座大土丘，П. Н. 科热缅科（П. Н. Кожемяко）称之为城堡。"（Байпаков / Горячева 1989:71）

事实上，中心为锥状土丘的建筑群坐落于 А.Н. 伯恩施塔姆（А. Н. Бернштам）所说的"南附建区"（Бернштам 1950:12），而非戈良切娃、拜帕科夫所称的"西附建区"。"南附建区"北邻"西附建区"南垣。此段城垣 1954 年之前即已毁坏，虽没有在科热缅科的平面图上标绘出来（Кожемяко 1959:66, Fig.1），却存在于 1940 年的平面图上（Бернштам 1950:Table Ⅷ）。无论如何，"西附建区"南垣遗迹迄今仍可辨识，其前方，一条既深且宽的沟壑将南垣遗迹与"南附建区"内有墙垣围合的建筑群分隔开来。

一条不甚平整的南北向灌溉渠（aryk[7]）横穿建筑群，渠底有的地方铺混凝土板，渠北部设一钢筋混凝土水闸。这些设置推测是在旧灌溉渠水道（标绘于 1940 年的地图）拓宽后安装的。灌溉渠将建筑群一分为二，大部分建筑废墟和锥状土丘位于渠西，另外两座独立的土丘（南北相对）位于渠东岸（图二）。两土丘底部几乎是沿东西方向汇聚于锥状土丘的中轴线上。南侧土丘平面呈不规则的椭圆形，体量大于东侧土丘。南侧土丘顶部发现两个相聚合的深凹坑。北侧土丘自 2010 年以来持续发掘，平面呈蛋形，土丘向南北方向有所延伸，中心为一椭圆形深凹坑。土丘以北区域相对平坦，只有不明显的防御墙迹象，其可能是围合建筑群的北垣。土丘西北部所对区域，除存在一锥状空洞（殆新近形成），弗见其他明显凸起或凹坑，土丘西北部底部显然受到灌溉渠侵蚀。

长期以来，克拉斯纳亚列奇卡景观中的这些显著特征一直吸引着考古学家的注意力。1938 年，伯恩施塔姆首次领导发掘了锥状土丘，彼时于土丘西北侧开挖探沟一条（Горячева 2010:97, Fig.43）。而后，科热缅科进一步探究锥状土丘，在其西侧挖设窄长探沟一条（Горячева 2010:97）。20 世纪 80 年代与 90 年代，戈良切娃也曾于建筑群内进行发掘。

戈良切娃依据上述建筑群锥状中心土丘与米安卡尔（Miankal，粟特地区中部）库尔干铁佩遗址（Kurgan-tepa）一建筑的相似性，自信地将之解读为琐罗亚斯德教火庙。Г.А.普加琴科娃（Г. А. Пугаченкова）曾经探查库尔干铁佩建筑局部（Горячева 2010:97-98）。

库尔干铁佩建筑建有带踏步的平台和一间被走廊环绕的小厅。普加琴科娃认为此建筑为庙宇的观点在 В.Г.什科达（В. Г. Шкода）的专著中受到质疑，什科达明确表示这样的建筑物不可能为庙宇，因为它的空间很小，不足以支撑诸集会（Шкода 2009:66）。戈良切娃提到，中心土丘西北侧"大量涂抹的多层泥土"[8]，很可能是晚期利用土丘的结果，例如，喀喇汗朝时期其或作烽燧之用。另外，2010~2011 年，还发现了制陶遗迹，时代不早于 10 世纪。所以，我们在 2010 年开始研究建筑群北侧土丘之时，便怀疑该组建筑群是琐罗亚斯德教的火庙遗迹。

依照遗址北侧土丘佛教庙宇的发现及 2010~2015 年田野发掘季对其展开的探究，我们或许有理由认为中心锥状土丘就是一座大型佛塔[9]，整个建筑群则为天山北麓最大的佛教寺院之一。

一、庙宇建筑结构

庙宇为单体建筑，南北向，尺寸为 23.5 米 × 20.4 米（图三～图六）。庙宇结构包含一间附带旁道或回廊的内殿（cella）。靠近内殿入口处为一门厅，来者自外而入，再进入内殿或廊道的南部与北部。

庙宇营建可分为三期，以下是对各期建筑特征的详细描述。

庙宇主体是一间东西向长方形内殿，尺寸为 8.0 米 ×6.9 米。内殿残墙高出主要地面（即第二期地面）3.3 米。尽管墙体留有如此高度，内殿绘画连带地仗，除南墙西南角发现一小残块，皆无存。南墙厚 4.5 米，西墙厚 3.7 米，北墙厚 4.2 米。

内殿无东墙，而是有一排半截土坯，残存两层土坯（高 0.2 米）。这排土坯是在最后一次重建庙宇期间，抬升内殿前部门厅地面时所砌。

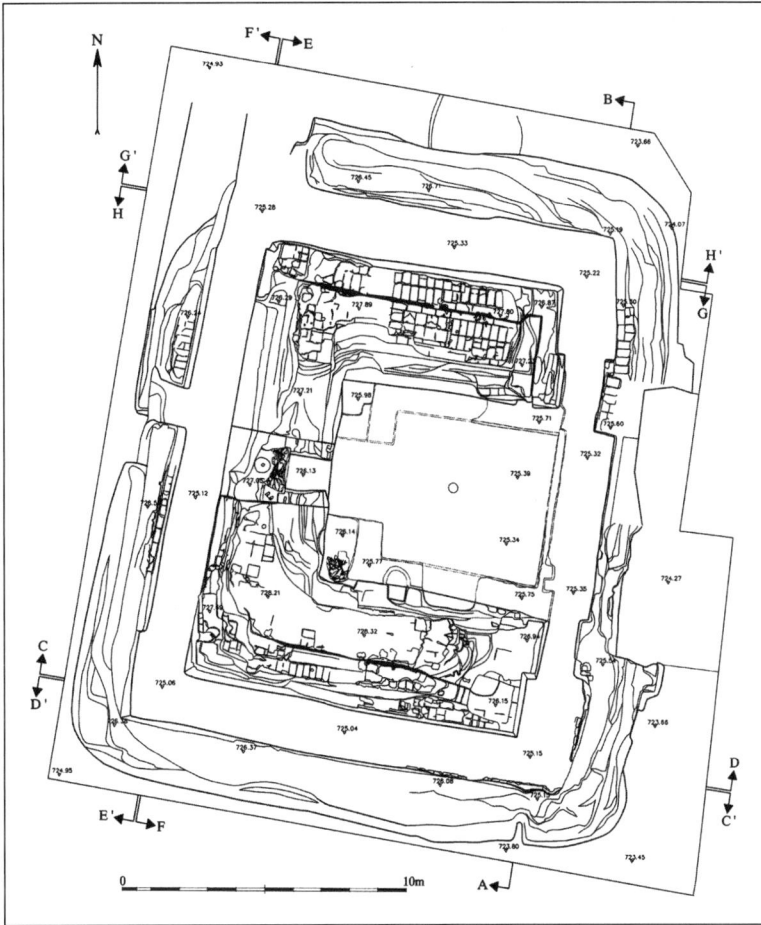

图三　佛教庙宇平面图

（阿列克谢·库利什绘制，© TShAE）

图四　门厅剖视图

（阿列克谢·库利什绘制，© TShAE）

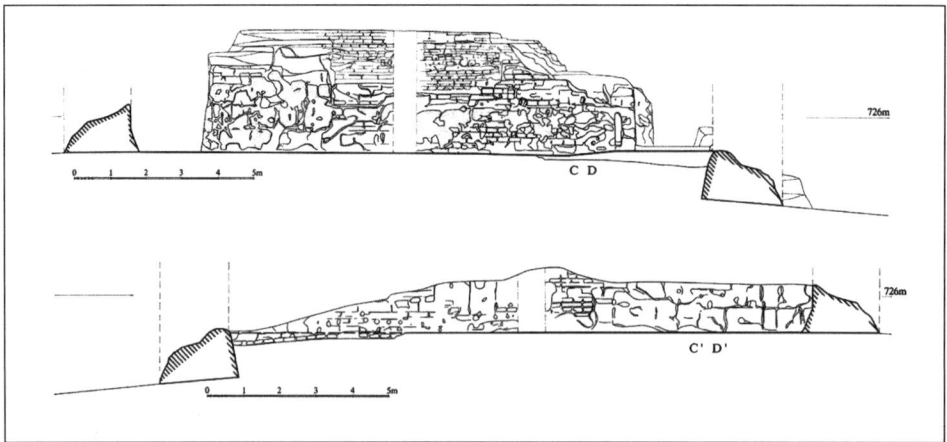

图五　南绕行廊道剖视图

（阿列克谢·库利什绘制，© TShAE）

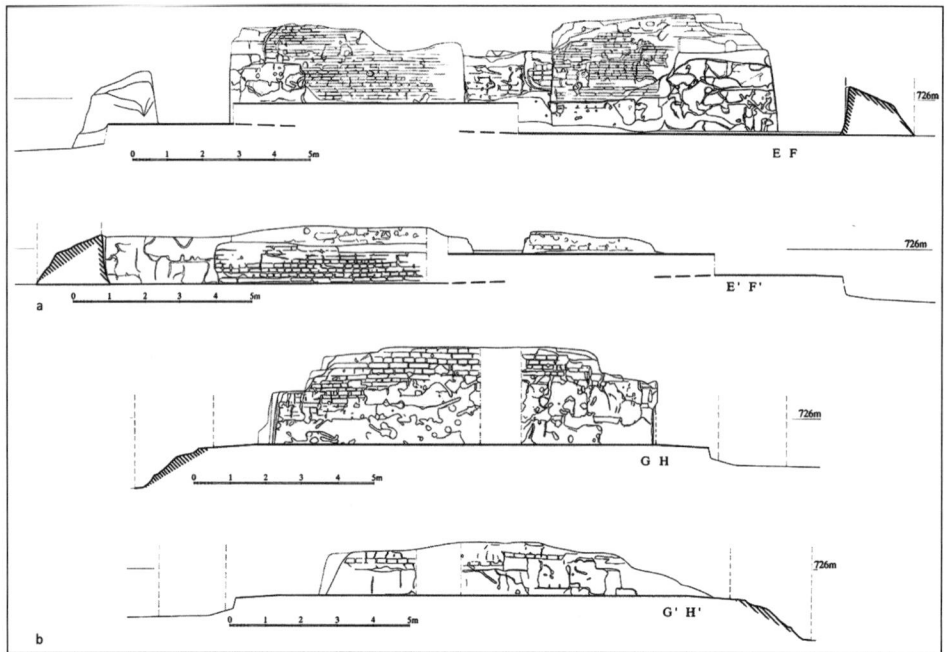

图六　西绕行廊道（a）、北绕行廊道（b）剖视图

（阿列克谢·库利什绘制，© TShAE）

内殿墙体由尺寸为 40 厘米 × 40 厘米 × 10 厘米与 51 厘米 × 26 厘米 × 10 厘米的土坯砌成，最初一期墙体作为佛塔前的入口。重要的是，庙宇

第一营建期正方形与长方形土坯并用。当下我们可以认为，40 厘米 ×40 厘米 ×10~12 厘米正方形土坯（所谓的"贵霜"规制土坯[10]）的应用是普遍的，尤其于庙宇存在的最早一期。目前尚不清楚克拉斯纳亚列奇卡定居点其他地点及楚河流域其他考古遗址是否使用过正方形土坯。

西墙内（中部或微偏向南处）设置一小龛室（1.05 米 ×1.40 米）。壁龛开在高出地面约 1 米的南墙与北墙上，隔墙将之分为两个隔间。隔墙末端为半椭圆形半身柱样式，其上雕出纹饰（圆珠纹与菱形纹）。半身柱可能置诸苹果状底座上。壁龛或放灯具，龛内大概是礼拜者留放供品处。

坐佛 90 厘米 ×154 厘米 ×84 厘米，居龛室后部（图七）。这件塑像原位保存了约三分之一的躯体。衣褶下双腿呈交叉姿态（莲花坐），仅受到轻微损坏。已毁双足的轮廓清晰可见。左前臂搭于左腿，臂为衣褶覆盖，衣褶外侧以涡形饰结束。左手在腕部断裂，未找到。一条较宽的浮雕饰带在交叉的双腿上延伸，大概代表了衣褶。基座之上塑像底部，我们能够看到两条描绘衣装的饰带（绶带？）[11]。饰带在双腿相交处缠绕成棕榈纹。

图七　龛室莲花坐佛像

（阿桑·托尔戈耶夫拍摄，© TShAE）

佛像安放在一个厚 18 厘米的长方形基座上，基座超出壁龛不少于 15 厘米。塑像是在一个由绳子捆扎的芦苇秆支架上制作完成的。根据上方赫然得见的孔洞（直径约 15 厘米）判断，塑像很可能含有一根木芯。雕塑技术，在缺失左手的部分展现得最为分明，一处浅凹孔显示，兹已腐朽的芦苇或木制支架原本支撑了塑像手腕。支架首先覆以一层褐土构成的造型层，其后再包裹一层塑像用的红泥壳，塑像的外表部分就是在这层泥壳上塑造的。再其后，塑像表面施一层薄白灰底，不过，黏合剂尚待确定。彩绘（红色、橙色、赭色、群青色和黑色）保存得相当完好，尽管有些许脱落、剥落及龟裂；色彩抑或随时光推移而发生了改变。

塑像表面今布满植物根茎与小型啮齿动物造成的裂隙及断裂网络。塑像左侧的此种病害尤为严重，大量根茎已穿过衣装长于手臂。保护过程中，我们将塑像与基座顶部悉心清理出土，并采用不同浓度的聚甲基丙烯酸丁酯丙酮溶液进行加固，随后以两层纱布固定（俄罗斯国立冬宫博物馆壁画科学修复实验室研发的一项技术）。

塑像右侧发现足部残迹，推测应归属立于佛像身旁的人物（或为菩萨）。塑像左侧不见类似遗迹（殆因塑像这一部分的保存状况较差）。

内殿西墙中部龛室入口处有供两侧塑像利用的基座。破坏严重且宽 1.1 米的苏法（*sufa*[12]）沿内殿北墙、南墙与西面塑像基座相连。保存最好的基座位于龛室入口南侧，矩形，尺寸为 2.5 米 × 1.13 米，其高出南墙保存较差的苏法表面不超过 0.3 米。

内殿内部广泛施以未经烧制泥土构成的壁画、墙壁塑像。小金片的发现，说明塑像局部涂金。显然，涂金之物以及木制屋顶、塑像支架是庙宇遭到掠夺并沦为废墟的原因。

内殿西南角原位保存了一块绘画残块，残块长 1.1 米，高不足 18 厘米（图八）。灰白（微泛黄）的底色上有以红色细线勾勒出的莲花座轮廓痕迹，座上绘坐佛一尊，但仅存人物下半身。

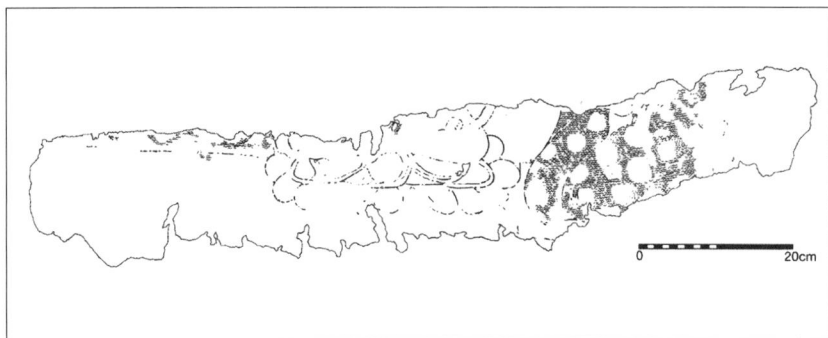

图八　描绘莲花座佛像的壁画残块

（叶莲娜·斯捷帕诺娃绘制，© TShAE）

　　龛室内，主尊像前的全部空间遍布主尊与身旁立像的残块。这当中包含了保存较好的菩萨（？）手掌残块：其一掌心饰一颗燃烧着的宝珠（图九），另一饰莲瓣（图一〇）。佛像前发现一些断指和一尊未经烧制的小佛像，小佛像或为一装饰背光的残块（图一一）。保存状况较差的龛室前方地面则找到了一些主尊像残块：躯体的一大块、部分左脸与右耳以及一螺发残块。

图九　饰以摩尼宝珠纹的菩萨（？）手掌泥塑

（亚历山大·拉夫连季耶夫拍摄，© TShAE）

图一〇　饰以莲瓣纹的菩萨（？）手掌泥塑

（亚历山大·拉夫连季耶夫拍摄，© TShAE）

　　基座西南隅出土了塑像的剩余部分。由于保存状态极差，很难分辨质地和所表现的人物。剩余部分中有一件半椭圆形残块，或系一位衣褶蔽体的人物。此外，又发现不少带白灰底的小浮雕残块。

图一一　未经烧制的模制小佛像泥塑残块

（亚历山大·拉夫连季耶夫拍摄，© TShAE）

　　内殿南部，在通向龛室的通道前端，发现了一大块墙壁塑像的躯体残块，红泥制，泥塑正面朝下，躯体饰以多条斜向交会的绶带与众多小铃铛，绶带交会处中心为一个较大的圆形图案，其上描绘作咆哮状的兽面，该类兽面通常被称作鬼面（Kīrtimukha[13]），是具有守护属性的印度神物（图一二）。

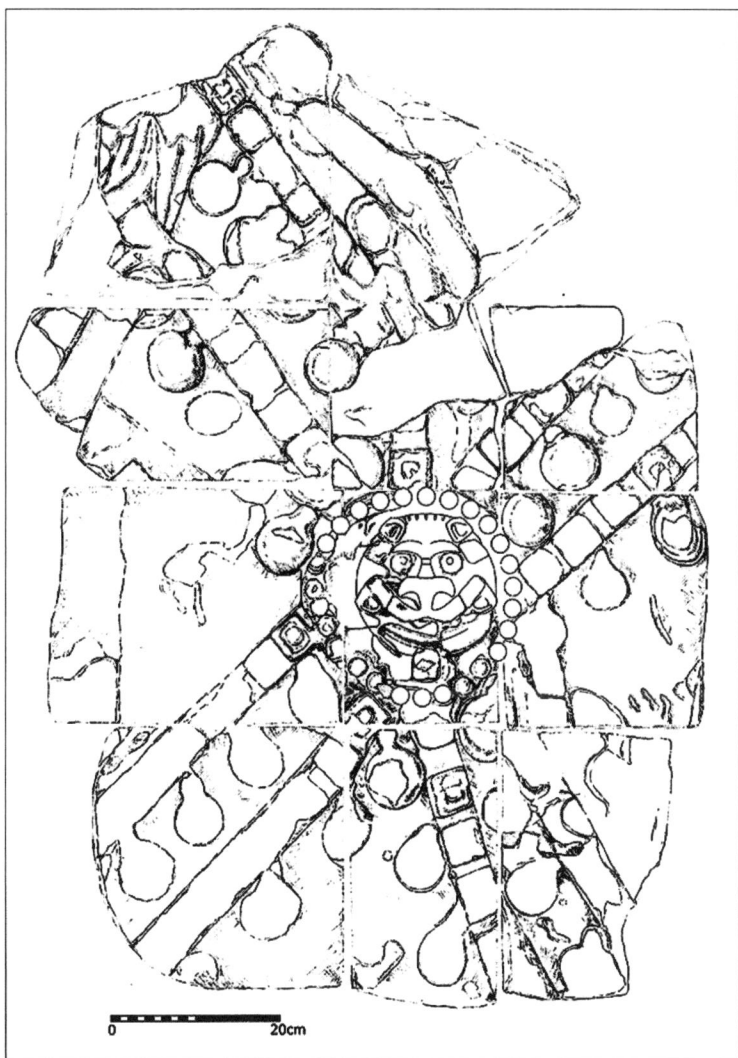

图一二　饰以绶带、圆形鬼面图案的躯体泥塑残块

（阿列克谢·库利什绘制，©TShAE）

　　除东南部残块，内殿中部实际上还发现了 4 块壁画残块，壁画残块正面朝下，在一层硬土中，为地面以上的废弃堆积所叠压。内殿东北部

发现一大块装饰用半身柱残块，残块上叠压着保存状况很差的缀饰绘画。绘画以结合半棕榈纹的几何纹、云纹为特色。

上述半身柱附近出土一块尺寸为 1.1 米 ×0.85 米的浅浮雕遗物，拱形（或系背光），边饰联珠纹，圆珠数量接近底部时减少。拱形曲线当中的内部空间涂绘多层颜料，大多为红彩。圆珠上塑出残留彩绘痕迹的棕榈：棕榈中心为蓝彩，叶瓣为红彩。

廊道东翼南部入口处的上层堆积中出土了大型塑像的螺发（Топгоев et al. 2013:199, Fig.3）。这一发现，附加 2010 年廊道南部提取回的一些大块红泥塑像残块，可以证实整个遗址为佛教庙宇。

内殿前端东侧是一南北向延伸区域，7.0 米 × 1.8 米（图三）。此是内殿入口之前部分：来者自外穿过该区域的宽阔通道后，会进入内殿或廊道，故而可视其为庙宇的门厅。实际上，这一区域基本位于东廊道的中心。不过，直通东廊道南部与北部的过道塔柱（pylon）表明，门厅区域或为一独立房间。毋庸赘言，塔柱曾作为这些通道拱顶的支撑体。

最可能的情况是一人拾宽阶而非坡道入内。诸级台阶的总高度约为 1 米。台阶踏道本体已被破坏殆尽，然而，大量白灰皮与土坯烧结残块的出土，却证明了它的存在，白灰皮与土坯或用于台阶的建造。以上烧结的土坯，似在喀喇汗朝时期庙宇最终毁废后被几近清除一空。

因廊道（图五、图六）狭窄（南、西廊道宽 2.0 米，北廊道宽 1.8 米），寺庙的最后营建期遗迹得以保留，彼时廊道地面抬升了 0.7~1.05 米。西廊道近中部有一条通抵佛塔的道路，道路的使用贯穿了庙宇的全盘存在期。庙宇使用的最晚期，廊道绘壁画以覆盖墙壁。西廊道东墙残存些许蓝彩与红彩，但画面难以辨识。据北走廊废弃堆积中发现的壁画遗物判断，庙宇存在的最晚期，墙壁抹白灰底，上绘风格极为质朴的绘画。早期走廊亦有绘画，据保存完好的残块判断，绘画绘于地仗之上。我们从保存最佳者可大致识别出一位无名人物——大概是供养人——的卡夫坦（caftan[14]）衣缘（图一三）。该壁画的绘画方式接近塔里木盆地的佛教绘画。余外，北廊道发现一明王（？）[15] 泥塑的头部（图一四）。

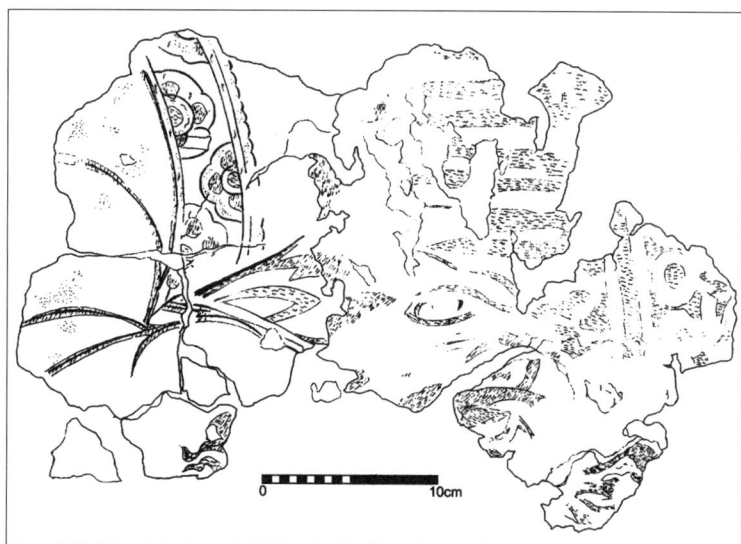

图一三　显示出绘画层次的北廊道壁画残块

（奥莉加·维克托罗娃、阿桑·托尔戈耶夫绘制，© TShAE）

图一四　明王（？）头部

（亚历山大·拉夫连季耶夫拍摄，© TShAE）

二、建筑群营建史

庙宇营建史的三个主要阶段已得到确认，鲜明的变化关乎庙宇的扩建活动，而与内殿的内核区域无关，内殿内核区仅做修缮、翻新。

1. 第一营建期

内殿最初的墙壁是以 40 厘米 ×40 厘米 ×10 厘米的土坯砌筑而成，南墙、北墙的初始厚度为 2.8 米。平面图中，最初的建筑明显呈"Π"形，东侧完全开放（图一五，b）。入口建在东边有天然斜坡的地面上，地面不甚平整。

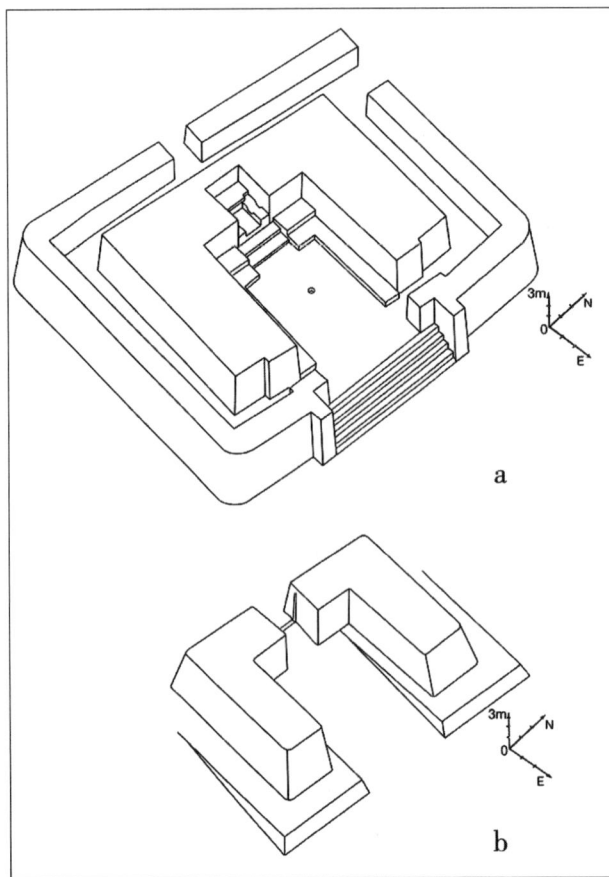

图一五　第一、第二营建期轴测复原图

（亚历山大·拉夫连季耶夫绘制，© TShAE）

最初，西墙中部有一条 2.25 米宽的通道。需要注意的是，北侧土丘与锥状大土丘坐落于同一轴线（东西向），该条较宽的通道看来可能是通往佛塔的中心通道。其后，通道上建起一间龛室。庙宇存在的第一期没有廊道，说明庙宇起初并未被当成佛殿，而是作为通往佛塔的入口。

毋庸置疑，墙壁塑像塑于入口内侧。对此，地面上不成形的红泥塑像残块可予证明，有的还存留白灰底及彩绘层，这些塑像残块曾用来垫高通向佛塔的路面，垫高区域后成为龛室。毗邻北墙的苏法，其大部遭劫掠者毁坏，于其内部发现第一营建期的壁画与塑像残块。残块未见保留清晰画面者；仅出土一块施以黄、红、白彩的壁画，绘制十分粗糙。

另外，庙宇重建时，似乎覆盖、隐藏了塑像的一部分。最可能的解释是，饰以圆形鬼面图案的守卫者躯体大残块是第一营建期制作的。守卫者伫立于通往佛塔通道的两侧。

2. 第二营建期

庙宇发展的第二期应与庙宇本体的外观有关，换言之，当时通往佛塔的入口变为了庙宇（图一五，a）。第二期的革新包括廊道、先前立面（façade）墙体的重建；龛室的设立及内殿地面的抬升。本营建期也出现了包砌内殿外立面墙体的土坯。除此以外，显而易见，本期内殿之中有壁画、塑像。

3. 第三营建期

第三营建期是庙宇重建的最后一个重要阶段，重建内容包括抬升廊道、内殿门厅地面。西廊道通往佛塔的通道为土坯所封堵。走廊墙壁涂抹白灰底，其上作粗拙绘画。

复原庙宇原本设计方案的最难问题是对屋顶的复原。内殿的宽大空间意味着它不可能为土坯穹隆顶，废弃堆积证实了以上猜想。因而，我们可以得出结论，屋顶为木构，尽管庙宇不大可能有像瓦拉赫沙红厅那样复杂的木构穹隆顶（Маршак 2000:Figs.9, 13）。

最易理解且最可接受的复原方案是一个中原式的斜坡屋顶。不言自明的是厚墙之于支撑梁架的必要性，梁架承托着四面坡木构屋顶的椽子。屋顶十之八九为两层。下层屋顶覆盖廊道与门厅。如果廊道为拱顶，会发现其废弃堆积，实则不然。内殿本体覆以高出廊道屋顶的四面坡顶。由于未发现瓦件残块，所以屋顶或为木板建构[16]。

庙宇的断代问题非常棘手。唯有间接证据表明寺庙可追溯至第一营建期，但无论如何不会早于 8 世纪初，因为整个定居点没有发现更早的文化层。第二营建期（即庙宇本体建成的时候）断代是基于发现的钱币与小陶片。

毗邻内殿南墙的苏法内部，发现一枚最常见的较大的突骑施钱，北廊道北墙下发现一枚较大面值的突昏钱。清理门厅与内殿时，发现了几枚较小的突骑施钱，佛像躯体里发现一枚直径为 0.9 厘米的小钱币。西立面墙体土坯之间发现一组数量不多的器物，或具供养属性。它们包括 6 枚钱币（5 枚较小的突昏钱、1 枚中原五铢仿制币 [17]）、1 件双耳瓶形坠饰、2 颗开孔圆珠、1 件梯形石坠饰、3 颗开孔小珠。

如克拉斯纳亚列奇卡定居点文化层所示，突骑施与突昏钱币一般并出于早期文化层。两者显然曾经并用于某一时期，可现在仍不清楚两种钱币的持用孰早孰晚。

北立面墙体近旁发现的陶器有助于究明年代。该建筑群出土的香熏器（图一六，2、3），堪与粟特地区早期文化层器物类比，二者是一种演化样式，楚河流域的沿用时间较粟特地区更长。带流壶（图一六，6）和另一件盛水用器（图一六，5），一直存在至 10 世纪。厚壁细颈鼓腹壶（图一六，1）亦为 10 世纪建筑群流行器物。最易识别年代的，是一件薄壁溜肩杯（图一六，4），可直接同片治肯特第六期陶器类比，陶杯年代不早过 750 年。总而言之，由于无法对陶器与钱币做更加精确的断代，我们认为庙宇第二营建期为 750 年或 775 年至 10 世纪上半叶。

最后一个营建期似应始自 10 世纪或 11 世纪初叶。此期文化层发现了制作于 10 世纪下半叶至 11 世纪初的小型陶器的残片，含釉陶片。廊道地面同样发现了本期典型的陶器样式。从而可见，喀喇汗朝时期，该建筑不再作为佛教庙宇使用。

上述佛教寺院存在于克拉斯纳亚列奇卡定居点遗址之上，至少有两个世纪。不言而喻，楚河流域佛教徒与塔里木盆地更大的佛教团体及寺院联系密切。楚河流域佛教徒在营建庙宇内部时，无疑运用了他们熟悉的佛教艺术传统，即塔里木盆地传统。寺庙发掘期间出土壁画、塑像遗物所见特征是其明证。不过，壁画与塑像的风格均显示庙宇的创建者为本地佛教徒，他们设法达到了一定的个性化水平。

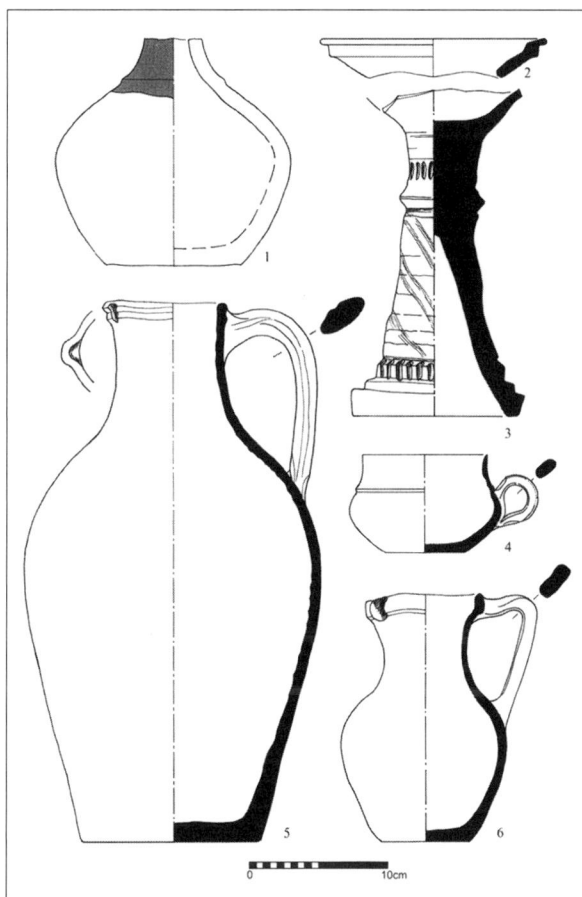

图一六　第二营建期陶器

（阿桑·托尔戈耶夫绘制，© TShAE）

缩略语

TShAE—Tian–Shan Archaeological Expedition of the State Hermitage (Russia) and the Institute of History and Cultural Heritage (Kyrgyz Republic).

参考文献

Байпаков, К.М. / Горячева, В.Д.

1989: Основные итоги археолого-топографического изучения Краснореченского городища в 1978-1983 гг., Лившиц В.А. / Плоских В.М. / Горячева К.М. (Ред.), *Красная речка и Бурана (Материалы и исследования Киргизской археологической экспедиции)*, Фрунзе, 69–78.

Бернштам, А.Н. (Ред.)

1950: *Чуйская долина: Труды семиреченской археологической экспедиции* (Материалы и исследования по археологии СССР 14), Москва / Ленинград.

Горячева, В.Д.

2010: Городская культура Тюркских каганатов на Тянь-Шане (середина VI-начало XIII в.), Бишкек.

Кожемяко, П.Н.

1959: *Раннесредневековые города и поселения Чуйской долины*, Фрунзе.

Marshak, B.I. / Маршак, Б.И.

2000: The Ceilings of the Varakhsha Palace, *Parthica* 2, 153–171.

Шкода, В.Г.

2009: *Пенджикентские храмы и проблемы религии Согда (V-VIII вв.)*, Санкт-Петербург.

Torgoev A.I. / Торгоев, А.И. et al.

2013: A Newly Discovered Buddhist Monument in the Chu Valley (Northern Kyrgyzstan), *Reports of the State Hermitage Museum* 70, 193–202.

注　释

［1］译者按：2018 年 12 月更名为历史、考古与民族学研究所。

［2］译者按：前身为埃尔米塔什的七河考古队，脱胎于布哈拉考古队，2007 年由埃尔米塔什东方部主任、著名考古学家谢苗诺夫（Г.Л.Семёнов）提议成立。

［3］译者对原图图例作了补充、修订。

［4］译者按：波斯语称内城与外城（区）为沙赫里斯坦（*shahristān*）、比伦（*bīrūn*），分别对应阿拉伯语的麦迪那（*madīna*）、拉巴德（*rabad*）。

［5］译者按：粟特语 Nave / Neve 即 "新"，kat 即 "城"，唐代史籍意译为 "新城"（《新唐书》卷四三下《地理志下》引贾耽《皇华四达记》，中华书局，1975 年，第 1150 页）。

［6］译者按：参看 А.И.Торгоев, "Тянь-Шанская археологическая экспедиция: основные итоги работ 2007-2013 годов", *Экспедиции. Археология в Эрмитаже*, Санкт-Петербург:

《Славия》, 2014, C.311–330。即认为相对年代较早的 1 号沙赫里斯坦，其出土遗存大多未早过 8 世纪。又,《布哈拉史》引述你沙不里（al-Nishapurī）之说，认为塔拉斯的札穆凯特城（原作 Hamūkat，应为 Jamūkat）是由支持迪赫坎（*dihqāns*）的布哈拉难民建立，他们因反对阿布鲁伊（Abrūī）暴政运动失败而流亡至该地，详见 Richard N. Frye, *The History of Bukhara, Translated from a Persian Abridgement of the Arabic Origin by Narshakhi*, Cambridge, Massachusetts: The Mediaeval Academy of America, 1954, pp.7, 105–107。研究者一般认为，5、6 世纪的粟特移民促成了楚河流域乃至伊塞克湖沿岸城市文明的兴起，然而，楚河流域迄今还没有发现早过 7 世纪的文化层，仅发现一些 5 世纪的墓葬。

［7］译者按：突厥语词。

［8］译者按：应为帕赫萨（Pakhsa）。

［9］译者按：据钻探，中心大土丘平面呈四出"亞"字形，详见陕西省考古研究院、吉尔吉斯共和国科学院历史考古与民族学研究所《吉尔吉斯斯坦红河古城西侧佛寺遗址 2018~2019 年度发掘简报》,《考古与文物》2020 年第 3 期，第 37~51、129 页。

［10］译者按：如铁尔梅兹地区的祖尔马拉佛塔（Ступа Зурмала）所见土坯，正方形，边长 39~40、厚 12 厘米。佛塔始建年代约为 2 世纪。

［11］译者按：所谓"饰带""绶带"，应为袈裟。

［12］译者按：闪语词，坐台。

［13］译者按：梵语词，kīrti 即"名誉"，mukha 即"面部"。〔日〕中村元编《广说佛教语大辞典》译作"鬼面"，见林光明等编著《梵汉佛教语大辞典》，嘉丰出版社，2011 年，第 758 页。

［14］译者按：波斯语词，团领或翻领对襟束腰窄袖袍。

［15］译者按：原文作"fierce deity"。

［16］译者按：其说非是，庙宇由土坯构建，系中亚式建筑，绝无可能有中原式屋顶。

［17］译者按：应为开元通宝仿制币，详情弗知。

塞伊玛－图尔宾诺遗存年代分析*

刘　翔[1]　高子衡[1]　蒋佳怡[2]

（1.中国－中亚人类与环境"一带一路"联合实验室　文化遗产研究与保护技术教育部重点实验室　西北大学文化遗产学院

2.新疆维吾尔自治区文物局）

摘　要： 塞伊玛－图尔宾诺类型以发达的金属铸造工艺和辨识度极高的金属兵器、工具闻名，该文化的年代问题一直都是欧亚草原青铜时代考古学界讨论的焦点之一，近年来，大量相关遗址碳－14测年数据的公布使塞伊玛－图尔宾诺类型绝对年代问题趋于明朗。本文将塞伊玛－图尔宾诺类型遗存分为东区（乌拉尔山以东）、中区（乌拉尔山地区）、西区（乌拉尔山以西），根据碳－14测年数据判断东区遗存年代集中在公元前2200~前1900年，西区遗存年代集中在公元前1900~前1600年，中区遗存年代集中在公元前2000~前1600年，东区遗存早于西区遗存，中区遗存与西区遗存年代相当。

关键词： 塞伊玛－图尔宾诺类型　碳－14测年　倒钩铜矛　下王岗遗址　沈那遗址

塞伊玛－图尔宾诺类型遗存自被发现以来，关于其年代的争论从未

　＊　本项目受到教育部哲学社会科学研究重大项目"中外文明起源的比较研究"（2024JZDZ058）、全国考古人才振兴计划（2024–267）、榆林市科技计划项目（CXY–2021–127）及中国－中亚人类与环境"一带一路"联合实验室规划课题资助。

停止，在没有碳－14测年技术辅助时，各位学者大体将其文化年代划定在公元前1500年以后，下限不定，随着碳－14测年技术的应用，塞伊玛－图尔宾诺类型的年代被大大提前。

一、塞伊玛－图尔宾诺类型年代研究现状

1913年，哥罗德索夫（V. A. Gorodtsov）在莫斯科考古学会上报告了塞伊玛遗址的发掘工作，在没有论证的情况下，哥罗德索夫将塞伊玛墓地年代划定在公元前1500~前1250年[1]。

塔尔格伦（A. M. Tallgren）对塞伊玛墓地进行发掘后，认为该墓地年代范围是公元前1600~前1400年。但有趣的是，他在1931年发表的《东欧地区青铜时代年代框架》一文中，将塞伊玛墓地年代重新划定在公元前1300~前1100年[2]。

塞伊玛墓地的整理者及发掘者巴德尔（O. N. Bader），对塞伊玛墓地出土陶器与周围的沃洛索沃文化、巴拉诺沃文化、切尔科沃文化陶器进行对比后，将塞伊玛墓地的年代划定为公元前15~前14世纪[3]。

罗斯托夫卡墓地发掘者马丘申科（V. I. Matyushchenko），通过对罗斯托夫卡墓地、塞伊玛墓地、图尔宾诺墓地、萨穆西遗址及其他西西伯利亚地区青铜时代考古学文化进行比较研究，根据复合石范的年代，将塞伊玛－图尔宾诺年代划定在公元前两千纪下半叶[4]。

1957年，金布塔斯（M. Gimbutas）发表《博罗季诺、塞伊玛及其时代——东欧地区青铜时代关键遗址》一文，对塞伊玛－图尔宾诺年代问题进行讨论，他将博罗季诺窖藏出土的器物与巴尔干－迈锡尼器物进行对比，将博罗季诺窖藏年代定在公元前1450~前1350年；之后他又将目光放到高加索地区，将塞伊玛出土器物与鲁特卡（Rutekha）遗址、法思考（Faskau）遗址出土物进行比较分析，认为博罗季诺－塞伊玛与高加索之间也存在密切联系；接着又将博罗季诺－塞伊玛出土器物与中国商代遗物进行比较。结合高加索地区及中国殷商时期定年，将塞伊玛墓地年代定在公元前15~前13世纪。此外，他还提出了"塞伊玛时期"概念，认为木

椁墓文化中期、图尔宾诺等遗址与塞伊玛时期年代一致[5]。

罗越在《中国古代兵器》一书中将中国商代兵器（包括铜斧、铜矛、铜刀等）与俄罗斯境内发现的青铜时代铜器进行比较。他认为塞伊玛 – 图尔宾诺铜矛应该是商代铜矛的直接来源，所以塞伊玛 – 图尔宾诺遗存年代应与中国商代相当[6]。

1968 年，萨夫罗诺夫（V. A. Safronov）和博赫卡耶夫（V. S. Bochkarev）发表论文，试图确定一个有根据的博罗季诺宝藏的绝对年代，但实际上他们建立的是整个塞伊玛 – 图尔宾诺遗存的年代序列。他们遵循金布塔斯提出的方法进行研究，但文章中没有提到碳 –14 测年（当时尚未有关于塞伊玛 – 图尔宾诺的碳 –14 测年数据）。值得注意的是，博赫卡耶夫完全修改了他原来为出版而准备的文章，因为他不同意萨夫罗诺夫的观点。然而，新的论点也并没有解决此问题。萨夫罗诺夫的论文同样没有解决绝对年代的问题，他几乎遵循了十年前金布塔斯提出的所有建议，并把博罗季诺宝藏的年代定在公元前 13 世纪。

切尔内赫（E. N. Chernykh）结合前人的研究，将塞伊玛 – 图尔宾诺类型遗存与巴尔干 – 迈锡尼遗存和中国殷商时期遗存结合在一起，给出了更为宽泛的年代范围——公元前 1500~ 前 1250 年[7]。

奇列诺娃（N. L. Chelenova）通过比较塞伊玛 – 图尔宾诺带柄铜刀与卡拉苏克文化铜刀后，认为两者非常相似，于是进一步确定塞伊玛 – 图尔宾诺遗存年代与卡拉苏克文化相近，并一直延伸到塔加尔文化初期，即公元前 11~ 前 8 世纪[8]。

随着碳 –14 测年法的广泛应用，叶鲁尼诺 I 墓地是第一个利用碳 –14 测年技术测定的，包含塞伊玛 – 图尔宾诺遗物的遗址。1985 年基留申（Yu. F. Kiryushin）在他的文章中指出叶鲁尼诺 I 墓地 2 号墓测年结果为公元前 1610 ± 30 年（这个数据显然没有经过校正，校正后的结果为公元前 2016~ 前 1775 年）[9]。

萨特加 XVI 墓地也进行了碳 –14 测年，其中 39 号墓葬人骨的测年结果为公元前 2140~ 前 1940 年[10]。

此外，与塞伊玛 – 图尔宾诺共存的阿巴舍沃文化、辛塔什塔文化进行

了大量碳 –14 测年。根据这两支考古学文化的碳 –14 测年结果，切尔内赫将塞伊玛 – 图尔宾诺遗存年代划定为公元前 22~ 前 18 或前 17 世纪 [11]。

近年来，随着新遗址的发掘和更多碳 –14 测年数据的公布，塞伊玛 – 图尔宾诺遗存年代问题逐渐清晰 [12]。

二、遗址及墓葬分析

根据地理分布，塞伊玛 – 图尔宾诺类型遗址可以乌拉尔山为界，分为东区和西区，乌拉尔山则归为中区。东区遗址包括罗斯托夫卡墓地、索普卡 –2 墓地、塔尔塔斯 –1 墓地、普列奥布拉任卡 –6 墓地、萨特加 XVI 墓地、叶鲁尼诺 I 墓地、文格罗沃 –2 遗址等；中区遗址包括卡宁山洞和峡坦亚湖 –2 遗址；西区遗址包括乌斯季 – 维特鲁加墓地、塞伊玛墓地、图尔宾诺墓地、列什诺耶墓地等。本文着重选取公布碳 –14 测年数据的遗址进行介绍。

（一）东区（乌拉尔山以东）

乌拉尔山东侧的塞伊玛 – 图尔宾诺类型或包含塞伊玛 – 图尔宾诺类型遗物的遗址都位于西西伯利亚平原上。西西伯利亚平原位于亚洲最西北处，自北向南分布有针叶林、森林草原和草原三种东西向植被带。平原地势略向北倾斜，没有明显起伏，分布着欧亚大陆最大的水网，鄂毕河与额尔齐斯河是最主要的两条河流，均自南向北流入北冰洋。额尔齐斯河支流众多，右岸比较重要的有鄂木河，左岸自南向北有伊希姆河、托博尔河、孔达河。这些河流不仅是如今便捷的水道，也是古人赖以生存的资源，西西伯利亚平原上发现的各类遗迹大多位于河流沿岸，俄罗斯考古学家也常将不同的流域和河间地带作为划分考古学文化的地理依据。占据平原南部巴拉巴森林草原的克罗托沃文化和奥迪诺文化以及占据阿尔泰森林草原带和额尔齐斯河草原带的叶鲁尼诺文化相关遗址中都曾发现塞伊玛 – 图尔宾诺类型遗存。

1. 罗斯托夫卡墓地

墓地位于西西伯利亚平原南部，鄂木河左岸二级阶地上，鄂木斯克州鄂木斯克市同名村庄附近，发现于 1965 年，发掘于 1966~1969 年。共有墓葬 38 座，墓坑为东西向，沿南北向成排分布，墓葬之间也出土不少遗物。死者多为头向东的仰身直肢葬，也有火葬和二次葬[13]。

　　5 号墓葬（图一），位于探方 Б–11 中，深度为 30 厘米，尺寸为 65 厘米 ×150 厘米，东北—西南方向。墓葬填土为灰黑色，夹杂大量炭块和烧土。经鉴定，墓内埋葬一名成年男性，年龄大概 25 岁，仰身直肢葬，但下肢骨骼有明显位移，头骨保存状况较差，胸骨、椎骨等保存较好。墓内出土 1 件铜矛、4 片碧玉碎片及石镞。

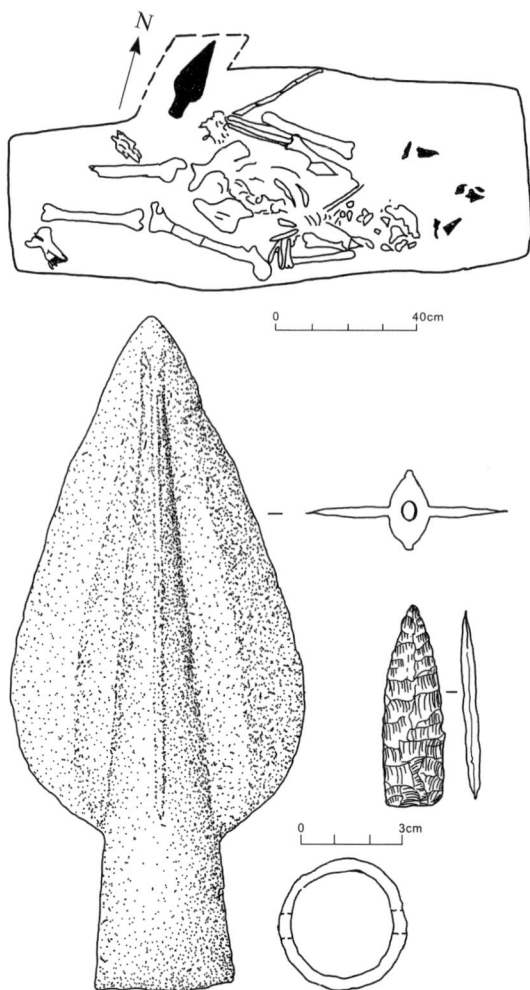

图一　罗斯托夫卡墓地 M5

（ 改绘 自 Матющенко В. И., Синицына Г.В., Могильнику Деревни Ростовка Вблизи Омска,Томск: Том. гос. ун-т, 1988. С. 14 ）

8号墓葬（图二），位于 Б–15 探方内，深度为 40 厘米。灰黑色填土，填土内夹杂大量炭块，东北—西南方向。墓葬中央及东北部发现烧焦的肢骨和颅骨，很显然死者是经过焚烧后下葬的。墓葬中央靠近墓壁处发现烧焦的木棍痕迹，墓内填土夹杂大量烧土和炭块，死者骨骼下方还发现被焚烧过的木头，据此，我们推测死者在下葬过程中被放置于木板上，之后再进行焚烧。当墓葬清理到焚烧过的木头和骨头层位时，在墓葬内不同位置共发现了 5 件石镞。清理完烧过的骨头（很明显是一个小孩），发现了另一具人骨，该死者葬式为仰身屈肢葬，骨骼保存较为完好。该死者是一名男性，但未发现头骨。在墓葬西南部，死者左膝盖处，发现 6 枚石箭镞、2 件刀形骨片；在椎骨的下方发现 1 件铜刀及 1 件骨柄铜锥，刀尖朝向南方，锥尖朝向北方。在第二具人骨的西南方发现了第三具人骨，第三具人骨的头骨靠近第二具人骨的左侧盆骨，位于墓葬东半部，此外，在头骨附近发现 1 件骨柄铜刀。在墓葬的西半部，第二具人骨的脚骨处，发现第四具人骨，经鉴定，该死者为女性，年龄 40~45 岁，面朝上方，残留左侧胫骨、右侧盆骨、右尺骨及左锁骨。清理完所有的人骨后，在墓葬东半部分距离墓底 15 厘米处，发现有 3 件青铜制品：1 件叉形铜矛，其上是 1 件倒钩叉形铜矛，铜矛上方是 1 件单耳铜空首斧。所有的铜器尖部朝向西方。

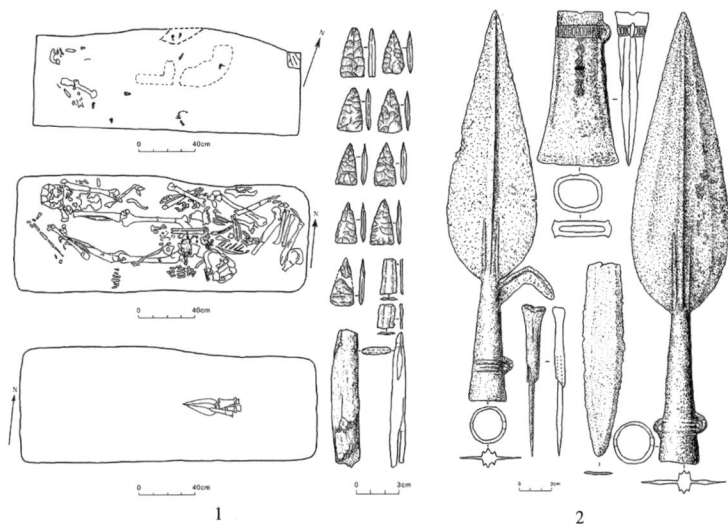

图二　罗斯托夫卡墓地 M8

（改绘自 Матющенко В. И., Синицына Г. В., Могильнику Деревни Ростовка Вблизи Омска, Томск: Том. гос. ун-т, 1988, С. 18–19）

23 号墓葬，位于 E–14、E–15、Ж–14、Ж–15 探方内，墓葬深度为 50 厘米，尺寸为 100 厘米 ×195 厘米，东—西方向。灰黑色填土，包含大量烧土和炭块。靠近墓葬北壁发现颅骨，只残存左半部分，面向东方。除颅骨之外还发现两个肩胛骨及右肱骨。经鉴定，死者为男性，年龄为 30~40 岁。墓内发现 1 块矿石（也有可能是石料）、1 件石刀、1 件铜剑、1 件抛光的石棒。

24 号墓葬（图三），位于 Ж–16 和 Ж–17 探方内，墓葬深度为 15 厘米，尺寸为 70 厘米 ×200 厘米，东南—西北方向。灰黑色填土，包含少量烧土、炭屑。墓葬西南角发现保存状况较差的颅骨，还有一些盆骨、股骨、手骨碎片；墓葬东半部发现下颌骨。经鉴定，墓主为女性，年龄为 40 岁左右。随葬品包含 1 件石箭镞、1 件铸矛石范碎片、1 件铜锥、1 件铜剑。

27 号墓葬，位于 И–12、К–12、И–13、К–13 探方内，墓葬深度为 40 厘米，尺寸为 85 厘米 ×140 厘米，东—西方向。灰黑色填土。墓葬中的人骨排列无序。墓葬南半部发现头骨，墓葬西半部分发现盆骨、一根尺骨和几根肋骨，墓葬东北角发现下颌骨。墓葬中还零星出土一些陶器碎片（摆放在骨头上）。

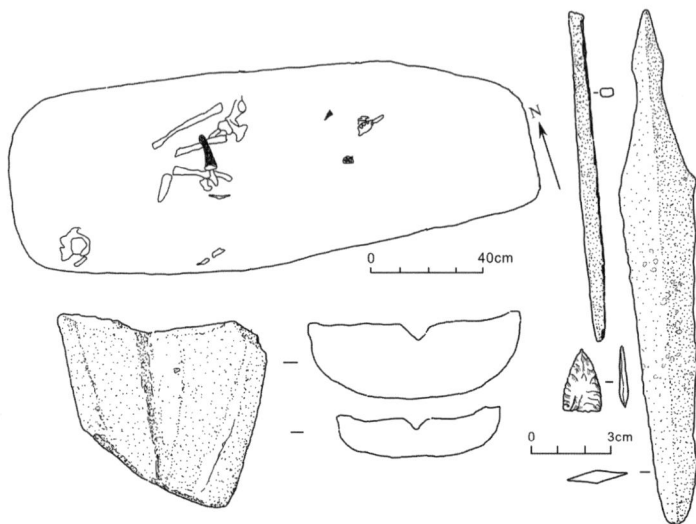

图三　罗斯托夫卡墓地 M24

（改绘自 Матющенко В. И., Синицына Г. В., Могильнику Деревни Ростовка Вблизи Омска, Томск: Том. гос. ун-т, 1988, C.34–35）

33 号墓葬（图四），位于 C‑20、C‑21、T‑20、T‑21 探方内，墓葬深度为 25 厘米，东南—西北方向。灰黑色填土。距离东南墓壁 30 厘米处发现 1 件铜矛直插入墓底。墓葬东南部发现一套骨制铠甲，骨甲排列没有顺序，骨甲下发现一具人骨，经鉴定，墓主为女性，年龄为 20~25 岁。下层骨甲片位于墓葬底部或紧靠墓壁。墓葬西北部发现墓主胫骨、股骨。根据人骨的位置判断，该墓主为仰身直肢葬，头向东南。骨甲中发现 1 件金环，还有 1 件金环发现于墓葬中部。墓葬南角发现 2 块石料，可能用于制作铸范。此外，骨甲中还发现未加工完成的骨料，墓葬中央发现 1 件石箭镞。墓葬填土中还发现：1 件石箭镞、几片穿孔的骨甲、1 件带柄骨刀，骨刀上面有平行的刻划纹。

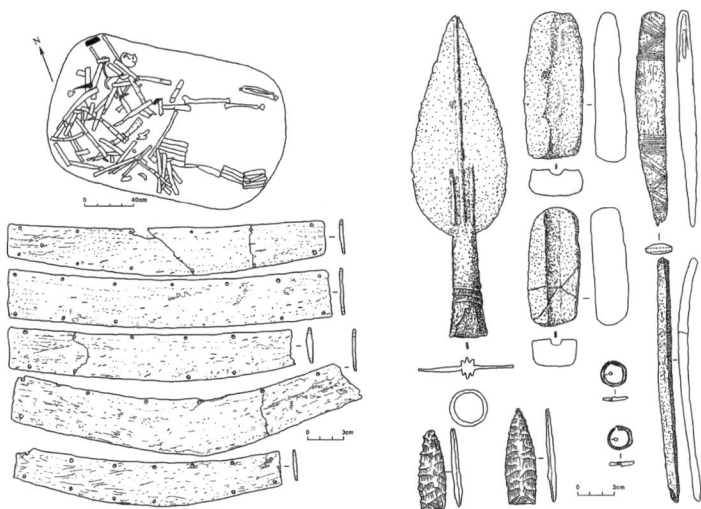

图四　罗斯托夫卡墓地 M33

（改绘自 Матющенко В. И., Синицына Г. В., Могильнику Деревни Ростовка Вблизи Омска, Томск: Том. гос. ун‑т, 1988, С.48‑54）

34 号墓葬（图五），位于 P‑16、C‑16、P‑15、C‑15 探方内，墓葬深度为 65 厘米，尺寸为 280 厘米 × 90 厘米，东南—西北方向。揭掉黑钙土层后，发现墓葬开口，在清理过程中发现较多梳齿纹陶片、石片、石箭镞等。墓中发现人骨，保存状况较好，仰身直肢葬，头向东南。经鉴定，墓主为男性，年龄为 25~30 岁。靠近墓主右手肘处发现 1 件铜空首斧，刃部朝东，空首斧中残存有木头痕迹；空首斧之下发现 1 件尺寸较大的倒钩铜矛；墓葬中部发现 1 件金耳环，盆骨附近发现 1 件铜刀，残留木制刀鞘痕迹；靠近左盆骨处发现 1 件石箭镞；靠近左膝处发现 2 件铜锥；靠近左手腕处发现穿孔的骨头；头骨左侧发现骨柄铜刀。此外，在墓葬的南角靠近头骨左侧发现 1 块较大的陶片。

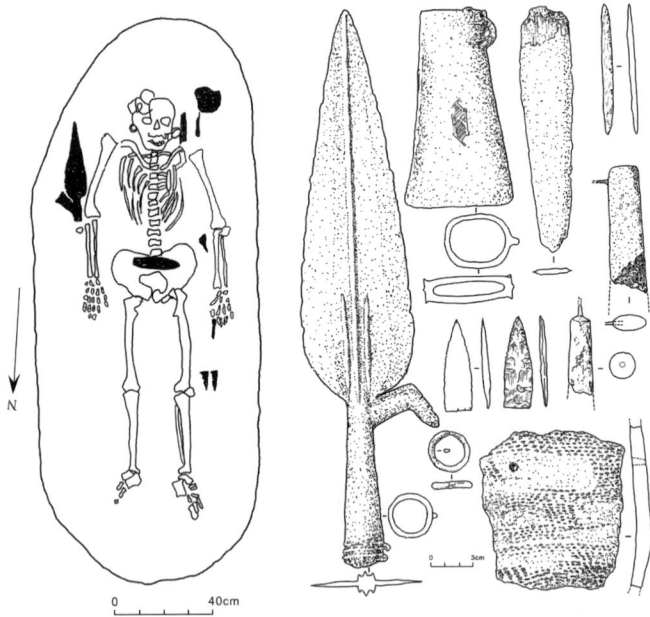

图五　罗斯托夫卡墓地 M34

（改绘自 Матющенко В. И., Синицына Г. В., Могильнику Деревни Ростовка Вблизи Омска, Томск: Том. гос. ун-т, 1988, С.57–58 ）

39 号墓葬，墓葬南部被破坏，矩形墓坑，尺寸为 100 厘米 ×60 厘米，深度为 40~45 厘米，东北—西南方向。墓葬中心有一个小坑。距离墓葬北壁 4~5 厘米处，发现 1 块长 37 厘米的成年人胫骨。

2. 索普卡 –2 墓地

墓地位于西西伯利亚平原南部，鄂木河与塔塔斯河交汇处，新西伯利亚州文格罗沃区，是一处自新石器时代沿用至中世纪的古代墓地，共发掘墓葬近 700 座。莫洛金（Молодин）根据墓葬年代和所属文化对墓地进行分区，在克罗托沃文化 4 Б、4B 区域发现了几座随葬塞伊玛 – 图尔宾诺遗物的墓葬[14]。

282 号墓葬（图六），墓葬平面为矩形，尺寸为 180 厘米 ×86 厘米，东北—西南方向，深度为 62 厘米，墓壁垂直，底部平坦。墓主为男性，30~35 岁，头向东北，仰身，膝盖弯曲朝上，双手放在胸前。左手骨和胸骨之间发现 1 件空首斧，盆骨处发现骨箭镞，墓葬中其他随葬品均放置于右腿膝盖处，发掘者推测这些遗物当时可能都放在 1 件有机容器中，但有机容器未保存下来。该墓中共发现 4 件坩埚，其上有金属熔化的痕迹；4 件用野猪骨头制成的骨刀。墓中还发现 3 件铸造空首斧的陶范；1 件复合范，用于铸造叉形矛；1 件页岩石管，可能用于吹气或浇注金属液。此外，还出土 2 件磨制骨器、石箭镞、骨箭镞和动物牙齿等。

594 号墓葬，墓葬平面为矩形，尺寸为 156 厘米 ×67 厘米，东北—西南方向，深度为 45~52 厘米。经鉴定，墓主为男性，年龄为 55~60 岁，头向东北，仰身，膝盖向上，脚跟靠近盆骨。盆骨旁发现 2 件骨镞和 6 件石镞，盆骨左侧还发现保存很差的木制遗物。墓葬的西南角，发现 1 块很小的铸造空首斧的石范碎片，属于塞伊玛－图尔宾诺类型。

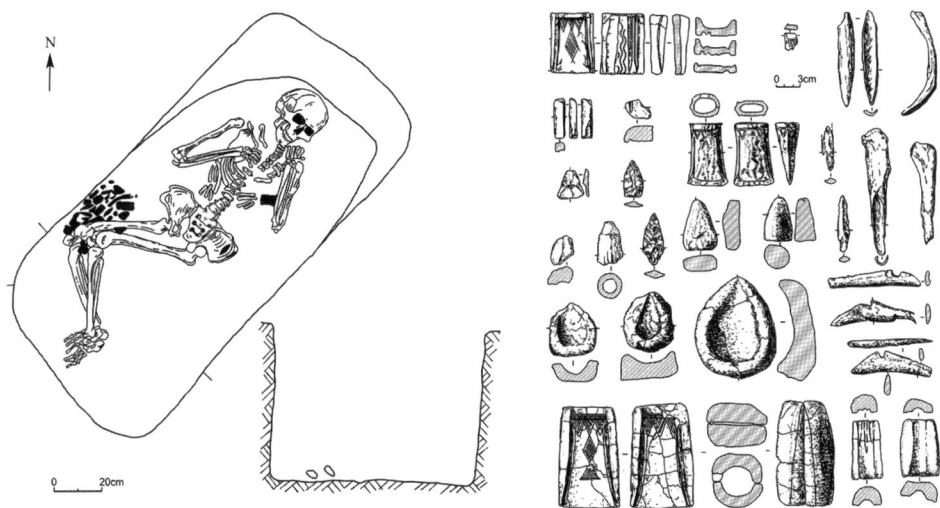

图六　索普卡 –2 墓地 M282

［改绘自 Молодин В. И., *Памятник Сопка-2 на реке Оми (Том 4)*, Новосибирск: Издательство Института археологии и этнографии СО РАН, 2016, С.85–86］

　　上述两座墓葬不仅相邻，而且墓主都采用了屈肢向上的葬式，623
号墓葬邻近 282 号和 594 号墓葬，而且墓主也是仰身向上屈肢的葬式，
应属塞伊玛 – 图尔宾诺类型。

　　623 号墓葬，墓葬平面为圆角矩形，尺寸为 171 厘米 ×88~104 厘
米，东北—西南方向，深度为 94 厘米。经鉴定，墓主为男性，35~40
岁，头向东北，仰身，膝盖向上，脚跟靠近盆骨。盆骨处发现 2 件骨
镞、12 件石镞和几件骨器，右手处发现 1 块赭石，死者周围还随葬一
些动物骨骼。

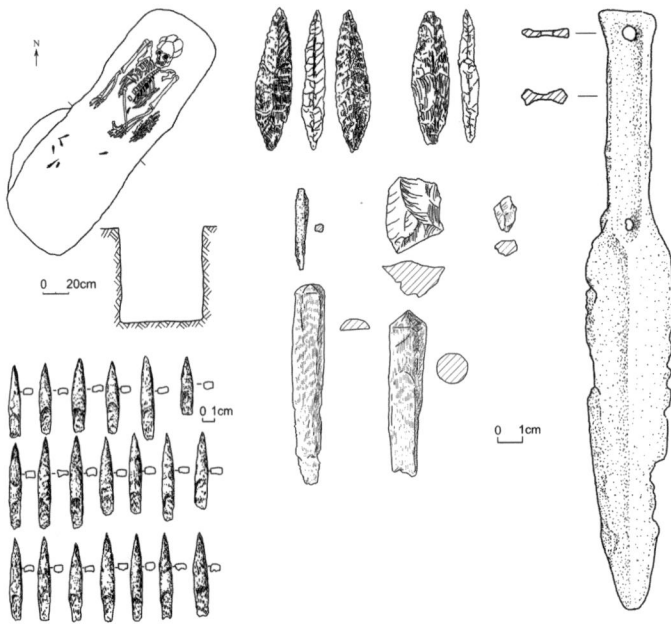

图七　索普卡 –2 墓地 M420

［改绘自 Молодин В. И., *Памятник Сопка-2 на реке Оми (Том 4)*, Новосибирск: Издательство Института
археологии и этнографии СО РАН, 2016, С.141–143 ］

　　420 号墓葬（图七），墓葬平面为长椭圆形，尺寸为 200 厘米
×65~71 厘米，东北—西南方向，深度为 69 厘米。墓壁垂直，底部较平
坦。墓葬被扰乱。经鉴定，死者为男性，20~25 岁。墓中残存墓主上半
身骨骼，下半身骨骼缺失，墓主可能是白骨化之前被放置在墓室中的。

墓主为仰身葬，头向东北。墓主背部下方发现 1 件较大带柄铜剑，左手和墓壁之间发现 38 件箭镞聚集在一起，包括石制与骨制，其中 1 枚箭镞由碧玉制成，箭镞没有箭杆，聚集在一起放置于一个未保存下来的有机容器中。墓中还出土 2 件玉石片、1 件铜锥及几块赭石；墓葬西南部发现 5 枚骨箭镞和 1 块石头。

425 号墓葬（图八），墓葬平面为椭圆形，尺寸为 157 厘米 ×95 厘米，东北—西南方向，墓坑到底部变窄，尺寸为 117 厘米 ×43 厘米，深度为 30~42 厘米。经鉴定，墓主为一名 6 个月大的婴儿，头向东北。死者背部下方发现 1 件较大的铜剑，保留有皮革剑鞘碎片。在颞骨处发现 2 件银耳环，右手下发现 1 件铜锥，颈部发现 2 颗狍齿。

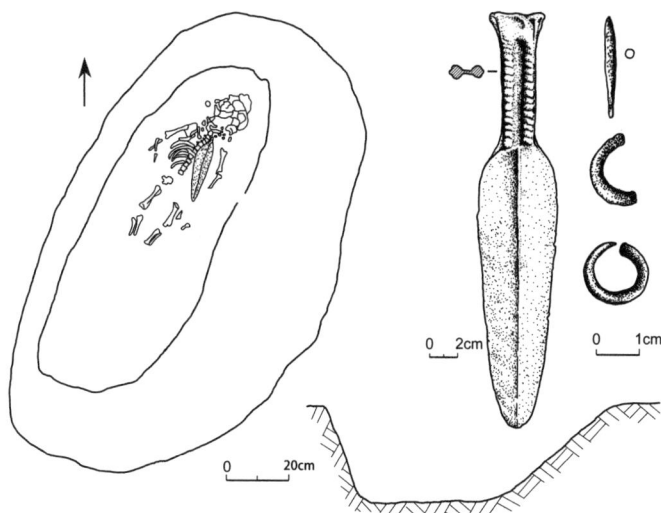

图八　索普卡 –2 墓地 M425

［改绘自 Молодин В. И., *Памятник Сопка-2 на реке Оми (Том 4)*, Новосибирск: Издательство Института археологии и этнографии СО РАН, 2016, C.150］

427 号墓葬（图九），墓葬平面为圆角矩形，尺寸为 192 厘米 ×86 厘米，东北—西南方向，深度为 40 厘米，墓壁垂直，墓底平坦，墓葬中人骨被扰乱。在骨头堆中发现 1 件铸矛陶范，用于铸造叉形矛。

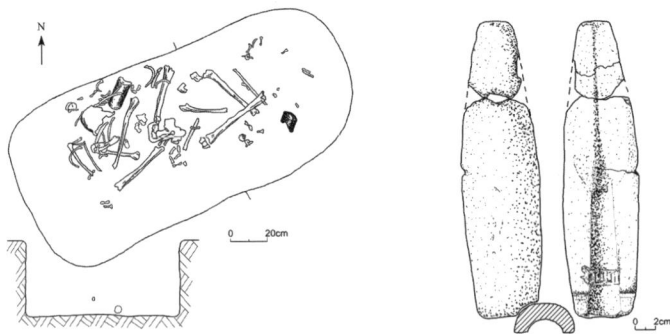

图九　索普卡 –2 墓地 M427

［ 改绘自 Молодин В. И., *Памятник Сопка-2 на реке Оми (Том 4)*, Новосибирск: Издательство Института археологии и этнографии СО РАН, 2016, C.152 ］

464 号墓，墓葬平面为圆角矩形，尺寸为 225 厘米 × 102 厘米，东北—西南方向，深度为 57 厘米，西北壁和东南壁在深 31~35 厘米处内收成阶，墓底平坦。墓中合葬 2 例个体，个体 1 为 30~40 岁的女性，个体 2 为 5~6 岁的儿童，骨骼均有缺失，仰身直肢，头向东北。个体 1 随葬骨锥、铜锥；个体 2 随葬 15 件羊距骨和 1 件骨镞；东南壁的小台阶上发现了铜针、动物骨骼和 1 件带柄陶碗（应为铸造工具）；墓口东北角出土一堆碎陶片，拼合后为 2 件陶器。

3. 塔尔塔斯 –1 墓地

墓地位于西西伯利亚平原南部，塔塔斯河右岸二级阶地上，新西伯利亚州文格罗沃区同名村附近，紧邻索普卡 –2 墓地。截至目前，该墓地发掘面积超过 30000 平方米，主要包括 802 座墓葬和 1745 个坑穴，分属于不同时代和考古学文化[15]。

323 号墓，墓葬平面近方形，尺寸为 210 厘米 × 200 厘米，深度为 13~23 厘米，墓壁垂直，墓底平坦。墓内人骨散乱，共有 5 例个体，墓葬西北角残存部分下肢骨，该死者原本应为仰身直肢，头向东北，推测其余几位死者也是仰身直肢葬。墓坑东部出土羊距骨、铜片和 1 件空首斧陶范碎片，墓坑中部出土 1 件骨镞。该墓属于克罗托沃文化。

487 号墓，墓主膝盖弯曲向上，上半身略微抬起，随葬 1 件空首斧、1 件骨锥和 1 件动物骨骼（图一〇）。该墓属于奥迪诺文化[16]。

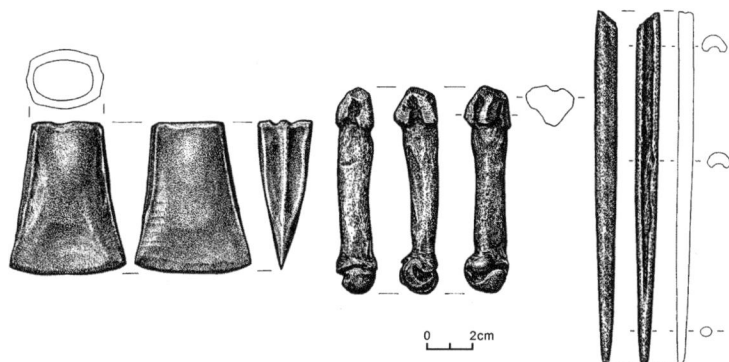

图一〇　塔尔塔斯 –1 墓地 M487 出土遗物

（改绘自 Молодин В.И., Хансен С., Мыльникова Л.Н., et al.,"Археологические исследования могильника Тартас-1 в 2011 году: основные результаты", *Проблемы археологии, этнографии, антропологии Сибири и сопредельных территорий*, 2011, C. 206–211）

4. 普列奥布拉任卡 –6 墓地

墓地位于西西伯利亚平原南部，鄂木河右岸洪泛区一级阶地上，新西伯利亚州查诺夫斯基区同名村附近，墓葬沿鄂木河从北到南呈线状排列[17]。

24 号墓葬（图一一），该墓葬位于整个墓地中部。墓主为男性，仰身直肢葬，下半身人骨保存完好，上半身人骨被扰乱。墓主左臂处发现 1 件塞伊玛 – 图尔宾诺叉形铜矛[18]，头部位置发现骨镞和石镞。该墓从所处位置及葬式葬俗看，无疑属于克罗托沃文化。但塞伊玛 – 图尔宾诺铜矛的出土表明，该时期，塞伊玛 – 图尔宾诺类型器物已被克罗托沃文化人群接受，并随葬于墓葬中。

5. 文格罗沃 –2 遗址

遗址位于西西伯利亚平原南部，靠近塔塔斯河左岸，新西伯利亚州文格罗沃区同名村附近，邻近索普卡 –2 墓地、塔尔塔斯 –1 墓地。1973~2017 年，共发掘 2064 平方米，清理房屋 10 座，属于克罗托沃文化遗存。房屋平面均为矩形，东北—西南方向，沿西北—东南方向排列

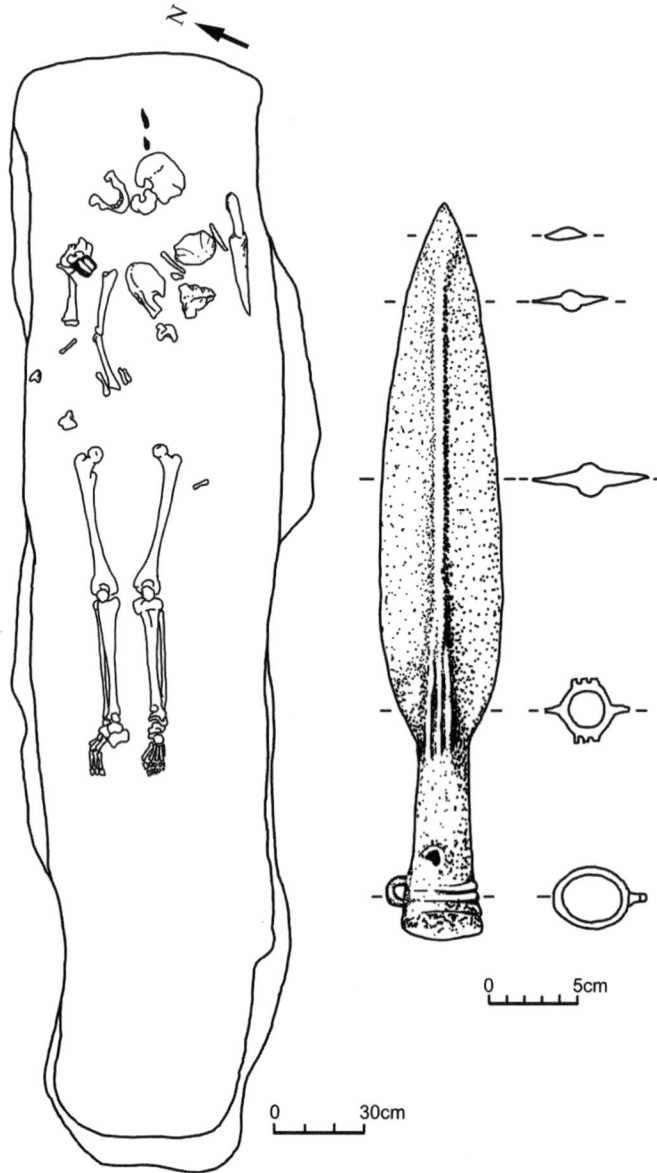

图一一　普列奥布拉任卡 –6 墓地 M24

（引自 Молодин В. И., Чемякина М. А., Позднякова О. А., Гаркуша Ю.Н., Результаты археологических исследований памятника Преображенка-6. Проблемы археологии, этнографии, антропологии Сибири и сопредельных территорий. Т. XI. Ч. I. Новосибирск: Изд-во ИАЭТ СО РАН, 2005, С. 418–423）

成两行，每座房屋中心都有一处火膛，在中心火膛和火膛与西墙、北墙间的区域清理出大量陶片、坩埚碎片、烧骨、煤和灰烬等，发现铜液喷溅痕迹。

7 号房址平面为矩形，尺寸为 800 厘米 × 645 厘米，深 10~22 厘米，四壁竖直，底部平坦，房屋中心略偏南有一处矩形火膛，尺寸为 165 厘米 × 87 厘米，深度为 21 厘米，出土陶片、碎骨、烧过的黏土块等，火膛西南发现一处灰坑（熔炉），平面呈水滴状，尺寸为 54 厘米 × 46 厘米，深度为 16 厘米，东、西、北壁竖直，覆盖有 3 厘米厚的黏土，南壁平缓，底部不平坦，南高北低，灰坑东侧中部发现一处铜液喷溅痕迹。房屋西北角有另一处火膛，平面呈圆形，尺寸为 40 厘米 × 38 厘米，深度为 7 厘米，东、西、北壁竖直，南壁平缓，底部不平坦，坑壁和坑底铺有陶片，该火膛以北 60 厘米处发现 1 件塞伊玛－图尔宾诺类型空首斧石范碎块，有使用痕迹[19]。

6. 叶鲁尼诺 I 墓地

墓地位于西西伯利亚平原东南，鄂毕河左岸高地上，阿尔泰边疆区帕甫罗夫斯克区。1978 年，阿尔泰大学考察队开始在阿尔泰共和国森林草原地带进行调查，在帕甫罗夫斯克地区发现叶鲁尼诺遗址，其中包括 3 座墓葬、7 处居址和 1 处祭祀遗址。基留申主持发掘了其中 3 座墓葬，1 座墓葬完全被现代沟渠破坏[20]。

1 号墓葬（图一二），死者葬式为侧身屈肢葬，股骨被从中间切断，上半身人骨也有缺失。死者左臂附近随葬一件饰有马形象的铜刀，铜刀旁还发现平底陶器和砺石。该铜刀属于塞伊玛－图尔宾诺类型。

7. 别雷索瓦亚－卢卡遗址与捷列乌特斯基－乌斯沃斯 I 墓地

别雷索瓦亚－卢卡遗址属于叶鲁尼诺文化，其中发现了大量铸铜碎片，包括塞伊玛－图尔宾诺叉形铜矛碎片（图一三，2、3）[21]。

捷列乌特斯基－乌斯沃斯 I 墓地位于西西伯利亚平原东南，鄂毕河上游左岸的一处高地上，阿尔泰边疆区帕甫罗夫斯克区。该墓地共发掘墓葬 51 座，可辨认葬式的 46 例个体均为屈肢葬[22]。

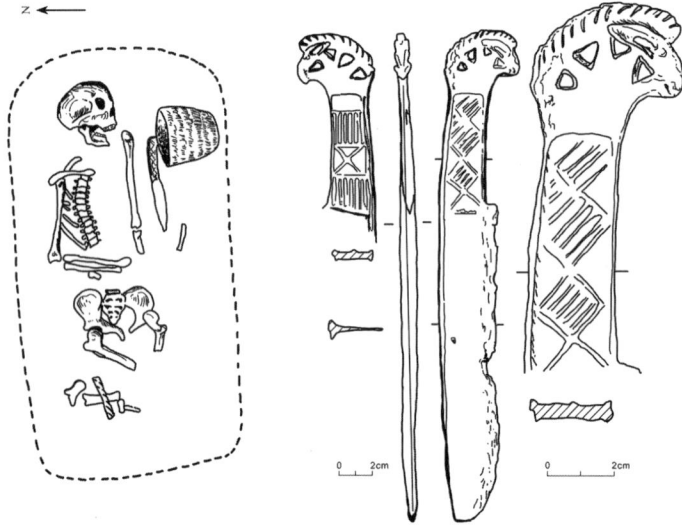

图一二　叶鲁尼诺 I 墓地 M1

（引自 Кирюшин Ю. Ф.,"О культурной принадлежности памятников преандроновской бронзы лесостепного Алтая", *Урало-Алтаистика: Археология, Этнография, Язык,* Новосибирск, 1985, С. 76）

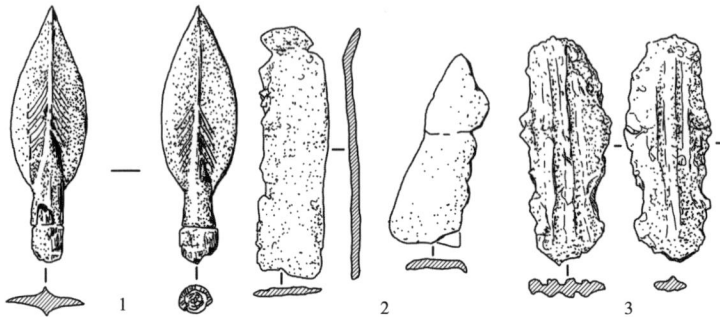

图一三　叶鲁尼诺文化遗址出土遗物

1. 捷列乌特斯基 – 乌斯沃斯 I 墓地 M29 出土青铜箭镞 2、3. 别雷索瓦亚 – 卢卡遗址出土铸范碎片

（引自 Кирюшин Ю.Ф., Грушин С.П., Тишкин А.А., Березовая Лука поселение эпохи бронзы в Алейской степи. Том 2. Монография. Барнаул: Алтайский государственный университет, 2011, С. 171）

　　29 号墓，矩形墓坑，尺寸为 215 厘米 ×130 厘米，深度为 70 厘米，东—西方向，东侧有一条短墓道，尺寸为 75 厘米 ×65 厘米，靠近

墓坑时内收，尺寸为 45 厘米 ×20 厘米，深度为 10 厘米。深 30 厘米处，墓坑中部和西部出现 2 名成人和 1 名儿童的零散骨骼，紧邻南北两壁有木框架痕迹，距西壁 20~25 厘米处有木框架痕迹，东北角发现动物骨骼，南壁附近发现 1 件骨镞、1 件石器。墓坑底部发现 3 名死者，可判断均为侧身屈肢葬式，中部出土陶片、东南角出土 1 件塞伊玛－图尔宾诺青铜箭镞，末端残留木柄（图一三，1），东北角出土陶片、动物骨骼。

8. 萨特加 XVI 墓地

墓地位于西西伯利亚平原中部偏西南，孔达河中游叶夫拉河汇入处——萨特加湖北岸，秋明州汉特－曼西自治区奥克鲁格－乌格拉地区。经过 1987 年、1988 年、2001 年的发掘，该墓地一共揭露 529 平方米，发现 43 座青铜时代墓葬[23]。

5 号墓葬，部分被破坏，椭圆形墓坑，尺寸为 235 厘米 ×55 厘米，深度为 20~25 厘米，东—西方向。墓坑东南角以南 20 厘米处发现头骨碎片，距现在地表 65 厘米，与古代地表深度相当。墓坑西半部未被破坏，发现烧焦的木头和陶器碎片，东半部发现 3 件铸范和 1 件坩埚残块，墓坑中还出土了陶器底部碎片、石镞和石器，在厚达 40 厘米的填土中出土了 1 件铜器、1 件石权杖头。

上述塞伊玛－图尔宾诺东区遗存可划为 3 个小区：鄂毕－额尔齐斯河上游、鄂毕－额尔齐斯河中游和孔达河中游。鄂毕－额尔齐斯河上游，主要分布叶鲁尼诺文化，包括叶鲁尼诺 I 墓地、捷列乌特斯基－乌斯沃斯 I 墓地、别雷索瓦亚－卢卡遗址。鄂毕－额尔齐斯河中游主要分布克罗托沃文化和奥迪诺文化，包括罗斯托夫卡墓地、索普卡 –2 墓地、塔尔塔斯 –1 墓地、普列奥布拉任卡 –6 墓地和文格罗沃 –2 遗址。萨特加 XVI 墓地位于孔达河中游，是西西伯利亚森林带深处唯一的塞伊玛－图尔宾诺墓地。

（二）西区（乌拉尔山以西）

乌斯季 – 维特鲁加墓地

乌斯季 – 维特鲁加墓地位于马里埃尔共和国尤里诺地区洪泛区小丘顶上，距离尤里诺村东北 4 公里。该小丘海拔 80 米，位于伏尔加河左岸与维特鲁加河右岸之间，距离伏尔加河约 300 米。该遗址一部分被切博克萨里水库淹没。2001~2004 年共发掘 13 座墓葬，其中 6 座可确定为墓葬，其余 7 座可能是墓葬，但文化层中墓口不是很清晰。此外，地层中还发现 1 件铜锥、1 件铜刀和 1 件铜手镯碎片，可能出自被毁掉的墓葬。2003 年发掘过程中，在 1 区和 35 区的古代地面上（深棕色沙土）发现 2 件空首斧，可能是故意摆放于地面上。35 区发现的空首斧有争议，因为它出自一堆树皮和烧焦的木头中，年代不确定 [24]。

8 号墓葬（？），位于 2003 年发掘区 23 区，6 号墓葬西南 2 米处，在深棕色沙层中发现 1 件铜刀，深度为 47 厘米，刀尖朝西。

10 号墓葬（图一四），位于 2004 年发掘区第二地点，黄色沙层上发现墓口（距离现代地表 22 厘米），矩形，尺寸为 240 厘米 ×96 厘米，西北—东南方向，墓葬深度为 21 厘米。靠近东北墓壁发现 1 件与墓壁平行的空首斧，斜插入墓底，刃部朝向西北；靠近墓葬西南壁发现 1 件铜矛，斜插入墓底。铜矛下方，发现厚度 1 厘米的深色有机物痕迹。墓葬底部中央（深度为 43~46 厘米），发现 1 件铜刀，铜刀周围是黑色腐殖质斑迹，刀尖朝向西南。墓葬的西南部分发现有赭石铺在墓底，细长形状，尺寸为 153 厘米 ×51 厘米。墓中未发现人骨。

12 号墓葬（？），2001 年沙拉霍夫采集到 1 件空首斧、1 件战斧、1 件铜锛、2 件铜刀。根据他的描述，这是一座 120 厘米宽、60 厘米深的墓葬，于断崖处发现剖面。

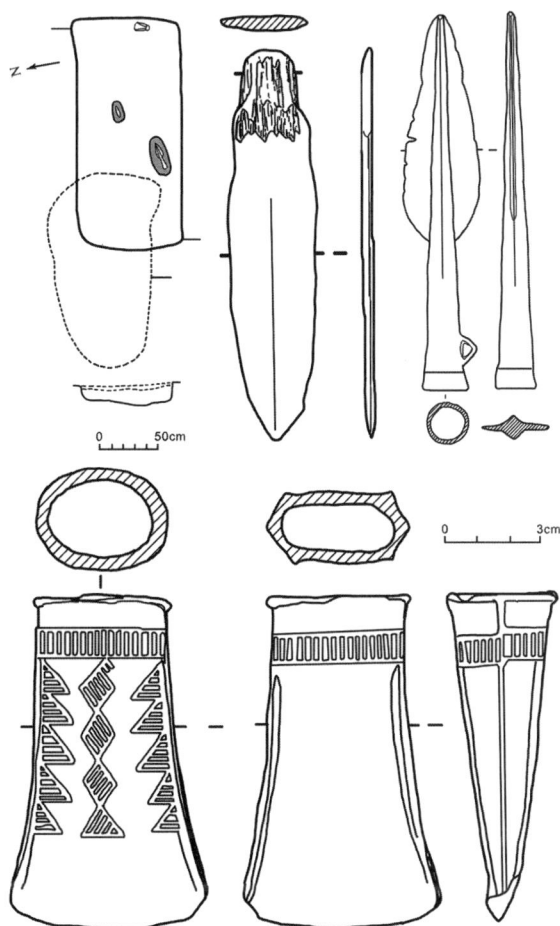

图一四　乌斯季－维特鲁加墓地 M10

[引自 Соловьев Б. С. Юринский (Усть-Ветлужский) могильник (итоги раскопок 2001–2004 гг.). РА. 2005, No. 4, С. 24–25]

（三）中区（乌拉尔山地区）

峡坦亚湖 –2 遗址

峡坦亚湖 –2 遗址位于斯维尔德洛夫斯克省基洛夫格勒，乌拉尔山森林地带峡坦亚湖沿岸 [25]。该遗址是一处塞伊玛－图尔宾诺类型遗址，除发现冶金遗迹外，还发现祭祀遗迹。该遗址共出土 160 余件铜制

品，大多是工具和兵器，其中包括 10 件完整的空首斧、19 件刀和带柄
短剑、5 件铜锛、3 件战斧、2 件铜矛、1 件经锻造的凿，此外还发现鱼钩、
穿孔器和小凿子等[26]。其中空首斧、铜矛及带柄短剑都属于典型的塞伊
玛－图尔宾诺类型铜器（图一五）。

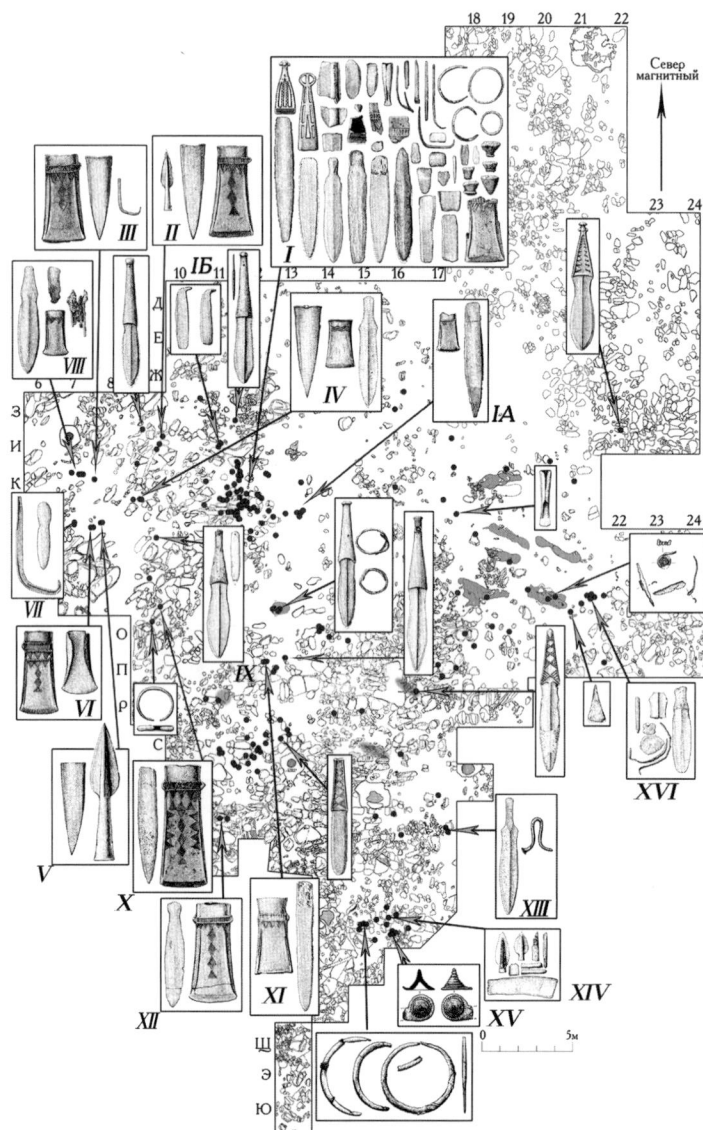

图一五　峡坦亚湖 –2 遗址

（引自 О. Н. Корочкова, В. И. Стефанов, И. А. Спиридонов, Святилище первых металлургов Среднего
Урала. Екатеринбург. Издательство Уральского университета, 2020, С. 31）

上述墓葬及遗址均经过碳 –14 测年，结果如表一所示。

表一　塞伊玛 – 图尔宾诺类型遗址碳 –14 年代数据

遗址	样品	测年结果 2δ（95.4%）（公元前）	实验室编号
东区			
罗斯托夫卡 M5	人骨	1941~1698	UBA–31379
罗斯托夫卡 M5	牙齿	2198~1947	UBA–31396
罗斯托夫卡 M8	人骨	2202~1981	UBA–31381
罗斯托夫卡 M8	牙齿	2201~2023	UBA–31398
罗斯托夫卡 M23	人骨	2452~2144	UBA–29311
罗斯托夫卡 M24	牙齿	2026~1772	UBA–29313
罗斯托夫卡 M27	人骨	2191~1901	UBA–31383
罗斯托夫卡 M27	牙齿	2135~1900	UBA–31399
罗斯托夫卡 M33	人骨	2138~1901	UBA–31382
罗斯托夫卡 M34	人骨	2138~1900	UBA–31380
罗斯托夫卡 M34	牙齿	2863~2470	UBA–31397
索普卡 –2/4 Б M420	人骨	2564~2239	UBA–27424
索普卡 –2/4 Б M425	人骨	2397~2041	UBA–25026
索普卡 –2/4 Б M427	人骨	2340~2057	UBA–25027
索普卡 –2/4 Б M464	人骨	2280~1985	SOAN–8269
索普卡 –2/4 Б M464	人骨	2199~1830	UBA–29748
索普卡 –2/4B M282	人骨	2465~2036	SOAN–7725
索普卡 –2/4B M594	人骨	2617~1978	SOAN–7718
索普卡 –2/4B M594	人骨	2202~1984	UBA–25028
索普卡 –2/4B M623	人骨	2141~1939	UBA–25029
普列奥布拉任卡 –6 M24	人骨	1898~1700	UBA–25804
文格罗沃 –2 居址	木炭	1862~1510	SOAN–9000
文格罗沃 –2 居址	木炭	2126~1693	SOAN–9001
文格罗沃 –2 居址	木炭	2139~1689	SOAN–9002
文格罗沃 –2 居址	木炭	2021~1750	SOAN–9003
塔尔塔斯 –1 M487	人骨	2454~2151	UBA–27417

续表一

遗址	样品	测年结果 2δ（95.4%）（公元前）	实验室编号
萨特加 XVI M39	人骨	2137~1944	OXA-12529
叶鲁尼诺 I M1	木炭	2020~1774	SOAN-1893
捷列乌特斯基 – 乌斯沃斯 I M10	木炭	2200~1954	SOAN-4153
捷列乌特斯基 – 乌斯沃斯 I M12	木炭	2281~1775	SOAN-4154
捷列乌特斯基 – 乌斯沃斯 I M32	木炭	2127~1883	SOAN-4369
捷列乌特斯基 – 乌斯沃斯 I M34	木炭	2196~1937	SOAN-4370
别雷索瓦亚 – 卢卡 11 号灰坑	木炭	2276~1749	SOAN-7472
别雷索瓦亚 – 卢卡 12 号灰坑	木炭	2874~2300	SOAN-7473
别雷索瓦亚 – 卢卡 10 号灰坑	木炭	2025~1704	LE-7426
西区			
乌斯季 – 维特鲁加 M8	木头	2026~1744	HELA-929
乌斯季 – 维特鲁加 M10	木头	1876~1540	HELA-930
乌斯季 – 维特鲁加 M12	木头	1870~1546	HELA-928
中区			
峡坦亚湖 –2	木头	2199~1985	MAMS-23963
峡坦亚湖 –2	木炭	2026~1779	MAMS-23961
峡坦亚湖 –2	木炭	2026~1779	POZ-7112
峡坦亚湖 –2	桦树皮	2021~1773	POZ-7113
峡坦亚湖 –2	木头	1882~1643	OXA-26482
峡坦亚湖 –2	木头	2008~1747	OXA-26596
峡坦亚湖 –2	木头	1931~1750	OXA-26595
峡坦亚湖 –2	木头	1895~1692	OXA-26481
峡坦亚湖 –2	木头	1882~1742	MAMS-22662
峡坦亚湖 –2	木头	1866~1630	MAMS-22665
峡坦亚湖 –2	木头	1621~1518	MAMS-22663
峡坦亚湖 –2	木头	1424~1294	MAMS-22664
中国			
下王岗遗址 H181	木炭	2580~2290	BA090236
下王岗遗址 H181	木炭	4450~4220	BA090237

三、年代分析

罗斯托夫卡墓地碳－14测年数据集中在公元前2200~前1900年，发布该测年数据的作者提到罗斯托夫卡墓地碳－14测年数据可能受到碳库效应影响，但是影响程度不得而知，也没有学者进行过详细研究。西西伯利亚地区塞伊玛－图尔宾诺遗存的测年结果中，利用人骨测出的年代往往比利用炭屑测出的年代早200~300年。此外，同一座墓葬中利用人骨和牙齿测出的数据也有差异，5号墓葬利用牙齿测出的数据比人骨早200年，34号墓葬利用牙齿测出的数据比人骨早500年；8号墓葬与27号墓葬牙齿的测年数据与人骨测年数据基本一致。

公元前三千纪鄂毕－额尔齐斯河森林草原地带人群主要的食物之一是鱼，因此使用人类骨骼测年会受到碳库效应的影响。最新的数据表明，西南西伯利亚不同水源对碳库效应会产生不同的影响，例如鄂毕河、额尔齐斯河这些大型河流，还有塔拉河、塔塔斯河和鄂木河这些小型河流，以及众多不同时期大大小小的湖泊。碳库效应对人类骨骼的影响程度取决于鱼类消费的来源。如果人类个体的捕鱼水源因迁徙等因素发生变化，骨骼各部分间会产生不同程度的碳库偏移。但是，这些结果并没有揭示碳－14测年与骨骼不同部位的明确联系，尽管罗斯托夫卡5号墓和34号墓两组碳－14测年数据差异可能受碳库效应影响。

塞伊玛－图尔宾诺东区遗存发现数量较多，主要集中在西西伯利亚额尔齐斯河中上游地区，这个区域不但发现大型墓地，还发现相关遗址，墓地测年选取的样本通常是人骨，遗址测年所选取的样本通常是木炭，但不论是墓葬还是遗址，都发现了非常典型的塞伊玛－图尔宾诺类型铜器。从测年结果来看，索普卡－2/4Б墓地碳－14测年数据集中在公元前2300~前2000年，索普卡－2/4B墓地碳－14测年数据集中在公元前2200~前1900年，罗斯托夫卡墓地碳－14测年数据集中在公元前2200~前1900年，而萨特加XVI墓地碳－14测年数据也集中在公元前2200~前1900年，因此，额尔齐斯河中上游区域塞伊玛－图尔宾诺墓地或发现塞伊玛－图尔宾诺类型铜器的墓地测年数据比较集中地落在公元前 2200~前 1900 年。文格罗沃 –2 居址内发现大量与金属冶炼相关的遗迹遗物，其中发现一块铸范，所造器型是典型的塞伊玛－图尔宾诺类型空首斧，通过对房屋内部采集的木炭进行测年，发现其年代主要集中在公元前 2100~前 1700 年。总的来讲，西西伯利亚额尔齐斯河中上游区域塞伊玛－图尔宾诺相关遗存测年数据比较一致，年代范围集中在公元前 2200~前 1700 年。

无独有偶，分布较上述遗址及墓地靠东的叶鲁尼诺文化遗存，也发现了不少塞伊玛－图尔宾诺类型铜器，其中叶鲁尼诺 I 墓地 1 号墓葬测年数据为公元前 2000~前 1700 年，捷列乌特斯基－乌斯沃斯 I 墓地测年数据为公元前 2200~前 1800 年，测年样本均为墓葬中发现的木炭。近年来新发现的别雷索瓦亚－卢卡遗址属于叶鲁尼诺文化，该遗址中发现了大量与金属冶炼相关的遗迹遗物，其中发现的铸铜碎片很可能与塞伊玛－图尔宾诺叉形铜矛相关，该遗址碳 –14 测年数据集中在公元前 2300~前 1700 年 [27]。因此，叶鲁尼诺文化遗址及墓地的测年数据也集中在公元前 2200~前 1700 年。

综上，塞伊玛－图尔宾诺东区遗存碳 –14 测年数据较为统一，不论是塞伊玛－图尔宾诺类型墓地，还是出土塞伊玛－图尔宾诺类型铜器的墓地及遗址，测年数据基本集中在公元前 2200~前 1700 年。

西区仅乌斯季－维特鲁加墓地经过测年，碳 –14 测年数据为公元前 1900~前 1600 年；中区峡坦亚湖 –2 遗址很可能是一处塞伊玛－图尔宾诺人群的冶金及祭祀地点，遗址内发现了大量塞伊玛－图尔宾诺类型铜器，包括空首斧、铜矛、铜剑等，除此之外还发现了大量金属冶炼遗迹。该遗址 12 个测年样本皆为木头或木炭，碳 –14 测年数据集中在公元前 2000~前 1600 年。

结合遗址分区，判断乌拉尔山以东地区塞伊玛－图尔宾诺遗存测年数据集中在公元前 2200~前 1900 年；叶鲁尼诺文化年代下限稍晚，测年数据集中在公元前 2200~前 1700 年。乌拉尔山以西地区塞伊玛－图尔宾诺遗存测年数据集中在公元前 1900~前 1600 年；乌拉尔山地区峡坦亚湖 –2 遗址年代为公元前 2000~ 前 1600 年。可以看出乌拉尔山及其东西两侧的塞伊玛－图尔宾诺类型遗存有一段并行期，但就整体而言，乌拉尔山以东塞伊玛－图尔宾诺遗址早于乌拉尔山以西塞伊玛－图尔宾诺遗址，乌拉尔山地区塞伊玛－图尔宾诺遗址则与乌拉尔山以西塞伊玛－图尔宾诺遗址年代相当（图一六）。

值得注意的是，中国境内也发现不少塞伊玛－图尔宾诺类型遗物，淅川下王岗遗址 H181 出土 4 件倒钩铜矛，这 4 件铜矛是中国境内为数不多具备完整出土信息的塞伊玛－图尔宾诺类型遗物，然而铜矛上残留木炭的测年结果并不理想，只有 1 例数据相对合理，落入公元前 2580~ 前 2290 年。据发掘者判断，该灰坑属于龙山时代晚期，遗址中发现的另外 2 座龙山文化晚期墓葬碳 –14 测年结果分别为公元前 2009~ 前 1777 年和公元前 2123~ 前 1912 年 [28]，若考虑到这 2 例数据，H181 的年代可能在公元前 2100 年前后，上限或可至公元前 2200 年，也就是铜矛上残留木炭碳 –14 测年结果的下限。青海沈那遗址 H74 出土 1 件倒钩铜矛，属齐家文化遗物 [29]，齐家文化早在公元前 2100 年就已经进入青海东部 [30]，那么这件倒钩铜矛的年代也可能在公元前 2100 年前后。

淅川下王岗遗址属于二里头三期的地层中出土一件铜倒钩（T15 ② A:39），断面为菱形，残长 3.8 厘米 [31]。这件铜倒钩发现于二里头三期地层中，但该探方中，二里头文化下层是龙山文化地层，所以不能排除该铜倒钩是从下层翻上来的。但不管实际情况究竟如何，这件倒钩的下限年代是二里头文化三期，即公元前 1610 年 ~ 前 1555 年 [32]。

湖北天门石家河罗家柏岭遗址出土铜矛呈叶状，中央起脊，残长约30、宽约 11 厘米，体形硕大，发掘者认为系"剑身残片"，但其形制和尺寸均与塞伊玛－图尔宾诺式铜矛的矛叶相符，显系塞伊玛－图尔宾诺式铜矛的残器。根据与其共出于同一层位的后石家河文化玉器判断，其年代应与后石家河文化相当，大致在公元前 2200~ 前 1800 年 [33]。

结 语

综上，塞伊玛－图尔宾诺类型遗存于公元前 2200 年在西西伯利亚额尔

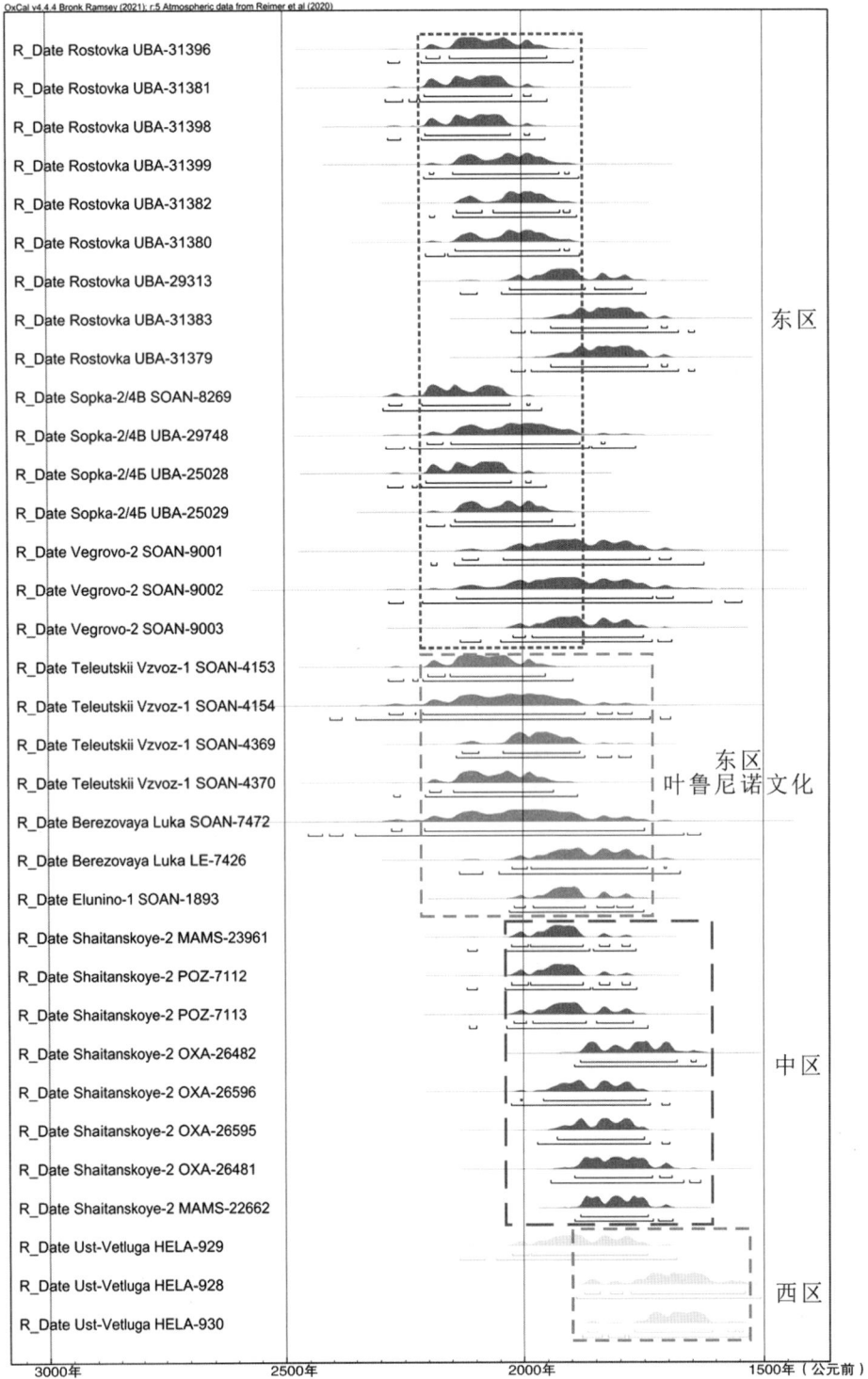

图一六　塞伊玛－图尔宾诺类型相关遗址碳－14 测年数据校正图

齐斯河中上游地区形成，经过乌拉尔山逐渐蔓延至乌拉尔山西侧，并在乌拉尔山以西地区蓬勃发展；与此同时，约公元前 2100 年，塞伊玛－图尔宾诺类型遗物开始向东传播，经河西走廊进入中原，并进一步向南扩散。

注　释

〔 1 〕Городцов В. А., *Культура Бронзовой эпохи в Средней России*, Москва: Б. и., 1915, pp. 23–26.

〔 2 〕Tallgren A. M., "Zur Chronologie der osteuropaischen Bronzezeit", *Mittelungen der antropologische Gesellschaft in Wien*, 1931, 61, pp. 81–97.

〔 3 〕Бадер О. Н., "Новые раскопки Турбинского I могильника", *ОКВЗ*, 1959, 1, pp. 57–63.

〔 4 〕Матющенкою В. И., *Древние культуры Алтая и Западной Сибири*, Рипол Классик, 1978, pp. 22–34.

〔 5 〕Gimbutas, Marija, "Borodino, Seima and Their Contemporaries: Key Sites for the Bronze Age Chronology of Eastern Europe", *Proceedings of the Prehistoric Society*, 1957, 22, pp. 143–172.

〔 6 〕Loher M., *Chinese Bronze Age Weapon*, University of Michigan Press, 1956, pp. 39–71.

〔 7 〕Черных Е. Н., *Древнейшая металлургия Урала и Поволжья*, М.: Наука, 1970, pp. 102–103.

〔 8 〕Челенова С. В., *Хронология памятников Карасукской эпохи*, М.: Наука, 1972, p. 138.

〔 9 〕Кирюшин Ю. Ф., "О культурной принадлежности памятников предандроновской бронзы лесостепного Алтая", *Урало-Алтаистика: Археология, Этнография, Язык*, 1985, pp. 72–76.

〔 10 〕Hanks B. K., A. V. Epimakhov, A. C. Renfrew, "Towards a Refined Chronology for the Bronze Age of the Southern Urals, Russia", *Antiquity*, 2007, 81 (312), pp. 353–367.

〔 11 〕Черных Е. Н., "Формирование евразийского «степного пояса» скотоводческих культур: взгляд сквозь призму археометаллургии и радиоуглеродной хронологии", *Археология, этнография и антропология Евразии*, 2008, 3 (35), pp. 36–53；〔俄〕切尔内赫、库兹明内赫，王博、李明华译《欧亚大陆北部的古代冶金：塞伊玛—图尔宾诺现象》，附文一《欧亚大陆草原带畜牧文化的形成过程》，中华书局，2010 年，第 251~268 页。

〔 12 〕Hanks B. K., A. V. Epimakhov, A. C. Renfrew, "Towards a Refined Chronology for the Bronze Age of the Southern Urals, Russia", *Antiquity*, 2007, 81 (312), pp. 353–367; Черных Е. Н., О. Н. Корочкова, Л. Б. Орловская, "Проблемы календарной хронологии сейминско-турбинского транскультурного феномена", *Археология, этнография и антропология Евразии*, 2017, 2(45), pp. 45–55; Соловьев Б. С., "Юринский (Усть-Ветлужский) могильник (итоги раскопок 2001–2004 гг.) ", *Российская археология*,

2005, 4, pp. 103–111; Кирюшин Ю. Ф., Грушин С. П., Тишкин А. А., *Березовая Лука - поселение эпохи бронзы в Алейской степи. Том 2*, Монография. Барнаул: Алтайский государственный университет, 2011, p. 171; Грушин С. П., Кирюшин Ю. Ф., Тишкин А. А. и др., *Елунинский археологический комплекс Телеутский Взвоз-I в Верхнем Приобье: опыт междисциплинарного изучения.Коллективная монография*, Барнаул: Алтайский государственный университет, 2016, p. 270; Marchenko, Z.V. et al., "Paleodiet, Radiocarbon Chronology, and the Possibility of Freshwater Reservoir Effect for Preobrazhenka 6 Burial Ground, Western Siberia: Preliminary Results", *Radiocarbon*, 2015, 57(4), pp. 595–610; Молодин В.И., *Памятник Сопка-2 на реке Оми(Том 4)*, Новосибирск: Издательство Института археологии и этнографии СО РАН, 2016, p. 450; Кирюшин Ю. Ф., "О культурной принадлежности памятников преандроновской бронзы лесостепного Алтая", *Урало-Алтаистика: Археология, Этнография, Язык*, Новосибирск, 1985, pp. 72–76; Z. V. Marchenko, S. V. Svyatko, V. I. Molodin, A. E. Grishin and M.P. Rykun, "Radiocarbon Chronology of Complexes With Seima–Turbino Type Objects (Bronze Age) in Southwestern Siberia", *Radiocarbon*, 2017, 59, pp. 1381–1397.

［13］Матющенко В.И., Синицына Г.В., *Могильнику деревни Ростовка вблизи Омска*, Томск: Том. гос. ун-т, 1988.

［14］Молодин В.И., *Памятник Сопка-2 на реке Оми(Том 4)*, Новосибирск: Издательство Института археологии и этнографии СО РАН, 2016.

［15］В.И. Молодин, Г. Парцингер, Л.Н. Мыльникова, С. Хансен, И.А. Дураков, С. Райнхольд, Н.С. Ефремова, А. Наглер, Л.С. Кобелева, Д.А. Ненахов, Ю.Н. Ненахова, М.С. Нестерова, Д.В. Селин, *Тартас-1 – перекресток культур и эпох(Том 1)*, Новосибирск: Изд-во ИАЭТ СО РАН, 2022.

［16］Молодин В. И., Хансен С., Мыльникова Л. Н., et al., "Археологические исследования могильника Тартас-1 в 2011 году: основные результаты", *Проблемы археологии, этнографии, антропологии Сибири и сопредельных территорий*, 2011, 17, pp. 206–211.

［17］Чемякина М. А., "Археолого-геофизические исследования грунтовых могильников западной Сибири", *Вестник Новосибирского государственного университета. Серия: История. Филология*, 2008, 7, pp. 44–56.

［18］Молодин В. И., М. А. Чемякина, О. А. Позднякова, "Археологогеофизические исследования памятника преображенка в барабинской лесостепи", *Проблемы археологии, этнографии, антропологии Сибири и сопредельных территорий*, 2007, 13, pp. 339–344.

［19］Дураков И. А., Мыльникова Л. Н., *На заре металлургии: Бронзолитейное производство населения Обь-Иртышской лесостепи в эпоху ранней бронзы*, Новосибирск: Изд-во

ИАЭТ СО РАН, 2021, pp. 123–126.

[20] Кирюшин Ю. Ф., "Итоги и перспективы изучения памятников энеолита и бронзы Алтая", *Проблемы древних культур Сибири*, 1985, pp. 46–53; Кирюшин. Ю. Ф., "Работы Алтайской экспедиции", *Археологические открытия 1978 г*, 1979, pp. 228–229; Кирюшин Ю. Ф., "Работы Алтайской экспедиции", *Археологические открытия 1979 г*, 1980, pp. 208–209; Кирюшин Ю. Ф., "О феномене сейминско-турбинских бронз и времени формирования культур ранней бронзы в Западной Сибири", *Северная Евразия от древности до средневековья*, 1992, pp. 66–69; Кирюшин Ю. Ф., "О культурах бронзового века в лесостепном Алтае", *Сибирь в прошлом, настоящем и будущем*, 1981, pp, 51–54; Кирюшин Ю. Ф., "Алтай в эпоху энеолита и бронзы (Ш тыс. – УП в. до н.э.)", *История Алтая: Учебное пособие*, 1983, pp. 15–28; Кирюшин Ю. Ф., "О культурной принадлежности памятников предандроновской бронзы лесостепного Алтая", *Урало-Алтаистика: Археология, Этнография, Язык*, 1985, pp. 72–77.

[21] Ковтун И. В., "Проблема соотношения елунинских и сейминско-турбинских бронз", *Вестник Кузбасского государственного технического университета*, 2005, 3, pp. 126–131.

[22] Грушин С. П., Кирюшин Ю. Ф., Тишкин А. А., et al., *Елунинский археологический комплекс Телеутский Взвоз-I в Верхнем Приобье: опыт междисциплинарного изучения*, Барнаул: Изд-во Алт. ун-та, 2016.

[23] Бесирозванный Е.М., О.Н. Корочкова, "Сатыга XVI: Сейминско-Тузбинский Могильник в Таежной эоне западной Сибири", 2011.

[24] Соловьев Б. С., "Культурные компоненты Усть-Ветлужского могильника", *Поволжская Археология*, 2014, 2 (4), pp. 18–39.

[25] Serikov Y. B., O. N. Korochkova, S. V. Kuzminykh, and V. I. Stefanov, "Shaitanskoye Ozero Ⅱ: New Aspects of the Uralian Bronze Age", *Archaeology, Ethnology & Anthropology of Eurasia*, 2009, 37 (2), pp. 67–68; Сериков Ю. Б., "Скальные культовые памятники Шайтанского озера", *Проблемы археологии: Урал и Западная Сибирь (к 70-летию Т.М. Потемкиной)*, 2007, pp. 42–49.

[26] Корочкова О. Н., Стефанов В. И., Спиридонов И. А., *Святилище первых металлургов Среднего Урала*, Екатеринбург: Издательство Уральского университета, 2020.

[27] 别雷索瓦亚－卢卡遗址 12 号灰坑的测年明显偏早，故排除在外。

[28] 中国社会科学院考古研究所编著《淅川下王岗：2008~2010 年考古发掘报告》，科学出版社，2020 年，第 589~602 页。

[29] 王玥、李国华、乔虹、张清民、冯雪《西宁市城北区沈那遗址 1992~1993 年发掘简报》，《考古》2022 年第 5 期，第 3~23 页。

［30］贾领、杜战伟、王倩倩《试论齐家文化尕马台类型》,《北方文物》2023 年第 1 期, 第
　　　60~65 页。

［31］河南省文物研究所、长江流域规划办公室考古队河南分队《淅川下王岗》, 文物出版
　　　社, 1989 年, 第 298 页。

［32］中国社会科学院考古研究所《中国考古学·夏商卷》, 中国社会科学出版社, 2003 年,
　　　第 660 页, 表二。

［33］王鹏《淅川下王岗遗址出土塞伊玛 – 图尔宾诺式铜矛与南北文化交流》,《考古》2023
　　　年第 6 期, 第 74~85 页。

Chronology of Seima–Turbino Culture

Liu Xiang　　Gao Ziheng　　Jiang Jiayi

Abstract: Seima–Turbino culture is famous for advanced metal casting technology and highly recognizable metal artifacts. The absolute age of Seima–Turbino culture has been one of the most ardently discussed issues in the Bronze Age of Eurasian Steppe. Recently, the publication of a large number of C–14 dating data from relevant sites has made the absolute age of Seima–Turbino culture clearer. This article divides the Seima–Turbino cultural relics into the eastern area (east of the Ural Mountains), the central area (the Ural Mountains area), and the western area (west of the Ural Mountains). Based on the C–14 dating data, it is judged that the age of the remains in the eastern area is about 2200 BC–1900 BC, the remains in the west area are concentrated in 1900 BC–1700 BC, the remains in the central area are concentrated in 2000 BC–1600 BC, eastern area is earlier than the western area, and central area is of the same age as the western area.

Keywords: Seima–Turbino Culture; C–14 Dating; Spearhead; Xiawanggang Site; Shenna Site

新疆洋海墓地动物殉祭习俗研究*

邵会秋　宋佳雯

（西北大学丝绸之路考古合作研究中心）

摘　要： 本文从新疆洋海墓地的动物殉祭现象入手，首先梳理了动物遗存的出土情况，并分析了动物殉祭的使用与墓葬各因素之间的关联性。继而对各期墓葬中的动物殉祭现象进行统计和归纳，揭示了洋海先民对牲畜的认知和利用存在历时性演变。在此基础上总结得出，洋海先民在墓葬中对牲畜的使用存在"祭牲"与"殉牲"两种习俗，通过论证表明其成因与当地环境密切相关，生态是文化习俗构建的重要基础。

关键词： 洋海墓地　动物遗存　殉祭现象　生态环境　文化适应

　　洋海墓地[1]位于吐鲁番盆地火焰山吐峪沟大峡谷的荒漠戈壁中，遗址面积约 5.7 万平方米。其墓葬主要分布在三块流水切割形成的台地上，分别被命名为Ⅰ、Ⅱ、Ⅲ号墓地。由于地处干燥的沙漠腹地，墓葬中的人骨、动物骨骼以及其他随葬品保存状况良好，自 20 世纪 80 年代中期发现以来，受到了持续关注。以往学界对洋海墓地的研究多集中在分期分区、墓葬类型、文化遗存、人骨以及动植物等方面，其中有关动物遗存的研究除对"洋海墓地随葬（或祭肉）动物（骨骼）"的登记与鉴定外

---

　　* 本文系国家社科基金重点项目"亚洲中部干旱区丝路沿线青铜时代文化格局与互动研究"（23AKG009）阶段性成果。本文还得到了中国历史研究院重大招标项目（23VLS007）和全国考古人才振兴计划（2024–267）的资助。

[2]，仅在新疆地区动物骨骼随葬方式 [3]、祭祀遗存 [4] 的研究以及大区域下的殉牲研究 [5] 中有所涉及，目前仍缺乏对洋海墓地动物殉祭遗存及习俗的系统性研究。

鉴于 1988 年清理的 82 座墓葬（Ⅰ号墓地 77 座，Ⅱ号墓地 5 座）和 2006 年在Ⅰ号墓地清理的 8 座墓葬均遭受了较大程度的破坏，且资料发表相对不完备，本文选取 2003 年发掘，载于《新疆洋海墓地》的材料作为研究对象，并在对洋海墓地不同时期的动物殉祭现象进行统计的基础上，有根据地对民族志材料加以结合、使用，以"透物见人"为最终目标，对洋海墓地中所体现的动物殉祭习俗进行综合讨论。

一、出土动物殉祭概况

洋海墓地共发现 519 座墓葬和 2 座不知归属的殉马坑。通过对发掘报告的资料篇及研究篇中的《洋海墓地随葬（或祭肉）动物（骨骼）登记表》进行整理，我们发现部分墓葬中出土的动物骨骼未被登记。经重新统计，洋海墓地共 159 座墓葬出土动物殉祭遗存，占墓葬总数的30.64%。出土动物骨骼主要包括羊、马、牛、狗四个品种。共计 182 具个体。其中，羊的数量最多，达 159 具，包括 135 具绵羊（占总数的74.18%）、19 具山羊（占总数的 10.44%）和 5 具不可鉴定种属的羊（占总数的 2.75%）。马的数量为 19 具，占总数的 10.44%。牛和狗各有 3 具和 1 具，分别占总数的 1.65% 和 0.55%（图一）。

洋海墓地中所见的动物殉祭主要可以分为两类。一为某种动物的单独部位，包括绵羊的头骨、下颌骨、肩胛骨、椎骨及肢骨；山羊的头骨、下颌骨和后肢骨；不可鉴定种属的羊的头骨残块、脊椎骨；牛的头骨；狗的头骨及部分骨架（也可能为保存较差的完整个体）；马的头骨、下颌骨、肩胛骨、胫骨和椎骨。二为整牲，动物种类仅见马。由于洋海墓地长期被盗扰，部分墓葬的分析条件受到制约。此外，既往研究并未对出土的动物骨骼进行微痕分析，因此我们所能获取的信息较为有限。

　　动物殉祭的组合情况存在 9 种类型：绵羊、山羊、不可鉴定种属的羊、马、绵羊与山羊、绵羊与马、绵羊与狗、山羊与牛、马与牛（图二）。我们可以直接观察到，绵羊为洋海墓地动物殉祭的最大宗，且常与其他种类动物共同出现。洋海墓地位于典型的大陆性暖温带荒漠气候区，干旱多风，年降水量极少，仅有 16.9mm；日照充足，蒸发量巨大，高达 3124.6mm[6]，夏季平均气温可达 39℃，因此自古就有"火洲"之名。人类适应干旱地区环境的生态学原理在于通过牲畜构建以植物为基础、牲畜为中介、人为最高消费等级的长食物链[7]。因此在上述自然地理与畜牧条件下，较为耐旱且至少能提供肉、奶、皮、毛资源的绵羊就成为洋海先民饲养的主要畜种。值得注意的是，洋海墓地动物畜养数量与占比数据主要基于考古发掘出土的动物骨骼资料，而通过墓葬材料所统计的动物骨骼数据也可能存在偏差，因此我们只能通过对各墓葬动物殉祭的研究来探讨洋海先民动物畜养的构成情况，而不能将其结果简单等同于当时实际的畜养比例。

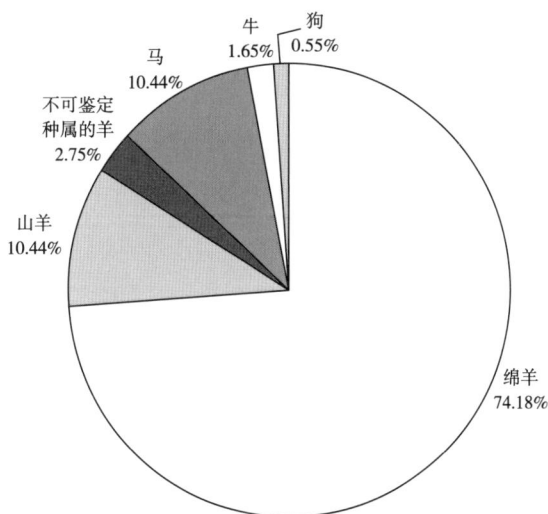

图一　洋海墓地动物殉祭种类占比情况

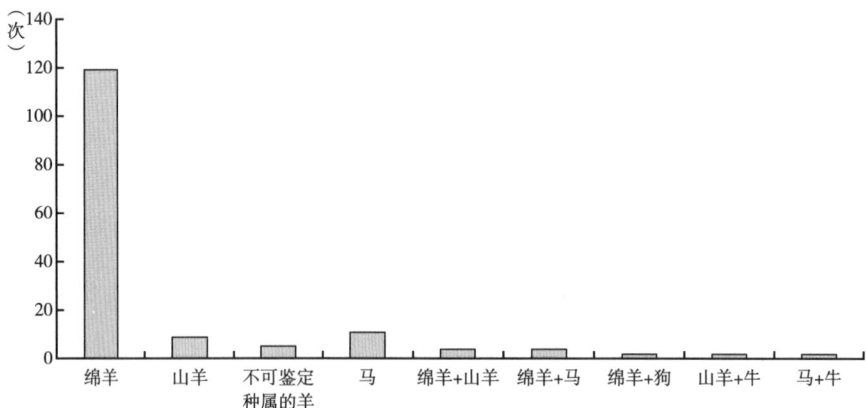

图二　洋海墓地各类动物殉祭组合出现次数统计

从墓葬空间结构与动物殉祭的关系上看，首先需要考虑的是墓葬方向。洋海墓地各墓葬方向及异位墓葬的墓向数值离散情况如下（图三），墓向主要集中在 95°~120° 之间，明显异位墓葬共计 57 座，明显异位墓葬中使用动物殉祭的有 7 座，占明显异位墓葬总数的 12.28%。其次是墓葬形制，据统计，A 型椭圆形竖穴墓共 35 座，其中 11 座使用动物殉祭，占 A 型墓总数的 31.43%；B 型长方形竖穴二层台墓共 65 座，其中 18 座使用动物殉祭，占比 27.69%；C 型长方形竖穴墓共 362 座，其中 118 座使用动物殉祭，占比 32.60%；D 型竖穴偏室墓共 57 座，其中 12 座使用动物殉祭，占比 21.05%。最后是墓葬规模，由于洋海墓地建立在黄土层深厚的台地上，其上层除了风化作用形成的流沙，几乎没有人类活动的痕迹。因此墓葬的原始体积基本未受影响，可用于计算动物殉祭与墓葬规模的关联性（图四）。箱线图显示，无论是否使用动物殉祭，洋海墓地各墓葬体积整体都处在较为相近且稳定的区间内。综合来看，动物殉祭的使用与墓葬空间结构的关联性不大。

从动物殉祭出现的位置来看，其主要被放置于墓室，多见于墓主人的头端和脚下，或靠近墓室的四壁或四角。其中，部分动物殉祭还被盛放于容器内，如木盘、木盆、陶钵、陶釜和陶器残片等。此外，在 D 型竖穴偏室墓中，动物殉祭还出现在偏室外的墓道中、专门修筑的埋藏坑内，或者作为单独一层埋葬在墓室之上，这几种情境下动物种类仅见马。

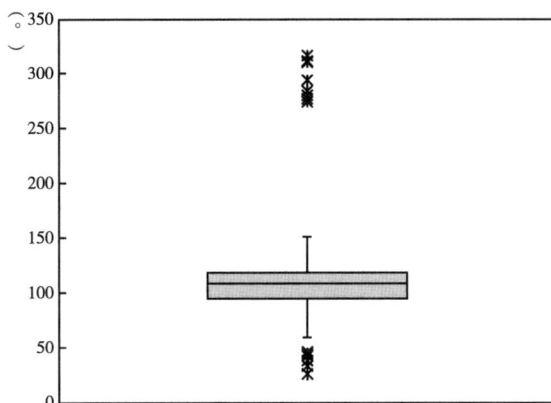

图三　洋海墓地墓葬墓向箱线图

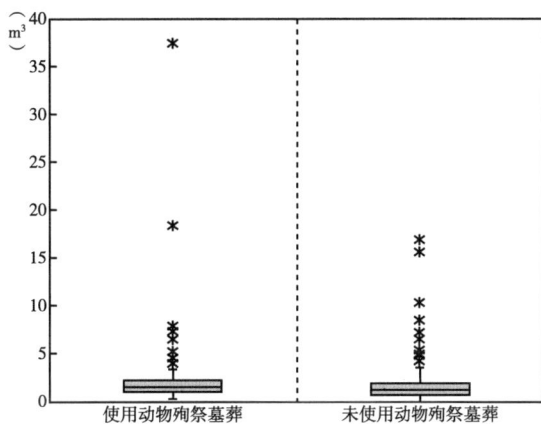

图四　洋海墓地墓葬体积箱线图

从墓主性别与墓中使用动物殉祭的关联性来看，我们采用二项式分布函数进行分析，以探究男女两性单人墓葬在动物遗存使用方面是否存在明显偏好[8]。在洋海墓地中，男性单人墓葬有 157 座，女性单人墓葬有 109 座。在男女无差别共同使用动物殉祭的前提（H_0）下，任意一次动物殉祭现象出现在女性墓葬中的概率 p 为 0.419，而出现在男性墓葬中的概率 q 为 0.581。动物殉祭现象在男女两性单人墓葬中总共出现 91 次，其中 33 次在女性单人墓中，58 次在男性单人墓中。通过计算，累计概率为 0.163。该数值大于判别阈 α =0.15，这表明在洋海墓地中无法判断墓葬对动物殉祭的使用与墓主性别的关联性，二者未呈现出明显规律。

二、使用动物殉祭的历时性演变

一片墓地是在该地活动的先民以时间为轴线，在空间上进行有意规划、排布而最终形成的景观。由于认知是流动的，整个洋海墓地经过近15 个世纪的发展，利用牲畜的观念与习俗不可能从始至终一成不变。因此，在了解洋海墓地动物殉祭的整体概况后，我们将从各期墓葬出发对其历时性演变进行分析。梳理洋海墓地研究史并比较各类分期方案后，本文采用洋海墓地发掘者的分期断代方案，即第一期的绝对年代为公元前 13~ 前 11 世纪，第二期的绝对年代为公元前 10~ 前 8 世纪，第三期的绝对年代为公元前 7~ 前 4 世纪，第四期的绝对年代为公元前 3~ 公元 2世纪。其中前两期属于青铜时代，后两期属于早期铁器时代 [9]。接下来，我们将对洋海墓地各期墓葬中的动物殉祭现象进行描述与统计，并尝试结合墓主性别年龄、宰牲岁龄以及畜群结构等因素，总结出洋海先民使用动物殉祭的历时性演变规律。

（一）洋海墓地第一期

在该期别的 30 座墓葬中，有 10 座墓葬使用动物殉祭，占总数的33.33%。所使用的动物种类全部为绵羊，且部位均为头骨。屠宰绵羊岁龄最小的不满 1 岁，最大在 6~8 岁，主要集中在 3~4 岁这个区间（附表一）。

从性别分布来看，该期中概率 p 为 0.333，q 为 0.667，发现动物殉祭的墓葬中有 7 座为男性单人墓，2 座为女性单人墓，累计概率为0.378，这表明，使用动物殉祭在这一阶段的两性墓葬中不存在明显区别。此外，我们观察到随葬动物殉祭性别与墓主性别并不具关联性，应当从畜群特点来考虑这一问题。值得一提的是，I M21 下层墓主是该期唯一的中年人，在其墓葬中发现的绵羊也是所有绵羊中岁龄最大的，此期动物殉祭岁龄和墓主年龄之间或许存在一定相关性。

（二）洋海墓地第二期

在该期别的 152 座墓葬中，有 41 座墓葬使用了动物殉祭，占总数的 26.97%。动物种类增至绵羊、山羊、马、牛、狗五种，部位以头骨、下颌骨和腿骨等为主。宰杀动物岁龄最小的不满 1 岁，最大超过 10 岁。其中以绵羊头骨为最大宗，共计 34 个，主要集中在 3~4 岁这个区间。其次为山羊头骨，共计 8 个（附表二）。

统计显示，该期中概率 p 为 0.479，q 为 0.521，发现动物殉祭的墓葬中有 15 座男性单人墓，5 座女性单人墓，累计概率为 0.032，这表明此阶段使用动物殉祭与墓主性别存在较大关联性。部分动物殉祭被置于木盘或其他容器中，显示出较强食用属性，I M59 和 I M166 两座女性墓中还出土了粟类食品，这在男性墓中较为罕见。此外，使用 2 个及以上动物个体作为殉祭的墓葬有 7 座，其中 5 座为合葬墓。动物殉祭使用最丰厚的墓葬是 I M130，墓主为一名 6~7 岁的未成年人，该墓随葬 1 个牛头骨和 4 个山羊头骨，这表明该期墓葬中使用动物殉祭的种类和数量似乎也较难与墓主年龄直接挂钩。

（三）洋海墓地第三期

在该期别的 255 座墓葬中，有 93 座墓葬使用了动物殉祭，占总数的 36.47%。动物种类包括绵羊、山羊和马，部位除头骨、下颌骨、腿骨、肩胛骨、脊椎骨等部位以外，还使用了整牲（马）。屠宰动物岁龄最小的不满 1 岁，最大在 8~10 岁。其中以绵羊头骨为最大宗，共计 74 个，主要集中在 3~4 岁这个区间，不满 1 岁的羔羊也被较多使用；其次是山羊头骨，共计 9 件（附表三）。

据统计，该期中概率 p 为 0.455，q 为 0.545，发现动物殉祭的墓葬中有 28 座男性单人墓，25 座女性单人墓，累计概率为 0.65，这表明使用动物殉祭在洋海墓地第三期男女两性墓葬中没有明显区别。本期使用 2 个及以上动物个体作为殉祭的墓葬有 4 座，除Ⅱ M35、Ⅱ M124、Ⅱ M169 为合葬墓外，Ⅱ M38 墓主为中年女性；4 座墓葬中除Ⅱ M124 放置 1 个绵羊头骨和与该绵羊头骨性别不同的绵羊骨骼外，其余 3 座均使用 2 个或为绵羊或为山羊的头骨作为动物殉祭。

（四）洋海墓地第四期

在该期别的 82 座墓葬中，有 15 座墓葬使用了动物殉祭，占总数的 18.29%。殉祭动物种类包括绵羊、山羊、马、牛四种，部位有头骨、肩胛骨、脊椎骨、下颌骨、肢骨以及整牲（马）。宰杀动物的岁龄最小的不满 1 岁，最大超过 10 岁。其中以马为最大宗，整马共计 6 匹，主要集中在 8~10 岁区间，全部都是公马。马头骨共计 4 个，年龄主要在 6~8 岁区间，均为公马。其次为绵羊头骨，共计 7 件，年龄仍主要集中在 3~4 岁区间，全部为母羊（附表四）。此外，2 座不知归附墓葬的马坑Ⅲ M69、Ⅲ M70 也属于该期，共埋有 3 匹公马。

统计显示，该期中概率 p 为 0.148，q 为 0.852，发现动物殉祭的墓葬中有 8 座男性单人墓，1 座女性单人墓，累计概率为 0.606，这表明第四期墓葬使用动物殉祭在性别上并无明显差异。本期使用 2 个及以上动物个体作为殉祭的墓葬有 5 座，其中 3 座为合葬墓。动物殉祭使用数量最多的是多人分层合葬墓Ⅲ M64，上层为成年女性，其左侧放置牛、马头骨各 1 个；下层为男女合葬，置有山羊头骨 1 个、绵羊头骨 2 个。

（五）小结

对洋海墓地四期墓葬使用动物殉祭情况的分析结果显示，洋海墓地各期墓葬动物殉祭的使用率存在波动，如第一期和第三期的使用率较高，而第二期和第四期则略有下降。随时间的推移，殉祭牲畜种类日益丰富，这表明洋海先民对各类动物的认识和使用程度在逐步加深，同时，可能对牧草资源的利用程度也在逐步深入。举例来说，至少从第二期开始，洋海先民就已经在混养食性不同的牲畜，如绵羊和山羊，较之饲养单一种类牲畜更具效用和生态价值。此外，芦苇是绵羊喜食的嫩叶，从墓葬中大量使用苇草席作为葬具来看，周边以芦苇为主的天然牧草资源应较为丰富。各畜牧社会的生产模式主要由其所处地区的气候、植被等自然环境条件决定，洋海先民所采用的这种绵羊多山羊少的畜群比例，也反映出当时其所处环境的水草条件较为优越。

洋海先民对马的认识与使用经历了明显的历时性演变：第二期开始随葬马的部分肢体，其中一段马胫骨置于未成年墓主身侧，靠近木盘；第三期发现有随葬在木盘旁侧的马头骨和马腿骨，以整马下葬的殉祭方式在此期首次出现；第四期随葬整马的数量明显增多，同时也见以部位随葬的情况。值得注意的是，从第二期到第四期，马作为动物殉祭下葬的岁龄也在增加，一定程度上体现出先民对马的饲养技术有所提升。马数量增多的同时，生业模式中对马的役用程度应也会逐步降低，相对忽视马龄[10]，因此第四期中出现了岁龄在 13~15 岁的公马。此外，宰杀后不作为肉食的整马随葬、第三期整马腹内发现食物，以及整马下葬岁龄普遍大于以身体部位随葬的马骨的岁龄等现象都体现出洋海先民在认识和使用马的过程中对其产生了情感上的变化。这种变化除当地先民自身观念发展外，从部分墓葬也可见外来人群迁入的可能。

从各期使用动物殉祭的数量、形式及与墓主的关系来看，除第二期外，墓葬使用动物殉祭与墓主性别并无较大相关性。各期使用动物殉祭数量、种类较多的墓葬大部分为合葬墓，其余单人墓葬年龄不一，在第二期中还见有置牲数量、种类最多的墓主是未成年人的情况。由此可见洋海先民在为死者放置动物殉祭时，在规模上并无特定的性别、年龄考量，最有可能是与单座墓葬中下葬的人数以及墓主生前的亲属关系存在一定关联性。洋海墓地各期墓葬，随葬品在组合上有较大随意性，在数量与结构上都体现出一种"薄葬"理念[11]，结合动物殉祭进行分析后也是如此。值得一提的是，我们可以从前人对近现代生业方式较传统的牧人进行过的民族学调查中得知，他们在不同的季节对不同的家畜有不同的利用方式，以绵羊为例：产羔期间牧民将羊奶及其制品作为主要食物，入秋开始吃肉，入冬成批宰杀，制作过冬用的干食[12]。因此我们还可以进行推测，或许洋海墓地中各个墓葬中是否使用动物殉祭，放置牲畜的种类、部位以及数量，还与墓主人逝去、下葬以及迁葬的季节息息相关。

三、动物殉祭习俗分析

上文中，我们将洋海墓地墓葬中发现动物遗存的现象统称为"动物殉祭"，在对这种动物殉祭习俗展开进一步分析以前，首先要明晰动物遗存"殉"与"祭"的概念和区别。

最先对"殉牲"与"祭牲"进行讨论的是黄展岳，基于对殷商墓葬的考察，他认为除其中发现的司警卫的整狗、备驾驭的整马兼具殉牲、祭牲二重性质以外，其余情况皆为祭牲[13]。随后霍巍在对吐蕃时代墓葬进行研究时将作为献祭而杀殉的动物统称为动物殉祭，但对具有代表性的现象也进行了殉牲与祭牲的区分[14]。此外，有关中原地区出土动物遗存的研究较为注重动物遗存殉与祭的界定，主要可以分为以下几类：第一类以动物遗存的部位为判定标准，如整牲为殉，被肢解过的动物为祭[15]；第二类以动物遗存出现的位置和种类为判定标准，如墓葬填土、腰坑中的狗为祭牲，其余情况为殉牲[16]；第三类对发现动物遗存的各种部位和种类作出了进一步区分，如认为牲腿等为殉葬用的肉食，兽头则可称祭牲[17]。而将中国北方和欧亚草原地区墓葬出土动物遗存作为研究对象的学者则更多采用广义的"殉牲"称谓。此前也有研究者在论著中缩小范围，将在墓葬中随葬的动物头骨、肢骨或完整个体称为狭义的殉牲，辅之以"祭肉"的概念[18]。也有研究者认识到，殉牲与祭牲的表述，应根据其出土的具体情境加以分析[19]。

以上研究基本认同墓葬中出现的动物遗存应具有殉葬和祭祀两种功能区分，而其中的分歧点主要在于研究者自身如何看待各类动物及其随葬部位背后所代表的含义。通过对洋海墓地出土的各类动物遗存进行分析，我们发现洋海墓地无疑也存在殉牲和祭牲两种情况，如要对其进行具体辨析，应将这些遗存的实际出土情境与记录、研究生活在相似生态环境地区人群的民族志材料相结合，尽可能地重建文化情境、阐释考古材料。

（一）洋海先民祭牲习俗

首先，洋海墓地中部分墓葬存在明显祭牲行为，具体表现为将头骨、脊椎骨、连同肩胛骨的牲腿等动物肢体盛放在木盘、木盆、陶钵、陶器残片等容器内。如Ⅰ M27绵羊左前腿和左肩胛骨被置于陶钵中；Ⅰ M169绵羊头骨被置于木盘内；Ⅱ M18绵羊腿骨被置于木盘内；Ⅱ M60绵羊头骨和椎骨被置于木盘内；Ⅱ M65、Ⅱ M158、Ⅱ M164、Ⅱ M202羊椎骨被盛放于木盘或木盆内；Ⅱ M178绵羊头骨、腿骨以及肩胛骨被置于木盘中；Ⅱ M201山羊下颌骨和后肢骨被盛放于木盆内；Ⅲ M35绵羊头骨被置于陶器残片中。除此之外，被盗扰的墓葬中也可见明显祭性行为。如Ⅱ M35两个绵羊头骨被置于木盘中；Ⅰ M117羊腿骨被盛放在木盘中；Ⅱ M132绵羊下颌骨被置于木盘中；Ⅱ M151绵羊头骨被盛放于木盘中；Ⅲ M61绵羊腿骨被置于陶釜内。以上列举的墓葬中的动物遗存，明显被作为肉食品供奉墓主使用，除牲腿和脊椎骨等明显具有较高可食用价值的部位外，我们可以发现此前部分研究者因各类原因认为不应归入随葬肉食的动物头部，在洋海先民的观念中也明显被作为食物奉献给墓主人。

除此之外，我们认为被放置于墓室中但未处在容器内的动物遗存，也应为祭牲，理由如下。首先，处于这类出土情境中的动物骨骼，主要为绵羊头骨、绵羊下颌骨、绵羊肢骨、绵羊后腿骨、山羊头骨、羊椎骨、牛头骨、马下颌骨以及马腿骨等具有肉食价值的部位。其次，在Ⅱ M30、Ⅱ M43、Ⅱ M84、Ⅱ M109、Ⅱ M158等墓葬中发现绵羊头骨紧挨容器，在Ⅰ M119、Ⅰ M142等墓葬中发现绵羊头骨位置靠近容器，或许这是汛期或是地下水上涌等原因造成墓室进水，进而使动物遗存出现了位移。此外，还存在墓葬平面图与文字描述有出入的情况，如Ⅰ M72，平面图中可见一羊头近木盘，木盘中还存有似动物肢骨的骨骼，而文字中仅对头骨进行了描述。最后，部分人骨保存较好，且在似不见位移现象的墓葬中确发现将动物头骨置于墓主头端或足端的情况，但同时在这类墓葬的随葬品中也难见木、陶质容器或体量足以盛放动物头骨的容器。这类墓葬多见于洋海墓地第一期，因此也可以认为将肉食品置于容器中供奉给死者的习俗是逐渐发展起来的。

曾有研究者对洋海墓地的动物殉祭情况进行讨论。在文章结论部分作者认为洋海墓地祭肉之风盛行，并认为殉牲动物主要为羊头、蹄以及马头，祭肉多为羊肢骨、肩胛骨及马肩胛骨；在讨论部分根据洋海墓地 A 型和 B 型墓葬中殉牲比例较低，且殉牲部位均为羊的头骨，再加之洋海墓地 C 型墓葬数量多、殉牲比例高的情况，得出洋海墓地中 A 型和 B 型墓葬所代表的文化人群中并不流行殉牲，C 型墓葬背后所代表的是管理和经营畜群能力较为成熟、畜牧业较发达的游牧人群的结论[20]。

据本文由概况到对洋海墓地各期动物殉祭情况进行的统计与分析来看，我们认为这种理解并不完全正确。首先，墓葬形制并不能完全代表其背后人群。墓地是时间与空间的结合体，人群的观念更有可能跟随时代的变迁而产生变化。此外，将洋海墓地四期使用动物殉祭的墓葬占比与各期墓葬与人骨个体的数量结合起来看，其变化是基本符合人口变化反映的生产力变化趋势的（图五），二者可以互为佐证。其次，以上结论的得出是由于仅将各型墓葬出现动物殉祭现象的数量与墓葬总数进行了计算而忽略了 A 型与 C 型墓葬本身数量相差悬殊的问题。我们在前文对四型墓葬中出现动物殉祭现象的比例进行了计算，由图六可以明显发现 A 型墓葬中出现动物殉祭现象的比例与 C 型不相上下，B 型墓葬中使用动物殉祭的占比也与 C 型墓葬相差无几（图六）。经统计，洋海墓地出现动物殉祭现象的墓葬共 159 座，其中以羊为最大宗。此外，使用头骨作为动物殉祭的墓葬计 140 座，占总数的 88.05%。因此，根据墓葬中使用动物殉祭的部位是羊的头骨就认为"该人群不流行殉牲"的结论是较为笼统的。

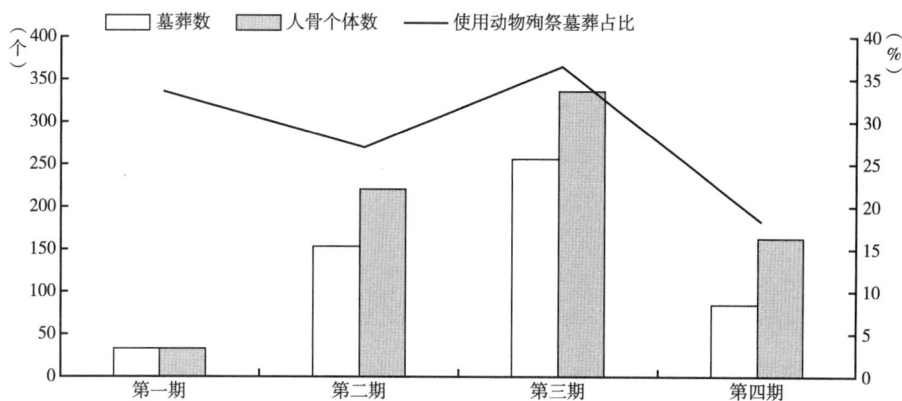

图五　洋海墓地各期使用动物殉祭墓葬情况

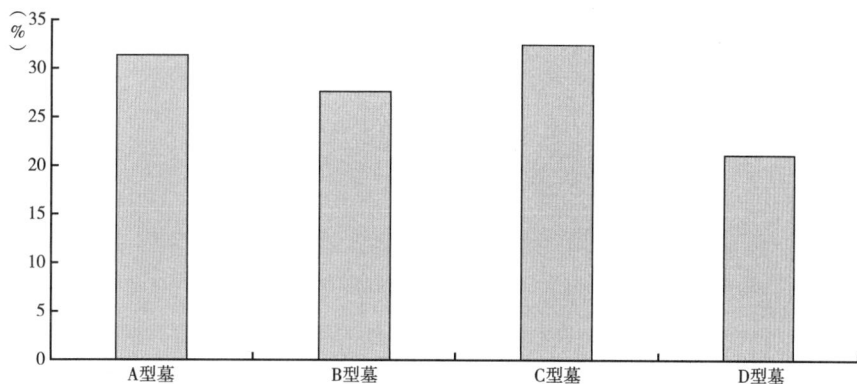

图六　洋海墓地各型墓葬使用动物殉祭占比

综上所述，结合前文中对洋海墓地祭牲现象进行的归纳与总结，我们可以将墓葬中所体现的洋海先民的祭牲习俗总结为：主要以动物头部作为肉食品奉献给死者。

（二）洋海先民殉牲习俗

生者为墓主放置殉牲与祭牲的出发点存有极大差异。结合情境分析，不以食肉为目的，能够被称作殉牲的动物遗存只有马，仅见于第三、四期少数墓葬，可见洋海先民使用殉牲的意识出现得较晚。根据殉马所处的位置，可分为三种情况：①专门为殉葬马匹修建殉葬坑，可见于墓葬 Ⅱ M47、Ⅱ M48、Ⅱ M49、Ⅱ M212，其中，仅 Ⅱ M212 为第三期的 C 型长方形竖穴墓，其余三座皆为第四期 D 型竖穴偏室墓；②将殉葬马匹放置在墓道中，可见于墓葬 Ⅱ M48 和 Ⅲ M80，均为第四期 D 型墓；③ 在墓室以上专门辟出一层放置马骨，可见于墓葬 Ⅲ M1 和 Ⅲ M6，均为第四期 D 型墓。值得注意的是，情况①中还包括 Ⅲ M69 和 Ⅲ M70 两处难以判断其附属墓葬的殉马坑。此外，殉马也存在以部位随葬的情况，如 Ⅲ M70 殉马坑中仅见马头骨、Ⅲ M1 和 Ⅲ M6 中为不见头骨的其余马肢。以上三座墓葬都并非整马下葬，但先民为其专门辟出一个空间，且 Ⅲ M6 的马骨下还铺有苇草，因此三座墓葬中的马也应为殉牲而非祭牲。此外，除 Ⅱ M48 和 Ⅲ M69 殉葬 2 匹整马以外，其余殉马行为均随葬单个个体。

（三）殉祭习俗成因分析

通过对以上归纳的洋海先民祭牲、殉牲习俗进行统计，我们还可以总结出一些共有特征。在不对动物殉祭种类进行区分的前提下，一座墓葬中，以单个动物个体作为动物殉祭的墓葬共计 142 座，占总数的 89.31%；以单个动物头骨作为动物殉祭的墓葬共计 121 座，占总数的 76.10%。因此，不论是使用祭牲还是殉牲，洋海先民均主要采取了一墓配一牲的殉祭策略，该牲多以动物头部为象征。我们认为，当前的考古学研究不仅需要对现象和过程进行描述和概括，更需要对其成因进行探究。在此本文试从以下几个方面去分析、解释洋海先民使用动物殉祭的策略选择。

以洋海墓地发现的各类植物遗存来看，当时先民所处地域的气候与现今应相差不大 [21]。结合墓葬中发现的各式随葬品来考虑，洋海先民应主要生活在干旱区中资源环境优化组合较好的绿洲区域，其生业模式为农牧兼营 [22]。由于所处地貌的封闭性与所处地域的分散性严格限制了新疆绿洲区域的经济活动，长期以来，这类区域的经济发展缓慢而封闭，主要为自给自足的农牧业生产，直到 1980 年情况才逐渐改变 [23]。我们可以发现，不同时代的人群处在相似的环境中会产生相似的适应方式，因此在分析洋海先民动物殉祭策略时，不仅要密切结合洋海墓地出土的考古学材料，还要以当今对自然环境相似或生业模式相同人群进行的人类学调查、研究为借鉴和参照。

我们首先想要讨论的是，为何洋海先民主要采取一墓配一牲的动物殉祭策略。学界普遍认为洋海先民的生产方式是以畜牧和狩猎为主，辅以粗放的粮食作物栽培，例如黍、青稞、普通小麦等，在春秋战国时期还出现了对葡萄等蔬果的种植活动。以生活在塔克拉玛干沙漠腹地达里雅博依绿洲的维吾尔族人为例，由于生活在相似的环境中，他们与洋海先民有着相似的生业模式。对于当地牧民来说，畜牧业与他们的衣食住行等基本生活保障息息相关，存活的家畜能持续提供乳汁（分季节）、羊毛以及粪便等可利用的资源，因此达里雅博依人具有干旱地区游牧民所具有的特点，如尽可能不宰杀既作为生产资料也作为生活资料的家畜，相应地，他们对肉的摄取量也不多，大部分能量从谷物中获取 [24]，这与洋海先民的食物结构一致 [25]。与近现代牧民相比，当时的洋海社会整体更是处在一个生产力水平低下的阶段，畜群结构与生态环境等因素息息相关，从墓葬中使用动物殉祭的畜种来看，其结构也应为简单维持牧民一般生活自给的维生型。此外，洋海墓地的墓葬中出土的大量毛织衣物和用作葬具的毛毡，明显也取材于当地畜养的羊群。总的来说，由于牲畜自身及其产物无不可被转化为生活或商品交换资料，再考虑到当地气候与食物储存的条件，为维护家庭经济的可持续发展，洋海人在丧礼时选择数量可控地宰杀动物为亡者殉葬，是完全可理解的。

要探究洋海先民主要以动物头部作为奉献给死者的祭牲的原因，我们首先可以从墓葬随葬品所体现出的物质需求入手。对动物皮毛的利用表现在洋海先民的衣物、生产和生活工具中大量使用鞣革和裘皮制品，部分墓葬还直接将羊的毛皮铺在木尸床上。此外，洋海墓地中还出土了大量骨角器，还有少量牙器。骨器包括纺轮、锥、梳、扣、针、杼、管、镞、镳、衔、弓弭、扳指等；角器有镳、梳、杯等；牙器有扣子、饰品等。据此可知，动物其他部位的骨骼是先民制作生产生活工具或装饰品的重要用料，或许是颅骨上的皮毛较少难以利用，并且其骨质坚硬不易加工，使得生者将动物头骨奉献给死者，作为祭牲。其次，我们还可以结合饮食及其所衍生的文化加以考虑。以现代新疆哈萨克族的食肉文化为例，出于其自身的种种特殊需要，他们给家畜的各个部位赋予了各种与之相应的象征意义，使其成为表达思想观念和反映社会结构的象征符号。用不同动物及不同部位的肉来招待不同的客人，谁先食用、如何食用等问题，都能反映出一个家庭或团体的社会分层、性别角色以及权力关系。在哈萨克族食肉文化中，羊头被认为是等级最高、最有价值的部位，通常特意用来招待长者或贵客[26]。以此联想到洋海墓地的祭牲习俗，一是如以食肉为目的，羊头上可食的肉不算多；二是在丧礼过程中死者为大，生者敬畏死亡，因此洋海先民以文化上等级最高、最具价值的动物头部作为主要奉献给亡者的肉食。动物头部具有食用和象征等多重属性，祭肉又来自祭牲，因此本文经讨论认为：洋海墓地"祭牲"虽也主要具备肉食属性，但仅使用"祭肉"一词显然难以全面涵盖其意义。

结　语

本文对新疆洋海墓地发现的动物殉祭现象进行了系统研究。首先，我们对牲畜种类、数量、组合及出现位置等情况进行了统计和梳理。随后，观察并分析了墓葬空间结构、墓主性别与墓中是否使用动物殉祭的关联性，发现其中并无明显规律。在此基础上，本文对洋海墓地动物殉祭的历时性演变进行了分期归纳，发现随时间推移，墓中使用的动物殉祭在牲畜种类、埋葬方式以及宰杀岁龄等方面产生了变化，同时认识到墓中置牲的规模与墓主的性别、年龄关联较弱，或与下葬人数及墓主生前亲缘关系密切相关。

在对洋海墓地动物殉祭现象有整体了解后，本文进一步归纳出洋海先民的祭牲和殉牲习俗，并对其成因进行了分析与解释。研究表明，生态是习俗建构的重要基础，环境决定了洋海先民的生业方式及其文化特性。洋海墓地中所见的动物殉祭行为，无法仅用"流行"一词来概括，而是先民对环境的适应过程在文化形态中的体现。此外，洋海墓地显然埋葬了多个人群，尤其在第四期中更为明显。在同一墓地中，不同人群有着极其相似的动物殉祭习俗，表明这一现象不仅是文化传播导致的，也与当地生态环境息息相关。

尽管得出了上述结论，我们对洋海墓地动物殉祭现象仍存有疑问。在关注洋海墓地动物殉祭使用情况的同时，我们也注意到其中并未出现野生动物。与之相对的是，在洋海墓地各期墓葬中都发现了一定数量的狩猎工具，如木弓、复合弓、木箭、皮弓箭袋、木撑板、骨镞等，说明狩猎活动应当在洋海先民的经济生活中发挥了一定的作用，具有重要的地位。然而，墓葬中却缺乏通过狩猎获得的野生动物骨骼。我们据此推测，洋海先民可能将狩猎视为辅助生计手段，以获取额外的肉食或动物皮毛资源。将家畜用于动物殉祭，或为一种固定下来的葬仪传统。此外，野生动物可能以骨、角、皮、毛等制品的形式出现于墓葬中，例如在ⅠM25、ⅠM49、ⅠM148、ⅡM157等墓葬中发现的疑似食肉动物牙齿制成的牙扣，ⅠM12中发现的牙器，以及ⅡM82、ⅠM204中发现的兽牙饰品。既往研究中并未对这些制品进行物种鉴定，要深入研究洋海先民对动物资源的使用方式和情况，还需进一步的骨、角等制品的鉴定结果。

附　表

附表一　洋海墓地第一期动物殉祭统计

（单位：个）

种属及部位	岁龄						性别		
	0~1	1~2	2~3	3~4	4~6	6~8	不明	公	母	不明
绵羊头骨	2			4	2	1	1	1	9	

附表二　洋海墓地第二期动物殉祭统计

种属及部位	岁龄								性别		
	0~1	1~2	2~3	3~4	4~6	6~8	>10	不明	公	母	不明
绵羊头骨	6	4		18	5		1		4	30	
绵羊下颌骨				2						2	
绵羊肩胛骨								1			1
绵羊腿骨				1	1			2		2	2
山羊头骨	2	1			1	1		3	3	5	
马胫骨								1			1
马下颌骨						1			1		
牛头骨				1	1					2	
狗头骨		1									1

附表三　洋海墓地第三期动物殉祭统计

种属及部位	岁龄								性别		
	0~1	1~2	2~3	3~4	4~6	6~8	8~10	不明	公	母	不明
绵羊头骨	16	14	5	30	5	2		2	7	67	
绵羊下颌骨	1	2	1							3	1
绵羊脊椎骨		1						1		1	1
绵羊肩胛骨				1						1	
绵羊腿骨		1						1		1	1
绵羊骨骼	1									1	
山羊头骨	2	2		2	2			1	3	6	
山羊下颌骨	1									1	
山羊腿骨	1									1	
羊头残块								1			1
羊脊椎骨								3			3
整马							1		1		
马腿骨								1			1
马头骨							1		1		

附表四　洋海墓地第四期动物殉祭统计

种属及部位	岁龄								性别		
	0~1	1~2	2~3	3~4	4~6	6~8	8~10	>10	不明	公	母	不明
绵羊头骨	1	1		4	1						7	
绵羊腿骨									1			1
山羊头骨				1							1	
牛头骨						1				1		
整马					1	1	3	1		6		
马头骨						2	1	1		4		
马下颌骨							1			1		
马脊椎骨							1		1	1		1
马腿骨						1	1		1	2		1
马肋骨							1		1	1	1	
马肩胛骨						1				1		

注　释

[1] 吐鲁番市文物局、新疆文物考古研究所、吐鲁番学研究院等《新疆洋海墓地》，文物出版社，2018年。

[2] 吐鲁番市文物局、新疆文物考古研究所、吐鲁番学研究院等《新疆洋海墓地》，第962~965页。

[3] 薛文伟《新疆考古发现的动物随葬研究》，中央民族大学硕士学位论文，2011年。

[4] 刘秋彤《新疆地区青铜时代至早期铁器时代祭祀遗存初探》，西北大学硕士学位论文，2022年。

[5] 包曙光《中国北方地区夏至战国时期的殉牲研究》，科学出版社，2016年，第268~270页。

[6] 孙应魁、塞尔江·哈力克、王烨《新村建设背景下地域性乡土村落民居的更新对比分析——以吐鲁番吐峪沟洋海夏村为例》，《西部人居环境学刊》2018年第3期，第86页。

[7] 林耀华《民族学通论》，中央民族大学出版社，1997年，第90页。

[8] 陈建立、陈铁梅、贾昌明《从随葬工具的性别关联探讨中国新石器时代的性别分工》，《南方文物》2013年第2期，第39~48页。

[9] 吐鲁番市文物局、新疆文物考古研究所、吐鲁番学研究院等《新疆洋海墓地》，第603页。

［10］王建革《畜群结构与近代蒙古族游牧经济》，《中国农史》2001 年第 2 期，第 51 页。

［11］孙少轻《新疆洋海墓地研究》，《考古学集刊》第 25 辑，社会科学文献出版社，2021 年，第 105~165 页。

［12］尤悦、钟华、余翀《新疆巴里坤县石人子沟遗址生业考古的民族学调查与研究》，《南方文物》2016 年第 2 期，第 118~119 页。

［13］黄展岳《殷商墓葬中人殉人牲的再考察——附论殉牲祭牲》，《考古》1983 年第 10 期，第 935~949 页。

［14］霍巍《吐蕃时代墓葬的动物殉祭习俗》，《西藏研究》1994 年第 4 期，第 91~104 页。

［15］a. 郜向平《商系墓葬研究》，科学出版社，2011 年，第 132 页。

　　　b. 李志鹏《殷墟动物遗存研究》，中国社会科学院研究生院博士学位论文，2009 年。

　　　c. 胡子尧《西周时期商系墓葬研究》，吉林大学博士学位论文，2022 年。

［16］韩巍《西周墓葬的殉人与殉牲》，北京大学硕士学位论文，2003 年。

［17］刘一婷《商周祭祀动物遗存研究综述》，《南方文物》2014 年第 1 期，第 58 页。

［18］包曙光《中国北方地区夏至战国时期的殉牲研究》，科学出版社，2021 年，第 2 页。

［19］刘骐《甘青宁地区东周至汉墓内置牲现象研究》，《边疆考古研究》2020 年第 1 期，第 251 页。

［20］包曙光《中国北方地区夏至战国时期的殉牲研究》，第 268~270 页。

［21］蒋洪恩、李肖、李承森《新疆吐鲁番洋海墓地出土的粮食作物及其古环境意义》，《古地理学报》2007 年第 5 期，第 557 页。

［22］蒋洪恩、吕恩国、张永兵《吐鲁番洋海先民的生业模式探讨》，《吐鲁番学研究》2021 年第 1 期，第 41~47、154 页。

［23］钱云、郝毓灵主编《新疆绿洲》，新疆人民出版社，1999 年，第 8~9 页。

［24］依丽米古丽·阿不力孜《沙漠干旱地区的人类文化适应研究》，中国社会科学出版社，2015 年，第 113~114 页。

［25］司艺、吕恩国、李肖等《新疆洋海墓地先民的食物结构及人群组成探索》，《科学通报》2013 年第 15 期，第 1422~1429 页。

［26］齐那尔·阿不都沙力克《哈萨克族食肉文化及其象征意义》，《伊犁师范学院学报》(社会科学版) 2012 年第 2 期，第 21~25 页。

A Study on the Customs of Animal Burial and Animal Sacrifice at the Yanghai Cemetery in Xinjiang

Shao Huiqiu　　Song Jiawen

Abstract: This paper begins with an examination of animal remains from the tombs of the Yanghai Cemetery in Xinjiang. It then considers the correlation between the presence or absence of buried animals and various factors associated with the tombs. The practice of burying animals was statistically and descriptively analyzed, revealing a temporal evolution in the knowledge and use of livestock by the ancestors of Yanghai. On this basis, two distinct customs regarding the use of animals in these tombs were identified: "Animal Sacrifice" and "Animal Burial". The analyses demonstrated that the underlying causes of these customs were closely intertwined with the local environment, highlighting the pivotal role of ecology in shaping cultural customs.

Keywords: Yanghai Cemetery; Animal Remains; Burial and Sacrificial Phenomena; Ecological Environment; Cultural Adaptation

试析秦汉柔术杂技的渊源与发展*

——以秦陵 K9901 陪葬坑 28 号俑为例

薛 程 薛 艺

（中国—中亚人类与环境"一带一路"联合实验室 文化遗产研究与保护
技术教育部重点实验室 西北大学文化遗产学院）

摘 要： 秦始皇帝陵 K9901 陪葬坑 28 号俑异于常人的姿态
表现出柔术杂技的明显特征。本文通过比对秦汉类似柔术形象，
对 28 号俑的动作形态进行了分析，并梳理了这类形象的发展演
变脉络，认为 28 号俑的姿态应是柔术杂技。秦汉柔术在西方柔
术杂技的影响下出现，并适应本土文化不断丰富创新，在社会
娱乐、墓祭仪式和升仙场景中承担重要角色，为探究早期中西
文化交流以及秦汉社会娱乐、丧葬信仰体系提供了新的视角。

关键词： 秦始皇帝陵 K9901 陪葬坑 28 号俑 柔术杂技
中西交流

一、K9901 陪葬坑及 28 号俑概况

K9901 陪葬坑位于秦始皇帝陵园东南部，发现于 1999 年（图一），
K9901 陪葬坑共出土陶俑约 39 件。这批陶俑造型奇特，与秦陵其余陪葬
坑军阵、将领俑的风格差异较大 [1]。目前学界主流观点认为，K9901 陪
葬坑可能是秦代宫廷百戏表演的娱乐写照 [2]。

----

* 本文系西北大学"仲英青年学者支持计划"阶段性成果。

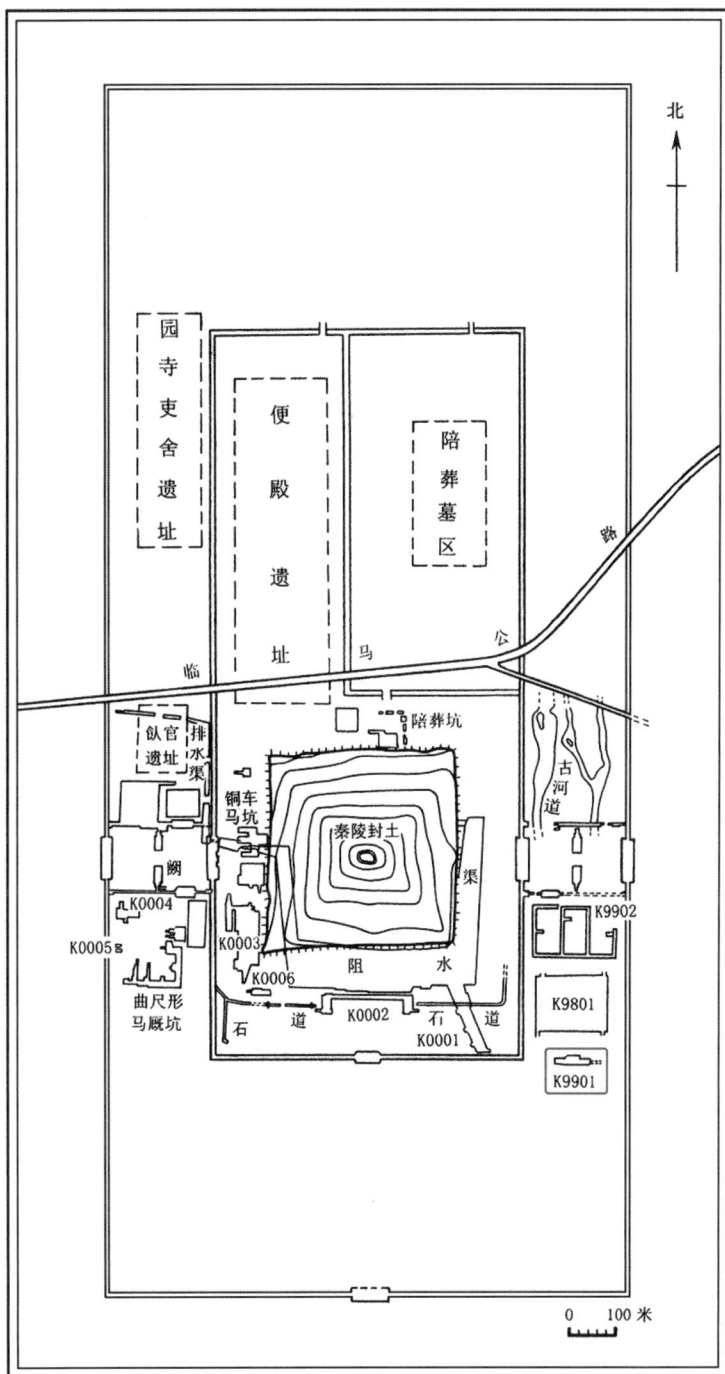

图一 K9901 陪葬坑位置图

（采自陕西省考古研究所、秦始皇兵马俑博物馆《秦始皇帝陵园考古报告（2000）》，文物出版社，2006年，第2页）

　　28 号俑于 2012 年出土自 K9901 陪葬坑第三过洞，发现时仅见脚和踏板，主体部位不清。2022 年 6 月，秦始皇帝陵博物院首次公布修复成果。修复后的图像显示，28 号俑双脚跪地，大腿与上肢向后翻折，呈拱形，手臂伸展，向下屈折，由小臂方向推测，缺失的双手可能为撑地姿态（图二）。本文认为，28 号俑身体弯曲程度异于常人，无法轻易完成的仰卧姿态，应是凸显身体尤其是腰部柔韧性的柔术动作。

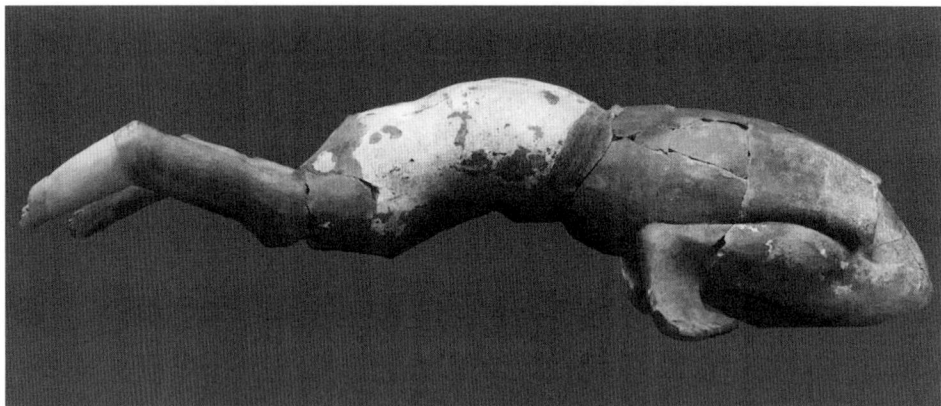

图二　K9901 陪葬坑 28 号俑复原图

（采自《复活明星 | 百戏俑"出道"记》，2022 年 8 月 25 日，"文物陕西"微信公众号，https:// mp.weixin.qq.com/s/xj0oJiZUeDc7i2eofVdrIg）

　　28 号俑上身裸露，下身着短裳。根据公布资料可知，这种装束同样见于 K9901 陪葬坑 1999 年试掘、2011~2012 年发掘出土的部分陶俑，且 28 号俑身材魁梧健硕，与 1999 年试掘出土的 3~5 号俑更为相似，可能为同一表演群体（图三）。但从动作姿势来看，其余陶俑均呈现出站姿或坐姿形态，与 28 号俑存在明显差异。因此对 28 号俑的性质判断还需参考对比秦汉相近姿态的图像或实物遗存。

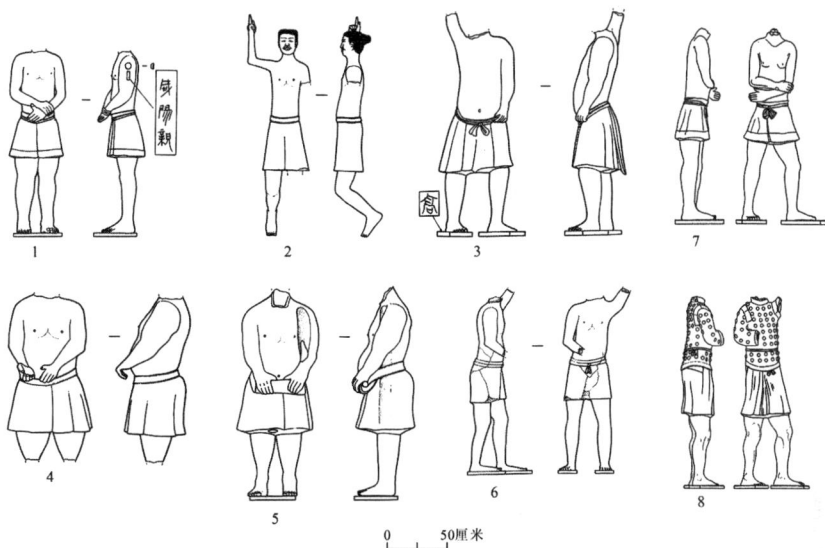

图三 K9901 陪葬坑 1999 年、2012 年发掘出土部分陶俑

1.1999T1G3：俑 1 2.1999T1G3：俑 2 3.1999T1G3：俑 3 4. 1999T1G3：俑 4 5.1999T1G3：俑 5 6.1999T1G3：俑 6 7.2012：3 号俑 8.2012：4 号俑

（图 1~6 采自陕西省考古研究所、秦始皇兵马俑博物馆《秦始皇帝陵园考古报告（1999）》，科学出版社，2000 年，第 179 ~ 184 页，图 7、8 采自秦始皇帝陵博物院《2011~2012 年度秦始皇帝陵 K9901 考古简报》，《秦始皇帝陵博物院》总 3 辑，三秦出版社，2013 年，第 79、81 页）

二、秦汉相似姿态题材考古资料梳理

与 28 号俑有相似姿态的形象多见于汉代乐舞百戏题材，这类形象以异于常人的腰部柔韧度和身体控制见长，与 28 号俑突出的姿态特征一致，一般被学者称为反弓、折腰类柔术杂技[3]，多见于壁画、画像石、砖或写实陶俑等或多以壁画、画像石、砖或写实陶俑等形式表现。这些遗存人物形象、动作姿态和表演形式较为多样，可为 28 号俑的考证定名提供参考。

（一）人物形象

从可确定为柔术杂技的相关资料看，表演者的可辨形象主要有四类。第一类为幼童。如辽阳棒台子屯汉墓杂技壁画[4]，图上有一人在细腰鼓立台上做反弓折腰动作，人物头梳双髻，衣带飘扬，是典型的女童形象（图四）。

图四　辽阳棒台子屯汉墓杂技壁画

（采自李文信《辽阳发现的三座壁画古墓》，《文物参考资料》1955 年第 5 期，第 17 页）

第二类为身材纤细的女性。见山东安丘董家庄汉墓画像石、河南南阳卧龙区王庄村汉墓画像石（图五、六），图中柔术表演者身材纤细，窄面细腰，是汉代乐舞中常见的舞伎形象。

图五　山东安丘董家庄汉墓画像石

（采自顾森、沈阳《中国汉画大图典》第 2 卷《舞乐百业》，西北大学出版社，2022 年，第 12 页）

图六　河南南阳卧龙区王庄村汉墓画像石

（采自中国画像石全集编辑委员会《中国画像石全集》第 6 卷《河南汉画像石》，河南美术出版社、山东美术出版社，2000 年，第 122~123 页）

第三类为中原汉族男性。如山东沂水县韩家曲出土汉画像石（图中右侧柔术表演者）、山东曲阜城关镇出土汉画像石，图中柔术表演者所戴巾帻或冠，均为中原汉人的典型装束（图七、八）。

图七　山东沂水县韩家曲出土汉画像石

（采自中国画像石全集编辑委员会《中国画像石全集》第 3 卷《山东汉画像石》，山东美术出版社、河南美术出版社，2000 年，第 62~63 页）

第四类为胡人。高鼻深目、头戴尖顶帽是古代中原汉族对西域胡人的模式化印象，是胡人最具辨识性的样貌和服饰特点，因此古代画工多以此格套元素刻画胡人形象[5]。头戴尖顶帽、高鼻深目遂成为辨识各类图像资料中胡人形象的标志性特点，较为典型的例子有山东孝堂山石祠胡汉交战图，头戴尖顶帽的人物旁榜题"胡王"二字，直接点明了其胡人身份[6]（图九）。根据其典型特征判断，柔术表演也不乏胡人参与，山东济南无影山汉墓 M11 出土的乐舞杂技陶俑群中，居于中部的柔术者头戴尖顶帽，身着紧身短衣，应为胡人形象[7]（图一〇）。山东沂水韩家曲出土汉画像石中，画面左侧的柔术表演者头戴尖顶帽（图一一）。还有山东济宁城南出土汉画像石中，画面中层有一倒立柔术者，其高鼻深目的样貌也是明显的胡人特征（图一二）。

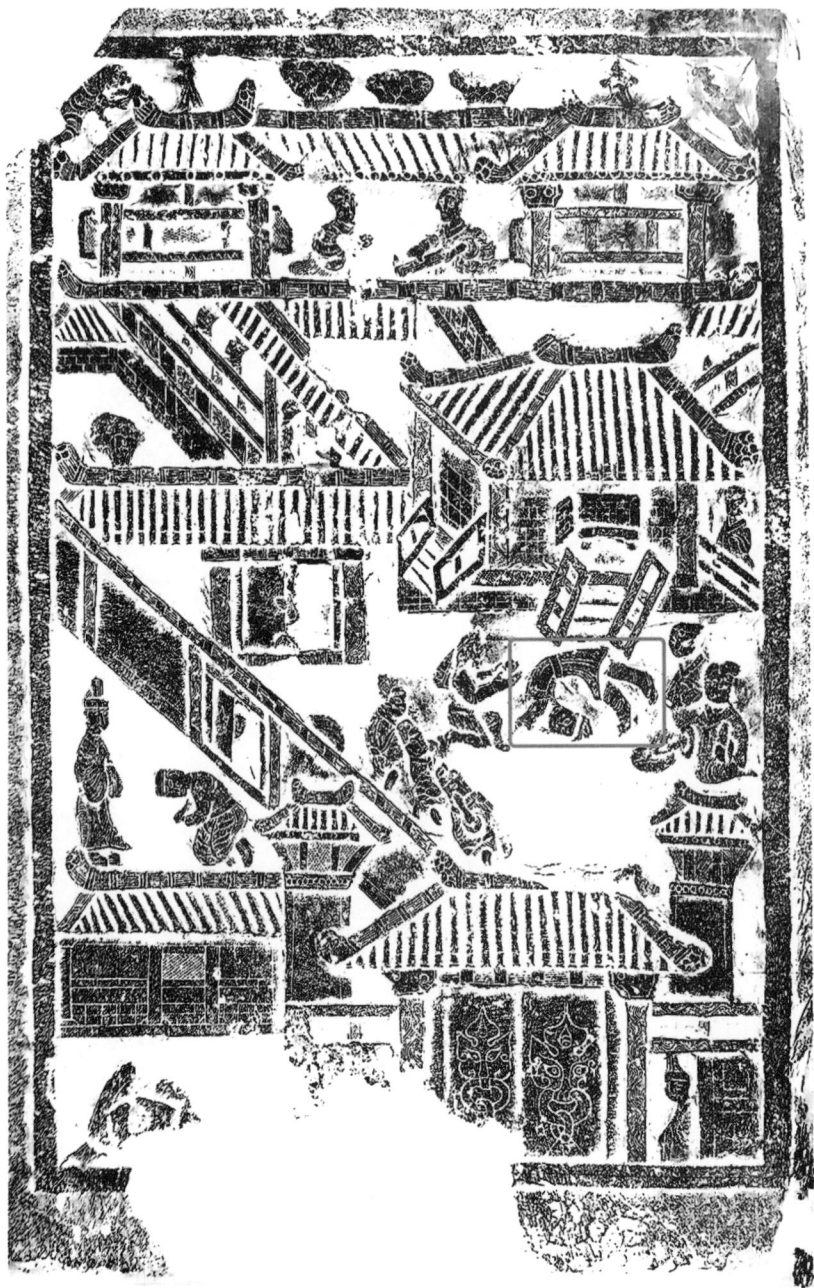

图八　山东曲阜城关镇出土汉画像石

（采自 中国画像石全集编辑委员会《中国画像石全集》第 2 卷《山东汉画像石》，山东美术出版社、河南美术出版社，2000 年，第 19 页）

图九 山东孝堂山石祠汉画像胡汉交战图

（采自邢义田《画为心声：画像石、画像砖与壁画》，中华书局，2011年，第218页）

图一〇 山东济南无影山汉墓出土柔术俑

（采自《2000多年前的"公演现场"究竟有多酷》，2023年5月15日，"央视新闻"微信公众号，
https://mp.weixin.qq.com/s/Fplv_OR0N9KNM5Y79LVuhA）

图一一 山东沂水县韩家曲出土汉画像石

（采自中国画像石全集编辑委员会《中国画像石全集》第3卷《山东汉画像石》，第62~63页）

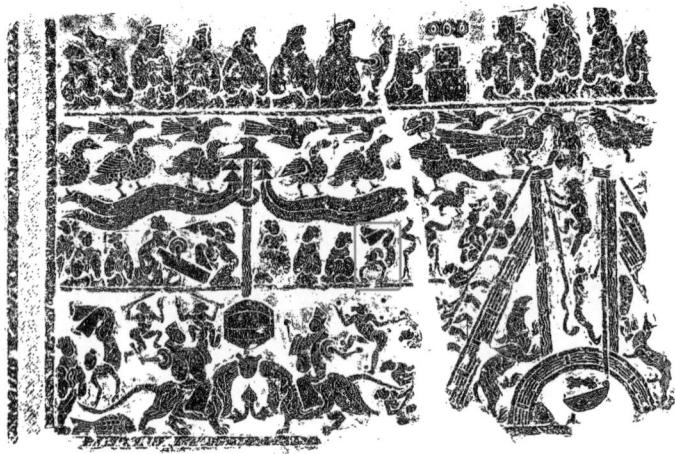

图一二　山东济宁城南出土汉画像石

（采自中国画像石全集编辑委员会《中国画像石全集》第 2 卷《山东汉画像石》，第 15 页）

（二）动作类型

柔术杂技的表现形式多样，根据动作姿态、身体支撑部位差异可分为四型：桥型、倒立型、倒挈面戏型、悬挂型。

A 型　桥型　表演者以站立姿态反弓折腰，双手与双足支撑于同一平面，身体弯曲呈拱形，类似拱桥形态（图一三）。桥型是柔术表演的

图一三　辽阳棒台子屯汉墓杂技壁画

（采自李文信《辽阳发现的三座壁画古墓》，《文物参考资料》1955 年第 5 期，第 17 页）

基本技巧，主要以地面为支撑，也可以结合鼓、案等有平坦台面的道具，以增强表演观赏性。在秦汉考古遗存中，桥型是柔术表演的主要形态，发现年代集中于东汉，表演倾向性较高，在辽宁、山东、四川和苏浙皖地区的墓葬中均有发现，表现载体丰富，有壁画、画像砖、石棺等。

B 型　倒立型　倒立型柔术是将倒立与柔术结合的复合技艺。表演者仅以双手作为支撑，倒立时向前或向侧方反弓弯曲，身体呈流畅的 U 形线条（图一四）。还见有一种形式，倒立者双膝弯折，臀部和小腿向头部下塌，腰部向后压，身体呈 S 形（图一五）。与常见塌腰、直腰型倒立的区别在于，后者仅需控制身体倒立平衡，不需要柔韧技巧的参与，表演形式单一[8]，而倒立型柔术则需要在保持平衡的同时增加柔术动作，难度更高。倒立型柔术或独立表演，或结合几、案等道具抬高观演者视角，突出表演效果（图一六、一七）。倒立型柔术主要发现于山东、四川、河南、江苏地区，年代集中在东汉，表现载体以画像石、砖和石棺为主。

图一四　江苏徐州东沿村出土汉画像石

（采自刘尊志《江苏徐州东沿村出土东汉祠堂画像石浅析》，《中原文物》2018 年第 1 期，第 106 页）

图一五　山东济宁城南出土汉画像石

（采自中国画像石全集编辑委员会《中国画像石全集》第 2 卷《山东汉画像石》，第 15 页）

图一六　山东微山县两城镇出土汉画像石

（采自顾森、沈阳《中国汉画大图典》第 2 卷《舞乐百业》，第 17 页）

图一七　四川彭州太平乡出土汉画像砖

（采自中国画像砖全集编辑委员会《中国画像砖全集》第 1 卷《四川汉画像砖》，四川美术出版社，2006 年，第 69 页）

C 型　倒挈面戏型　表演者向后反弓折腰，头向前伸至两腿间，双手握住足踝，身体几乎闭合，以身体贴合地面的部位作为支撑保持稳定，如山东济南无影山汉墓 M11 出土的陶俑。根据目前发现，倒挈面戏一般独立表演，不结合道具，目前多发现于山东地区，所见这几例均为陶俑。山东济南无影山汉墓时代为西汉早期，其他时代不明（图一八～二○）。

图一八　山东济南无影山汉墓出土柔术俑

（采自《2000 多年前的"公演现场"究竟有多酷》，2023 年 5 月 15 日，"央视新闻"微信公众号，https://mp.weixin. qq.com/s/Fplv_OR0N9KNM5Y79LVuhA）

D 型　悬挂型　表演者以反弓折腰姿态悬挂于横杆上，身体仅以腰部倚靠的横杆保持平衡。悬挂型柔术通常以长竿为道具或结合"都卢寻橦"技艺表现[9]。此类柔术姿态与 A 型桥型相似，区别在于悬挂型柔术仅以腰部作为支撑，需要极高的身体核心控制力，目前仅发现于内蒙古和林格尔墓的乐舞百戏壁画[10]，时代为东汉晚期（图二一）。

图一九　倒挈面戏型柔术俑

（采自傅腾龙、傅起凤、徐庄《中国古代杂技史》，中国文联出版社，2020 年，第 65 页）

图二〇　山东桓台县博物馆收藏柔术俑

（采自崔乐泉编著《图说中国古代百戏杂技》，世界图书出版西安有限公司，2017 年，第 30 页）

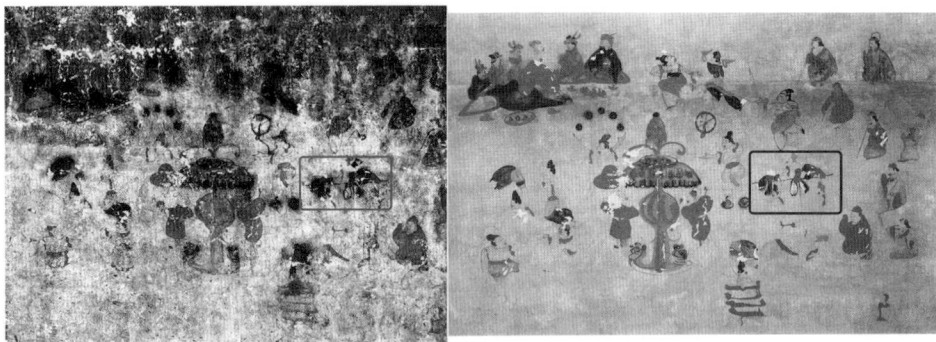

图二一　内蒙古和林格尔汉墓壁画（右为摹本）

（采自徐光冀主编《中国出土壁画全集》第 3 卷《内蒙古》，科学出版社，2012 年，第 62 页；王子初总主编《中国音乐文物大系 II·内蒙古卷》，大象出版社，2007 年，第 206 页）

（三）柔术题材的出现场景

1. 反映现实世界的娱乐、祭祀场景

柔术一般与其他杂技、乐舞等组合表演，出现在宴飨娱乐和墓祭场景中，反映现实世界的娱乐生活和祭祀活动。如辽阳棒台子屯汉墓墓门内右壁图，画面上方两列席作乐师击鼓奏琴，下方杂技表演内容丰富，有扮兽、倒立、弄丸、旋盘、柔术等。从壁画结构来看，这幅壁画中的人物均面向右墓室的墓主饮食图，应是与饮食图相配合，为墓主提供娱乐表演[11]（图二二）。四川郫县一号汉墓石棺侧棺板刻画墓主生活图，画面分为三部分，右侧上方为庖厨图，下方马车驶向画面中部的宅院，

似是宾客将至。画面中部墓主和宾客席作饮食，观赏左侧的杂技乐舞，其中一女子在九方叠案上作倒立柔术表演[12]（图二三）。四川成都扬子山汉墓画像石同样具有代表性，画面中部为一场大型表演活动，有柔术、掷剑、弄丸、旋盘、舞蹈表演，后方五人奏乐，墓主宾客围坐前方观赏表演[13]（图二四）。这类有柔术出现的宴飨娱乐题材自西汉早期延续至东汉晚期，分布地域广泛，在辽宁、内蒙古、山东、四川等地区的汉墓画像石、壁画、陪葬陶俑中均有发现，是一种较为流行和常见的图像题材。这类场景常独立出现，或与庖厨、迎宾出行等题材相配置。

图二二　辽阳棒台子屯汉墓壁画杂技图与墓主饮食图

（采自李文信《辽阳发现的三座壁画古墓》，第 17 页）

图二三　四川郫县一号汉墓石棺侧棺板画像

（采自中国画像石全集编辑委员会《中国画像石全集》第 7 卷《四川汉画像石》，河南美术出版社、山东美术出版社，2000 年，第 96~97 页）

图二四　四川成都扬子山汉墓画像石

（采自霍巍、齐广《四川地区汉代画像砖的排列、组合与意义》，《考古》2022 年第 4 期，第 93 页）

柔术杂技参与祭祀活动的发现以祠堂画像石为主，代表有江苏徐州东沿村出土画像石，时代为东汉早期[14]（图二五）。该画像石画面分为上、中、下三栏，分别刻画端坐人物、乐舞杂技和庖厨图，柔术表演作倒立形态。这方画像石虽出于墓葬，但是将祠堂画像石拆除后二次利用的，且未对画像内容进行改动，因此画像内容无疑反映了祠堂墓祭的部分活动，乐舞杂技、庖厨图、端坐人物分别对应祭祀先祖、准备祭食、宾客吊唁等墓祭环节。除了画像石的来源能直观说明祭祀内涵，画像内容也能间接证明其祭祀内涵，如端坐人物中没有明确的主角形象，表明这场仪式服务于已逝去的墓主。还有乐舞杂技中心的建鼓图也可作为证明。建鼓主要有乐用功能和礼用价值，用于庆典娱乐或祭祀类的严肃场合，可增强表演的奢华性和观赏性[15]，祠堂乐舞画像中的建鼓，应当起到了愉悦祠主灵魂的作用。

图二五　江苏徐州东沿村汉墓出土画像石

（采自中国画像石全集编辑委员会《中国画像石全集》第 4 卷《江苏、安徽、浙江汉画像石》，河南美术出版社、山东美术出版社，2000 年，第 12 页）

2. 反映升仙思想的场景

柔术表演除了出现在世俗场景中，还被发现于表现升仙信仰的墓主升仙或神仙世界等场景中。山东微山县两城镇出土汉画像石中，画面下层为乐舞杂技场景，右侧一人于矮台上做倒立柔术表演；上层刻画各类神兽，两侧各有一羽人饲凤，是神仙世界无疑；中部建鼓贯穿两层画面，将乐舞杂技和神仙世界紧密联系起来（图二六）。这里建鼓可能被赋予了神性，能沟通人神两界，表达升仙不死的愿望[16]。在许多汉画中，建鼓就常出现在凤鸟、羽人、西王母等构成的升仙场景中，且往往贯穿人神两界，被赋予沟通天地、使墓主灵魂升仙的意义[17]。这类将乐舞杂技、羽人凤鸟结合的画面配置还发现多例，如山东沂水县韩家曲出土汉画像石、山东微山县两城镇出土的另一方汉画像石等（图二七、二八）。

图二六　山东微山县两城镇出土汉画像石

（采自顾森、沈阳《中国汉画大图典》第 2 卷《舞乐百业》，第 17 页）

图二七　山东沂水县韩家曲出土汉画像石

（采自中国画像石全集编辑委员会《中国画像石全集》第 3 卷《山东汉画像石》，第 62~63 页）

图二八　山东微山县两城镇出土的另一方汉画像石

（采自中国画像石全集编辑委员会《中国画像石全集》第 2 卷《山东汉画像石》，第 38~39 页）

汉画还以其他元素表现升仙主题，如山东济宁城南出土汉画像石，画面分为两部分，最上层人物列坐，下方画面为建鼓百戏和泗水捞鼎场景（图二九）。左侧为乐舞杂技，柔术表演做倒立塌腰形态。右侧众人正引绳捞鼎，鼎内龙头显现，将绳索咬断，立柱上下分别立有凤鸟、神兽。汉画中的"泗水捞鼎"图是升天信仰的典型题材，最初源自讽刺秦始皇捞鼎不成、求仙失败的历史传说，后随西汉升仙思想流行而转变寓意，方士公孙卿曾对汉武帝讲述黄帝铸鼎成，龙至，骑之上天的故事以顺应武帝的升仙追求。在当时求仙思想浓厚的社会背景下，捞鼎升仙这一传说流传开来，成为时人求仙升天的精神依托[18]。根据下层画面上方鸟雀自左图飞向右图的连贯性，可知左右二图为一整体，表达了相同的升仙内涵。

图二九　山东济宁城南出土汉画像石

（采自中国画像石全集编辑委员会《中国画像石全集》第 2 卷《山东汉画像石》，第 15 页）

此外，柔术杂技还直接出现在以西王母为核心的神仙世界。如四川成都青白江区出土的"西王母与杂技"摇钱树枝叶图，摇钱树枝叶坠数枚铜钱，枝干上方为人物形象，西王母正面端坐居于中心，肩披羽翼，顶遮华盖，右侧侍者旁有一人正持圈引导凤鸟，西王母左侧几人做植瓜幻术、袖舞、跳丸和倒立柔术等表演（图三〇）。西王母是汉代升仙题材的核心人物，在各地汉画遗存中普遍出现。汉人认为西王母是西方一位拥有不死之药的女神，《淮南子》载："譬若羿请不死之药于西王母，姮娥窃以奔月，怅然有丧，无以续之。"[19]《史记·司马相如列传》载："吾乃今目睹西王母曤然白首。载胜而穴处兮，亦幸有三足乌为之使。必长生若此而不死兮，虽济万世不足以喜。"[20]汉哀帝建平四年，曾爆发了一场西王母行诏筹的狂热活动，参与者纷纷号称"母告百姓，佩此书者不死"。[21]根据西王母的象征内涵可以确定，这例图像象征西王母所在的神仙世界，表达了升仙信仰。"西王母与杂技"摇钱树枝叶题材地域特征明显，目前在四川地区的东汉墓葬发现多例，且内容趋同，人物造型模板化，以王煜为代表的多名学者有过深入研究，认为其受西域文化影响深刻，代表升仙信仰体系[22]。

图三〇　四川成都青白江区出土"西王母与杂技"摇钱树枝叶图

（采自何志国《汉魏摇钱树初步研究》，科学出版社，2007年，第23页）

根据目前收集的相关资料，这类表达升仙信仰的题材时代集中于东汉，主要分布在山东、四川地区，具有一定的地域性特征。从图像内容来看，柔术杂技常以倒立姿态表现，表演形式丰富，结合乐舞、其他类杂技作为群体性表演，出现在西王母、仙人神兽以及升鼎、建鼓等直接或间接表现升仙信仰的主题图像中，反映了柔术杂技自东汉以来被赋予的区别于世俗娱乐的神仙色彩。

三、秦汉柔术杂技的发展演变

（一）K9901 陪葬坑 28 号俑的性质功能

首先，对比目前发现的汉代柔术形象，K9901 坑 28 号俑与 A 型桥型柔术较为相似，皆为手足撑地、背弯反折的姿态，表现了异常的柔韧性，虽然 28 号俑的跪地姿态与 A 型有所区别，柔韧效果也略逊一筹，但技巧表现方式和凸显效果基本一致，可以肯定该俑的动作融合了柔术技巧。

其次，秦始皇帝陵陪葬坑个体单元在表现内容和性质上具有同一性，因此 28 号俑的功能可参考 K9901 坑其他陶俑的性质研究。豆海锋根据 2012 年出土的 4 号俑衣着"泡钉"的服饰特征，对比先秦墓葬中类似遗存，认为 4 号俑所穿衣着体现仿古特征，应是表演所用的特殊服装[23]。郝勤和张济琛从 1999 年出土的上身裸露、体格健壮的 1~6 号俑入手，并辅以相关文献进行考证，认为这类俑应属角力、角抵性质的武士群体[24]。角抵起源于先秦，最初为角力竞技的习武活动，春秋战国礼崩乐坏，礼仪仪式逐渐下沉和世俗化，这类演武之礼也演变为娱乐表演[25]。从上述学者的研究可知，无论是泡钉仿古还是角抵武士，都具有娱乐表演的统一特征。结合 K9901 坑 28 号俑的动作姿态、其余俑的功能性质，笔者推测 K9901 陪葬坑可能再现了秦代宫廷的娱乐生活，28 号俑为柔术表演的写照，参与杂技、角抵、扮古等组成的大型群体表演。

值得注意的是，该俑表现的柔术形象在秦代考古发现中相对较少，是目前国内发现较早的具备柔术形态的实物遗存，可能反映了秦代柔术的主要特征和中国古代柔术的早期形态。

（二）秦汉柔术杂技的发展演变

根据秦汉柔术形象的发现情况，秦至西汉的资料较为匮乏，年代明确的有秦陵 K9901 坑 28 号俑和山东济南无影山汉墓柔术俑 2 例，而东汉时期，由于孝悌观念和厚葬风气的盛行，直接推动了汉画像石墓葬、祠堂的极盛发展，促使这一时期柔术资料丰富化[26]。遗憾的是，由于早期资料的缺少，目前尚未在西汉中晚期发现明确的柔术形象，因此这一阶段的发展情况尚不明确。不过纵观秦汉柔术杂技的发展演变，还是能梳理出柔术杂技由稚嫩走向成熟的发展轨迹，这主要体现在表现形式、与其他表演的搭配组合以及表达内涵等方面。

表现形式方面，秦代柔术遗存如秦陵 K9901 陪葬坑 28 号俑，动作为跪踞式柔术，已具备柔术的基本形态。西汉早期柔术类型逐渐多样化，技巧难度提升，出现了 C 型倒掣面戏型，表演相对独立，不结合道具，如山东济南无影山汉墓中的柔术杂技俑。至东汉时期，柔术类型更加丰富，对柔术技巧的掌握已炉火纯青，柔术形态有桥型、倒立型、悬挂型，其中 A 型桥型和 B 型倒立型柔术成为主流，D 型悬挂型柔术发现较少。A 型柔术仍以独立表演为主，少数表演结合细腰鼓、几台或长竿等道具，或与其他表演配合提升效果，如辽宁辽阳北园一号墓的乐舞百戏图壁画中[27]，乐舞杂技表演位于楼阙前的一处广场上，一柔术表演者反弓下腰，其左侧一人作跃跳姿态，欲从柔术表演者上方跃过（图三一）。B型倒立型柔术更倾向于搭配道具进行表演，形成了使用叠案或几台的固定表演模式，既凸显了表演者身体极高的柔韧性，又直观表现了表演者对身体和道具的控制力。D 型柔术将柔术杂技与"都卢寻橦"巧妙结合，根据表演方式可知，其主要搭配长竿进行表演。

柔术杂技与其他表演的融合、搭配也逐渐向综合性、成熟化的方向发展。自秦代起，柔术杂技就搭配其他表演形成多人综合表演。以秦陵 K9901 陪葬坑为例，K9901 坑出土陶俑数量众多，且形态有别，反映的可能是汇集了角抵、仿古等各类节目的综合性表演，这表明，在秦代，柔术杂技已能在宫廷级别的娱乐表演中承担重要角色。西汉早期，柔术

图三一　辽宁辽阳北园一号墓壁画（右为摹本）

（采自徐光冀主编《中国出土壁画全集》第 8 卷《辽宁·吉林·黑龙江》，科学出版社，2012 年，第 22 页；李文信《李文信考古文集》，辽宁人民出版社，2009 年，第 95 页）

杂技与倒立、长袖舞、乐器演奏组合搭配表演，杂技表演者与舞者位于中心，乐师居后，表演具备了视听效果的基本要素，可视为综合性百戏表演的基础搭配，这类表演模式和表演项目的排布方式延续至东汉，为之后大型百戏表演奠定了基础。东汉时期，柔术杂技搭配的表演内容、类别更加丰富多样，除了西汉形成的杂技、乐舞组合，柔术还与多种杂技组合为群体杂技表演[28]，或与格斗、戏兽、幻术等搭配形成大型综合表演（图三二、三三），表演规模小至 3~5 人，大至几十人。值得一提的是，由于此时汉画像石的发展正处于滥觞期，部分汉画图像已趋于格套和模板化，如柔术表演模式固定，倒立型柔术结合叠案、几台的表演

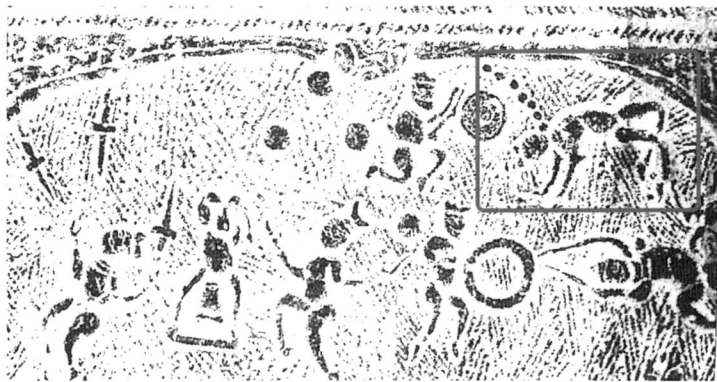

图三二　四川宜宾公子山崖墓石棺画像

（采自傅起凤、傅腾龙、徐庄《中国古代杂技史》，第 67 页）

形式占据主流，搭配表演固定化，形成了以建鼓为中心，杂技、乐舞为基本组合的表现模式，这类图像内容基本一致，仅对动作形态、表演类别和布局进行了调整变动，很可能是在同一粉本基础上创作的。还有如柔术杂技与"优伎对舞"搭配的图像，画面配置相似，表演形象固定化、模板化[29]（图三四）。

图三三　山东安丘董家庄汉墓画像石

（采自顾森、沈阳《中国汉画大图典》第 2 卷《舞乐百业》，第 12 页）

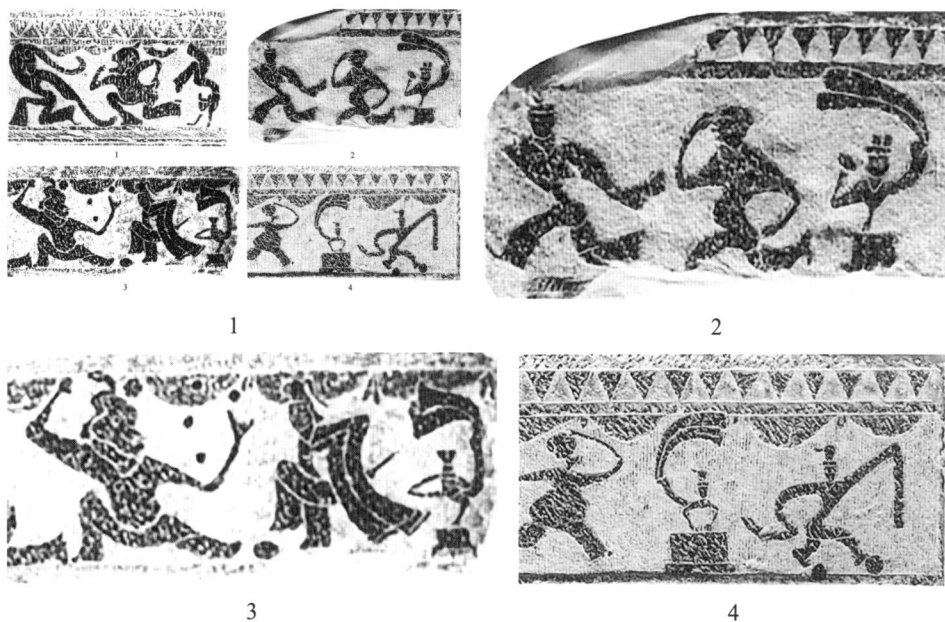

图三四　河南南阳出土东汉"优伎对舞"画像石

（1 采自中国画像石全集编辑委员会《中国画像石全集》第 6 卷《河南汉画像石》，第 123 页；2 采自曾宪波、朱青生主编《汉画总录（28）·南阳》，广西师范大学出版社，2013 年，第 48 页；3 采自中国画像石全集编辑委员会《中国画像石全集》第 6 卷《河南汉画像石》，第 134 页；4 采自王清建、朱青生主编《汉画总录（20）·南阳》，第 76 页）

柔术杂技的表现内涵也经历了由简单向复杂的转变。秦至西汉早期，柔术杂技多出现在宴飨娱乐的表演场景中，通过展现非凡的身体技巧和精彩的视觉效果渲染表演氛围，使观者产生共鸣。东汉时期，柔术杂技除了在世俗娱乐的宴飨场景中表演，还常出现在墓祭仪式和升仙思想的主题场景中，此时的柔术杂技可能已被赋予沟通天地、升天成仙的特殊寓意。这一变化与当时的社会背景密切相关。在汉代厚葬风气的影响下，东汉举行墓内祭祀、在墓上建祠堂的现象极为普遍，祭祀仪式成为墓祭活动的重要环节。中国自古以来就有以歌舞祭祀山川神灵的习俗，东汉时，随着墓祭文化的盛行，歌舞的祭祀功能被用于满足墓祭需求，歌舞表演参与墓主祭祀仪式，并融合杂技等表演，发挥了愉悦先主灵魂、宣扬孝道的作用。柔术等杂技出现在升仙场景主要受升仙信仰和汉人对西域认知的影响。西王母是汉代升仙思想体系中的核心人物，汉人认为西王母来自西方，其地望随着汉人对西域的开拓不断西移。东汉时，西王母地望被推移至大秦，而在汉人的认知中，魔术杂技等诸珍异奇也来自大秦，被称为幻术，体现仙术色彩，符合汉代升仙思想的需求[30]。因此，东汉汉画常将杂技表演和神仙世界结合，寄托墓主升仙不死的愿望。

四、柔术杂技出现原因分析

秦始皇帝陵 K9901 坑出土的 28 号俑是目前所见国内较早的柔术实物遗存。迄今为止，在先秦考古遗存或相关资料中几乎未发现类似形象，可类比的柔术杂技材料也皆为西汉以后的。且根据文献记载，秦代及之前宫廷的娱乐活动除歌舞外，表演节目以角抵、滑稽优戏为主，如刘向《古列女传》载"桀既弃礼义，淫于妇人，求美女，积之于后宫，收倡优、侏儒、狎徒能为奇伟戏者，聚之于旁，造烂漫之乐"[31]。《史记·滑稽列传》中有"优旃者，秦倡侏儒也。善为笑言，然合于大道"[32]。对角抵及其传统也有明确记载，如《史记·李斯列传》中"是时二世在甘泉，方作觳抵优俳之观"。应劭集解曰："战国之时，稍增讲武之礼，以为戏乐，用相夸示。而秦更名为角抵。角者，角材也。抵者，相抵触也。"[33] 文献及实物发现表明，柔术杂技可能并非先秦传统的娱乐节目，也无历史渊源可寻。然而远观西方，类似的柔术形象却在时代更早的欧洲、近东等地广泛出现，这或许能为我们探究国内柔术杂技的出现与渊源提供线索。

西方柔术杂技存在悠久的历史传统，在青铜时代的埃及、西亚、北欧文明以及古典希腊文明遗存中广泛存在。古埃及文明中的柔术形象多见于墓葬壁画、神庙浮雕，如贝尼 – 哈桑（Beni-Hasan）墓地（公元前2258~前1786年）壁画和著名的"都灵舞者"岩画（约处于埃及第十九王朝早期，公元前1280年），柔术表演者皆上身赤裸，下身着短裤或裙（图三五，1、2）。在卡尔纳克（Karnak）神庙红教堂的"美丽山谷节"（Beautiful Festival of the Valley）浮雕壁画中（公元前1473~前1458年），也见有同类柔术形象[34]（图三五，3）。结合神庙背景、柔术表演参与活动的性质推测，古埃及柔术表演可能参与国家官方的大型宗教仪式或节日宴会[35]。

图三五　古埃及的柔术表演者

1. 贝尼 – 哈桑墓地壁画 2."都灵舞者"岩画 3. 卡尔纳克神庙红教堂浮雕

［采自 Iversen, R., "Bronze Age acrobats: Denmark, Egypt, Crete", *World Archaeology*, 2014, 46(2): 247–248］

类似姿态和装束的柔术者形象在青铜时代的北欧地区也较为常见，如丹麦格雷文瓦格（Grevensvænge）地区出土的青铜塑像（公元前1900~前1100年）、瑞典布胡斯（Bohuslän）地区发现的柔术者浮雕岩画（公元前1300~前800年）（图三六、三七）。与丹麦青铜塑像同出的还有一戴角头盔男性塑像，其与瑞典布胡斯岩画中船头的持斧男性形象一致，可以推测这两例遗存应记录了同一种仪式活动。目前虽尚不明确该仪式的具体内涵，但这类仪式活动的相关实物如巨斧、角头盔、柔术者所穿服饰和配件在斯堪的纳维亚半岛上被普遍发现，且年代跨越青铜时代大部分时期，表明柔术参与的这类活动在青铜时代的北欧地区现实存在，并具有悠久的历史传统 [36]。

图三六 丹麦青铜柔术者雕像

［采自 Iversen, R., "Bronze Age acrobats: Denmark, Egypt, Crete", *World Archaeology*, 2014, 46(2): 245 ］

图三七 瑞典布胡斯浮雕岩画

（画面中两名戴着角头盔的男性手持巨斧站于船头两端，一人在船上做柔术杂技向后翻或跳跃，船上载满活动参与者）

［采自 Iversen, R., "Bronze Age acrobats: Denmark, Egypt, Crete", *World Archaeology*, 2014, 46(2): 245 ］

青铜时代的西亚文明流行的柔术杂技与埃及、北欧地区略有不同，柔术表演常结合道具，常见有剑、公牛等。如土耳其胡塞因达德（Hüseyindede）出土的一件具有宗教性质的陶瓶（公元前 1600~ 前 1500 年），陶瓶浮雕有舞蹈、音乐、杂技参与的仪式活动场面（图三八），其中柔术者在牛背上表演的场景被认为是赫梯文明中的跳牛仪式。公牛在赫梯文明中被赋予一定的宗教色彩，与相关仪式活动密切相关。韦伯曼（R. J. Webberman）结合画面场景、陶瓶的仪式功能，并辅以文献考证，推测陶瓶上的场景应与娱神类的宗教仪式有关，仪式活动由乐舞、柔术表演和跳牛仪式组成，仪式见证者可能有社会民众和王室成员[37]。此外，西亚地区的柔术杂技还常以剑作为道具，形成固定的表演模式，这类表演常被刻画在印章上，如叙利亚的布拉克（Tell Brak）遗址出土的印章（公元前2300~前2200年），画面上层为竖琴演奏，下层为柔术表演，柔术者正下方均有一把剑直抵腰部（图三九）。另一方赫梯印章上的这类表演更为具象化（公元前1600~前1400年）（图四〇）。韦伯曼通过考证，认为此类柔术表演应为楔形文字"HÚB"表演类型，表演者以柔术杂技翻越剑体，渲染紧张与刺激的表演氛围，这类表演常参与王室宫廷中的宴会或节日活动，服务于皇室贵族、朝臣政要或使节宾客[38]。在青铜时代的爱琴文明中也发现该类表演形式，如克里特岛的玛丽亚（Mallia）王宫出土的一件金剑柄（公元前1700~前1450年）（图四一），剑柄一周浮雕一柔术表演者，柔术者上身裸露，下身着裙，与埃及、北欧所见柔术者装束相似，韦伯曼认为此剑可能与上述柔术表演存在一定关系，金剑柄应并非军事实用品，更多用于彰显身份等级，应为贵族皇室阶级所有，因此，这里的柔术表演也同样服务于社会上层群体[39]。

图三八　土耳其胡塞因达德出土陶瓶

（采自 Webberman, R.J., Performing Danger: Bulls, Swords, and the Acrobatic Body in the Ancient Near East, ProQuest Dissertations Publishing, 2021, p.100）

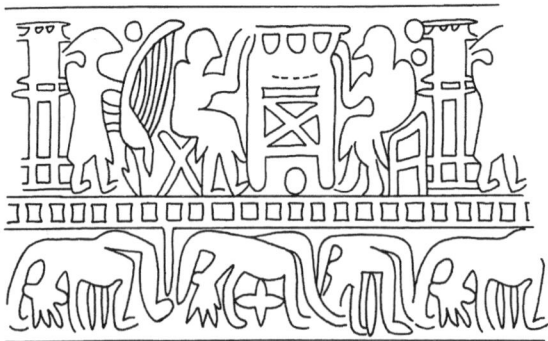

图三九　叙利亚布拉克遗址出土印章图像

（采自 Webberman, R.J., Performing Danger: Bulls, Swords, and the Acrobatic Body in the Ancient Near East, ProQuest Dissertations Publishing, 2021, p.101）

图四○　赫梯文明印章图像（牛津大学阿什莫林博物馆收藏）

（采自 Webberman, R.J., Performing Danger: Bulls, Swords, and the Acrobatic Body in the Ancient Near East, ProQuest Dissertations Publishing, 2021, p.102）

图四一　克里特岛玛丽亚王宫出土的金剑柄

（采自 Webberman, R.J., Performing Danger: Bulls, Swords , and the Acrobatic Body in the Ancient Near East, ProQuest Dissertations Publishing, 2021, p.101）

在后来古典时代的希腊文明中，柔术杂技依然流行。色诺芬（公元前440~前355年）在《会饮》中详细记录了一位叙拉古人带领杂耍班子在聚会中表演的场景，表演团队由吹笛人、舞者和柔术者组成，柔术者表演桥型柔术，并以柔术姿态在插满刀剑的铁环内外翻越[40]。相关实物资料也数量可观，许多彩绘陶器上都描绘了形象丰富的柔术杂技。表演形态有桥型和倒立型，表演结合桌子、脚凳、刀剑、弓箭和制陶轮盘等各类工具，表演者大多上身裸露，下身着裤或裙，部分表演类型如在剑上作柔术翻越与赫梯文明同类表演一致（图四二）。安德森（M. Anderson）通过对大量实物遗存和色诺芬《会饮》中柔术表演的深入分析，认识到在公元前5~前4世纪的希腊文明中，柔术杂技参与喜剧、奇观演出和综合类表演，在公开场合或贵族精英的私人聚会中表演，并存在营利性质的专业表演团队，类似《会饮》中叙拉古人带领的杂耍班子，为宴会活动提供表演娱乐并收取费用，说明古典希腊时代的柔术表演已相对成熟，并开始趋向职业化和商业化[41]。

图四二　古希腊彩绘陶器上的柔术者形象

1. 那不勒斯国家考古博物馆藏（公元前450~前440年）　2. 西班牙国立考古博物馆藏（公元前440年）　3. 私人收藏（公元前360~前340年）4. 大英博物馆藏（公元前340~前330年）5. 那不勒斯国家考古博物馆藏（公元前350~前325年）6. 柏林国家博物馆藏（公元前400~前300年）7. 那不勒斯国家考古博物馆藏（公元前350~前300年）8. 私人收藏（公元前340~前330年）

（采自 Anderson, M., "Female Acrobatics in Context:5th–4th c.BC.", *Arts & Sciences Electronic Theses and Dissertations*, 2019, pp.28,31,34,35,75,77,78）

　　梳理相关材料可以发现，西方的柔术杂技具有悠久的历史传统。在青铜时代的欧洲、西亚和埃及文明中，柔术杂技广泛存在，并表现出相似的内涵特征。柔术者均以桥型姿态做静态或动态表演，参与仪式活动或国家级别、皇室贵族的节日宴会，服务的群体以社会上层人物为主，表现娱乐或仪式功能。柔术者形象与表演形式也存在紧密关联，如古埃及和北欧文明中柔术者均是上身裸露、下身着装的服饰风格，西亚文明与爱琴文明有相同的柔术表演类型等，这表明柔术杂技可能在各文明广泛互动背景下传播交流，并依各地文化差异进行本土化改造，成为青铜时代西方贵族精英阶层娱乐、宗教或政治仪式的普遍活动。后来的古典希腊文明中，柔术杂技趋于成熟和职业化，柔术杂技形式多样，其性质已基本完全世俗娱乐化，服务面向社会公众和精英阶层。青铜时代柔术杂技的许多特征被保留下来，如柔术者上身裸露、下身着衣的服饰风格，服务于贵族精英阶层的表演传统，以及西亚文明中柔术表演类型的延续，这显示出西方柔术杂技在长期的历史发展中形成了相对统一，又富有区域特色的文化特征。

　　将西方柔术与国内材料尤其是秦陵 K9901 坑 28 号俑进行对比，可以发现二者的许多相似之处。第一，柔术者服饰相似。西方柔术者多以上身裸露、下身着短裤或短裙的形象表演，青铜时代古埃及、北欧和古典希腊文明的柔术者几乎都是此类形象，可能为一种固定的服饰传统，这与秦陵 K9901 坑 28 号俑服饰装束相似。第二，表现形式类似。西方柔术杂技类型以桥型和倒立型为主，整体表现方式与秦汉柔术一致，如前文列举古希腊彩绘陶器的一例柔术者姿态与秦陵 K9901 坑 28 号俑相近（图四二，2），古典希腊文明中的倒立柔术形态和搭配各类道具表演的表现模式更是与汉代同类柔术表演十分相似。第三，表演场景与服务受众相似。西方柔术者无论是在青铜时代还是后来的古典希腊时代，一直都有参与贵族精英阶层相关活动的表演传统，服务于社会上层人物，而秦陵 K9901 坑 28 号俑同样是秦代宫廷娱乐活动的生动写照，柔术表演服务于秦代皇室贵族。第四，表演功能一致。国内秦汉柔术最初仅作娱乐表演，后因社会背景变化被赋予仪式功能和升仙内涵，西方柔术杂技在青铜时代兼具娱乐和仪式功能，至后来的古典希腊文明已几乎演变为一种娱乐节目，这与国内柔术最初的娱乐目的一致，且年代接近秦汉之际。对比发现，秦汉柔术特别是 K9901 坑 28 号俑的诸多特征与西方柔术文化相近，这表明中西柔术杂技可能存在某种内在联系，或许暗示了柔术杂技在秦代的突然出现可能受到西方文明的一些影响。

事实上，秦始皇帝陵园中也发现了其他物证可以证明秦代中西文明存在互动交流，为秦代柔术可能接触过西方文明的猜测提供支持，如陵西陪葬墓 QLCM1 出土的单体金、银骆驼塑像写实逼真，有别于国内战汉时期同类题材简朴粗拙、脱离骆驼真实形象的风格，具有明显的中、西亚文化特征[42]。K0007 坑出土的青铜水禽采用铜片镶嵌补缀的修补技术，这一技术明显区别于战汉时期以熔补法和铜片铆接法为主的工艺传统，而在公元前 6～前 5 世纪地中海地区的大型青铜雕像上被广泛使用，由此推断，K0007 坑出土的青铜水禽所采用的修补技术应是受到了地中海古文明青铜工艺的影响[43]。

此外，在汉代柔术及相关遗存中，也能窥见西方文明因素的存在。比如，前文所述汉代柔术表演者中存在胡人形象，其年代最早可至西汉早期。汉人观念中的胡人指来自西域的人。而且，虽然历史文献没有明确记载柔术的来源，但对与柔术搭配的其他表演的来源略有涉及，《汉书·张骞李广利传》载："而大宛诸国发使随汉使来，观汉广大，以大鸟卵及犁靬眩人献于汉，天子大说。"颜师古注："眩读与幻同。即今吞刀吐火，植瓜种树，屠人截马之术皆是也。本从西域来。"[44]《后汉书·南蛮西南夷列传》载："永宁元年，掸国王雍由调复遣使者诣阙朝贺，献乐及幻人，能变化吐火，自支解，易牛马头。又善跳丸，数乃至千。自言我海西人。海西即大秦也，掸国西南通大秦。"[45]《太平御览》卷五六九《乐部七》"优倡"条下载："又有百戏，起于秦汉。有鱼龙曼延、高絙、凤皇、安息王案、都卢寻橦。"[46] 这里的大秦、安息为罗马帝国和帕提亚波斯王国。上述文献说明，古人认为奇巧夺目的幻术、跳丸、叠案等表演来自西方，而跳丸、叠案、植瓜幻术等又常常与柔术搭配表演，是杂技百戏中的常见组合，结合柔术者中明确的胡人形象，可以推测柔术可能与幻术、跳丸、叠案等同属西方杂技、幻术文化体系。

综上，秦始皇帝陵园 K9901 坑 28 号俑表现的柔术形象在先秦时期几乎没有发现，其出现具有一定突然性，而西方却有着悠久的柔术杂技传统，早至先秦时期就已发展得相当成熟，并与国内柔术存在联系，结合秦陵中西交流实物例证、汉代柔术及相关遗存中的西方文明因素，初步推测秦陵 K9901 坑 28 号俑的出现可能受到西方柔术文化的一些影响，作为目前国内较早的柔术遗存，其等级性表明柔术杂技最初可能是在中西皇室集团的接触互动中传播，影响并丰富了秦代宫廷的娱乐生活。

结　语

本文考察了秦始皇帝陵 K9901 出土的 28 号俑的形态及性质。通过分析秦汉时期与之相似的柔术形象，系统梳理其表演机制、表现内涵的发展演变，结合动作姿态、表现场景和 K9901 陪葬坑性质等因素，认为 28 号俑展现了柔术姿态，为中国古代柔术杂技的考古研究提供了珍贵资料。本文还探讨了柔术杂技在秦陵出现的原因。历史溯源、中西柔术者形象的相似性以及秦陵存在的中西交流等例证表明，秦陵所见柔术杂技可能与西方文明密切相关。

目前中国较早的柔术杂技发现于秦始皇帝陵陪葬坑中，且有极大可能性受西方柔术文化的影响。两汉时期，在社会经济复苏、社交娱乐日趋兴盛的背景下，柔术表演下沉至民间，柔术形象在多地墓葬及墓上祠堂中被发现。柔术还在适应本地需求的基础上进行本土化改造，中原人成为柔术表演群体之一，柔术的动作类型、表演形式得以拓宽、丰富，表演机制趋于成熟，与各类乐舞杂技相结合，呈现出蔚然大观、包罗万象的节目形态。柔术更是顺应时代变化，受厚葬风气、孝悌观念和升仙信仰的影响，开始参与墓祭仪式、出现在升仙或神仙场景中，不断被赋予新的意义。

注　释

[1] 始皇陵考古队《秦始皇陵园 K9901 试掘简报》，《考古》2001 年第 1 期，第 59~73、103~108 页；秦始皇帝陵博物院《2011~2012 年度秦始皇帝陵 K9901 考古简报》，《秦始皇帝陵博物院》总 3 辑，三秦出版社，2013 年，第 54~95 页。

[2] 百戏是杂技、幻术、武术、滑稽等多种娱乐性表演的总称。主持 1999 年 K9901 试掘工作的段清波先生认为该坑出土陶俑造型奇特，应为秦代宫廷百戏表演者（见始皇陵考古队《秦始皇陵园 K9901 试掘简报》，《考古》2001 年第 1 期，第 59~73、103~108 页；段清波《秦始皇帝陵园相关问题研究》，西北大学博士学位论文，2007 年，第 139 页）。此说法亦体现在以段清波、郭宝发为代表的陕西省考古研究所、秦始皇兵马俑博物馆主编的《秦始皇帝陵园考古报告（1999）》《秦始皇帝陵园考古报告（2000）》中。该观点一经提出便得到学界多数学者认可，此后有关 K9901 的研究文章也主要以百戏娱乐的内涵认知为前提进行探讨〔见豆海锋《秦始皇帝陵 K9901 陪葬坑新见 4 号陶俑甲衣渊源考》，《西北大学学报》（哲学社会科学版）2015 年第 1 期，第 16~20 页；张尚欣等《秦陵 K9901 坑出土百戏俑彩绘颜料及胶结材料的分析研究》，《文物保护与考古科学》2020 年第 4 期，第 82~88 页〕。也有少数学者持不同意见，主持 2011~2012 年 K9901 发掘工作的曹玮、张卫星认为，K9901 的内涵还需整体发掘结束才能进一步明确（见秦始皇帝陵博物院《2011~2012 年度秦始皇帝陵 K9901 考古简报》，《秦始皇帝陵博物院》总 3 辑，第 54~95 页）。郝勤、张济琛认为，K9901 出土陶俑身材壮硕，全身仅着短裙，结合出土铜鼎，应为竞力运动的角抵俑和扛鼎俑，而非简报所称"百戏俑"（见郝勤、张济琛《秦始皇帝陵 K9901 出土角抵俑及铜鼎考——兼论战国秦汉角抵百戏的演变》，《体育科学》2019 年第 6 期，第 28~35 页）。

[3] 萧亢达《汉代乐舞百戏艺术研究》，文物出版社，1991 年，第 281 页。

[4] 李文信《辽阳发现的三座壁画古墓》，《文物参考资料》1955 年第 5 期，第 3、15~25、28~42 页。

[5] 张晓杰《汉代巴蜀吹笛胡人形象的造型特征与文化意涵》，《雕塑》2014 年第 1 期，第 28~33 页；王煜《汉代大象与骆驼画像研究》，《考古》2020 年第 3 期，第 86~99 页。

[6] 邢义田《古代中国与欧亚文献、图像及考古资料中的"胡人"外貌》，《画为心声：画像石、画像砖与壁画》，中华书局，2011 年，第 197~314 页。

[7] 济南市博物馆《试谈济南无影山出土的西汉乐舞、杂技、宴饮陶俑》，《文物》1972 年第 5 期，第 19~24 页。

[8] 韩顺发《汉画像中的倒立分类及名称考释》，《中原文物》1993 年第 2 期，第 31~35、60 页。

[9] 都卢寻橦是汉魏时期的一类杂技表演活动，据考证因都卢国人擅于缘竿得名，表演以"T"形长竿为道具，伎人在长竿上作攀援、倒挂、折腰、空翻等惊险动作。见岳洋峰《汉魏六朝时期"都卢寻橦""橦末伎"及其表演机制》，《北京舞蹈学院学报》2021 年

第 6 期，第 38~44 页。

［10］内蒙古文物工作队、内蒙古博物馆《和林格尔发现一座重要的东汉壁画墓》，《文物》1974 年第 1 期，第 8~23、79~84 页。

［11］李文信《辽阳发现的三座壁画古墓》，《文物参考资料》1955 年第 5 期，第 3、15~25、28~42 页。

［12］四川省博物馆、郫县文化馆《郫县出土东汉画象石棺图象略说》，《文物》1975 年第 8 期，第 63~65 页。

［13］于豪亮《记成都扬子山一号墓》，《文物参考资料》1955 年第 9 期，第 70~84 页。

［14］徐州博物馆《徐州发现东汉元和三年画像石》，《文物》1990 年第 9 期，第 64~73 页。

［15］顾兴立《汉画像石中的建鼓研究》，中国艺术研究院硕士学位论文，2012 年，第 49~50 页。

［16］许多学者对建鼓的"建"字研究解读，认为建鼓被先民赋予沟通天地的神性。一说"建"为"建木"，是接引天神的圣木，建鼓即为建木与圣鼓结合的产物，具有迎神升天的能力，见卜键《建木与建鼓——对先秦典籍中一个人类文化学命题的考索》，《文献》2000 年第 4 期，第 273~280 页。还有学者认为"建"是上帝敕令的称谓，意为"到达、至"，能导引神性，见刘晓明《"建"的文化学意义与建鼓的来历》，《中国典籍与文化》2001 年第 4 期，第 85~89 页。

［17］陈四海、卫雪怡《汉画像石中的建鼓》，《寻根》2006 年第 1 期，第 31~36 页。

［18］邢义田《汉画解读方法试探——以"捞鼎图"为例》，《画为心声：画像石、画像砖与壁画》，第 398~439 页。

［19］（汉）刘安编，刘文典撰，冯逸、齐华点校《淮南鸿烈集解》卷六《览冥训》，中华书局，2013 年，第 2 版，第 217 页。

［20］《史记》卷一一七《司马相如列传》，中华书局，1982 年，第 3060 页。

［21］邢义田《汉画解读方法试探——以"捞鼎图"为例》，《画为心声：画像石、画像砖与壁画》，第 416 页。

［22］王煜《四川汉墓出土"西王母与杂技"摇钱树枝叶试探——兼论摇钱树的整体意义》，《考古》2013 年第 11 期，第 72~83 页。

［23］豆海锋《秦始皇帝陵 K9901 陪葬坑新见 4 号陶俑甲衣渊源考》，《西北大学学报》（哲学社会科学版）2015 年第 1 期，第 16~20 页。

［24］郝勤、张济琛《秦始皇帝陵 K9901 出土角抵俑及铜鼎考——兼论战国秦汉角抵百戏的演变》，《体育科学》2019 年第 6 期，第 28~35 页。

［25］辛颖《汉代乐舞戏剧形态研究》，西北大学博士学位论文，2021 年，第 35 页。

［26］信立祥《汉代画像石综合研究》，文物出版社，2000 年，第 18~19 页。

［27］李文信《辽宁北园画壁古墓记略》，《李文信考古文集》，辽宁人民出版社，2009 年，第 90~130 页。

［28］宜宾县文化馆《四川宜宾县崖墓画像石棺》，《文物》1982 年第 7 期，第 24~27、99 页。

［29］"优伎对舞"是汉代俳优与舞伎对舞的表演机制，表演者由一名身材臃肿的男性滑稽与一名身姿纤细的女性舞者组成，二者互动表演，具有较强的反差性。见黄竞娴《汉代"俳优与舞伎对舞"图像探论》，《北京舞蹈学院学报》2022 年第 6 期，第 28~36 页。

［30］王煜《西王母地域之"西移"及相关问题讨论》，《西域研究》2011 年第 3 期，第 55~61、141 页。

［31］（汉）刘向编撰，顾恺之图画《古列女传》，中华书局，1985 年，第 189 页。

［32］《史记》卷一二六《滑稽列传》，第 3202 页。

［33］《史记》卷八七《李斯列传》，第 2559 页。

［34］Iversen, R., "Bronze Age Acrobats: Denmark, Egypt, Crete", *World Archaeology*, 2014, 46(2): 242–255.

［35］Abou Zaid,O., "Some New Evidence for the Processional Way of the Beautiful Feast of Valley at Westen Thebes," *Egyptian Journal of Archaeological and Restoration Studies*, 2023,13(2):301–311.

［36］Iversen, R., "Bronze Age Acrobats: Denmark, Egypt, Crete", 2014, 46(2): 242–255.

［37］Webberman, R.J., Performing Danger: Bulls, Swords, and the Acrobatic Body in the Ancient Near East, ProQuest Dissertations Publishing, 2021, pp.56–63.

［38］Webberman, R.J., Performing Danger: Bulls, Swords, and the Acrobatic Body in the Ancient Near East, ProQuest Dissertations Publishing, 2021, pp.64–87.

［39］Webberman, R.J., Performing Danger: Bulls, Swords, and the Acrobatic Body in the Ancient Near East, ProQuest Dissertations Publishing, 2021, pp.65.

［40］〔希〕色诺芬等著，沈默等译《色诺芬的〈会饮〉》，华夏出版社，2005 年，第 20~38 页。

［41］Anderson, M., "Female Acrobatics in Context:5th-4th c.BC.", *Arts & Sciences Electronic Theses and Dissertations*, 2019.

［42］冯锴、李阳、蒋文孝等《东周秦汉时期骆驼题材文物初步研究》，《考古与文物》2024 年第 3 期，第 82~92 页。

［43］邵安定、梅建军、杨军昌等《秦始皇帝陵园出土青铜水禽的补缀工艺及相关问题初探》，《考古》2014 年第 7 期，第 96~104 页。

［44］《汉书》卷六一《张骞李广利传》，中华书局，1962 年，第 2696 页。

［45］《后汉书》卷八六《南蛮西南夷列传》，中华书局，1965 年，第 2851 页。

［46］（宋）李昉等撰《太平御览》卷五六九《乐部七》，中华书局，1960 年，第 2572 页。

The Origin and Development of Contortionist Acrobatics in the Qin and Han Dynasties: A Case Study of Pottery Figurine No.28 Unearthed from the Burial Pit K9901 in the Cemetery of Emperor Qin

Xue Cheng   Xue Yi

Abstract: The pottery figurine No. 28 unearthed from the burial pit K9901 in the Cemetery of Emperor Qin shows the obvious characteristics of contortionist acrobatics in a posture different from ordinary people. This paper analyzes the movements of figurine No. 28 by comparing with similar figures of contortion in Qin and Han dynasties, and sorts out the development and evolution of these figures, and thinks that figurine No. 28 should be contortionist acrobatics. Qin and Han contortionist acrobatics emerged under the influence of the spread of western contortionist acrobatics, and adapted to the local culture, and constantly enriched and innovated, and played an important role in social entertainment, tomb rites and scenes of deities, providing a new perspective for exploring the early cultural exchanges between China and the West, and the entertainment and funerary belief system of Qin and Han dynasties.

Keywords: Cemetery of Emperor Qin; Pottery Figurine No. 28 Unearthed from Burial Pit K9901; Contortion; China–West Interaction

从广西平南冶铁遗址出土炼渣看岭南地区早期块炼铁技术及其源流*

张梦逸[1] 李世佳[2]

（1.西北大学文化遗产学院 2.广西壮族自治区博物馆）

摘　要：平南冶铁遗址位于广西壮族自治区贵港市，年代约从西汉晚期至东汉初期延续至晋唐时期。本文在对该遗址炼渣开展宏观研究的基础上，选择其中 13 件炼渣样本进行微观研究，结果表明该遗址使用的是块炼铁冶炼技术。通过与东南亚诸块炼铁冶炼遗址的比较研究，我们认为平南冶铁遗址在冶炼工艺上与东南亚存在密切关系，岭南地区的块炼铁技术或是在海上丝绸之路兴起的大背景下经东南亚地区传入的。

关键词：块炼铁技术　炼渣研究　岭南　技术来源

引　言

古代冶铁技术大致可以分为两种，即块炼铁技术（直接冶炼法）和生铁冶炼技术（间接冶炼法）。一般认为中国古代的冶铁技术始于块炼铁技术，但在春秋中后期（公元前 5 世纪前后）已摒弃块炼铁技术并进入生铁冶铸时代[1]。生铁冶铸是发生、发展于中国的一项技术，但是中国的块炼铁冶炼技术却是外来的[2]。学术界普遍认为中国的块炼铁技术

---

　　*　本文系广西哲学社会科学规划研究课题青年项目"广西博物馆馆藏古代海上丝绸之路文物资料的整理与研究"（23CKG001）阶段性成果。

源自西亚，经新疆与河西走廊传播至中原地区[3]。最新的证据表明中原地区块炼铁制品的年代并不比新疆地区晚[4]。过去学术界认为新疆地区块炼铁制品的年代可以早至公元前 10 世纪，但实际上并没有确凿的证据表明新疆地区开始使用块炼铁的年代可以早至公元前 10 世纪。比如焉不拉克文化出土铁器的时间应在公元前 8~ 前 5 世纪，苏贝希文化出土铁器的年代不早于公元前 9 世纪，察吾乎文化则不可能早到公元前 10 世纪，伊犁河流域铁器的出现不早于公元前 8 世纪[5]。另外，从目前掌握的材料来看，中原地区开始使用块炼铁的年代是在公元前 9~ 前 8 世纪[6]，说明中国块炼铁技术的传播路线或许存在另一种可能性，即不经过新疆地区。甘肃磨沟遗址（位于河西走廊）出土的年代可早至公元前 14 世纪的块炼铁制品[7]为研究中国块炼铁技术起源提供了新的研究方向。关于中国南方地区块炼铁技术的研究十分有限，经过检测确定的块炼铁制品相对较少，且年代较晚，如湖北铜绿山出土的块炼铁制品年代为春秋战国时期，江苏、云南等地出土的块炼铁制品的年代则晚至汉代。

中国在公元前 5 世纪前后开始了以生铁冶铸技术为主导的冶铁业体系[8]。在此之前，块炼铁技术在社会与经济发展中扮演了重要的角色。目前发现的公元前 5 世纪以前的块炼铁制品已经超过 300 件，但关于块炼铁冶铁遗存的证据却几乎为空白。这可能是因为块炼铁冶炼对技术的要求相对较低，开展相对容易，遗址通常较难保存下来。由于缺乏冶铁遗址相关证据，目前对于早期块炼铁技术的形成与发展的认识还比较有限。

广西平南冶铁遗址是目前国内发现年代最早的块炼铁冶炼遗址。李映福指出，平南冶铁遗址所使用的块炼铁技术应是西亚块炼铁技术向外扩散的结果，并受到了南亚和东南亚地区的影响[9]。虽然该遗址的年代比北方地区的块炼铁实物证据要晚，但对于研究中国汉唐时期块炼铁技术的形成与发展仍具有重要意义。同时，也为中国南海区域内技术交流与区域互动研究提供了新材料。本文在对平南冶铁遗址冶炼技术进行研究的基础上，对周边地区特别是东南亚地区块炼铁遗址进行了比较研究，旨在探讨岭南地区块炼铁技术的源流问题。

一、遗址概况

平南冶铁遗址位于广西贵港市平南县六陈镇。遗址所在地形为丘陵，山峰高程为 100~300 米，有部分铁矿脉分布。遗址西侧有白沙河，东侧有北流河，皆向北注入浔江，可为冶炼遗址提供必要的水资源与便利的交通运输渠道。

遗址位于山岭顶部，面积约 100 平方公里。1987 年至 2014 年，广西文物保护与考古研究所等单位对该遗址进行了至少 5 次调查，发现了大量炼渣、陶片、炉壁残块、鼓风管、铁矿石等遗物和炼炉遗迹[10]。2014 年对该遗址进行了试掘，试掘面积 110 平方米，清理炼炉 13 座、灰坑 10 个、柱洞若干[11]。出土遗物包括矿石、炼渣、炉壁、鼓风管、陶瓷片等。

历次调查和发掘共清理炼炉 20 座。可辨形制的炼炉均为竖炉，如 1987 年在屋背岭遗址清理的炉 1 和 2014 年在六浊岭遗址清理的炉 9。这类炼炉从地表向下深掘建造炉室，炉体用黏土羼砂筑成，平面呈圆形或椭圆形，炉口直径 80~90 厘米，炉室分上下两部分，上部分呈圆斗形，下部分呈圆筒形，底部为生土，朝向坡下的一侧设有炉口和排渣道，地下部分一般深 40~50 厘米（图一，左）。再如 2014 年在六浊岭清理的炉 2（图一，右），炉身外径60、内径 44、残高 40 厘米。该炼炉也是从地表向下构建炉室，炉体用黏土羼砂筑成，炉身如圆筒，底部略平，炉口和排渣道设于炉体朝向坡下的一侧。

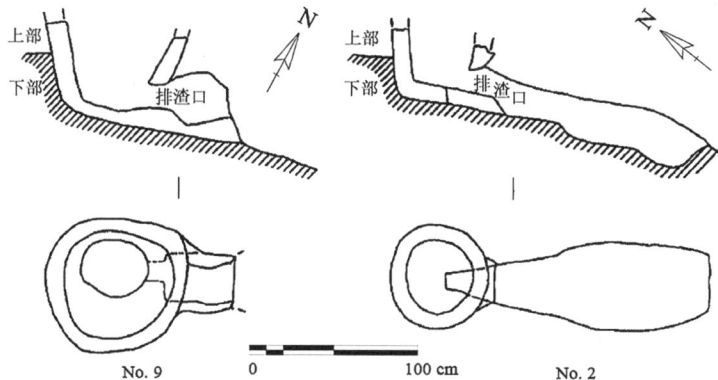

图一　六浊岭炉 9（左）和炉 2（右）平、剖面图

（采自蒙长旺《广西早期冶铁遗址的考古发现及研究》，《广西文博》第 1 辑，广西人民出版社，2017 年，第 93~107 页）

二、遗址年代

1987 年调查该遗址时采集陶片 200 余片，包括罐、钵、壶等器型。陶片纹饰包括方格纹、弦纹、水波纹、树叶纹、圆圈纹等，装饰手法包括拍印、刻花、锥刺等。郑超雄和李映福根据在遗址内采集到的陶片及其装饰手法特征将平南冶铁遗址的年代定为战国至西汉初年 [12]。黄全胜结合遗址出土遗物与碳 -14 测年数据认为该遗址的主要冶炼时间很可能在汉代早期或更早，但不排除冶炼时间从西汉延续至南北朝末的可能性 [13]。蒙长旺基于碳 -14 测年数据认为该遗址的年代大体为晋唐时期 [14]。

从 1987 年至今，屡次调查与试掘所获得的遗物都以饰方格纹、弦纹、水波纹、树叶纹、圆圈纹等的陶片为主。这种装饰手法的陶片明显与北流铜石岭冶铜遗址（与平南冶铁遗址相距约 50 公里）所出陶片相似。虽然蒙长旺认为平南冶铁遗址与梧州后背山遗址（与平南冶铁遗址相距约 100 公里）属同一时期文化遗存，但历次调查均未在平南冶铁遗址发现饰射线纹、钱纹和附加堆纹的陶片，复原陶器的器型也与后背山所见相异，表明两遗址存在一定的差异，平南冶铁遗址的年代或与铜石岭冶铜遗址的年代更为相近。铜石岭遗址的陶器类型和碳 -14 测年数据表明遗址年代为西汉晚期或东汉早期 [15]，我们认为平南冶铁遗址的年代上限大体应在这个范围内。而根据从炼炉和炼渣内采集的木炭碳 -14 测年结果，平南冶铁遗址在晋唐时期应存在频繁的冶炼活动（表一）。虽然目前没有直接证据表明平南冶铁遗址的冶炼活动可早到西汉晚期至东汉初期，但块炼铁技术具有操作简单、对环境要求低的特点，炼炉遗存易遭到晚期冶炼活动的破坏而极难保存下来。综合各方面情况，我们认为平南冶铁遗址的年代应从西汉晚期至东汉初期延续至晋唐时期，其中早期遗存可能冶炼规模较小，并由于晋唐时期频繁的冶炼活动而遭到破坏未能直接保存下来。

表一 碳 –14 测年数据

实验室编号	测定年代（距今）	树轮校正年代	样本类型	样本来源
BK83045	1900 ± 75	51BC(91.8%)262AD	木炭	铜石岭 T2H5
BK83046	1870 ± 80	39BC(95.4%)338AD	木炭	铜石岭 T3H8
BK86096	1975 ± 90	200BC(95.4%)242AD	谷壳	铜石岭鼓风管
BA161207	1575 ± 20	423AD(95.4%)540AD	木炭	平南六浊岭 T0201④
BA161208	1325 ± 35	648AD(73.4%)725AD	木炭	平南六浊岭 T0201③
BA161209	1575 ± 25	419AD(95.4%)544AD	木炭	平南六浊岭 L3
BA161210	1430 ± 25	582AD(95.4%)655AD	木炭	平南六浊岭 L4
BA161211	1550 ± 25	426AD(95.4%)566AD	木炭	平南六浊岭 L6
BA161025	1465 ± 45	532AD(91.9%)659AD	木炭	平南破嘴炼炉底部
BA161026	1610 ± 40	379AD(92.8%)537AD	木炭	平南破嘴炼炉底部
BA161027	1570 ± 40	409AD(95.4%)575AD	木炭	平南破嘴炼炉中部

三、样本选取与实验方法

黄全胜、邹桂森等曾对平南冶铁遗址的炼渣进行实验分析[16]。样品包括随机选取的排出片状炉渣、碗状渣及渣铁混合物，未提及相应的炼渣形貌分类研究标准。根据样本照片，我们认为"碗状渣"和"排出片状炉渣"具有相似的形貌特征，即炼渣表面可见明显流动性，且二者化学成分也相似，因此从性质和成因上看应属于同一类型炼渣。在炼渣研究中，基于形貌特征的分类有利于辅助对炼渣形成的过程与成因的判断，并可作为微观研究样本的选择依据，使微观研究结果更具代表性。本文对平南县博物馆馆藏及平南冶铁遗址采集的 122 件炼渣进行了形貌特征分类。该批炼渣形貌特征较统一，绝大部分表面较光滑，有明显流动性，底面粗糙，整体较致密，无明显磁性，属"排出渣"（tap slag）。如 SK0365 不仅表面带有明显的流动性痕迹，且整体呈"V"字形，与排渣口的大小相切合，应是在排渣口区域形成的炼渣。另有两件炼渣（SK0367、SK0374）整体粗糙，表面无明显流动性，无明显磁性，但尚不满足"炉内渣"（furnace slag）的形貌特征。在形貌研究的基础上，我们选择了 10 件炼渣（共 13 件样本）进行金相组织观察和成分分析。

首先利用环氧树脂对样本（取样点见图二）进行镶嵌，将其抛磨至不见划痕后在 Leica CM6000M 金相显微镜下进行金相组织观察并拍摄照片。然后对样本进行喷金，并利用金沙遗址博物馆 Zeiss Evo18 扫描电镜及 Oxford X–Max[N]50MM2 能谱仪对样本基体和金属颗粒进行分析。样本基体成分均在 20 倍下进行扫描以确保扫描范围足够大。分析所采用的加速电压为 20 千伏，工作距离设定为 10 毫米，能谱信号收集时间为 100 秒，结果以常见氧化物的形式计算成分数据并进行了归一化处理（表二）。

图二　平南炼渣形貌及取样位置示意图

四、实验结果与分析

炼渣的显微组织以浮氏体（即氧化亚铁）、铁橄榄石和玻璃质为主

（图三，1、3），并有水滴状和不规则形状的铁颗粒（图三，2）。此外，SK0397 和 SK0398 中有四氧化三铁组织（图三，1）。SK0374 中可见铁铝尖晶石（图三，4）。铁铝尖晶石的形成主要与冶炼过程中的氧气压力有关，在氧化铝含量大致相当的炼渣中，铁铝尖晶石更容易形成于氧气压力较低的氛围中[17]。

炼渣的化学成分主要为氧化亚铁和二氧化硅，氧化铝也是主要的氧化物，其中 SK0367 和 SK0374 的氧化铝含量较高，其余氧化物仅以微量形式存在，除 SK0375 中的氧化钙含量约为 3.7%。

表二　平南炼渣的基体化学成分含量及 RII 值 *

单位：%

编号	MgO	Al_2O_3	SiO_2	P_2O_5	SO_3	K_2O	CaO	MnO	FeO	RII
SK0361	–	0.7	11.7	–	–	0.2	0.2	–	87.2	0.3
SK0362	–	0.8	9.9	–	–	0.2	0.2	–	89.0	0.3
SK0363	–	–	2.5	–	–	–	–	–	97.1	0.1
SK0364	–	3.4	22.7	–	–	0.6	0.5	–	72.9	0.7
SK0365	–	4.1	24.8	–	–	–	0.8	–	70.4	0.8
SK0367	–	7.5	19.4	–	–	0.2	0.2	–	72.5	0.6
SK0368	–	4.3	21.4	–	–	0.5	0.9	–	73.0	0.7
SK0374	1.9	8.8	28.3	–	–	0.3	2.2	1.4	57.0	1.2
SK0375	1.5	5.7	19.1	0.5	0.8	1.9	3.7	1.0	65.9	0.7
SK0376	–	3.7	14.8	–	0.4	0.9	1.3	0.6	78.3	0.4
SK0392	–	1.4	14.8	–	–	–	–	–	83.7	0.4
SK0397	–	3.2	24.6	–	0.4	0.4	0.4	–	71.1	0.8
SK0398	0.7	3.8	15.2	0.3	–	1.5	0.6	0.4	77.5	0.5

注：数据均为三次基体面扫数据平均值，"–"表示低于检测范围。

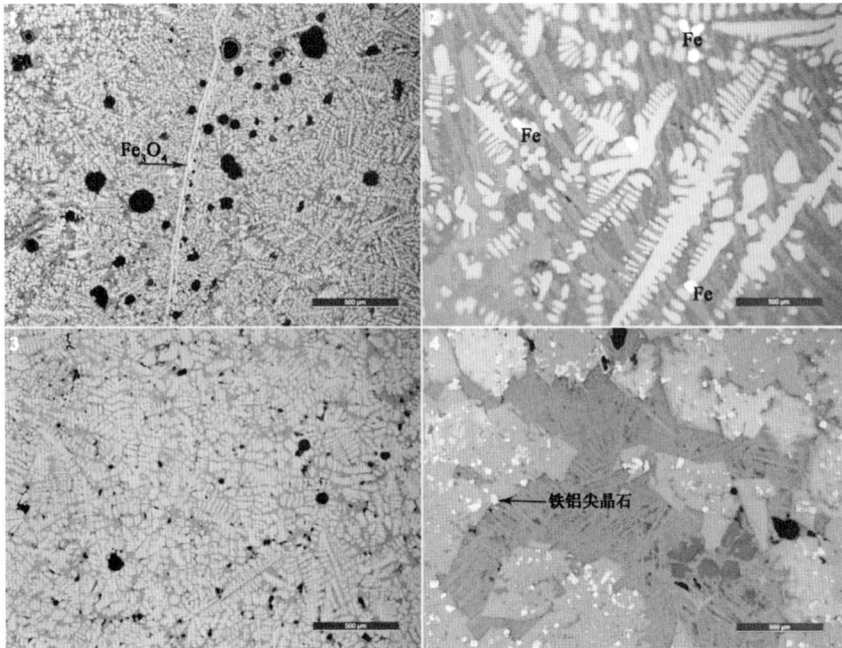

图三　炼渣金相图（1.SK0398，2.SK0375，3.SK0362，4.SK0374）

结合带有排渣口的炼炉形制，各类炼渣的形貌特征、金相组织和成分数据特征，可以对平南炼渣的形成过程进行一定推测。根据炼渣带流动性的形貌特点和金相显微组织中的四氧化三铁可以推测本次分析的平南炼渣应是排渣。

五、冶炼技术

根据铁硅铝三元相图可知这批炼渣的熔融温度约为 1150℃（图四）。虽然在理论状态下，当含碳量为 4.3% 时，铁的液相温度可低至 1147℃，但一般生铁冶炼的炉温需要达到 1300℃以上[18]。平南冶铁遗址的冶炼温度较低，只能以固态还原的方式获得块炼铁。

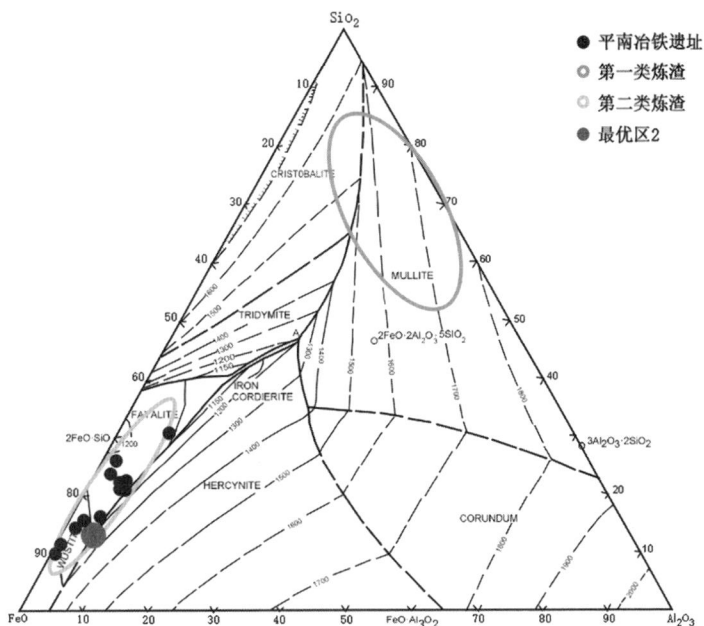

图四　炼渣在铁硅铝三元相图中的分布

目前，国内约有 20 处冶铁遗址的炼渣经过科技分析 [19]。根据科技分析结果，这些遗址出土的炼渣主要分为两类。第一类炼渣的特点为氧化钙含量高、氧化亚铁含量低，其中氧化钙的含量约为 10%~20%，高者甚至可达 35%~45%，氧化亚铁的含量约为 1%~10%（图四）。这类炼渣主要反映的是生铁冶炼技术。鲁山望城岗冶铁遗址、舞钢西平冶铁遗址、齐国故城冶铁遗址、临淄故城冶铁遗址、经济村冶铁遗址等遗址出土的就是此类炼渣。第二类炼渣的特点为氧化钙含量低、氧化亚铁含量高，如广西梧州后背山冶铁遗址发现的炼渣和湖北鄂州市冶铁遗址所见第一类渣（图四）。这两处遗址发现的炼渣可能与块炼铁冶炼有关。平南冶铁遗址炼渣的化学成分体现为低氧化钙与高氧化亚铁，与第二类炼渣的化学成分接近。此外，平南冶铁遗址炼渣的化学成分与国外块炼铁冶炼遗址出土炼渣的化学成分相似。如泰国 Ban Khao Din Tai 冶铁遗址的炼渣成分也以高氧化亚铁和低氧化钙为特征 [20]。

秦汉时期的冶铁生产基本是以木炭作为燃料。虽然在河南巩县铁生沟、郑州古荥镇遗址发现了煤饼，但并没有证据表明当时已将煤作为冶炼燃料使用。一般认为以煤炭作为冶炼燃料是从唐代起开始普及的。平南冶铁遗址年代下限虽晚至唐代，但在 1987 年的调查中，文物工作者在炼炉内及附近均发现有木炭，并且遗址出土炼渣中二氧化硫的含量极低，说明当时冶炼活动所使用的燃料应为木炭。

中国古代的冶炼活动经常会使用石灰石作为助熔剂，帮助炼渣的形成与排出。岭南地区的石灰石资源相当丰富，附近的铜石岭冶铜遗址与平南冶铁遗址相距仅 50 公里，遗址年代上限相当。研究发现铜石岭遗址在冶炼过程中便加入了石灰石，表明当时对于冶炼过程中助熔剂的使用已经有了一定的认识。而平南冶铁遗址炼渣中氧化钙的含量较低，应该没有使用助熔剂。

平南冶铁遗址的这批炼渣样本中浮氏体所占比例较高，并且氧化亚铁的含量也明显偏高。浮氏体的含量通常可以用来衡量冶炼效率，并可以利用公式 $RII=(2.39 \times SiO_2)/(FeO+MnO)$ 进行量化[21]。当 RII 比值低于 1.0 时，表明冶炼过程中保留了过量的氧化亚铁；当 RII 比值大于 1.0 时，表明冶炼过程中保留了未熔化的二氧化硅。平南冶铁遗址大部分炼渣样本的 RII 比值都低于 1.0，仅 SK0374 的 RII 值较高。总的来看，平南冶铁遗址的冶炼效率较低，当时通过块炼铁冶炼技术所获得的块炼铁比较有限。另外，平南冶铁遗址炼渣在铁硅铝三元相图中均向最优区 2（optimum 2）靠近，表明炼渣所代表的冶铁技术是一种低投入低产出，但相对容易成功的技术[22]。平南炼渣中发现的未完全反应的矿石也从一方面印证了平南冶铁遗址的冶炼技术是一种冶炼效率较低的技术类型。该遗址低效率的冶炼活动可能与当时燃料与矿石投入的比例或鼓风效率较低有关。

六、技术来源

目前，大部分研究表明北方地区的块炼铁技术应源自西亚[23]。关于南方地区块炼铁技术形成与发展的研究相对较少。由于缺少北方地区和岭南地区之间块炼铁冶炼遗址的证据，很难将平南冶铁遗址块炼铁技术传播路线与中国西北和中原地区联系起来。与岭南地区相邻的东南亚和南亚地区则有悠久的块炼铁技术传统。

黄全胜 [24] 认为泰国中部 Ban Di Lung 遗址（公元 6~14 世纪）出土的块状炼渣的形状与平南冶铁遗址出土的"碗状"炼渣较相似，推测两者的炼炉结构、造渣技术、排渣方式等可能存在相似性；同时还指出平南冶铁遗址出土的直通式鼓风管的形制、材质和制作技术与 Ban Di Lung 遗址所出类似，推测两者很可能存在交流并相互影响。此外，他还基于印度 Dhatwa 地区的"碗式"炼炉（公元 19 世纪）与平南冶铁遗址炼炉形制上的相似性，以及印度 Naikund 遗址（公元前 7 世纪）、斯里兰卡 Alakolavava 遗址（公元前 2~ 公元 4 世纪）和 Samanalawewa 遗址（公元 7~11 世纪）出土的鼓风管在形制方面与平南冶铁遗址所见鼓风管的相似性，认为平南冶铁遗址与南亚地区在冶铁技术上也存在交流。李映福在梳理全球"碗式"炼炉的基础上，指出平南冶铁遗址的"碗式"炼炉是西亚"碗式"炼炉冶炼技术对外扩散的产物，受到了南亚和东南亚地区的影响 [25]。

南亚地区具有悠久的块炼铁技术传统，最新证据表明印度冶铁技术可能在公元前二千纪早期独立起源 [26]。该地区以在块炼炉中生产熟铁和在坩埚中精炼制钢为特征。冶炼所使用的块炼炉多为竖炉，高度在1.5~6 米，均带有鼓风装置，多数可以排渣 [27]。比如印度中部 Naikund 遗址发现了年代可以早到公元前 700 年的由炉砖构筑的竖式块炼炉。这种用炉砖构筑炼炉的方式与平南地区冶铁炉的修建方式有一定的差别。并且，直通式鼓风管是一种较为常见的类型，虽然 Alakolavava 和 Samanalawewa 遗址的鼓风管形制与平南所见类似，但这两处遗址的块炼铁技术却是以自然风为动力的排式鼓风冶炼。这种冶铁技术大约在公元一千纪期间随着佛教的影响从斯里兰卡传播到了缅甸、柬埔寨、马来西亚以及日本 [28]，但与平南冶铁遗址的块炼铁技术有明显的区别。因此，南亚地区的块炼铁技术与平南冶铁遗址的块炼铁技术的关系并不是十分密切。

东南亚地区的早期块炼铁冶炼技术则与平南冶铁遗址的块炼铁技术

表现出更为密切的关系。东南亚地区确认与早期冶铁活动有关的遗址有 3 处（不包括仅有铁器锻造证据的遗址）[29]。第一处是位于泰国东北部的 Ban Don Phlong 遗址 [30]，其年代为公元前 3~ 前 1 世纪，公元前 2 世纪为其兴盛时期。该遗址共发现炼炉 17 座，均为带鼓风装置（piston bellow）的"竖炉"（shaft furnace），根据是否带有排渣坑（tap pit）可将炼炉分为两类。该遗址使用的矿石有两种来源，燃料为木炭，产品包括熟铁和低碳钢。第二处是缅甸中部的 Sriksetra 遗址 [31]，年代为公元 1~3 世纪。Sriksetra 遗址被认为是骠国（Kingdom of Pyus）国都，在《大唐西域记》中译为"室利差呾罗"。该遗址最早的碳 −14 测年数据为公元 50~220 年，测年样本来自城址中宫殿西北角北部的 Tabet-ywa[32] 冶铁遗址点。该冶铁遗址点面积约 1.4 万平方米，深度超过 2 米。Tabet-ywa 冶铁遗址点的发现表明当时已经可以通过木炭、赤铁矿等在炼炉中生产块炼铁，并利用块炼铁锻造铁钉等器物。第三处是位于马来西亚东北部的 Sungai Batu 2A 遗址 [33]，年代为公元 3~5 世纪，延续了约 300 年，冶炼规模较大。该遗址内发现有炼炉、耐火材料、铁渣、铁矿石、鼓风管、铁器、木炭、石器、陶器等遗存，又以铁渣和鼓风管为主。根据炼炉遗存保存状况，可以推测炼炉近圆形，直径 50~60 厘米，残高 50~70 厘米。此外，遗址中还发现矿石加工的证据，冶炼的矿石至少有 3 种来源。Sungai Batu 2A 冶炼遗址主要通过块炼铁技术生产铁锭并销往其他地区。

　　东南亚地区有着悠久的块炼铁技术传统。以上三处冶铁遗址均位于中南半岛，其年代或早于平南冶铁遗址或与其大体相当，且冶炼技术也具有一定的相似性。如 Ban Don Phlong 遗址中炼炉的修建方式与平南冶铁遗址炼炉的修建方式十分相似，Sungai Batu 2A 遗址出土的鼓风管与平南冶铁遗址所见鼓风管形制类似。Sungai Batu 2A 遗址出土的一端有炼渣附着的鼓风管中，最长的约 27.1 厘米，外径约 11.2 厘米，内径 2.1~3.6 厘米。笔者 2018 年在平南调查采集的带炼渣附着的鼓风管残长约 35 厘米，宽外径 11~16 厘米，内径 5 厘米。

　　岭南地区与东南亚地区很早就在物质和技术文化层面进行着交流，特别是汉代海上丝绸之路的开通更是为两地间的区域互动提供了很好的平台。目前，岭南地区已经发现了大量与海上贸易有关的遗物，有部分可以肯定来自东南亚地区。如合浦黄泥岗 M1 出土的湖蓝色玻璃杯，文昌塔 M1 出土的脚轮形杯，望牛岭 M1 出土的蝉形水晶和六棱形水晶，合浦汉墓出土的琥珀制品、十二面金珠和香料等，都有可能从东南亚地区输入 [34]。此外，东南亚地区也出土了许多汉代遗物，如 Khao Sam Kaeo 遗址出土了西汉铜镜、硬纹陶器和印章等 [35]。当时不仅有繁荣的海上贸易活动，以海上贸易为契机，在"亚洲地中海文化圈" [36] 的大背景下，岭南与东南亚之间也进行着技术文化层面的交流。如广西地区在从东南亚和南亚等地区输入玻璃器和原料的基础上吸收和发展了外来玻璃制作技术 [37]。岭南地区的青铜冶炼技术也在很大程度上受到泰国的影响 [38]。因此，在海上丝绸之路贸易兴起的大背景之下，岭南地区的块炼铁冶炼技术极有可能也是当时区域互动的结果。

古代技术的交流必然需要人群的移动作为载体。两汉时期，岭南地区出现了不少的域外人。文献记载，在东汉末年，"（士）燮兄弟并为列郡，雄长一州……出入鸣钟磬，备具威仪，笳箫鼓吹，车骑满道，胡人夹毂焚烧香者常有数十" [39]。考古材料中也不乏胡人形象，如合浦堂排 M1 和寮尾 M13b 以及广州汉墓都出土了大量胡人俑。因此，岭南地区块炼铁技术很可能与当时区域间的人群迁徙有关。此外，岭南地区汉墓中出土的胡人俑主要流行于西汉中后期至东汉时期 [40]。虽然平南冶铁遗址炼炉内木炭的碳 –14 测年数据落在晋唐之间，但与人群移动有关的技术交流可能出现得更早。在平南冶铁遗址附近或岭南地区内应当还存在更早的块炼铁冶炼证据。

结　语

本文通过对广西平南冶铁遗址出土炼渣进行宏观及微观研究，认为该遗址所反映的是块炼铁冶炼技术，其技术以木炭为燃料，在冶炼过程中不添加助熔剂。我们认为，平南冶铁遗址的块炼铁冶炼技术与中国北方块炼铁技术没有明显联系，而与东南亚地区的联系更为密切。并且，这种块炼铁技术很可能是随着人群的移动，在海上丝绸之路兴起的大背景下传播至岭南地区的。

注　释

［1］李映福、马春燕《中国古代物质文化史·铁器》，开明出版社，2019 年，第 6 页。

［2］Donald B. Wagner, "The Earliest Use of Iron in China", in Suzanne M. M. Young, A. Mark Pollard, Paul Budd, and Robert A., eds., *Metals in Antiquity*, Ixer (BAR International series,792), Oxford: Archaeopress, 1999, pp. 1–9.

［3］a. 陈戈《新疆出土的早期铁器——兼谈我国开始使用铁器的时间问题》，《庆祝苏秉琦考古五十五年论文集》编辑组《庆祝苏秉琦考古五十五年论文集》，文物出版社，1989 年，第 425~432 页。

　　b. Donald B. Wagner, "The Earliest Use of Iron in China", in Suzanne M. M. Young, A. Mark Pollard, Paul Budd, and Robert A., eds., *Metals in Antiquity*, Ixer (BAR International series,792), Oxford: Archaeopress, 1999, pp. 1–9.

［4］陈建立、梅建军、王建新、亚合浦江《新疆巴里坤东黑沟遗址出土铁器研究》，《文物》2013 年第 10 期，第 77~84 页。

［5］陈建立《中国古代金属冶铸文明新探》，科学出版社，2014 年，第 208~213 页。

［6］韩汝玢、姜涛、王保林《虢国墓出土铁刃铜器的鉴定与研究》，《三门峡虢国墓》，文物出版社，1999 年，第 559~573 页。

［7］陈建立、毛瑞林、王辉、陈洪海、谢焱、钱耀鹏《甘肃临潭磨沟寺洼文化墓葬出土铁器与中国冶铁技术起源》，《文物》2012 年第 8 期，第 45~53 页。

［8］李映福、马春燕《中国古代物质文化史·铁器》，第 6 页。

［9］李映福《广西平南"碗式"炼炉与我国"碗式"炼炉的起源》，《考古》2014 年第 6 期，第 64~77 页。

［10］a. 郑超雄"平南县六陈汉代冶铁遗址"条，《中国考古学年鉴（1989）》，文物出版社，1990 年，第 236~237 页。

　　b. 黄全胜、李延祥《广西贵港地区早期冶铁遗址初步考察》，《有色金属》2008 年第 1 期，第 137~142 页。

　　c. 黄全胜、李延祥《广西平南六陈坡嘴遗址冶炼技术研究》，《有色金属》2011 年第 1 期，第 140~146 页。

　　d. 黄全胜、李延祥《广西平南县铁屎塘冶炼遗址初步研究》，《四川文物》2012 年第 1 期，第 92~96 页。

　　e. 黄全胜、李延祥、陈建立、龚海《广西贵港六穴岭汉代冶铁遗址初步研究》，《南方民族考古》第 10 辑，科学出版社，2014 年，第 231~238 页。

f. 蒙长旺"平南六浊岭汉至六朝冶铁遗址"条，《中国考古学年鉴（2015）》，中国社会科学出版社，2016 年，第 278 页。

［11］蒙长旺《广西早期冶铁遗址的考古发现及研究》，《广西文博》第 1 辑，广西人民出版社，2017 年，第 93~107 页。

［12］a. 郑超雄《关于岭南冶铁业起源的若干问题》，《广西民族研究》1996 年第 3 期，第 50~56 页。

b. 李映福《广西平南"碗式"炼炉与我国"碗式"炼炉的起源》，第 64~77 页。

［13］黄全胜《广西贵港地区古代冶铁遗址调查与炉渣研究》，漓江出版社，2013 年，第 146~149 页。

［14］蒙长旺《广西早期冶铁遗址的考古发现及研究》，《广西文博》第 1 辑，第 93~107 页。

［15］广西壮族自治区文物工作队《广西北流铜石岭汉代冶铜遗址的试掘》，《考古》1985 年第 5 期，第 403~410 页。

［16］a. 黄全胜《广西贵港地区古代冶铁遗址调查与炉渣研究》，第 76~104 页。

b. 邹桂森、蒙长旺、黄全胜等《广西平南六浊岭冶铁遗址出土冶金遗物初步研究》，《有色金属（冶炼部分）》2022 年第 6 期，第 124~129 页。

［17］Fells, S., The Structure and Constitution of Archaeological Ferrous Process Slags, Unpublished Ph.D thesis, University of Aston in Birmingham, 1983, pp. 110–111.

［18］〔丹〕华道安著，〔加〕李玉牛译《中国古代钢铁技术史》，四川人民出版社，2018 年，第 234 页。

［19］a. 河南省文物研究所、中国冶金史研究室（李京华执笔）《河南省五县古代铁矿冶遗址调查》，《华夏考古》1992 年第 1 期，第 44~62 页。

b. 陈建立、洪启燕、秦臻、刘海旺、韩汝玢《鲁山望城岗冶铁遗址的冶炼技术初步研究》，《华夏考古》2011 年第 3 期，第 99~108 页。

c. 杜宁、李建西、张光明、王晓莲、李延祥《山东临淄齐国故城东北部冶铁遗址的调查与研究》，《江西理工大学学报》2011 年第 6 期，第 12~15 页。

d. 黄全胜、李延祥《广西兴业县高岭古代遗址冶炼技术初步研究》，《自然科学史研究》2012 年第 3 期，第 288~298 页。

e. 袁晓红、潜伟《新疆若羌瓦石峡遗址出土冶金遗物的科学研究》，《中国国家博物馆馆刊》2012 年第 2 期，第 141~149 页。

f. 杜宁、李延祥、张光明、王晓莲、李建西《临淄故城南部炼铁遗物研究》，《中国矿业》2012 年第 12 期，第 115~120 页。

g. 王启立、潜伟《燕山地带部分辽代冶铁遗址的初步调查》，《广西民族大学学报》（自然科学版）2014 年第 1 期，第 44~52 页。

h. 李延祥、王荣耕《河北邯郸武安市经济村炼铁遗址考察》，《华夏考古》2014 年第 4 期，第 31~33、38 页。

i. 秦臻、陈建立、张海《河南舞钢、西平地区战国秦汉冶铁遗址群的钢铁生产体系研究》，《中原文物》2016 年第 1 期，第 109~117 页。

j. 崔春鹏、李延祥、陈树祥、席奇峰《湖北鄂州古代冶炼遗物初步分析》，《江汉考古》2016 年第 3 期，第 102~111 页。

k. 蒙长旺、邹桂森《广西梧州六朝冶铁遗址初探》，《金属世界》2017 年第 4 期，第 11~17 页。

l. Li Y., Ma C., Juleff G., et al., "Microstructural and Elemental Analyses of Slags Excavated from Xuxiebian Iron Smelting Site, Sichuan, China", *Archaeometry*, Vol.61(2019): 1353–1356.

[20] Chuenpee T., Won–In K., Natapintu S., et al., "Archaeometallurgical Studies of Ancient Iron Smelting Slags from Ban Khao Din Tai Archaeological Site, Northeastern Thailand", *Journal of Applied Sciences*, 2014, 14(9):942.

[21] a. Charlton, M., Ironworking in Northwest Wales*:* an Evolutionary Analysis, Unpublished Ph.D thesis, University College London, 2007.

b. Charlton, M., Crew, P., Rehren, Th. and Shennan, S., "Explaining the Evolution of Ironmaking Recipes – an Example from Northwest Wales", *Journal of Anthropological Archaeology*, Vol. 29(2010): 352–367.

[22] Rehren, Th., Charlton, M., Chirikure, S., Humphris, J., Ige, A., & Veldhuijzen, A., "Decisions Set in Slag: the Human Factor in African Iron Smelting", in La–Niece, Hook & Craddock eds., *Metals and Mines: Studies in Archaeometallurgy*, London: Archetype, 2007, pp. 211–218.

[23] 陈建立《中国古代金属冶铸文明新探》，第 229~231 页。

[24] 黄全胜《广西贵港地区古代冶铁遗址调查与炉渣研究》，第 153~154 页。

[25] 李映福《广西平南"碗式"炼炉与我国"碗式"炼炉的起源》，第 64~77 页。

[26] Rekesh Tewari, "The Origins of Iron–working in India: New Evidence from the Central Ganga Plain and the Eastern Vindhyas", *Antiquity*, Vol.77(2003): 543.

[27] a. R. F. Tylecote, *A History of Metallurgy*, London: Mid–County Press, 1976, p.47.

b. R. Balasubramaniam, "Metallurgy of Ancient Indian Iron and Steel", In Selin H., eds., *Encyclopaedia of the History of Science, Technology, and Medicine in Non-Western Cultures*, Dordrecht: Springer, 2014, p.3180.

[28] Juleff, Gillian, "Technology and Evolution: A Root and Branch View of Asian Iron from First–millennium BC Sri Lanka to Japanese Steel", *World Archaeology*, Vol. 41(2009): 557–577.

[29] Pryce T. O., "Metallurgy in Southeast Asia", In Selin H., eds., *Encyclopaedia of the History of Science, Technology, and Medicine in Non-Western Cultures*, Dordrecht: Springer, 2014,

p.3153.

［30］Nitta E., "Iron–smelting and Salt–making Industries in Northeast Thailand", *Bulletin of the Indo-Pacific Prehistory Association*, Vol. 16(1997): 153–160.

［31］Hudson, B., "A Thousand Years before Bagan: Radiocarbon Dates and Myanmar's Ancient Pyu Cities", In G. Yian, J. Miksic, & M. Aung–Thwin eds., *Bagan and the World: Early Myanmar and Its Global Connections*, Singapore: ISEAS–Yusof Ishak Institute, 2017, pp.104–105.

［32］Hudson, B., "A Thousand Years before Bagan: Radiocarbon Dates and Myanmar's Ancient Pyu Cities", In G. Yian, J. Miksic, & M. Aung–Thwin eds., *Bagan and the World: Early Myanmar and Its Global Connections*, Singapore: ISEAS–Yusof Ishak Institute, 2017, pp. 88–121.

［33］Chia, S., & Mokhtar, N. a. M., "Evidence of Iron Production at Sungai Batu, Kedah", In S. Chia & B. W. Andaya eds., *Bujang Valley and Early Civilizations in Southeast Asia*, Kuala Lumpur: Department of National Heritage, Ministry of Information, Communications and Culture, 2011.

［34］熊昭明《汉代合浦港的考古学研究》，文物出版社，2018 年，第 86~113 页。

［35］Murillo–Barroso M., Pryce T. O., Bérénice Bellina, et al., "Khao Sam Kaeo–an Archaeometallurgical Crossroads for Trans–asiatic Technological Traditions", *Journal of Archaeological Science*, Vol. 37(2010): 1761–1772.

［36］凌纯声《中国古代海洋文化与亚洲地中海》，《中国边疆民族与环太平洋文化》，台北：联经出版事业公司，1979 年，第 335~344 页。

［37］熊昭明、李青会《广西出土汉代玻璃器的考古学与科技研究》，文物出版社，2011 年，第 164 页。

［38］米夏《"岭南—越北"区域的手工业生产与流通》，中山大学博士学位论文，2015 年，第 95 页。

［39］《三国志》卷四九《士燮传》，中华书局，1959 年，第 1192 页。

［40］谢崇安《岭南汉墓所见之胡人艺术形象及相关问题》，《民族艺术》2009 年第 2 期，第 105~109 页。

The Early Bloomery Iron Smelting Technology and Its Origin in Lingnan: A Case Study on Slags Collected from the Pingnan Iron Smelting Site in Guangxi

Zhang Mengyi　　Li Shijia

Abstract: The Pingnan iron smelting site is located in Guigang, Guangxi Zhuang Autonomous Region. The site dates from the late Western Han and early Eastern Han dynasties to Jin and Tang dynasties. Based on the macro analysis of the excavated slags, 13 samples from 10 slags were prepared for microstructural analysis. The results show that the iron smelting technology used in Pingnan was bloomery smelting, and at least two different types of iron ores were used in the smelting process. According to the comparative study with the smelting sites discovered in Southeast Asia, we concluded that there is close relationship between Pingnan and Southeast Asia on the smelting technology, and this bloomery smelting technology in ancient Lingnan was probably introduced from Southeast Asia under the rise of the Maritime Silk Road.

Keywords: Bloomery Smelting; Slag Analysis; Lingnan; Technology Origin

汉唐时期和田水系中游变迁考略[*]

娃斯玛·塔拉提

（西北大学文化遗产学院）

摘　要：喀拉喀什河、玉龙喀什河、克里雅河是新疆和田地区的三大河流，其流经平原区的中游河段曾经发生摆徙，进而对周边城镇的发展演变产生影响。本文结合历史文献、考古发现及卫星影像，系统考察上述三河中游在汉唐时期的变迁情况，并探讨河流古代称谓、城镇与河流方位关系、环境变迁与绿洲文明兴衰等问题。

关键词：喀拉喀什河　玉龙喀什河　克里雅河　中游变迁

前　言

和田地区位于新疆塔里木盆地西南部，地势总体上南高北低，西高东低。地貌单元自南向北分为高山区、亚高山区、中低山丘陵区、山前砾石洪积平原区、沙漠区。南部山区属于昆仑山系，绿洲主要分布在平原区，被沙漠、戈壁环绕。流经平原区的河流有 36 条，发源于昆仑山和喀喇昆仑山，其中喀拉喀什河、玉龙喀什河、克里雅河是最大的 3 条河流。在不同的地貌单元，河流稳定性有所差异，流经高山区和丘陵区的河流上游，由于受山地地形制约，古今河道基本一致，流经平原区的河流中游和流经沙漠区的河流下游，受泥沙沉积、土壤盐碱化等因素影响，

---

　　* 本文系 2022 年度西北大学考古学科学术繁荣计划开放课题"汉唐时期于阗军政建置研究"阶段性成果之一。

河道不时发生东西向的迁移。相对来说，中游又不如下游摆动得频繁。当河流发生摆动时，旧河道附近的聚居点因缺乏足够的水源而遭到废弃，在新河道附近的另一聚居点代之而起，由此，聚居点之间的交通路线也发生改变。从中可以观察到环境变迁和人类活动的互动关系。

和田地区汉唐时期的重要城镇大多分布在山前平原绿洲，历史沿革也都比较悠久，这与其所处较稳定的地理环境有密切联系。这些城镇依赖着附近河流提供的水源，其最终废弃除了战乱等人为因素，也跟周边河流的摆动迁徙息息相关。以往有关历史时期和田水系变迁的研究多侧重于河流下游，涉及中游河段的讨论较少，有些问题至今还悬而未决。本文即以喀拉喀什河、玉龙喀什河、克里雅河为例，从考古发现、历史文献入手，结合卫星影像，厘清上述河流中游汉唐时期的变迁情况，着重分析河流的摆动规律、古代称谓及对古代城镇兴衰的影响。

一、喀拉喀什河中游变迁

喀拉喀什河主要发源于喀喇昆仑山，出山口后流经和田绿洲西侧，至阔什拉什和玉龙喀什河相汇，始称和田河（图一）。与现在所见不同的是，清代及以前的喀拉喀什河出山口后分为两大支流。清徐松《西域水道记》云，东支东北流，经哈喇哈什城（今墨玉县城）东，汇于玉龙喀什河；西支名"皂洼勒"，又名"色勒克苏"[1]，西北流，经哈喇哈什城西三十里皂洼勒军台（今扎瓦镇阔坎村一带）东，至哈拉三（今喀尔赛镇）入沙碛[2]。所谓东支，指的是现在的喀拉喀什河。西支在《西域图志》作"皂洼勒鄂斯腾"[3]，亦称其北行百余里而止，不通他水[4]。此支流现名"牙瓦达里亚"，在维吾尔语中"达里亚"（derya）含义即为"河"。卫星地图显示，牙瓦河原来是大河，其中游曾在喀尔赛镇北分为两支，一支西北流，穿过麻扎塔格，汇入叶尔羌河；另一支东北流，至麻扎塔格以南与喀拉喀什河相汇（图一）。

图一　喀拉喀什河、玉龙喀什河支流分布示意图

从卫星图上的古今河道方位来看，喀拉喀什河的两支流发生过由西向东的摆动，目前能够观察到两支流摆动范围均达 10~20 公里。其中的西支可能先从西北流转为东北流，之后下游渐趋干涸。《水经注》卷二《河水》云：

> 其一源出于阗国南山，北流与葱岭所出河合，又东注蒲昌海。河水又东，与于阗河合。南源导于阗南山，俗谓之仇摩置。自置北流，迳于阗国西，治西城……又西北流，注于河。即经所谓北注葱岭河也[5]。

这里提到的流经于阗国西、又西北流入葱岭河（今叶尔羌河）的于阗河应指牙瓦河。东汉以前，于阗辖地囊括今和田、墨玉、洛浦县境绿洲，牙瓦河为其西境天然屏障和界线。建武年间（公元 25~56 年），于阗吞并皮山[6]，势力范围向西大大推进，此后牙瓦河不再处于于阗边境。而北魏郦道元著《水经注》称河水流经于阗国[7]西，所描述的显然是西汉时期的情形。由此也可以推测，牙瓦河中游从西北流转为东北流的过程当发生于西汉以后。

牙瓦河中游现分布佛寺、窑址、烽燧等 10 余处汉唐时期的遗址（图二）。其中的扎瓦烽燧为黄土夯筑而成，可辨认夯层有 31 层，每层厚约 0.1 米[8]。参考塔里木盆地北缘汉晋时期的烽燧，如库车市克孜尔尕哈烽燧、轮台县拉依苏西烽燧、和硕县四十里大墩烽燧等，均为黄土夯筑，夯层厚度分别为 0.1~0.2 米、0.08~0.12 米、0.11~0.43 米[9]，是知扎瓦烽燧始建年代与之相当，大致在汉晋时期，后来可能沿用至唐代。该烽燧地处于阗至皮山的东西向烽燧线上，同时又在于阗至姑墨（在今阿克苏绿洲）的南北向烽燧线上。南北向的烽燧可能沿牙瓦河岸设置，当牙瓦河西北流入叶尔羌河时，从于阗沿河北上即可至姑墨。《汉书》卷九六下《西域传下》云，姑墨"南至于阗马行十五日"[10]，描述的当是这条线路所需时日。《汉书》卷九六下《西域传下》又云，姑墨"去长安八千一百五十里"[11]，于阗"去长安九千六百七十里"[12]。长泽和俊指出，8150 里（姑墨去长安）

加以 1500 里（马行十五日）和 20 里等于 9670 里（于阗去长安）[13]。这里多出的 20 里按汉尺（约 23.1 厘米）计，约合 8316 米，相当于于阗王城西至喀拉喀什河的路程。与此推测相符的是，北朝时期王城西距达利水 15 里（7884 米），五代时期王城西距绿玉河 20 里（8856 米），达利水、绿玉河即今喀拉喀什河（详见本文第四部分讨论）。1500 里则可能是从喀拉喀什河转入牙瓦河，进而沿河北行至姑墨王城的大体路程。现在扎瓦烽燧和阿克苏市之间的直线距离约为 450 公里，古时从喀拉喀什河经牙瓦河至姑墨王城的实际路程接近 1500 里。

图二　牙瓦河中游汉唐时期遗址分布示意图

二、玉龙喀什河中游变迁

玉龙喀什河发源于昆仑山，出山口后流经和田绿洲东侧，至阔什拉什和喀拉喀什河相汇。在清代及更早时期，玉龙喀什河出山口后的河段也分为两大支流。其一是库玛提干河，在今洛浦县铁提尔村南分出，东北流经苏勒瓦村，又经杭桂镇西、阿克斯皮力古城以东（图三）。黄文弼《塔里木盆地考古记》称，库玛提河曾直通且当（指丹丹乌里克遗址），以出上等白玉著称，两岸遗迹甚多，为当地人采玉拾金处[14]。库玛提河原先能否流到丹丹乌里克尚不可知，卫星图上仅能观察到其下游西北流，汇于现在的玉龙喀什河，交汇处在今和田县塔瓦库勒乡一带。

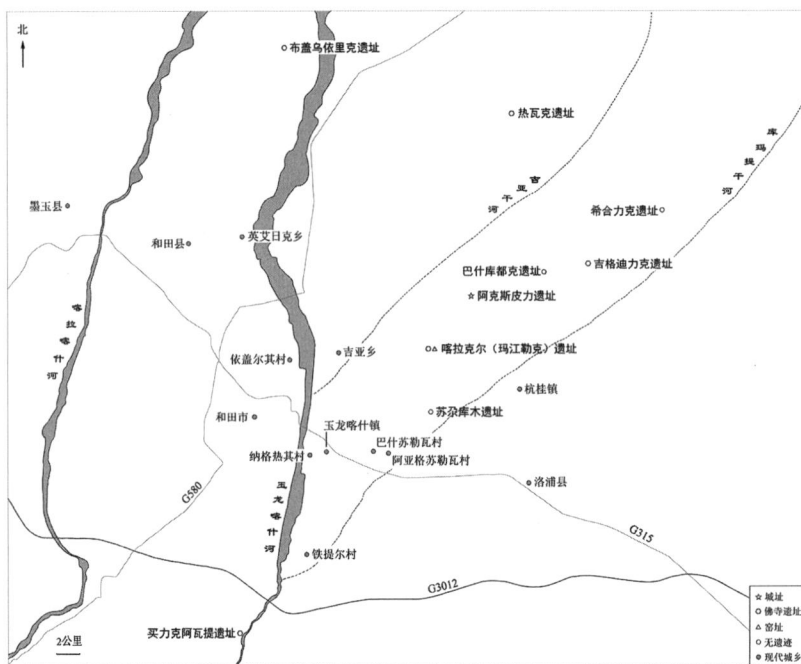

图三　玉龙喀什河中游汉唐时期遗址分布示意图

　　库玛提河流域现发现城址、佛寺遗址、窑址等各类遗址（图三），其中的阿克斯皮力古城附近曾发现汉佉二体钱、五铢钱、货泉钱、唐宋钱币、喀喇汗钱，以及红陶动物塑像、绿釉陶盖、青瓷、契丹文铜印等遗物[15]。所见陶片多为夹砂红陶，还有少量夹砂灰褐陶和泥质陶，轮制，纹饰有水波纹、网格纹，器形有罐、碗、平底锅等[16]，从特征看主要是汉唐时期的遗物。结合古城周边诸多佛教遗存，可知库玛提河在汉至宋初是和田绿洲周边的重要河流之一。《西域图志》云，玉龙喀什河两支在玉咙哈什城（今玉龙喀什镇）南分出，夹城流六十里复合为一，城东支流长三里，出白玉[17]。所谓流经玉咙哈什城西的支流指今玉龙喀什河，流经城东者则是库玛提河。此河既为《西域图志》言及，说明在清初尚为有水之河，大概是清中后期干涸，不见于后期史料。

库玛提河以西约10公里处另有一大干河，也是玉龙喀什河的重要分支。清末称作"阔纳达里亚"（Kōne-daryā）[18]，意为"老河"，现名"吉亚干河"（图三）。1929年4月，黄文弼从托洼克（今塔瓦库勒乡）向东穿越沙漠，前往达摩戈（今达玛沟乡），途经吉亚河流域，见河中沙粒细腻、色白如银，与和田河中沙粒相同。当地人称，千年前吉亚河从吉牙庄（今吉亚乡）渡口分出，东北流经旦当，又东北至沙雅草湖。此为古和田河，当有水时，和田居民傍河而居。去旦当的人都在这干河中掘井取水[19]。吉亚河是否曾经直通沙雅草湖亦未可知，目前仅能观察到其下游西北流，到塔瓦库勒乡以南汇入现在的玉龙喀什河。

吉亚河流域也有不少古遗址，斯坦因曾于1901年4月、1906年9月两次进入吉亚河以西的沙漠，调查发掘热瓦克（Rawak）佛寺、朱木拜库木（Jumbe-kum）、阔克库木阿热西（Kök-kum-ārish）佛寺、基内托克玛克（Kīne-tokmak）佛寺等遗址。根据他对出土造像风格特征的描述，在此区域分布的佛寺年代下限在3~7世纪，发现的钱币亦多为五铢钱和无铭文小方孔钱，不见唐代钱币[20]。可知吉亚河流域的人类活动停断于唐以前，考虑到古今河道位置以及泥沙沉积等影响因素，此河断流当与其向西改道有关，改道以后的吉亚河即为今之玉龙喀什河。

吉亚河在向西摆动过程中分出过一些小支流。《西域水道记》云，玉龙喀什河经那哈拉齐卡伦（在今纳格热其村）分为两支，西支东北流，经额里齐城（在今和田市）东，伊干奇卡伦（在今依盖尔其村）东，又西北流十五里，会东支；东支自分处东北流，经玉陇哈什村（今玉龙喀什镇）西北，又西北流，经纪雅卡伦（在今吉亚乡）西，又西北流二十里，会西支[21]。按此，东、西支均流于玉龙喀什镇西，复会处在今和田县英艾日克乡一带（图三）。所谓"西支"即今玉龙喀什河，"东支"可能是从吉亚河分出的小支流，现已不存。

总而言之，玉龙喀什河出山口后的河段曾经有多个分支，唐以前的两大支流是库玛提河和吉亚河，唐代及以后现玉龙喀什河取代吉亚河，与库玛提河并列为两大支流，至清代中后期库玛提河干涸，现河道成为唯一的主河道。

三、玉龙喀什河与喀拉喀什河古称谓

（一）首拔河与达利水

首拔河、达利水是于阗王城周边的两大河流，北朝史料《魏书》《周书》《北史》均有详细记载。观其内容，所描述王城与二河流方位关系，唯在河名及道里上有些差异。《魏书》卷一〇二《西域传》记载如下：

> 于阗城东三十里有首拔河，中出玉石……城东二十里有大水北流，号树枝水，即黄河也，一名计式水。城西五十五里亦有大水，名达利水，与树枝水会，俱北流[22]。

《周书》卷五〇《异域传下》云：

> 城东二十里有大水北流，号树枝水，即黄河也。城西十五里亦有大水，名达利水，与树枝俱北流，同会于计戍[23]。

《北史》卷九七《西域传》云：

> 于阗城东三十里有首拔河，中出玉石……城东二十里有大水北

流，号树枝水，即黄河也，一名计式水。城西十五里亦有大水，名达利水，与树枝水会，俱北流[24]。

此三史料之成书年代，《魏书》最早，《周书》次之，《北史》最晚。《北史》由魏、齐、周、隋诸史改编而成[25]，所记"于阗城东三十里有首拔河，中出玉石"采自《魏书》，"城东二十里有大水北流，号树枝水，即黄河也，一名计式水。城西十五里亦有大水，名达利水，与树枝水会，俱北流"采自《周书》[26]。"树枝"一名在《周书》诸版本有不同写法，四种宋明本作"树拔"，武英殿本作"树枝"，金陵书局本作"树板"，另《册府元龟》作"附枝"。对比可知，"枝""板"为"拔"之讹，"附"为"树"之讹。疑《周书》原作"树拔"，《北史》抄录时将"树拔"误写为"树枝"。《周书》武英殿本的"树枝"是后人根据《北史》所改[27]。《通典》明确注出首拔河、树拔水关系：

> （于阗）国有阿耨达山，据汉书，河源出焉。名首拔河，亦名树拔河，或云即黄河也。北流七百里，入计戍水，一名计首水，即葱岭南河，同入盐泽。或云阿耨达即昆仑山[28]。

中古音"树"字遇摄合口三等禅母虞韵（*dzio），"首"字流摄开口三等书母尤韵（*ɕiu），声母同为章组舌面音。中古前期，尤部并入侯（尤幽）部，后期又转入鱼（虞模）部[29]。由此可证，"首拔"即为"树拔"。于阗王城东三十里首拔河、二十里树拔水系同一条河流，"二十里"和"三十里"之数其一有误。至于达利水，《魏书》称在"城西五十五里"，《周书》《北史》作"城西十五里"。《魏书》成书年代虽早，但至宋初已残缺不少，后人多据《北史》等补充缺佚文字[30]，《魏书·西域传》安国以前的部分（包括于阗国的内容）即采自《北史·西域传》[31]。《魏书》有关达利水的记载既源自《北史》，而《北史》这则记载又源自《周书》，说明"五十五里"之前一"五"字当衍，应以"十五里"为是。

如上所述，首拔河（树拔水）在于阗王城东二十里或三十里，达利水在王城西十五里，"三十里"出自《魏书》，"二十里"和"十五里"出自《周书》。北魏时期日常用尺不断增长，前尺 25.6 厘米，中尺 27.97 厘米，后尺 29.6 厘米。北周沿用北魏尺，但略短，为 29.2 厘米 [32]。按北魏尺计，三十里约合 13.8~16 公里。按北周尺计，二十里约合 10.5 公里，十五里约合 7.9 公里。倘若首拔河、达利水相距三十五里，约合 18.4 公里；相距四十五里，则合 21.7~23.9 公里。观今玉龙喀什河、喀拉喀什河出山口后的河段相距至少 20~21 公里，是知四十五里之数更符合实际情况。换而言之，首拔河（树拔水）在于阗王城东三十里而非二十里。

玉龙喀什河、喀拉喀什河在北朝时期各有两大支流，"首拔""树拔"可能是玉龙喀什河支流的统称 [33]，"三十里"为靠近王城的支流即今玉龙喀什河去王城的里数。"达利水"则应是喀拉喀什河支流的统称，"十五里"为其中近于王城的支流即今喀拉喀什河至王城的距离。至于河名之含义，似与佛教七宝有关。"首拔"（*ɕiu-buɑt）、"树拔"（*dʑio-buɑt）是 Sphāṭika 的对音，意为水玉、白珠；"达利"（*dɑt-liɪ）是 Vaiḍūrya 之略译，意即青玉 [34]。

（二）白玉河、绿玉河及乌玉河

以"玉河"称于阗河始见于南朝史料。《梁书》卷五四《诸夷传》云，于阗"有水出玉，名曰玉河" [35]。慧琳《一切经音义》"于阗"条所记较为详细，"山有玉河，河中往往漂流美玉，彼国王常采，远来贡献" [36]；"此国有山，亦名于殿，出美玉。山下有水，名玉河。河侧有城，名昆岗城。昔此城人献玉于帝，故云玉出昆岗" [37]。所谓昆岗，即昆仑。《新唐书》卷二二一上《西域传上》亦提及于阗人采玉的情况："有玉河，国人夜视月光盛处，必得美玉。" [38] 五代及宋明史料将于阗河细分为白玉河、乌玉河、绿玉河，最早见于《新五代史》卷七四《四夷附录第三》：

晋天福三年（938），于阗国王李圣天遣使者马继荣来贡红盐、郁金、氂牛尾、玉𪐇等，晋遣供奉官张匡邺假鸿胪卿，彰武军节度

判官高居诲为判官，册圣天为大宝于阗国王。是岁冬十二月，匡邺
等自灵州行二岁至于阗，至七年（942）冬乃还。而居诲颇记其往复
所见山川诸国，而不能道圣天世次也。

　　居诲记曰："……其国东南曰银州、卢州、湄州，其南千三百里
曰玉州，云汉张骞所穷河源出于阗，而山多玉者此山也"。其河源所
出，至于阗分为三：东曰白玉河，西曰绿玉河，又西曰乌玉河。三
河皆有玉而色异，每岁秋水涸，国王捞玉于河，然后国人得捞玉[39]。

其他史料对于阗白玉河、绿玉河、乌玉河的描述虽有简有繁，用词亦不
一致[40]，但与上引记载无本质上的差别，当出自同一史源。《宋史》卷
二〇四《艺文志三》所列书籍目录里有平居诲《于阗国行程录》一卷[41]，
或即于阗白玉河、绿玉河、乌玉河记载出处。据宋张世南撰《游宦纪
闻》，居诲行纪还详记白玉河、绿玉河、乌玉河至于阗王城的里数：

　　晋天福中，平居诲从使于阗为判官，作记纪其采玉处云："玉河
在国城外，源出昆山，西流千三百里，至国界牛头山，分为三：曰
白玉河，在城东三十里；曰绿玉河，在城西二十里；曰乌玉河，在
绿玉河西七里。源虽一，玉随地变，故色不同。每岁五、六月，水
暴涨，玉随流至，多寡由水细大，水退乃可取。方言曰：'捞玉。国
主未采，禁人至河滨。'"[42]

按此，于阗王城东三十里有白玉河，城西二十里有绿玉河，绿玉河西七
里为乌玉河。白井长助、黄文弼怀疑这些里数是明清人士增添的[43]，然
而早在宋代史料中就已出现相关记载。况且清人多以额里齐城（在今和
田市）为于阗王城所在，额里齐城紧临玉龙喀什河，西距喀拉喀什河约20
公里，即便是据当时地形增补里数，也不会写成三十里、二十里和七里。

　　玉龙喀什河以出羊脂白玉著称，"玉龙喀什"（yurung-qash）维吾尔
语意为"明亮的玉"，可引申为"白玉"。喀拉喀什河产墨玉、青玉、碧
玉，"喀拉喀什"（qara-qash）维吾尔语意即"墨玉"。仅从河名便可推

知，五代"白玉河"指今玉龙喀什河或其支流库玛提河，"绿玉河""乌玉河"则分别指今喀拉喀什河及其支流牙瓦河。这个假设可以通过测算里数进一步验证：白玉河距绿玉河五十里，距乌玉河五十七里。五代世短，度量衡制因袭自唐代[44]。按唐小尺（约 24.6 厘米）计，五十里约合22 公里，五十七里约合 25 公里；按唐大尺（约 29.5 厘米）计，五十里约合 27 公里，五十七里约合 30 公里。相对而言，按唐小尺换算的结果可能较为合理。这种情况下，白玉河距绿玉河的五十里（22 公里）与北朝时期首拔河距达利水的四十五里（22~24 公里）相近。换言之，白玉河当首拔河，为今玉龙喀什河；绿玉河当达利水，为今喀拉喀什河。那么，绿玉河西七里的乌玉河也就是今牙瓦河[45]。

显然"绿玉河""乌玉河"之称仅用于区分喀拉喀什河的两支流，而非因绿玉河出绿玉、乌玉河出乌玉得名。汉唐时期的牙瓦河除乌玉外可能也出绿玉，只是宋代以后，因水流主要汇入今喀拉喀什河，牙瓦河水量减少，出玉之处遂以现在的主河道为主。《西域水道记》称皂洼勒河未闻出玉[46]，所反映的或许就是这个情况。

（三）东玉河与西玉河

于阗建国传说是研究于阗历史及其城镇变迁、佛教发展的重要材料，最早记载于《大唐西域记》卷一二《瞿萨旦那国》：

> 王甚骁武，敬重佛法，自云"毗沙门天之祚胤也"。昔者此国虚旷无人，毗沙门天于此栖止。无忧王太子在呾叉始罗国被抉目已，无忧王怒谴辅佐，迁其豪族，出雪山北，居荒谷间。迁人逐牧，至此西界，推举酋豪，尊立为王。当是时也，东土帝子蒙谴流徙，居此东界，群下劝进，又自称王。岁月已积，风教不通。各因田猎，遇会荒泽，更问宗绪，因而争长。忿形辞语，便欲交兵。或有谏曰："今可遽乎？因猎决战，未尽兵锋。宜归治兵，期而后集。"于是回驾而返，各归其国，校习戎马，督励士卒，至期兵会，旗鼓相望。

旦日合战，西主不利，因而逐北，遂斩其首。东主乘胜，抚集亡国，迁都中地，方建城郭。忧其无土，恐难成功，宣告远近，谁识地理。时有涂灰外道负大瓠，盛满水而自进曰："我知地理。"遂以其水屈曲遗流，周而复始，因即疾驱，忽而不见。依彼水迹，峙其基堵，遂得兴工，即斯国治，今王所都于此城也。城非崇峻，攻击难克，自古已来，未能有胜。

　　其王迁都作邑，建国安人，功绩已成，齿耋云暮，未有胤嗣，恐绝宗绪。乃往毗沙门天神所，祈祷请嗣。神像额上，剖出婴孩，捧以回驾，国人称庆。既不饮乳，恐其不寿，寻诣神祠，重请育养。神前之地忽然隆起，其状如乳，神童饮吮，遂至成立。智勇光前，风教遐被，遂营神祠，宗先祖也。自兹已降，奕世相承，传国君临，不失其绪。故今神庙多诸珍宝，拜祠享祭，无替于时。地乳所育，因为国号[47]。

该传说又见于《大慈恩寺三藏法师传》卷五[48]，内容略有缩减改编。约成书于9世纪上半叶的藏文文献《牛角山授记》《于阗国授记》《于阗教法史》所记则与玄奘的描述明显有别[49]。据周连宽、广中智之研究，汉藏文献中的于阗建国传说相同处在于：于阗建国始于阿育王时代；毗沙门是于阗王族乃至于阗国的守护神；于阗国号源自哺育于阗王的地乳；于阗原虚旷无人，后来从东、西方来的移民在此融合，共建王国[50]。至于传说不同之处，主要在于故事情节的演变。从相关文献成书年代先后晚顺序看，这种演变一方面弱化与宗教不甚相关的内容，如《大唐西域记》所述于阗王城方位及其营建过程基本不见于藏文文献；另一方面强化佛教的地位和作用，如早期的故事仅涉及毗沙门，后来吉祥天女、坚牢地神也被编入传说中，扮演调和于阗东、西两大势力的角色，使得双方解甲释兵，共同治理于阗。

　　西汉初或更早时期，于阗辖境东限于今洛浦绿洲，西限于今墨玉绿洲，玉龙喀什河、喀拉喀什河为其天然边界。《大唐西域记》于阗建国传说中提到的东界、西界和中地也许是以河为界线，"东界"指玉龙喀什河以东，"西界"指喀拉喀什河以西，"中地"指两河之间区域。藏文《于阗国授记》将"东界"改述为"下玉河至奴卢川地区与坎城之间","西界"为"上玉河至度野与固城之间","中地"为"玉河中间之地"[51]。朱丽双指出,藏文文献常以上方指西部、下方指东部,所谓"上玉河"(shel chu gong ma)即"西玉河",指喀拉喀什河;"下玉河"(shel chu vog ma)即"东玉河",指玉龙喀什河[52]。麻扎塔格出土汉文文书 OR.8211/969–72 有"西河勃宁野乡"的记载[53],朱氏推测"西玉河""东玉河"可简称为"西河""东河"[54]。至于其余地名,奴卢川地区、坎城分别在今策勒、于田县境,度野、固城在今皮山县境。于阗建国之初尚未囊括坎城、固城等地,《于阗国授记》描述的显然是唐代的于阗疆域。

四、克里雅河中游变迁

克里雅河源于昆仑山,出山口后流经于田绿洲,深入塔克拉玛干沙漠腹地,停断于达里雅布依乡北约 60 公里处。其流经于田绿洲的中游河段曾经分出两大支流:一支是希吾勒河,或作锡五里河;另一支为喀拉汗河,或作哈拉罕河。黄文弼《塔里木盆地考古记》《黄文弼蒙新考察日记》载,锡五里河源于普罗(今作普鲁)山南,北流经锡五里庄(今希吾勒乡)东,又北流经阿里什玛札(今阿日希麻扎),直至旦当(指丹丹乌里克遗址),约三日程。现虽干涸,但有泉水,河宽里许,河中满生青草,河岸沙窝骈立。锡五里河东为哈拉罕干河,在克依格子庄(今克尕孜村)从锡五里河分出,北流经伯什托胡拉克庄(今斯也克乡拜什托格拉克村)破城(今开阿孜遗址)东,又北流至哈拉罕巴札(今喀拉汗农场),再西北流入沙。又东为哈拉罕河,由现巴扎(今先拜巴扎镇)东、沙衣巴克(今分为托万萨依巴格村、巴什萨依巴格村)西衣衣格拉克(今色色克依来克)分出,东流经博斯堂(今博斯坦村)南,入克里雅河。克里雅河是哈拉罕河的分支,流经克衣城(今于田县城)东。传说从前唯有锡五里、哈拉罕二河北流,哈拉罕河由伯什托胡拉克庄北渐渐东移,至博斯堂,又东移,遂为今之克里雅河,故克里雅河是新河。锡五里河原是山水,因滩高水低,水不北流,转东流入克里雅河,锡五里河遂干竭，上游已为沙窝所淹。或传安集延人打坝阻塞，致使山水不至。当锡五里河、哈拉罕河有水时，河畔皆有居民，后干竭，居民移去，现有泉水，故又有人居[55]。以上所述虽为当地老乡讲给黄文弼的传说，但将提到的地名落实到地图上，便知传说内容并非凭空捏造，而是有一定逻辑和事实依据（图四）。从卫星地图也能观察到，克里雅河中游古河道在现河道以西，希吾勒河、喀拉汗河遗迹尚可辨识。2024 年 9 月，笔者与和田地区文物工作人员踏查丹丹乌里克遗址，在多处建筑遗迹附近见到零星散布的火山熔岩。可以确定这种火山熔岩源自克里雅河上游山区分布的火山，被河水携带着流到遗址所在区域。这一发现亦为希吾勒河曾经能至丹丹乌里克提供了依据。

　　于田绿洲现已发现 10 余处汉唐时期遗址，主要位于克里雅河中游几条支流沿岸（图四），这说明希吾勒河、喀拉汗河在汉唐时期亦为有水之河。鉴于上述当地传说，或可推测如今的克里雅河曾经只是个小分支，直到希吾勒河、喀拉汗河渐趋干涸才成为干流。那么，汉唐史料记载的此地水系，就有可能是针对希吾勒河或喀拉汗河而言的。根据《大唐西域记》，玄奘由于阗王城东行，至媲摩城，过媲摩川，涉沙碛，抵尼壤城[56]。媲摩城即西汉时期的扜弥城，同于东汉宁弥城，南北朝时期名为捍䯠城，唐代又作"坎城""达德力城"，宋元时期还有"绀城""肯汗城（克南城）""培因城"等称谓，今于田绿洲中的开阿孜古城或其故址所在[57]，故可推测媲摩川即为唐代克里雅河的某个大支流。从位置上看，希吾勒河在西，喀拉汗河在东，后者更靠近于田绿洲东边的沙碛地，所谓"媲摩川"当指喀拉汗河。《新唐书·地理志》云："于阗东三百九十里有建德力河。"[58]《新唐书·西域传》则称："于阗东三百里有建德力河，七百里有精绝国；河之东有汗弥，居达德力城，亦曰拘弥城，即宁弥故城。"[59]确切地说，300 里和 390 里是于阗王城东至建德力河的里程，若以约特干遗址为于阗王城故址，其东 300 里（约 133 公里）有希吾勒河，390 里（约 173 公里）有喀拉汗河。可以提出两种假设：如果 300 里、390 里之数都无误，说明希吾勒河、喀拉汗河曾经都有"建德力河"之称，《新唐书·地理志》所述为喀拉汗河，《新唐书·西域传》所记为希吾勒河；倘若两个里数其一有误，问题较大可能出在 390 里，此里数应该源自汉代史料，实为于阗王城东至扜弥城（宁弥城）的里程。这种情况下，"建德力河"就是希吾勒河独有的称谓。藏文《于阗国授记》讲到坎城斯累喝寺水渠曾一度无水，后引小玉河水而免遭覆灭[60]。《马可波罗行纪》还提及，有河流经培因城下，河中产碧玉及玉髓甚丰[61]。所谓"小玉河""培因城下产玉之河"也许是针对希吾勒河或喀拉汗河而言。

扜弥城故址开阿孜遗址地处于田绿洲的中心，希吾勒河、喀拉汗河绕于遗址两侧。据黄文弼报告所记传说，希吾勒河、喀拉汗河有水时，河畔皆有居民，后干竭，居民移去，现有泉水，故又有人居。由此看来，开阿孜遗址的最终废弃与附近河流干竭有密切联系，而河流干竭则可能是泥沙沉淀等因素引发的河道变迁所致。鉴于《马可波罗行纪》以后基本不见关于扜弥城的史料记载，可以推测河流干涸、城镇废弃之事发生于元明之际。自此随着河流改道，于田绿洲的中心东移至克里雅河岸，克里雅城（今于田县城）逐渐兴起。

结　语

自然地理环境制约一个区域的生业形态和对外交往模式，也限制人类聚居点的选择。在和田地区脆弱的生态系统中，环境对人类活动的影响往往更加突出。山前平原绿洲区的环境条件虽然比高山丘陵和沙漠区优越稳定，但其中的城镇聚落也曾随着附近河流改道而发生变迁。这种地理环境与人类活动的紧密联系决定了区域文明研究的特殊性，即需要将城镇聚落放在一个较大的地理空间中考量。在这个整体网络中，城镇聚落与山川地理构成有机组成部分，同时也是互相校验的参数。以这种研究思路为基础，进而对多种资料逐个分析和有效综合利用，便有可能在人地互动关系的问题上给出较为科学、合理的解释。塔里木盆地诸绿洲在地理环境、社会经济、文化技术等方面存在个性的同时，在很多方面也存在共性。本文以和田地区三大河流为实例，尝试探索地理环境与人类活动关系的研究模式，或许能为研究塔里木盆地其他绿洲文明提供一点线索。

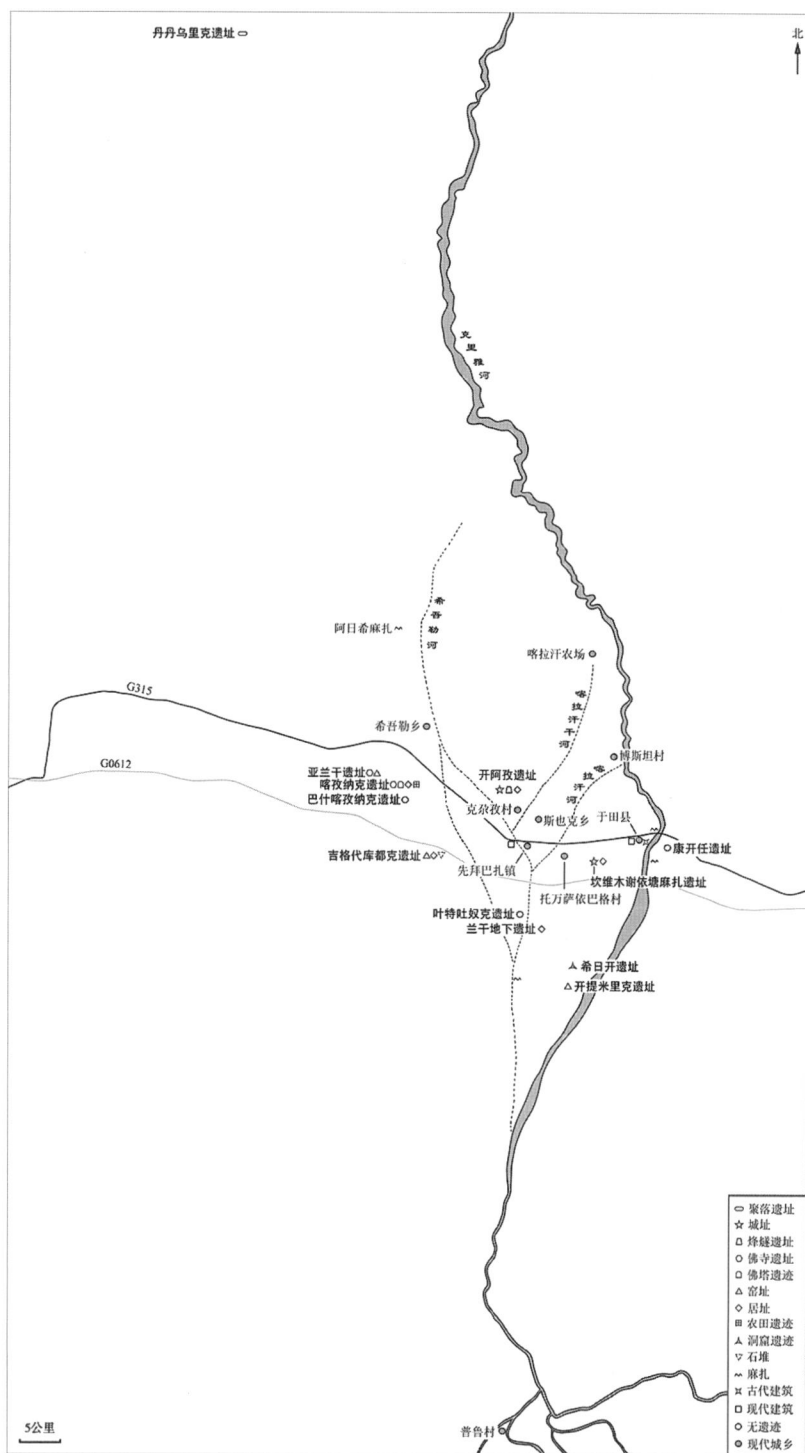

图四　克里雅河中游汉唐时期遗址分布示意图

注 释

［1］"色勒克苏"（sirik-su）是维吾尔语词语，意为黄水。

［2］（清）徐松著，朱玉麒整理《西域水道记（外二种）》，中华书局，2005年，第67~68页。

［3］"鄂斯腾"（östang）是维吾尔语词语，意为水渠。

［4］钟兴麒等校注《西域图志校注》，新疆人民出版社，2002年，第403页。

［5］（北魏）郦道元著，陈桥驿校证《水经注校证》卷二《河水》，中华书局，2007年，第36页。

［6］《后汉书》卷八八《西域传》，中华书局，1965年，第2909页。

［7］细绎原文，《水经注》所谓于阗国的"国"指的是其国境而非王城。

［8］新疆维吾尔自治区文物局编著《新疆维吾尔自治区长城资源调查报告》上册，文物出版社，2014年，第81页。

［9］新疆维吾尔自治区文物局编著《新疆维吾尔自治区长城资源调查报告》上册，第49、52、59页。

［10］《汉书》卷九六下《西域传下》，中华书局，1962年，第3910页。

［11］《汉书》卷九六下《西域传下》，第3910页。

［12］《汉书》卷九六上《西域传上》，第3881页。

［13］〔日〕长泽和俊著，李步嘉译《拘弥国考》，《西北史地》1986年第2期，第107~108页。

［14］黄文弼《塔里木盆地考古记》，科学出版社，1958年，第53页。

［15］史树青《新疆文物调查随笔》，《文物》1960年第6期，第24页。

［16］新疆文物考古研究所《和田地区文物普查资料》，《新疆文物》2004年第4期，第19页；新疆维吾尔自治区文物局编《不可移动的文物·和田地区卷（1）》，新疆美术摄影出版社，2015年，第91页。

［17］钟兴麒等校注《西域图志校注》，第403页。

［18］A. Stein, *Serindia, Detailed Report of Explorations in Central Asia and Westernmost China*, Vol. 1, Oxford: Clarendon Press, 1921, p. 127.

［19］黄文弼《塔里木盆地考古记》，第46、53页；黄文弼遗著，黄烈整理《黄文弼蒙新考察日记（1927~1930）》，文物出版社，1990年，第420、446~447页。

［20］M. A. Stein, *Ancient Khotan, Detailed Report of Archaeological Explorations in Chinese Turkestan*, Vol. 2, Oxford: Clarendon Press, 1907, pp. 500–503；A. Stein, *Serindia*, Vol. 1, pp. 129, 131.

［21］（清）徐松著，朱玉麒整理《西域水道记（外二种）》，第69页。

［22］《魏书》卷一〇二《西域传》，中华书局，1974年，第2262~2263页。

［23］《周书》卷五〇《异域传下》，中华书局，1971年，第917页。

［24］《北史》卷九七《西域传》，中华书局，1983 年，第 3209 页。

［25］陈高华、陈智超等《中国古代史史料学》（第三版），中华书局，2016 年，第 146 页。

［26］《魏书》卷一〇二《西域传》，第 2283 页。

［27］《周书》卷五〇《异域传下》，第 927 页。

［28］《通典》卷一九二《边防八》，中华书局，1988 年，第 5224 页。

［29］王力《汉语史稿》，中华书局，2004 年，第 93~95 页；唐作藩《汉语语音史教程》，北京大学出版社，2017 年，第 134 页；竺家宁《〈大唐西域记〉"讹也"所反映的声韵演化——鱼虞模与尤侯幽的音变关系》，耿振生、陈燕等主编《语苑探赜——庆祝唐作藩教授九秩华诞文集》，商务印书馆，2021 年，第 123~131 页。

［30］陈高华、陈智超等《中国古代史史料学》（第三版），第 142 页。

［31］《魏书》卷一〇二《西域传》，第 2282 页。

［32］丘光明《计量史》，湖南教育出版社，2002 年，第 313 页。

［33］玉龙喀什河东支库玛提干河附近如今尚存"巴什苏勒瓦"（Bash-sulwa）、"阿亚格苏勒瓦"（Ayagh-sulwa）等地名，李吟屏认为"苏勒瓦"可还原为"首拔"，参见氏著《古代于阗国都再研究》，《新疆大学学报》（哲学社会科学版）1989 年第 3 期，第 45~46 页。

［34］〔日〕藤田丰八著，杨鍊译《西域研究》，山西人民出版社，2015 年，第 21~26 页。

［35］《梁书》卷五四《诸夷传》，中华书局，1973 年，第 814 页。

［36］徐时仪校注《一切经音义三种校本合刊》，上海古籍出版社，2008 年，第 700 页。

［37］徐时仪校注《一切经音义三种校本合刊》，第 1572 页。

［38］《新唐书》卷二二一上《西域传上》，中华书局，1975 年，第 6235 页。

［39］《新五代史》卷七四《四夷附录第三》，中华书局，1974 年，第 917~918 页。

［40］详参（宋）张世南撰，张茂鹏点校《游宦纪闻》，中华书局，1981 年，第 46 页；（宋）马端临著，上海师范大学古籍研究所、华东师范大学古籍研究所点校《文献通考》卷三三七《四裔考十四》，中华书局，2011 年，第 9314 页；《宋史》卷四九〇《外国六》，中华书局，1977 年，第 14106 页；（明）李时珍编纂，刘衡如、刘山永校注《新校注本〈本草纲目〉》（第四版）上册，华夏出版社，2011 年，第 353 页。

［41］《宋史》卷二〇四《艺文志三》，第 5156 页。

［42］（宋）张世南撰，张茂鹏点校《游宦纪闻》，第 46 页。

［43］〔日〕白井长助《上代于阗国都之位置——以河水为问题中心》，〔日〕藤田丰八等著，杨鍊译《西北古地研究》，商务印书馆，1935 年，第 52 页。黄文弼《古代于阗国都之研究》，原载《史学季刊》第 1 卷第 1 期，1940 年 3 月；后收入黄烈编《西域史地考古论集》，商务印书馆，2015 年，第 406 页。

［44］丘光明《计量史》，第 412 页。

［45］斯坦因曾以英达里亚（Yangi-daryā）为绿玉河，喀拉喀什河为乌玉河（详参 M. A. Stein, *Ancient Khotan*, Vol. 1, p. 200）。"英达里亚"意为"新河"，现作"布让其达里

亚"（Buranqi–darya），是喀拉喀什河东边的支流。从喀拉喀什河由西向东摆动的趋势看，此支流分出之时不会太早，故名"新河"。在喀拉喀什河、布让其达里亚相距七里（约 3 公里）处，布让其达里亚距玉龙喀什河三十二里（约 14 公里），与白玉河、绿玉河相距五十里不符，可知斯坦因的说法不能成立。

［46］（清）徐松著，朱玉麒整理《西域水道记（外二种）》，第 71 页。

［47］（唐）玄奘、辩机著，季羡林等校注《大唐西域记校注》卷一二《瞿萨旦那国》，中华书局，2000 年，第 1006、1008 页。

［48］（唐）慧立、彦悰著，孙毓棠、谢方点校《大慈恩寺三藏法师传》卷五，中华书局，2000 年，第 120 页。

［49］参 见 F. W. Thomas, *Tibetan Literary Texts and Documents Concerning Chinese Turkestan*, part 1, London: The Royal Asiatic Society, 1935, pp. 17–18；朱丽双《〈于阗国授记〉译注（上）》，《中国藏学》2012 年第 S1 期，第 239~244、246 页；朱丽双《〈于阗教法史〉译注》，荣新江、朱丽双著《于阗与敦煌》，甘肃教育出版社，2013 年，第 423、432~435 页。

［50］周连宽《大唐西域记史地研究丛稿》，中华书局，1984 年，第 232 页；〔日〕广中智之《汉唐于阗佛教研究》，新疆人民出版社，2013 年，第 38~39 页。

［51］朱丽双《〈于阗国授记〉译注（上）》，第 243~244 页。

［52］朱丽双《〈于阗国授记〉译注（上）》，第 230 页。

［53］沙知、吴芳思编《斯坦因第三次中亚考古所获汉文文献（非佛经部分）》第 2 册，上海辞书出版社，2005 年，第 329 页。

［54］朱丽双《唐代于阗的羁縻州与地理区划研究》，《中国史研究》2012 年第 2 期，第 75 页。

［55］黄文弼《塔里木盆地考古记》，第 138 页；黄文弼遗著，黄烈整理《黄文弼蒙新考察日记（1927~1930）》，第 427、440~441 页。

［56］参见（唐）玄奘、辩机著，季羡林等校注《大唐西域记校注》卷一二《瞿萨旦那国》，第 1025~1030 页。

［57］参见娃斯玛·塔拉提《汉唐时期于阗城镇考古学研究》，北京大学博士学位论文，2022 年，第 185~213 页。

［58］《新唐书》卷四三下《地理志七下》，第 1150 页。

［59］《新唐书》卷二二一上《西域传上》，第 6236 页。

［60］朱丽双《〈于阗国授记〉译注（上）》，第 260 页。

［61］〔法〕沙海昂注，冯承钧译《马可波罗行纪》，中华书局，2004 年，第 159 页。

Studies on the Changes in the Middle Reaches of Rivers in Hotan Prefecture During the Han and Tang Dynasties

Wasima Talati

Abstract: The Karakash, Yurungkash and Keriya River are the major rivers in Hotan Prefecture of Xinjiang. The middle reaches of these rivers flowing through the plain area once changed their courses, which in turn had impacts on the development of surrounding cities and towns. Based on historical records, archaeological discoveries and satellite images, this paper reexamines the changes in the middle reaches of the three rivers during the Han and Tang dynasties, also discusses the ancient names of the rivers, positional relation between towns and rivers, effect of environmental changes on the evolution of oasis civilizations.

Keywords: the Karakash River; the Yurungkash River; the Keriya River; Changes in the Middle Reach

西藏梵文贝叶经《阿摩罗词典》与《如意牛注释》：梵文写本初步调查及其诸藏译本*

摘　要：本文利用《阿摩罗词典》和《如意牛注释》的藏译传世本，以西藏所藏梵文贝叶经目录所载《阿摩罗词典》和《如意牛注释》的梵文信息为依据，首次考察了西藏梵文贝叶经中与《阿摩罗词典》和《如意牛注释》相关的梵文写本。并再次梳理了《阿摩罗词典》和《如意牛注释》历代藏译单目。据以上文献所载，在西藏梵文贝叶经中共有三部《阿摩罗词典》，分别为罗 49-1（共 91 叶）、罗 49-2（共 70 叶，残本）和罗 19-3（共 47 叶，不完整）；两部《如意牛注释》，分别为来自萨迦寺的罗 50-1（共 101 叶，不完整）和来自俄尔寺的罗 20（共 213 叶），包括梵文写本上标注的藏文夹注在内，共假设有 8 种藏译本，本文揭示了迄今为止未被学界利用的有关这批写本的最新信息。

关键词：《阿摩罗词典》《如意牛注释》　西藏梵文贝叶经　梵文写本　藏译本

---

　　* 本文最初于 2023 年 8 月在第七届北京国际藏学研讨会梵文组里发言，论文题目为：The Amarakoṣa and Amarakośaṭīkā of Sanskrit Manuscripts in the XAR: A Preliminary Survey of Sanskrit Manuscripts and its Tibetan Translation。这篇文章是根据英文论文进行修改和补充而完成的。后又在 2023 年 12 月 15~18 日由中国人民大学国学院举办的"第二届中国古典学青年论坛"上做了报告。在此，对为本文提出许多宝贵建议和修改意见的匿名评审专家深表谢忱。

　　《阿摩罗词典》（*Amarakoṣa*，以下简称《阿摩罗》）是古代印度著名的梵文同义词或多义词词典，分门别类，共有 3 章，第一章为 1.0.1 至 1.11.608；第二章为 2.0.1 至 2.8.1494；第三章为 3.0.1 至 3.5.1032。作者是古印度摩罗婆（Mālava）国的大臣阿摩罗·森哈（Amarasimha，不死狮子，藏文为 vchi med seng ge）。《阿摩罗》有很多梵文写本及校勘本 [1]，西藏所有《阿摩罗》梵本的价值在于它的"藏文夹注"，详见下文。此词典有十几种注释，本文所涉及的注释是须善提旃陀罗（Subhūticandra）的《如意牛注释》（*Kavikāmadhenu*，以下简称《如意牛》）。根据前人的研究，Lata Deokar 博士将须善提旃陀罗的年代确定在公元 1060 年至 1140 年，并将《如意牛》的写作年代确定在公元 1110 年至 1130 年 [2]。这部词典不仅在印度次大陆广为流传，同时在中国西藏、缅甸、斯里兰卡、蒙古国等地也非常流行。尤其是本文调查的藏译本，更具特色，对整个藏文词藻学、传统梵藏词典、藏文词汇学等都有深远的影响。西藏所存《阿摩罗》和《如意牛》梵本仍未出版问世，下面将对此进行逐步介绍。

　　本文基于《罗睺罗目录》（共分为三部，Sāṅkṛtyāyana 1935；1937；1938，简称：RHL）[3]、《更顿群培目录》（共有 182 部梵本，1942，简称：更）、《罗炤目录》（1985，北京大学梵文贝叶经与佛教文献研究所内部资料，简称：罗）、《王森目录》（共列为 259 号，1985，简称：王）、《桑德目录》（1987，中国藏学研究中心内部资料，简称：桑）等记载的写本信息而撰写。受限于多方条件，未能看到缩微胶片及原件，也没见到《西藏自治区珍藏贝叶经影印大全》（共有 61 册，2011），故相关信息录于二手资料。以这些目录中提供的信息为线索，笔者依托历代藏文史料或相关文献记载的有关信息来解读其文本"题记"，同时给出适当的说明及假设，为这些将会公开的珍贵的梵文资料提供旁证与补充。没有见到这些梵文写本之前，可以通过此文集中了解其基本信息。当然，下列文献定不能涵盖西藏所藏的《阿摩罗》和《如意牛》梵本之所有内容。

一、梵文写本

（一）《阿摩罗词典》（*Amarakoṣa*）

1.➡目录编号：藏编 10；现号 0395；罗 49–1；桑 2.34

《阿摩罗词典》（*Amarakoṣa*），贝叶，共 91 叶（完整），长 33.9 厘米，宽 5.3 厘米，"笈多"体，《桑德目录》中记载为"前孟加拉"（Proto Bangali）体。每面梵文 5 行（书法不规范），首叶正面有梵文书名。有趣的是，该写本中每一个梵文词都有相对应的藏文（草体）注明。

有如下藏文题记：nub phyogs mā la bavi yul / ud dhya ya nāvi grung / bi kra mā dya dyvi ra dzā yi yig mkhan / a ma ra seng ha yis byas //

试译：西方摩罗婆之地，乌达达雅娜边，超戒寺达雅雅王文书，阿摩罗狮子所造。

目前未知写本之"藏文夹注"的作者，笔者初步认为这部写本的藏文夹注也许是由大译师雄顿多杰尖赞（shong ston Rdo rje rgyal mtshan，1230~1280?）标注的。目前能看到的载其生平事迹之材料表明，他对《阿摩罗词典》做过"小注"（mchan bu）。由于没有专门为这位著名的大译师立的传，我们无从得知其一连串的生平事迹。不过，从其诸多零散的生平记载可知，他不仅是出色的梵藏翻译家，而且对小明学也有深入的学习。他未学梵语之前，对精通萨班《词库》（《阿摩罗》的选译）的渴望尤为强烈。载其生平事迹的主要史料有更邦曲扎佰（kun spangs chos grags dpal，1283~1363）的《明示三部菩萨释论之上师传承次第》[4]、觉囊雪利南杰（jo nang phyogs las rnam rgyal，1306~1386）的《时轮续释稀奇传》[5]、克珠杰（mkhas grub rje，1385~1438）的《时轮广注释》[6]、《青史》[7] 和《小五明论》[8] 等。此外，聂唐译师（snye thang lo tsa ba blo gros drtan pa，?~约 1460）的《词库注释》题记中明确指出，《词库注释》的语料之一部分源于雄顿多杰尖赞的《阿摩罗词典》藏文注释本 [9]。

2. ➡目录编号：藏编 10；现号 0395；罗 49–2

《阿摩罗词典》，贝叶，共 70 叶（残本，不完整）。缺第 1~40、42、43、92~97 和第 115 叶。共缺 49 叶。长 33.1 厘米，宽 6.1 厘米，"蓝磋"（Rañjanā）体梵文，每面 4 或 5 行。

底叶藏文结尾处有如下一句梵文：iti āmarasiṃhakṛtā nāmaliṃ gānaśāna。

译文：甘露狮子所造的《名称与词性的教导》。

背面下方有藏文：vchi med mzdod bzhugso /

译文：阿摩罗词典。

底叶背面上方有如下梵文题记：Dānaṃ vidhṛṣaṇaṃ lokeśaraṃ sujālicāra…

试译：施舍、承担者，世界的主，美丽的火，行为……

罗炤先生说明："此书是由降伏世间主善生（王）作施主写成或赠送的。"除罗炤先生提及之外，这部写本从未出现在其他目录中，也未收藏在中国藏学研究中心的缩微胶卷本中。

3. ➡目录编号：罗 19–3；王 202；桑 5.110–3

《阿摩罗词典》（nāmaliṅgasaṃgraha）即名词三性论，《王森目录》中转写为 Nāmaliṅgānuśāsana。贝叶（不完整），长 30.5 厘米，宽 6.1 厘米。共 47 叶（包括纸质空白扉页、衬叶各叶），王森先生记载为 45 叶。罗炤先生记载为"达利迦"（Dhārikā）体，桑德先生认为是"尼泊尔"体。每面 6~7 行。缺第 1、3、12、13、19、20、24、26~28、30、33、42~44、54、57、60~65、67 等叶（不完整）。正文至第 68 叶，共有三品。

藏文题记：gsal byed dang dbyangs las drangs pavi tshigs bcad dbang phyug gi bstod pa zhig vdra /

试译：貌似是一部以辅音和元音所造的自在天赞颂。

第 68 叶有如下梵文题记：parama bhaṭṭāraketyādi rājābali purvavatagata lakṣāṇasena devasya rājye saṃvat 56. Śrīmaddhīrasiṃha devasyarajye 8. śūnyalīcana pāṭakesthia avalikhitaṃ… śrīśubhaṅkara dāsenā vaiśākhakṛṣta tapakṣe lo nānā deśalipi jñena ākaṣṭe na likhiteyaṃ

试译：至尊大师及诸王之列，如同往昔王族，Lakṣāṇasena 王统治时期第 56 年，Śrīmaddhīrasiṃha 统治时期第 8 年。此碑文由 Śūnyalīcana Pāṭaka 所刻写……由圣吉祥者 Śubhaṅkara Dāsa 在 Vaiśākha 月黑半月期间所书。此文由通晓各地方文字之人校订与记录，但尚未完成书写。

并有相应的藏文题记：dpal dge byed vbangs kyis dpyid zla tha chungs kyi mar ngovi bcu pa la /

试译：由吉祥至善奴在暮春后半月十日（抄写？）。

这部写本中还夹有新的藏译短文及注释。用藏文草体（乌梅体）书写，为了说明其译文，笔者举出如下例子：

Skt: (1.0.7) *bhedākhyānāya na dvandvo naikaśeṣo na saṃkaraḥ*

(1.0.8) *kṛto 'tra bhinnaliṅgānāmanuktānāṃ kramādṛte* 罗 19-3: *rtags thad cing rtags ma brjod pavi // dbye ba bshad pavi ched du vdir // zlas dbye byas min gcig lhag min // rim pa ma gtogs vdres pa min //*

Tib. Yar:*dbye ba bshad phyir zlas dbye dang // gcig gis lhag mar ma bsdus shing // vdir ni rtags rnams med pa dang // ma bshad go rim spangs byas nas //*

Tib. Si: *ma brjod tha dad rtags rnams kyi // dbye ba bshad pavi ched du ni // blar dbye byas min gcig lha min // rim pa ga gtogs vdres pa med //*

从这一偈颂的对勘中发现，罗 19-3 写本中的藏译与其他译本完全不同，相对于雅砻译文较好，并更接近于司都译本。

（二）《阿摩罗词典注释》（*Amarakośaṭīkā*）

西藏所存的所有《阿摩罗词典注释》都是须善提旃陀罗的《如意牛注释》（*Kavikāmadhenu*），西藏梵文写本中称之为《阿摩罗词典注释》。根据前人的介绍，至今存有四种文本[10]，都极为珍贵，目前没有完整的《如意牛》校勘本。现将四种写本介绍如下。

（1）底本收藏在巴特纳的 K. P. Jayaswal 研究所图书馆，并同意以缩微胶卷形式收藏在哥廷根大学里的写本。该写本涵盖了须善提旃陀罗对《阿摩罗》1.1.1~1.1.28a、1.1.36~1.1.41b 以及 1.1.70d~1.4.8ab 的注释[11]。Lata Deokar 教授对其进行整理，并与司都班钦的藏译本进行对勘，2014

年在 Indica et Tibetica : Monographien zu den Sprachen und Literaturen des indo–tibetischen Kulturraumes, Bd. 丛书第 55 卷中出版。

（2）收藏在印度拉合尔 D. A. V. 学院的一份残破棕榈叶写本。该写本使用格兰塔 – 马拉亚拉姆体（Grantha–Malayalam script）写成，内容涵盖了须善提旃陀罗对《阿摩罗》1.1.52 至 2.2.5ab 的注释。Lata Deokar 教授对其进行了整理，并与司都班钦的藏译本进行了对勘，2018 年在 Indica et Tibetica: Monographien zu den Sprachen und Literaturen des indo-tibetischen Kulturraumes, Bd. 丛书第 56 卷中出版。

（3）其余两本收藏在西藏自治区，至今未出版问世，分别为 §1.2.1、罗 50–1。

（4）§1.2.2. 罗 20。

1.→目录编号：藏编 13；现号 0380；RHL1. XXXIX，Ⅱ.I. 180，RHL2. Ⅳ.185；更 Nor 25；罗 50–1；王 90？ ；桑 4.67–1.← 萨迦寺

《阿摩罗华鬘疏》（*Amaramālāvṛm*），罗炤先生编目时存于罗布林卡，并与三部书合成一函。共 153 叶。其中，该写本占有 101 叶（包括：3 叶空白底叶，前 2 叶均写有梵、藏文题记，另藏纸衬 1 叶）。贝叶（完整）。长 31.7 厘米，宽 5.1 厘米。"达利迦"体，每面 4 行。如同前面的 49 号写本一样，该写本中每一个梵文词都有对应的藏文（乌梅体）注明（应该是梵文名词对应的藏文名词，字迹清晰的如：glng chen / glog 等）。罗炤先生指出："此书与上述第 49 号为同一种书的不同写本。"

底叶有如下藏文题记：A ma ra ko śa vdi dpyal lo tsa ba chos bzang gi phyag dpe stong vgyur gyi mchan lo tsa ba byang vbum gyis btab pa yin mkhan chen ma haa lo tsā ba gsung.

译文：大堪布译师言："这部《阿摩罗词典》是协译师曲桑书籍之上部，其译文由向本译师标注。"

这段题记中有两个重要信息。第一，这部写本为协译师曲桑（dpyl chos bzang po）私藏本的上部分翻译。协译师曲桑是印度班智达 Smritijñānakirtti 的学生，但协译师曲桑译著的相关传记中，没有此人翻译过《如意牛》的相关记载。第二，如同范德康教授所言，这部

写本的藏文注很有可能是由降茹·向邱本（rgyang ro byng chub vbum，1270~1330）译师所造，题记中的向本译师正是降茹·向邱本，他是迥丹然智（1227~1305）的学生，大概生活于 13 世纪中期（BDRC: P3644）[12]。据近期新发现的藏文文献，这位学者不仅对藏文甘珠尔编纂和佛经厘定译语有所贡献，还著有藏文文法方面的典籍[13]。所以，没有对罗 50-1 写本与他的其他著作进行对比研究之前，笔者假设，这部《阿摩罗华鬘疏》是协译师曲桑从印度带到西藏，并在其梵文写本上注明藏文而成。虽与罗喉罗和更顿群培在西藏考察梵文贝叶经时的记载稍有差别，但从罗喉罗和罗焰先生的写本数据和叶数上不难推测，这部标有藏文夹注（更顿群培："*bod kyi mchan bu can*"）的《阿摩罗词典注释》正是藏于萨迦寺的那部梵文写本。罗喉罗分别在 1935 年于萨迦寺古茹店[14] 和 1937 年于萨迦寺恰贝店[15] 见过《阿摩罗词典注释》写本。相关记载虽有出入，但这两本都为罗 50-1 本。因此，需纠正《罗焰目录》题记所载的此书即《阿摩罗词典》的记录。

2.→目录编号：藏编 143；现号 106；RHL1. XXVII.31.150；更 Sa 4；罗 20；王 90?；桑 172←俄尔寺

《阿摩罗词典注释》（*Amarakośaṭīkā*），即须善提旃陀罗著的《如意牛注释》（*Kavikāmadhenu*）。贝叶，共 213 叶，仅存下半部分。据罗焰先生记载：正文自第 192 叶至第 390 叶，其中第 249、269、323 叶各有两叶，正文中夹有一短穿贝叶（未标叶码），上写遗漏的文字；另有扉页 5 叶，其中 3 叶写有题记或目录；纸叶 3 叶，其中有 2 叶写藏文题记。长 32.3 厘米，宽 5.8 厘米，每面墨书梵文 6 行，字体介于"笈多"体和"māgadho"体之间。

结尾写有作者：Kṛtiriyam mahāpaṇḍita subhūticandra caraṇānāḥ.

译文：此作品为大达班智达须善提旃陀罗尊者之作。

并有年代题记：Samvat313 phālguna kṛṣṭadvitīyāyāṃ bṛhaspati nelikhitam idaṃ iti.

试译：313 年，在 phālguna 的黑月第二天，由毗诃波提神所著。

纸叶上的藏文题记：A ma ra ko shavi vgrel ba stong phrag bcu gnyis pavi smad vgrel slob dpon rab vbyor zla bas mdzad pa bzhugs / vdivi stod du shog bu brgya dgu bcu go gcig med /

译文：阿摩罗词典注释十二部成千之下半部释，由须善提旆陀罗大师所造。

上部缺 191 叶。

《桑德目录》中还有如下题记：A ma ra ko shiv vgrel pa slob dpon rnam par（书写有误，应该是：rab）vbyor pavi zla bas mdzad pa stod nas shog gu bcu gcig ma tshang ba gcig bzhugs /

译文：阿摩罗词典注释，由瑜伽师须善提旆陀罗所造，头部缺 11 叶一部。

从前后信息的对比可知，共有 213 叶的此部梵本即藏于俄尔寺的《如意牛》。范德康教授以写本日期 1191 年 2 月 14 日为中心做过详细探讨。他进一步指出此部梵本很有可能是由尚译师盖巴（Zhang lo tsā ba dge ba）带到西藏的[16]。

根据以上信息，目前已出版编辑的《如意牛》梵本有《阿摩罗》1.1.1~2.2.5ab 的《如意牛》注释部分。还未问世的有《阿摩罗》2.2.5c?~3.5.1032 的《如意牛》注释部分。据目录上报告的叶数和行数估算，目前缺失的《如意牛》梵本将来完全有可能由西藏所藏的《如意牛》梵本来补全。详细偈颂数和对应的注释体量参见表一。

表一　《如意牛》问世和未问世版体量对照

章节	《阿摩罗》	《如意牛》2014	《如意牛》2018	未问世及出版
		K. P. Jayaswal	D. A. V. College	也许能用西藏梵本补全的《如意牛》
I	1.0.1~1.11.608	1.1.1~1.1.28a，1.1.36 ~ 1.1.41b，1.1.70d~1.4.8ab	1.1.52~ 1.11.608	1.0.1~1.0.10
II	2.0.1~2.8.1494	—	2.0.1~2.2.5ab	2.2.5c?~2.8.1494
III	3.0.1~3.5.1032	—	—	3.0.1~3.5.1032

二、《阿摩罗》和《如意牛》之藏译本

《阿摩罗》和《如意牛》的藏文翻译是藏族佛教词汇学和词典史上的

一件大事，在很大程度上能使学界对历代藏文词藻文献和梵藏对照词典研究有一个全新的认识。从语言的角度而言，该文献能为藏文词汇的语言类型考察提供可靠的证据，从而为佛教藏语和藏文词藻文献的研究提供很好的资料。这些旧的译本中保留了一些在司都译本中找不到的异文，对了解佛经藏译史和藏语言研究有很大的帮助[17]。例如，从孙潘浩给出的以下表示"言说"的例子中，我们可以清晰地认识到《阿摩罗》历代藏译本在佛经藏译史研究中的重要性，即：(*Amarakoṣa*. Skt. → Tibetan) (1) Skt:*vyāhāraḥ* → Sapaṇ:*rnam* / Yar:*tha snyad* / zhwa:*gtam* / Si:*tha snyad*. (2) Skt:*uktiḥ* → Sapaṇ:*gleng ba* / Yar:*gsung* / zhwa:*tshig* / Si:*smra ba*. (3) Skt:*lapitam* → Sapaṇ:*smra* / Yar.zhwa:*smra ba* / Si: – . (4) Skt:*bhāṣitam* → Sapaṇ:*vchad* / Yar:*gtam* / zhwa:*bshad* / Si: –.(5)Skt:*vacanam* → Sapaṇ:*bshad*/ Yar:*lo rgyus* / zhwa.Si:*brjod pa*.(6)Skt:*vacaḥ* → Sapaṇ:*lab*/Yar.zhwa:*tshig* / Si:*gleng ba*.[18]

这两部文献有如下藏文译本。

（一）萨迦班智达的选译

萨迦班智达（sa skya paṇṭi ta kun dgav rgyal mtshan，1182~1251）是首次"选译"《阿摩罗》的学者，约在 1210 年，他选译性地翻译《阿摩罗》第一章的部分内容而创造了《词库》（*tshig gi gter*），其为开创藏文词藻学的第一部著作。

（二）雅砻译师扎巴尖赞的首译

1280 年前后，由雅砻译师扎巴尖赞（yar klunng lo tsā ba grags pa rgyl mtshan，1242~1346）和 Kīrticandra 首次将《阿摩罗》和《如意牛》翻译成藏文[19]，前者以梵藏对照的形式收录于现存的丹珠尔文献中，是一部完整的藏译本。雅砻译师的《如意牛》有《阿摩罗》1.1.1 至 1.3.14a 的注释。如同萨迦班智达一样，雅砻译师也认为这部典籍的大多数内容对西藏文化无用，所以省略了"语法讨论、神话信息和文学引用"[20]等相关部分。雅砻译师的翻译晦涩难懂，后来的司都班钦对他的翻译有过严厉的批评。当代学者也对此有适当的评价[21]，笔者做《阿摩罗》梵藏对勘时对雅砻译师的译文做过详细的分析，发现了不少有意义的内容，不同于以上学者的评价，打算另作讨论，在此不赘述。

（三）夏鲁译师的再译

夏鲁译师（zhwa lu lo tsā ba rin chen chos skyong bzang po，1441~1528）在 1484 年至 1488[22] 年间"再次翻译"《阿摩罗》全文和《阿摩罗》1.1.1 至 2.8.82b 的《如意牛》注释部分。虽然夏鲁译师没有明确提及雅砻译师和 Kīrticandra 对《如意牛》的翻译。但是阅读这部典籍时，会发现夏鲁译师参考其首译文的痕迹。夏鲁译师的翻译从某种层面上比雅砻译师的水平更高，但也有很多解释或附加的段落，梵藏对勘极其困难。

（四）嘉木样阿旺宗者的翻版

我们在第一世嘉木样阿旺宗者（kun mkhyen vjam dbyangs bzhad pa ngag dbang brtson vgrus，1648~1722）的文集中能找到《阿摩罗》的译本（修订本），对勘梵藏便可知其为夏鲁译师之译本的"翻版"。也许有自己的润色和扎巴塔耶译本的成分。

（五）司都班钦的新译

司都班钦（si tu paṇ chen gtsug lag chos kyi snang ba，1700~1774）在 1764 年对《阿摩罗》进行了"全新翻译"，并出版梵藏对照版。其于 1750~1757 年间翻译了《如意牛》全文，因为梵文的缺陷，后一节 Liṅgādisaṃgrahavarga 的注释末尾没有翻译。

在没有对上述西藏所存的《阿摩罗》和《如意牛》梵本进行整理

对勘之前，还可以假设有以下几种藏译本：笔者初步假设罗 49-1《阿摩罗词典》的藏文夹注由雄顿多杰尖赞译注；罗 50-1《阿摩罗词典释疏》的藏文夹注由降茹·向邱本译师译注；罗 19-3 本中的藏译偈颂及注释是与以上译本不同的译本。我们还在一世嘉木样阿旺宗者的《阿摩罗》题记中发现，在雅砻，扎巴塔耶（grags pa mthav yas）曾在达隆（stag lung）的命令下翻译了"新译本"[23]，至今未被发现。也许在一世嘉木样阿旺宗者的翻本中可以"辑佚"这部译本的某些成分。还未找到的南卡桑布译师（lo tsā ba nam mkhav bzang po，约 1350~1420）的 *Liṅgādisaṃgrahavarga* 译文。

小结：初步评论

西藏所存的这批《阿摩罗》和《如意牛》梵本的学术价值，可以归为两个方面。第一个方面是梵文写本的价值，据上述数据估算，西藏所存的《如意牛》梵本注释是唯一能补全《如意牛》（Lata Deokar 2014，2018）梵本的本子，目前学界一直期待整理出版。另外，这部《如意牛》梵文中引用的很多经典，对这部词典的成立史和梵文同义词语料库的研究有很大的价值。第二个方面是对梵藏翻译史和藏译佛典语言研究的价值，在没有看到这些西藏所存梵文贝叶经的情况下，也可以利用《阿摩罗》的藏译本和梵文校勘本来从事《阿摩罗》的藏译史研究（笔者已初步完成该文的梵藏对照，正在做译文分析及研究）。这些梵文写本上标有藏文注释的藏文词语对其研究有很大的价值，《阿摩罗》藏译工作是我们所知道的迄今为止参与著名译师最多的一项梵藏翻译工作，也代表着不同时期的翻译风格及语言面貌。为了一目了然，列出译者名录如下：（1）萨迦班智达（1182~1251），（2）雄顿多杰尖赞（1230~1280?）（？），（3）降茹·向邱本译师（1270~1330）（？），（4）雅砻译师扎巴尖赞（1242~1346），（5）南卡桑布译师（约 1350~1420），（6）夏鲁译师（1441~1528），（7）扎巴塔耶（？），（8）嘉木样阿旺宗者（1648~1722），（9）司都班钦（1700~1774），以及不明译者的罗 19-3 本的注释。这些译者能涵盖整个西藏佛教后弘期教派的形成至定型，即新梵藏翻译的初期到已形成佛教藏语规范的时期。藏译佛典与汉译佛典最显著的区别在于：藏译佛典虽然是众多译者共同参与的成果，但现存的每一部藏译经典，通常仅署一位藏族翻译者之名。即使后期发现新的版本，也只是基于初译本，在正字法或文法通顺性方面历经多次修订而成。相反，汉译佛典的诸多经典有从东汉时期到唐宋时期的多种译本，传统上对这些译本采取了保留的态度，而不是简单地废弃或修改。得益于这种历史性的态度，我们得以见到同一部佛经的多种汉译版本。所以，大部分藏译佛典除有"不同版本""不同写本""不同刻本""未经厘定译语本"等之外，不会有"不同译本"的概念，虽然个别佛经因在历代目录中的记载不同而被称为"不同译本"，但严格意义上说，不能用"不同译本"来称之。这也是藏译佛典在藏语言学和语言史研究中被忽略的原因之一。于此，该文献成为了解梵藏翻译历代进程的重要材料之一，能呈现 12 世纪至 18 世纪梵藏翻译史之一角。在过去我们一直忽视了这部文献的语料价值，但历代藏译者的重新翻译和藏文词藻文献基础语料库之建设，衬托出了这部文献不可取代的重要地位。希望在后续的研究中继续揭开这一工作的新面纱。

附录：在西藏梵文贝叶经中还有一部印度同义词的梵本，即《一切能明诸相》（*mngon brjod kyi bstan bcos sna tshogs gsal pa*），这部写本的基本信息如下。

→目录编号：藏编 2；现号 0389；罗 47；桑 3.47–1.

《一切能明诸相》（*Viśvalocanam thaparābhidhānāyāṃ, mngon brjod kyi bstan chos chen po sna tshogs spyan*），藏译题目应为：*mngon brjod kyi bstan bcos sna tshogs gsal pa*, 别名为"珠子数珠"（*mu tig phreng pa*）。由 13 世纪的印度吉祥持军（Śrīdharasena）大师所造。贝叶，共 278 叶，不完整，仅缺第 243 叶。长 28.3~29 厘米，宽 5.4 厘米，"达利迦"体，6 行。此部也是梵文同义词词典或词藻文献。《罗炤目录》中记载，该文本的前半部分类释各类词语，如：星耀（graha）、时间（kāla）、大海

（samudra）、真实（Tattva）、人类（manuṣya）等。后半部分类似《悉昙十八章》，依 33 个辅音字母的顺序，说明拼写规则及有关意义。藏译本收录于丹珠尔杂部中，共有 14 节，由夏鲁译师翻译。

　　题记署名作者：吉祥持（śridhara, dpal vzdin），抄写者：舍利乔答摩（Śrigautama, dpal gau tam）和吉祥智（srijñāna, dpal shes rab）

注　释

[1]《阿摩罗词典》有多种校勘本，目前最为常用的和笔者整理西藏梵本时所使用的校勘本有以下几种：Vidyabhusana, Satis Chandra, "Amarakosah, a Metrical Dictionary of the Sanskrit Language with Tibetan Version", Calcutta: Bibliotheca Indica, 1912. Amarasimha, *"Namalinganusasana [Amarakosa]"*, Kanda 1–3. Input by Avinash Sathaye and Pramod SV Ganesan (April 20, 1997). Amarasiṃha, *"Amarakoṣa"*, Edited by S. Misra. Jaipur: Jagdish Sanskrit Pustakalaya, 2005. Chandra, Lokesh, "The Amarakosa in Tibet", Delhi: International Academy of Indian Culture, 1965. Ramanathan, A. A., "Amarakośa of Amarasiṃha, with the unpublished South Indian commentaries", Adyar Library series 101 (Madras: Adyar Library and Research Centre, 1971) Vol. 101. Rice, Lewis, *"The Amarakosha of Amarasimha"*, New Delhi,Madras: Asian Educational Services. 1988. Mahes Raj Pant, *Jātarūpa's Commentary on the Amarakosa. For the First Time Critically Edited Together with an Introduction, Appendices and Indexes.* Pt. Ⅰ Introduction.Pt. Ⅱ Text, Delhi: Motilal Banarsidass,2000.

[2] Lata Deokar, "Subhūticandra's Kavikāmadhenu", *Annals of the Bhandarkar Oriental Research Institute*, Vol. 95 (2014a), p.141.; Deokar Lata, *"Subhūticandra's Kavikāmadhenu on Amarakośa 1.1.1-1.4.8 : together with Si tu Paṇ chen's Tibetan translation edited and introduced"*, by Lata Mahesh Deokar.(Indica et Tibetica : Monographien zu den Sprachen und Literaturen des indo–tibetischen Kulturraumes, Bd. 55).Indica et Tibetica, 2014, pp.1–91.

[3] RHL1–3：“其目录实录写本 386 部，由于 180 至 184 的编号重复，共编为 363 部号。”请参叶少勇《〈中论颂〉与〈佛护释〉——基于新发现梵文写本的文献学研究》，中西书局，2011 年，附录。

[4] "A ma ra ko sha la sogs pa yang mchan bus gsal bar mdzad nas". kun spang thugs rje btson vgrus, "Sems vgrel skor gsum gyi bla ma brgyud rim gsal ba (dbu med bris ma)." Bod kyi lo rgyus rnam thar phyogs bsgrigs (60–90), par gzhi dang po, 2012 par thengs dang po, Vol. 18, mTsho sngon mi rigs dpe skrun khang, 2012, p. 262.

[5] "A ma ra ko sha la sogs pa yang mchan bus gsal bar mdzad nas". Jo nang mkhan chen phyogs las rnam rgyal, "Bcom ldan vdas dbal Dus kyi vkhor lovi chos vbyung ngo mtshar rtogs brjod

ces bya ba bzhugs so", BDRC bdr:W1CZ1983. p.48b2

［6］ "A ma ra ko sha la sogs pavang mchan bus gsal bar mdzad de". mKhas grub rje dge legs dpal bzang, "Dus vkhor vgrel chen dri med vod kyi rgya cher bshad pa de kho na nyid snang bar byed pa." gSung vbum mkhas grub rje, kha. (zhol par ma ldi lir bskyar par brgyab pa), Vol. 2, Mongolian lama guru deva, 1980–1982, p.50b3–4.

［7］ "sgra snyan ngag dngags / ming gi mngon brjod rnams srol legs par btsugs /"。郭·循努白著《青史》（藏文版）上册，四川民族出版社，1985 年，第 194 页。

［8］ "vchi med mdzod la vgyur mchan mdzad nas".芒堆鲁竹嘉措、达堆占都旺布《佛历年鉴及五明论略述》（藏文版），西藏人民出版社，1988 年，第 298 页。

［9］ "mkhas pvi dbang po shong ston gyis mzdad pvi mchan dan". Snye thang lo tsā ba blo gros brtan pa, "Mngon brjod kyi bstan bcos tshig gi gter zhes bya bavi vgrel pa rgya cher don gsal ba". Gangtok.1997, BDRC.bdr:MW23195, p.304.

［10］ van der Kuijp, Leonard W. J., "On the Vicissitudes of Subhūticandra's Kāmadhenu Commentary on the Amarakoṣa in Tibet", in JIATS 5, 2009, p.1; Lata Deokar, "Subhūticandra's Kavikāmadhenu", *Annals of the Bhandarkar Oriental Research Institute*, Vol. 95 (2014a), p.136; 除此之外，我们在热振寺藏书目录中也看到了一部《如意牛》梵本，是那措楚陈杰瓦（Nag tsho Tshul khrims rgyal ba，1011~1064）的藏书梵本。如果这真是那措译师带到西藏的《如意牛》梵本，那可以推前《如意牛》在西藏的流传时间。参加纳和雄「アティシャに由来するレティン寺旧蔵の梵文写本—1934 年のチベットにおける梵本調査を起点として—」『インド論理学研究Ⅳ』、2012 年、第 146 頁。

［11］ Lata Deokar, "Subhūticandra's Kavikāmadhenu", *Annals of the Bhandarkar Oriental Research Institute*, Vol. 95 (2014a),p.137.

［12］ 有关此人的零散记载参见：van der Kuijp, Leonard W. J., "On the Vicissitudes of Subhūticandra's Kāmadhenu Commentary on the Amarakoṣa in Tibet", in JIATS 5, 2009; van der Kuijp, Leonard W. J., "The Lives of Bu ston Rin chen grub and the Date and Sources of His Chos 'byung, a Chronicle of Buddhism in India and Tibet", Revue d'Etudes Tibétaines, No. 35, April 2016, pp. 203–308; Orna Almogi, "The Old sNar thang Tibetan Buddhist Canon Revisited, with Special Reference to dBus pa blo gsal's bsTan 'gyur Catalogue", Revue d'Etudes Tibétaines, No. 58, Avril 2021, p. 182; 石川美恵，「西蔵博物館所蔵『sGar sbyor bam po gnyis pa』について」『印度學佛教學研究』第 55 巻第 1 号、平成 18 年 12 月，2007。

［13］ 哲蚌寺十明店文献目录：016640. sgravi bstan bcos dri med snang ba bzhugs so // rgyang ro byang chub vbum / phyi / za // 35. dpe tshigs / 共 14 页，参百慈藏文古籍研究室整理《哲蚌寺藏文古籍目录》（藏文版），第 2 册，民族出版社，2004 年，第 1476 页。

［14］ RHL1. 1935 年 : Gu–rim–lha–khang library of Sa–skya:［Vol.No. Name, Author, Script, Size (in inches), Leaves, Lines (in each page)］XXXIX，Ⅱ.I. 180. Amarakośaṭikā (kāmadhenu) subhūticandra, 22 1/2 × 2 1/2, 9, 7.8, 1–8, 10 pages. 参 Rāhula Sāṅkṛtyāyana. "Sanskrit Palm-leaf Mss. In Tibet", JBORS 21, No. 1:21–24, 1935, p.43。

［15］RHL2. 1937 年：Chhag–pe–lha–khang in Lha–khang–Chhenmo of Sa–skya Monastery. (Continued from Vol. XXI, part I) IV.185. Amarakośaṭikā (kāmadhenu) T, (subhūticaṃdra) māgadhī, 23×2 1/4, 17, 7, Incomplete. 参 Rāhula Sāṅkṛtyāyana, "Second Search of Sankrit Palm–leaf Mss. in Tibetan," JBORS 23, No. 1:1–53, 1937, p.21。

［16］van der Kuijp, Leonard W. J., "On the Vicissitudes of Subhūticandra's Kāmadhenu Commentary on the Amarakoṣa in Tibet", in JIATS 5, 2009,p.15.

［17］Michael Hahn, "Multiple Translations from Sanskrit into Tibetan", *Cross-Cultural Transmission of Buddhist Texts Theories and Practices of Translation*, Edited by Dorji Wangchuk. Indian and Tibetan Studies 5, Department of Indian and Tibetan Studies, Universität Hamburg. Hamburg, 2016, pp.84–85.

［18］Sun Penghao, "Notes on the Tibetan Lexeme lo rgyus: Other Than 'History'", from the: Histories of Tibet, Essays in Honor of Leonard W. J. van der Kuijp, Studies In Indian And Tibetan Buddhism, Edited by Kurtis R. Schaeffer, Jue Liang, and William A. McGrath., Wisdom Publications 2023, p.423.

［19］van der Kuijp, Leonard W. J., "On the Vicissitudes of Subhūticandra's Kāmadhenu Commentary on the Amarakoṣa in Tibet", in JIATS 5, 2009,p.29.

［20］Lata Deokar, "Subhūticandra's Kavikāmadhenu", *Annals of the Bhandarkar Oriental Research Institute*, Vol. 95 (2014a),p.140.

［21］更顿群培著，多姐加桑杰加等整理《梵文宝库》（藏文版），民族出版社，2018 年；Tanemura, Ryugen , "Kuladatta's Kriyāsaṃgrahapañjikā: A Critical Edition and Annotated Translation of Selected Sections", *Groningen Oriental Studies*, Vol. 19. Groningen: Egbert Forsten.2004, p.114; van der Kuijp, Leonard W. J., "On the Vicissitudes of Subhūticandra's Kāmadhenu Commentary on the Amarakoṣa in Tibet", in JIATS 5, 2009,p.23。

［22］夏鲁译师传：rin chen bkra shis, *rje btsun zhwa lu lo tsā bavi rnam par thar pa brjed byang nor buvi vkhri shing*, BDRC. BDRC bdr:I1KG3181.pp.405–406,439; van der Kuijp, Leonard W. J., "On the Vicissitudes of Subhūticandra's Kāmadhenu Commentary on the Amarakoṣa in Tibet", in JIATS 5, 2009,p.36.

［23］vJam dbyangs bzhad pa I ngag dbang brtson vgrus,"mngon brjod kyi bstan bcos vchi med mdzod." gSung vbum vjam dbyangs bzhad pavi rdo rje (bla brang par ma bskyar par ma), edited by vJam dbyangs bzhad pa I ngag dbang brtson vgrus, Vol. 15, ngawang Gelek Demo, 1972–1974, p. 789; van der Kuijp, Leonard W. J., "On the Vicissitudes of Subhūticandra's Kāmadhenu Commentary on the Amarakoṣa in Tibet", in JIATS 5, 2009,pp.42–43.

参考文献（西藏梵文贝叶经目录和相关梵藏古籍）

图奇目录 = Francesco Sferra, "Sanskrit Manuscripts and Photos of Sanskrit Manuscripts in Giuseppe Tucci's Collection, a Preliminary Report", in P. Balcerowicz and M. Mejor ,ed., On the Understanding of Other Cultures, Proceedings, Warszawa 2000 (Studia Indologiczne 7), pp. 397–447.

罗睺罗目录 RHL1 =Rāhula Sāṅkṛtyāyana, "Sanskrit Palm-leaf Mss. In Tibet", JBORS 21, No. 1: 21–24, 1935.

罗睺罗目录 RHL2 = Rāhula Sāṅkṛtyāyana, "Second Search of Sankrit Palm–leaf Mss. in Tibetan", JBORS 23, No. 1:1–53, 1937.

罗睺罗目录 RHL3 = Rāhula Sāṅkṛtyāyana, "Search for Sanskrit Mss. in Tibetan", JBORS 24, No. 4: 137–163, 1938.

罗焰目录 = 罗焰，罗布林卡所藏贝叶经目录，附哲蚌寺现藏贝叶经概况 [A Catalogue of the Manuscripts Preserved at the Norbulingka, with an Appendix of a Survey of the Manuscripts Preserved at the Drepung Monastery]. (Unpublished manuscript) December 1984. 布达拉宫所藏贝叶经目录 [A Catalogue of the Manuscripts Preserved at the Potala Palace]. (Unpublished manuscript) July 1985. 山南地区文管会所藏贝叶经概况 [A Survey of the Manuscripts Preserved by the Administrative Committee of Cultural Relics of the Lho ka district]. (Unpublished manuscript) August 1984.

更顿群培目录 = gtam rgyud gser gyi thang ma. In Collected Works, Vol. 1. Edited by Hor khang bsod nams dpal vbar et al., Gangs can rig mdzod, Vol. 10. Lha sa: Bod ljongs bod yig dpe rnying dpe skrun khang, 1990.

王 森 目 录 1985 = Haiyan Hu–von Hinuber, "Some remarks on the Sanskrit manuscript of the Mūlasarvāstivāda–prātimokṣasutra found in Tibet. Appendix 1", in Jaina–itihāsa–ratna Festschrift für Gustav Roth zum 90. Geburtstag, Indica et Tibetica 47, edited by Ute Hüsken, Petra–Kieffer–Pülz and Anne Peters, Marburg: Indica et Tibetica Verlag, 297–337.

桑德目录 = 中国藏学研究中心收藏的梵文贝叶经（微缩胶卷）目录 [Ca talogue of the Sanskrit Manuscripts (Microfilms) Preserved at the China Tibetology Research Center] 1987.

《如意牛》梵文 = Deokar Lata, "Subhūticandra's Kavikāmadhenu on Amarakośa 1.1.1–1.4.8: together with Si tu Paṇ chen's Tibetan translation edited and introduced", by Lata Mahesh Deokar.(Indica et Tibetica : Monographien zu den Sprachen und Literaturen des indo–tibetischen Kulturraumes, Bd. 55).Indica et Tibetica, 2014.

《如意牛》梵本 = Deokar Lata, "Subhūticandra's Kavikāmadhenu on Amarakośa 1.4.8cd–2.2.5ab: together with Si tu Paṇ chen's Tibetan translation edited and introduced".(Indica et Tibetica : Monographien zu den Sprachen und Literaturen des indo–tibetischen Kulturraumes, Bd. 56).

Indica et Tibetica Verlag, 2018.

司都《阿摩罗词典》藏译本 = Si tu paN chen chos kyi vbyung gnas, "vChi med mdzod kyi gzhung la brten nas legs par sbyar bavi skad kyi ming dang rtags kyi vjug pa gsal bar byed pa bstan bcos legs bshad sgo brgya vbyed pavi lde mig", in Collected Works, Vol.6. Sansal: Shesrabling Institute of Buddhist Studies, 1990.

司都《如意牛》藏译本 = "Ming dang rtags rjes su ston pavi bstan bcos vchi med mdzod kyi rgya cher vgrel pa vdod vjovi ba mo", in Collected Works, Vols. 4 and 5, 243–738, 2–421. Sansal: Shesrabling Institute of Buddhist Studies, 1990.

嘉木样阿旺宗者《阿摩罗词典》藏译本 = vJam dbyangs bzhad pa I ngag dbang brtson vgrus, "mngon brjod kyi bstan bcos vchi med mdzod." gSung vbum vjam dbyangs bzhad pavi rdo rje (bla brang par ma bskyar par ma), edited by vJam dbyangs bzhad pa I ngag dbang brtson vgrus, Vol. 15, ngawang Gelek Demo, 1972–1974, pp. 578–803.

雅砻译师和夏鲁译师的《阿摩罗》/《如意牛》藏译本 = "Bstan vgyur dpe bodur ma", Vol.110. Sgra mdo. Se. kruṅ govi bod rig pa zhib vjug lte gnas kyi bkav bstan dpe bsdur khang gis dpe bsdur zhus. Peking: kruṅ govi bod rig pa dpe skrun khang, 2005.

缩　写

Amarakośa–Skt = Ramanathan, A. A., Amarakośa of Amarasiṃha, with the unpublished South Indian commentaries, Adyar Library series 101 (Madras: Adyar Library and Research Centre, 1971) Vol. 101.1965.

XAR = Xizang Autonomous Region 西藏自治区

Tib.Yar: = 雅砻译师扎巴尖赞的藏译

Tib.Si: = 司都班钦的藏译

The *Amarakoṣa* and *Kavikāmadhenu* of Sanskrit Manuscripts in the XAR: A Preliminary Survey of Sanskrit Manuscripts and its Tibetan Translation

Tashi・bum

Abstract: This paper is based on a Tibetan translation of *Amarakoṣa* and

Kavikāmadhenu handed down, as well as information on the *Amarakoṣa* and *Kavikāmadhenu* found in several catalogs of Sanskrit manuscripts held in Tibetan collections, the author conducted a preliminary study of previously unknown Tibetan manuscripts of the *Amarakoṣa* and *Kavikāmadhenu*. The article presents basic information on one such manuscript and discusses its significance for future research on the *Amarakoṣa* and *Kavikāmadhenu*, and as well as its information in all Tibetan Translation.

Keywords: *Amarakoṣa*; *Kavikāmadhenu*; Sanskrit Manuscripts in the Xizang; Message of Manuscripts; Tibetan Translation

明代文献《委兀儿译语·地名》考述

张　坤

（西北大学丝绸之路考古合作研究中心　陕西省文物局）

摘　要:《委兀儿译语》是明代官方编著的《华夷译语》中《高昌馆译语》的一种，其中的《委兀儿译语·地名》反映了明代从苦峪至哈密的北道的交通状况。这些畏吾儿语地名虽然大多已经消失，但我们仍能从文献及田野调查中找到具体位置。

关键词: 哈密　明代　丝绸之路　华夷译语

《委兀儿译语》中的"委兀儿"，是"畏吾儿""畏兀尔"的不同译写，该书是明代官方编著的《华夷译语》系列少数民族语言与汉语常用语对音词汇集中的一种，是在明代朝贡体系下，翻译河西、哈密和吐鲁番等原甘州回鹘和西州回鹘地区贡表及圣旨、敕书的专用字典。

《委兀儿译语》收录在收藏于国家图书馆（原北京图书馆）的《译语》一书中，全书共有81页，未注撰者，《北京图书馆古籍珍本丛刊·经部》（第6册）将4页合为1页进行了全文影印出版[1]。《译语》共分为7个部分，第一部分为"蒙古八思巴字"，第二部分为八思巴文与汉文对照的"百家姓"，第三部分为"蒙古译语"，第四部分为"译语·鞑靼蒙古"，第五部分为"委兀儿译语"，第六部分为"河西"（脱"译语"二字），第七部分为"回回"（脱"译语"二字）。《委兀儿译语》中的畏吾儿语均用汉语进行注音，每个词语的汉语释义在前，汉语注音的畏吾儿语在后，当中并无回鹘文字。经笔者对比《委兀儿译语》中的发音及注音，发现其与《高昌馆杂字》《高昌馆译书》高度相似，大部分词语的翻译是同音异写，部分词语的差别也仅是急读与缓读的差别（表一）。

表一　词语对照

词语	《委兀儿译语》	《高昌馆杂字》	《高昌馆译书》
天	忝额力	腾克力	腾克力
日	坤	坤	昆
星	雨里都思	允秃思	允秃思
地	叶儿	叶儿	叶儿
田	塔剌牙	塔力叶儿	塔力叶儿
春	呀子	呀思	牙思
夜	克扯	克扯	克扯
木	以哈尺	以哈尺	以阿尺

除了众多相似的译写，明代"畏兀尔"一词翻译成汉语，即是指"高昌"。如在《高昌馆译书》[2]《高昌馆杂字》[3]中均将"畏兀尔"翻译成"高昌"。因此，《委兀儿译语》应称为《高昌译语》，是《华夷译语》系列中《高昌馆译语》的版本之一。

国家图书馆本《委兀儿译语》共有天文门、地理门、地名等18类829词，与其他版本《高昌馆译语》相比，除门类数和词汇量略有差别之外，最主要的区别在于《委兀儿译语》中专门有一个门类是关于地名的翻译。

《委兀儿译语·地名》记载地名28个（表二），反映了明代丝绸之路的交通情况，除撒马尔罕外，其余均为吐鲁番至北京道路沿线的地名，尤以哈密一带最为密集。这些地名由于政权更迭、人口变迁，很多已经消失，不为人知。

表二　《委兀儿译语·地名》对照

汉语	畏兀儿语	汉语	畏兀儿语	汉语	畏兀儿语
撒马儿罕	撒马儿酣	黑羊群	噶剌塊	三跳涧	玉除阿力
土鲁番	土儿番	黑风川	噶剌克思剌	凉州	额儿焦
石头城	他失把里	九眼泉	脱库子卜剌	黄羊川	者连串
泥水滩	肯儿把儿赤	苦峪城	苦欲把里	黑松林	噶剌阿察塔剌
黑虎窝	噶剌巴儿思	三颗树	玉除塔剌	蓝州	噶剌木连
狼地方	伯律叶儿	骟马城	影聂赤	陕西	勤昌府
一个圣人城	必儿哑禄兀子脱因	大草滩	条故禄自栾	河南	客尔帖木连聂

续表二

汉语	畏兀儿语	汉语	畏兀儿语	汉语	畏兀儿语
一个女人城	必儿哈吞炭	夹峪关	义剌兀儿	北京	罕把里
大天方	也客忝额力	肃州	肃出		
小天方	兀出干忝额力	甘州	甘出		

　　《委兀儿译语·地名》中收录的地名部分可与明代《西域土地人物略》、《肃镇华夷志》、《蒙古山水地图》和清代《秦边纪略》，以及明代陈诚《西域行程记》、马文升《兴复哈密国王记》、郭绅《哈密分壤》等文献相参照，因此近年来逐渐引起了学术界的重视。

　　胡振华先生对《委兀儿译语》进行了转写，为学界的研究提供了便利，本文对地名的译写，如非特别注明，皆是引自胡振华先生的转写[4]。胡小鹏先生等在《明代丝绸之路双语文献〈委兀儿译语·地名〉考述》[5]一文中对哈密周边的诸多地名进行了考证，提出了很多有益的见解和观点，将《委兀儿译语》的研究推上了一个新的高度。此外，付马在《〈蒙古山水地图〉中的"洗儿乞"、"脱谷思"与回鹘时代的伊西路》[6]，宋立州在《明清丝绸之路哈密——吐鲁番段"沙尔湖路"研究》[7]中也曾讨论个别《委兀儿译语·地名》中记载的地点。然而诸先生考证的一些地名并不准确，释义也存在问题。现不揣冒昧，就笔者掌握的 7 个地名论述如下，以期求教于方家（图一）。

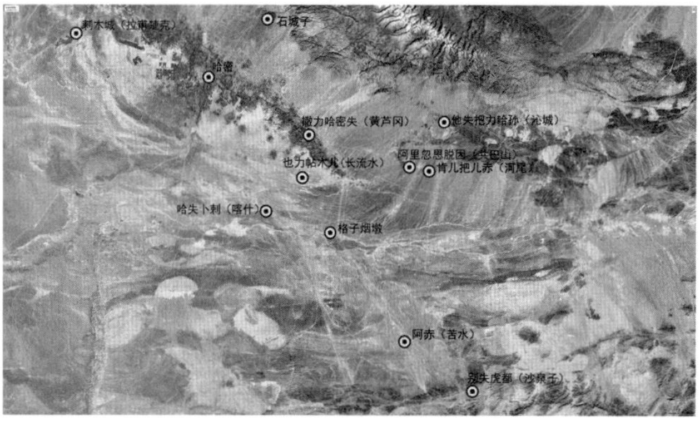

图一　哈密周边地名位置图

（作者自绘）

1. 他失把力——石头城

胡振华先生转写为"Tash balyq",《委兀儿译语》中"Tash"为"石头";"城"的发音为"把力舍哈力",转写为"balyq sheher","把力"为其省称。"他失把力"如果全拼则为"他失把力舍哈力",这个发音比较接近于蒙语。《华夷译语》中蒙语"城"的发音为"巴剌哈孙（逊）",[8]显然是"把力舍哈力"的不同音译，故"他失把力"在文献中又被记作"他失把力哈逊"（见下文）。

今哈密市伊州区东北部天山脚下的沁城乡，维吾尔语称其为"塔什八勒克"，即"他失把力"的不同音译。沁城为"塔勒纳沁"的省称，来自蒙语。据《西域同文志》载，"塔勒，柳树也。纳沁，鸦鹘也。相传柳树旁崖石间，产鸦鹘最良"[9]。据敦煌文献《沙州伊州地志》（S.367）载，相传沁城为隋大业十二年（616）占据伊吾的粟特商胡营田之地，贞观四年（630）粟特商胡归附唐朝后因其地设柔远镇，置柔远县[10]。唐代之后，包括沁城在内的整个哈密地区为西州回鹘辖地，估计回鹘已经称此地为"他失把力"。北宋太平兴国六年（981）王延德使高昌，经过此地已不知其唐代旧称"柔远"，而翻译回鹘语名称为小石州[11]。元代在此设有纳怜道的站赤——塔失八里站，"塔失八里"即是"他失把力"的不同译写。"塔失八里"在《元经世大典图》中标注在了"柯模里"（笔者注："柯模里"即哈密，明代称谓"哈梅里"的不同音译）以东，丁谦认为"哈密东北约百余里有塔什岭，或称阿速克，为东路驿道所经，元时或筑堡寨于此"[12]。塔什岭即沁城附近的天山，则丁谦认为的塔失八里当在沁城一带。林梅村先生认为其位置在今天山北麓的奇台县石城子（汉代疏勒城）遗址[13]。

"他失把力"又作"［他］失把力哈逊（孙）"，明代郭绅的《哈密分壤》载"阿赤西一百七十里至克力把赤，其东北又有他失把力哈逊城"[14]。他失把力哈逊为明代瓦剌游牧之地，野乜克力、小列秃等部都曾在此驻牧，"甘肃总兵官都督同知周玉等奏，哈密都督罕慎译报……羽奴思王子锁檀阿麻王复侵夺察力失等四城，野乜克力达子亦分屯失把力哈孙及禽山等处"[15]。"中间听见小列秃人马有些在把阔地方住坐，又有些在失把力地方住坐。"[16] 其最后一次出现在文献中，是绘制于《蒙古山水地图》哈密东南方向。嘉靖八年（1529）以后，鉴于哈密多次兴复无望，明廷最终放弃哈密，置之不问，"他失把力"之名便不复见于文献。

《辛卯侍行记》载，沁城"东北五十里河源小堡庄，有石城古迹"[17]。胡小鹏先生等认为，这个石城古迹就是"他失把力"之所在。陶保廉所说的石城子古迹，可能为清代在此设立的小堡卡伦，真正的"他失把力"当在今沁城乡政府所在地，只是遗迹已不存在，如今沁城一带已无"石城子"的地名。

笔者之所以认为他失把力在今沁城，一是基于上文所述的古今地名一致，二是基于田野考察的经验。吐鲁番哈密一带的戈壁地区，人们一般傍水而居，这些水源所在的绿洲往往发展成聚落城镇；哈密天山南麓的戈壁中有三处大的水源地（绿洲）：最西是白杨河流域形成的白杨河绿洲，在此发现有拉甫却克古城、焉布拉克古城；东侧是哈密河流域形成的哈密绿洲，汉代的伊吾卢城、唐代的伊州、明代的哈密忠顺王所筑之城皆在此地，清代的哈密新城、旧城也在哈密河两岸；最东侧是畏兀儿河形成的沁城绿洲。据唐代《元和郡县图志》载，唐代在哈密设置了伊州，下辖伊吾、纳职及柔远三县：伊吾县附郭在伊州城（今哈密市），纳职县东北距州一百二十里，在今四堡拉甫却克古城，柔远县西北至州二百四十里，从位置及与水源的关系推测在今水草充足的沁城一带[18]。不过从清乾隆年间《西域图志》的记载来看，塔勒纳沁"在哈密城东北二百二十里。土城一，有屯田"[19]，此时沁城已经没有了"石城"的迹象。笔者在哈密地区（市）十余年的田野考察发现，在 20 世纪八九十年代之前，现代人对古遗址的破坏是非常小的，大量的遗址基本以原始形态被记录在 80 年代开展的第二次文物普查中。沁城"石城"的消失，可能和历史上某次洪水有关。据相关新闻报道，2018 年 7 月 31 日沁城乡小堡区域突降特大暴雨，引起山洪暴发，灾害造成 20 人遇难、8 人失踪，8700 多间房屋及部分农田、公路、铁路、电力和通信设施受损[20]。笔者随后在调查中发现洪水向南奔腾倾泻 80 余公里，直接冲毁了连霍高速公路南侧格子烟墩附近原上海到霍尔果斯国道（G312）已经废弃的公路桥和清代新格子烟墩驿站遗址，驿站原竖立在地表的众多土坯墙大部分被冲倒。

除沁城的石城子外，哈密东北还有一处石城子遗址。该处石城子遗址位于哈密市东北约 35 公里，天山乡石城子村东北 500 米，东天山南麓山前较平缓的坡地上。遗址南北长约 70 米，东西宽约 60 米，面积为 4000 多平方米。该遗址地表分布石结构建筑遗迹，因此被称为"石城子"。该处遗址地表采集有手制的夹砂红陶、彩陶，以及石磨盘、石杵等石器。天山乡石城子遗址远离道路，但学界并不清楚哈密有两个石城子，因此将王延德使高昌所经小石州比定在了天山乡的石城子。胡小鹏先生等认为的"哈密东北 70 里的沁城石城子"，本意指沁城的石城子，实际却是指天山乡的石城子。

2. 肯儿把儿赤——泥水滩

转写为"Qyr balchyq"，《委兀儿译语》中"堤"的发音为"肯儿"，转写为"Qyr"；"泥"的发音为"把儿赤"，转写为"balchyq"，合起来为"有堤的泥塘"，即"泥水滩"。

胡小鹏先生等认为《西域土地人物略》中的"乞儿把赤"与《秦边纪略》《哈密分壤》中的"克力把赤"都是《委兀儿译语·地名》中的"肯儿把儿赤"的转音[21]，林梅村先生认为《蒙古山水地图》中的"吉儿马术"亦是"乞儿把赤"的不同译写[22]，笔者认同两位先生的观点。但林梅村先生认为"吉儿马术"可能来自伊朗语"Kirbagig"（虔诚的），胡小鹏先生等将"肯儿把儿赤"标定在今哈密长流水则有问题。

据《肃镇华夷志·西域疆里》载，明代为了经营哈密及广阔的西域地区，在苦峪与哈密之间探索出了中道、南道、北道三条道路：

> 自此抵哈密三道：一道从苦峪中而西。……西一百三十里至召文虎都，西一百七十里至乩失虎都。西一百三十里至阿赤。西一百五十里至引只克。自此过也力帖木儿至哈密三百五十里。
>
> 又一路从苦峪南面［而］西……西一百八十里至阿咨罕。西

一百七十里至哈剌哈剌灰。西一百七十里至哈失卜剌。西一百二十里至牙卜剌。西八十里至也力帖木儿。西北一百四十里至哈密城。

又一路自苦峪从北而西至羽寂灭。……西九十里至俄例海牙。西一百四十里至阿赤。西一百七十里至克力把赤。西一百三十里至撒力哈密失。西五十里至哈剌木提。西四十里至哈密头墩，亦抵哈密。[23]

"肯儿把儿赤"（克力把赤）位于北道上，其上一程是阿赤，下一程是撒力哈密失。阿赤，岑仲勉先生指出其为突厥语 "achigh"（苦水）[24]。经笔者了解，今维吾尔语作 "aqqik su"，汉语音译为 "阿赤克苏"，"阿赤" 为其省称。撒力哈密失，《委兀儿译语》中 "黄" 的发音为 "撒力"，转写为 "sarygh"；"竹" 的发音为 "噶蜜失"，"哈密失" 即 "噶蜜失" 的不同音译，转写为 "qamysh"。"sarygh qamysh" 合起来为 "黄色的竹子"，在戈壁地区指的是和竹子外形相似同属禾本科的 "芦苇"，即 "黄芦苇"。在《高昌馆译书》中，"芦芽" 的注音即为 "哈密失佟土苦儿主黑"[25]。撒力哈密失的具体地点当在现在哈密东部的 "黄芦岗" 无疑。

阿赤—"肯儿把儿赤"（克力把赤）—撒力哈密失，关于这三地的距离不同文献记载略有不同。《秦边纪略》："阿赤，一百四十里克力把赤，一百三十里撒力哈密失。"[26]《哈密分壤》："阿赤西一百七十里至克力把赤，其东北又有他失把力哈逊城，克力把赤西一百三十里至撒力哈密失。"[27] 以上文献对阿赤至克力把赤的距离或作一百七十里，或作一百四十里，但对克力把赤至撒力哈密失的距离都作一百三十里，这个距离应该是准确的。

胡小鹏先生等根据《辛卯侍行记》中对长流水水塘的描述，认为长流水即肯儿把儿赤，并将长流水与黄芦岗之间的距离错算为一百二十里[28]。上文引用《哈密分壤》时已经明确指出，克力把赤在他失把力哈逊城西南，应该位置不远；而且长流水与黄芦岗之间的里数，明显与文献记载的克力把赤至撒力哈密失一百三十里的里数不合。清乾隆《钦定皇與西域图志》载："自城东南行七十里西黄芦岗，又东七十里为西长流水，又东南七十里至此（格子烟墩）。"[29] 清道光《哈密志》载："自哈密城东行七十里至黄芦岗，东行转东南四十里至四十里井子，又行三十里至长流水，又行二十里滴水崖井子，又行二十里至沙梁子，又行三十里至格子烟墩。"[30]《辛卯侍行记》载："（自格子烟墩）西北行，戈壁平坦。四十五里升沙丘，右有废垣，过此复下。十五里长流水，旧称额铁木儿。……三十五里道右废垣一圈，亦腰站也。二十五里黄芦冈驿。"[31] 计黄芦岗距长流水六（七）十里，长流水距格子烟墩六（七）十里。胡小鹏先生等误将长流水与黄芦岗之间的距离算成一百二十里，因此才认为肯儿把儿赤是长流水。实际上除这个错误外，对阿赤位置的错误确认，也是导致胡小鹏先生等误标肯儿把儿赤的原因之一。

据上文《肃镇华夷志·西域疆里》所引，明代的"中道"和"北道"上分别有一处"阿赤"。这两个"阿赤"上下站程名称不同，应是同名不同地的两处地点。清乾隆年间，常钧所著《敦煌随笔》在记录清代所沿用的明代三道时，明确将两处"阿赤"分别称为"南苦水""北苦水"。

> 自嘉峪关以外取道哈密者有三：一出关行台站路，由赤［金卫］属之惠回堡，靖［逆卫］属之三道沟，柳［沟卫］属之桥湾经东黄芦冈、尖山子、茨窝泉、东长流水、白笈笈、马莲井子、星星硖、红柳园、沙泉子、南苦水、隔子烟墩、西长流水、黄芦冈以达于哈密，计程一千三百三十五里。沿途皆有塘坊，旧存坊店庳陋不堪，越郭壁数处惟隔子烟墩一站，尽系郭壁。
>
> …………
>
> 一由安西之白墩子、小红柳园、大泉，经马莲井子、傅［当为"博"］罗砖井、白石头、镜儿泉、北苦水、塔尔纳沁、黄芦冈以达于哈密，计程八百一十里。近因此二路水草虽有，沿途并无坊店，多由马莲井子经走台站大路。[32]

明代的中道路线为召文虎都（一百七十里）—乩失虎都（一百三十里）—阿赤（一百五十里）—引只克（里程不详）—也力帖木儿（三百五十里）—哈密。"[33] 也力帖木儿也作额铁木儿，《辛卯侍行记》定为长流水，由阿赤（苦水）和也力帖木儿（长流水）这两个站点可确定明代的中道即清代常钧所记录的台站大路。清代路线为南苦水（阿赤）—格子烟墩—长流水（也力帖木儿/额铁木儿）—黄芦岗（撒力哈密失）—哈密。黄芦岗（撒力哈密失）是中道和北道的交汇点，因此肯儿把儿赤所在的北道也将黄芦岗算作一站：阿赤（一百七十里）—克力把赤（一百三十里）—撒力哈密失（五十里）—哈剌木提（四十里）—哈密头墩（里程不详）—哈密。[34] 胡小鹏先生等因不知阿赤（苦水）实际有两处，才将本属北道的肯儿把儿赤标定在了中道苦水与黄芦岗之间的长流水。

那么"肯儿把儿赤"（克力把赤）究竟在何处呢？实际上明代的北道在清末甚至民国时期一直有人行经，在不同文献中均有记载。据民国初年谢彬《新疆游记》记载，哈密经黄芦岗、咸泉、河尾一直向东，是哈密经阿拉善蒙古草地到包头的一条大道[35]。林竞《西北考察日记》亦记载黄芦岗在清末民国时期一直是哈密通包头骆驼道的分途点，货物往来多由之。"黄芦岗。北行，六十里，咸泉（今作碱泉子）。有水草，无居人。又折东行，八十里，河尾。水草均佳。有人。"[36] 河尾地处天生圈水的下游，因在河流之尾，故称为"河尾"。今地名不改，其距黄芦岗一百四十里，在今卫星地图上沿着戈壁上的道路测量，实际距离为一百二十里，与明代肯儿把儿赤至撒力哈密失一百三十里的距离相差不大。鉴于明代距离非实际测量所得，而且河尾附近再无其他水源地点，以及河尾与《哈密分壤》中记载的克力把赤位于他失把力哈逊城西南的位置基本一致，因此笔者推测肯儿把儿赤就是现在的沁城乡河尾所在地。天生圈水南流入碛而绝，在此断流形成"终点湖"，并发育为绿洲，因此有"泥水滩"之名（图二）。

哈密地区（市）第三次文物普查中，曾在河尾发现石围居住遗址 17 座，圆形石堆墓 52 座。其中的大墓直径 15 米，周围有祭祀坑 6 座，可见河尾在古代就是沁城一带重要的人群活动区。

图二　奴尔阿訇麻札（远景为肯儿把儿赤）（西—东）

（作者摄）

3. 噶剌巴儿思——黑虎窝

转写为"Qara bars"，《委兀儿译语》中"黑"的发音为"噶剌"，今一般写作"喀喇"，转写为"Qara"；"虎"在《委兀儿译语》中发音为"巴儿思"，转写为"bars"，合起来为"黑色的老虎"，即"黑虎窝"。今巴里坤湖旧称"巴尔库尔"，唐代称"婆悉海"，《元和郡县图志》载："其蒲类海，后汉桓帝时，匈奴呼衍王寇伊吾，司马毛恺遣吏兵五百人与战，悉为所没，即此海也。绕海多良田，汉将赵充国所屯也，俗名婆悉厥海。"[37]《旧唐书·地理志》载："蒲昌，贞观十四年，于始昌故城置，县东南有蒲类海，胡人呼为婆悉海。"[38]（笔者注：本写蒲昌海，误作蒲类海）可见"蒲类—婆悉—巴儿思"均是游牧民族语"老虎"一词的转音。[39]

胡小鹏先生等认为"噶剌巴儿思"仅出现在《委兀儿译语》，其他各书未见。同时，他认为《清一统舆图》中的"哈拉博尔屯"即是"哈拉博尔思"之误。此两说皆误。

其一，"噶剌巴儿思"并非仅见于《委兀儿译语》。清乾隆年间徐松所撰的《新疆识略》卷一载，乌鲁木齐所属军台有"喀喇巴儿噶逊台"；

所属水系有"喀喇巴尔噶逊水"[40]。乾隆四十七年（1782），清廷在乌鲁木齐喀喇巴儿筑城，名"嘉德城"[41]，俗称"达坂城"。《新疆图志》明确称"喀喇巴儿噶逊"为"黑虎城"，"此地（引者注：达坂城驿）旧名喀喇巴尔噶逊，蒙语，黑虎城也"[42]。"喀喇巴儿"应是"噶剌巴儿思"的省称，"噶逊"乃蒙语"巴剌哈逊"（城）的省称。

其二，"哈拉博尔屯"虽然与"哈拉博尔思"字形上有些许相像，但在乾隆三十五年的《皇舆全览图》中"哈拉博尔屯"是被写作"哈拉博尔肫"，这个"肫"无论音、形都与"思"相去甚远。从位置看，"哈拉博尔肫"靠近苦峪一带，应是苦峪附近的河流名称，由此往哈密戈壁的路途之中还有多处泉水和季节性河流。

从《委兀儿译语》所列诸地名的关系来看，"噶剌巴儿思"当是乌鲁木齐东的达坂城，此处是翻越天山至吐鲁番古道的必经之地。

4. 伯律叶儿——狼地方

转写为"Börü jer"，《委兀儿译语》中"狼"的发音为"伯律"，转写为"Börü"；"地"发音为"叶儿"，转写为"jer"，合起来即"狼地方"，意思为"有狼的地方"。

胡小鹏先生等认为《蒙古山水地图》中"比站"以东的"乩（bie）力孛罗"，突厥语"Böribulaq"，意为"狼泉"，与"狼地方"当为一地（图三）；其位置应在清末马达汉（Carl Gustaf Emil Mannerheim）记载的吐鲁番附近的"布鲁英克"，即《西陲记略》中的"叶赫"[43]。

林梅村先生认为其来自突厥语"borbulaq"，意为"葡萄泉、葡萄沟"，并将其标在今吐鲁番的葡萄沟[44]。付马并未引用《委兀儿译语》，但将其还原为突厥语"birbulaq"，意为"独泉"[45]。《委兀儿译语》中"一"的发音为"必儿"，转写为"bir"，可引申为"单独"。宋立州认为"乩力孛罗"中的"乩力"与清雍正年间的《使准噶尔行程记》中的"齐奇儿"音近，应是一处地点[46]。

从发音来看，释"乩力孛罗"为"狼泉"当是准确的。《高昌馆杂字》与《高昌馆译书》中"狼"的注音"卜力"[47]，更接近"Börü"（乩力）。"乩力孛罗"既非"叶赫"，也非"必儿"及"齐奇儿"，与它们之间读音相差较大。"叶赫"是《西域土地人物略》中"鲁珍北部的羊黑城儿"，即现在鲁克沁西北部的洋海村。对此早已有公论，可参照李之勤先生所编《西域史地三种资料校注》[48]及钟兴麒先生编著的《西域地名考录》[49]。

马达汉所记载的"布鲁英克"今作"布依鲁克"，位于吐鲁番地区（市）高昌区葡萄沟内。虽然《蒙古山水地图》只是一张示意性的山水路线地图，没有非常准确地标示道里远近，其南北方位也多有混淆，但其东西位置相对准确，基本没有混淆倒置的现象。因此"乩力孛罗"标示在"比站"以东，当是准确的，其不可能远在吐鲁番附近的"布鲁英克"及"葡萄沟"。

胡小鹏先生等并不清楚"布鲁英克"的具体位置，因此产生了前后矛盾的观点：既认为"伯律叶儿"是《蒙古山水地图》中"比站"以东的"乩力孛罗"，又认为"乩力孛罗"是吐鲁番附近的"布鲁英克"（叶赫），这两地之间直线距离近100公里。

图三　《蒙古山水地图》中的脱谷思与乩力孛罗

（采自林梅村《蒙古山水地图》，文物出版社，2011年，第28页）

"伯律叶儿"是一个非常古老的地名，虽然其后缀没有带"bulaq"（泉水），但笔者上文已经指出，戈壁地区的人们总是依水而居，"伯律叶儿"附近肯定也是有水源的。除《蒙古山水地图》外，吐鲁番所出的唐代文书中还有"狼泉烽""狼泉驿""狼井馆""狼井戍"等地名。陈国灿先生认为这几个"烽、驿、馆、戍"都设于狼泉，具体位置在赤亭（笔者注：今七克台）至蒲昌（笔者注：即比站，今鄯善）的道路上，定其位置为鄯善东的三十里大墩遗址[50]。三十里大墩遗址位于鄯善以东与九眼泉之间（九眼泉见下文），与《蒙古山水地图》中标示的位置大致相当，应该就是"伯律叶儿"（乩力孛罗）的所在。

除此之外，在敦煌所出《沙州伊州地志》（S.367）中，记载伊吾县也有一烽燧名"狼泉"[51]。唐时伊吾县即今哈密市区，其与西州蒲昌县之间还隔有伊州纳职县，狼泉当在哈密市区附近，与"伯律叶儿"的位置无涉。

5. 必儿哑禄兀子脱因——一个圣人城

转写为"Bir jalghuz tojyn"，"必儿"即《委兀儿译语》中"一"的发音，转写为"Bir"，"哑禄兀子脱因"（jalghuz tojyn）《委兀儿译语》未记载。"脱因"见于《高昌馆杂字》与《高昌馆译书》，其中"佛"为"卜尔罕"，"释"为"土因"，此处"释"联系上下文应指"僧人"，"土因"是"脱因"的异音[52]。

胡小鹏先生等认为"哑禄兀子脱因"即是《蒙古山水地图》中的"牙力忽思脱因"以及陈诚《西域行程记》中的"阿里忽思脱因"。林梅村先生认为"牙力忽思脱因"来自突厥语"Yalghuz toyin"，意为"孤僧"（一个道人），其实为一个寺庙[53]。胡小鹏先生等将《委兀儿译语》原文中的"一个圣人城"误认作"一个圣城"，因此称这是一个具有伊斯兰教色彩的地名。

畏吾儿语中有"圣人"一词，称为"卜答思"[54]。如果将"一个圣人城"翻译回畏吾儿语，应该为"必儿卜答思把力"。《委兀儿译语》原文中将"必儿哑禄兀子脱因"翻译成"一个圣人城"，或用的是"脱因"的引申义，该处寺庙某个时期可能有一位得道高僧，因此称高僧为"圣人"（圣僧）。

《西域行程记》载："过一平川，渡一大溪，名畏兀儿河，溪南有古寺，名阿里忽思脱因。有夷人种田，好水草，系哈密大烟墩处。"[55] 此处明确记载阿里忽思脱因是一座古佛寺，其位置在畏吾儿河的南面。查今哈密周边，仍有"哑禄兀子脱因"的地名，维吾尔语写作"yalguz tuyin"，标准音译为"亚勒古孜脱因"，意为"孤零零的寺庙"，位置在哈密东北沁城乡南部东庙尔沟的"共巴山"顶上[56]。共巴山得名于山顶的新疆维吾尔自治区区级重点文物保护单位"奴尔阿訇麻札"。伊斯兰教称圣人的麻札为"拱北"，转音为"共巴"。

共巴山为天山南麓戈壁上隆起的小山地，山体为裸露的黑色岩石，寸草不生，奴尔阿訇麻札孤矗山顶，恰是"孤零零的寺庙"的写照。山下的河流早已干涸，今仍称畏吾儿河。山北为东庙尔沟村，村旁有大面积的农田和草场。自北向南流淌的畏吾儿河因受到共巴山的阻挡在山北向东绕过共巴山而南流，形成了一段西—东流向的河流，因此陈诚在经过此地时，看到的是畏吾儿河南有"阿里忽思脱因"古寺。

共巴山海拔 1170 米，相对高度不到 50 米，南麓山势陡峭，北麓相对平缓。山顶的奴尔阿訇麻札由山北进入，其下为盘桓而上的登山道路，接近山门的道路两侧修筑有低矮的护墙，护墙基础为砖砌，上垒土坯，已垮塌。麻札整体平面呈东西向长方形，外有围墙，已坍塌不连续，东西长约 40 米，南北宽约 10 米。麻札由三部分组成，东面为登山而上的小院，小院东墙上似乎原有照壁，但已被破坏。小院的西侧有一大一小两个拱北，拱北平面呈方形，穹隆顶，内各置一个坟墓。两个拱北均东向开门，南北开窗，门作券顶，从小拱北门的残存痕迹看，拱北原用绿琉璃修建。麻札周围散落有大量的具有汉地色彩的砖雕构件，经辨认有莲花纹、草叶纹、几何回字纹等，在现有的建筑基础外发现有早期的建筑基础（图二）。

奴尔阿訇麻札应为陈诚记载的"阿里忽思脱因"古寺，原因有四。其一，"哑禄兀子脱因"的回鹘地名一直沿袭未变；从汉语地名来看，哈密有东西两个庙尔沟，西庙尔沟位于天山脚下的黄田农场，该地因有早期佛教洞窟和寺庙建筑而得名[57]。从命名规律来看，东庙尔沟肯定也是得名于佛寺。其二，清道光二十五年（1845）《哈密志》提供了明确的线索，"塔尔纳沁城庙儿沟山上大佛寺，距哈密二百一十里"[58]；由此推知东庙尔沟的寺庙在清代被称为"大佛寺"，寺内应该有大佛。其三，"哑禄兀子脱因"恰好位于明代的"北道"上，在此可远眺戈壁，其东约 10 里为肯儿把儿赤，明代行人穿越戈壁至此恰得精神慰藉，陈诚正是行经"北道"才会经过此处。其四，据 1989 年《哈密县志》记载，奴尔阿訇麻札修建于七世回王伯锡尔（1813~1867 年在位）期间。据传奴尔阿訇为明万历年间自青海前往阿拉伯学经的伊斯兰教徒，受伊斯兰教组织委派回国传教，途中遭遇蒙古兵，遂败死于东庙尔沟，伯锡尔在位时期找到其尸骨并修建了该麻札[59]。从现存痕迹看，"哑禄兀子脱因"是典型的汉式宗教建筑，前后有两个大殿，七世回王伯锡尔应该是拆毁了原佛寺，改筑为麻札，因此才会在周边留下大量未清理干净的汉式建筑构件。

　　"必儿哑禄兀子脱因"翻译为"一个圣人城"，其中并无伊斯兰教色彩。明永乐十二年（1414），吏部员外郎陈诚、中官李达、户部主事李暹等护送中亚哈烈（今属阿富汗）等处使臣回国时[60]，哈密尚为明廷册封的元裔"忠顺王"统辖。作为蒙古人，忠顺王系当信仰藏传佛教。忠顺王统辖三种部落，信仰伊斯兰教的"回回部落"仅为其中之一。上文对"他失把力"的研究已经指出明代前期沁城一带为蒙古瓦剌游牧地，在清代前期沁城一带也是准噶尔游牧地，因此不可能有伊斯兰教的麻札。

　　从明初陈诚的记载来看，其称"阿里忽思脱因"为古寺。《沙州伊州地志》中记载唐代伊州"柔远县"仅有一道观，名"天上观"，并未记载柔远县有佛寺[61]。因此"阿里忽思脱因"佛寺的兴建年代当在五代至宋元时期，进一步推测该佛寺可能为当时信仰佛教的统治集团——西州回鹘所建立的寺庙。七世回王伯锡尔时期，为安葬奴尔阿訇的遗体，"阿里忽思脱因"由佛寺改建为麻札。这应是新疆东部最晚被伊斯兰化的佛教寺庙，标志着近两千年来西域佛教信仰的断绝以及西域伊斯兰化的完成。当然，清代收复新疆过程中佛教等宗教重新传入新疆另当别论。

　　6. 必儿哈吞炭——一个女人城

　　转写为"Bir qatun tam"，《委兀儿译语》中"墙"的发音为"炭"，转写为"tam"。胡小鹏先生等认为"哈吞"又作"合屯""哈屯"，是蒙古语"皇后""娘子"之意;"必儿哈吞炭"直译为"一个女人的墙",可能指伊斯兰教拱北之类的建筑,位置在今鲁克沁镇的"亚力忽思麻札",作为地名明代可能指的是"鲁克沁镇"。

"哈吞",由其音义来看,除译为"合屯""哈屯"外,还有"可敦",并非源于蒙古语,而是源于突厥语。《新唐书·突厥传》载:"突厥阿史那氏,盖古匈奴北部也。居金山之阳,臣于蠕蠕,种裔繁衍。至吐门,遂强大,更号可汗,犹单于也,妻曰可敦。"[62] 两《唐书》中有多处册封突厥可汗妻或是和亲公主为"可敦"的记载。突厥之后,"可敦"之称被游牧民族所继承。《辽史》亦称契丹部落可汗之妻为可敦,"契丹之先,曰奇首可汗,生八子。其后族属渐盛,分为八部,居松漠之间。今永州木叶山有契丹始祖庙,奇首可汗、可敦并八子像在焉"[63]。蒙元时期,可敦逐渐演变成为游牧民族贵族妇女的尊称。"蒙古因突厥、回鹘旧俗,汗之妻曰可敦,贵妾亦曰可敦,以中国文字译之,皆称皇后。"[64]

据龚自珍之说,清代公主出降外藩,其如"福晋"(王后)者,则册之以"哈屯"。"今以国朝公主之适外藩者,谨依玉牒,诠次其谥号。而以外藩福晋郡主之荷册封者,貂冠氄袜之伦,缀于后为一表。曰哈屯者,视福晋。曰格格者,视郡主也。"[65]

胡小鹏先生等将"必儿哈吞炭"指认为今鲁克沁镇的"亚力忽思麻札",并认为明代"一个女人的麻札"可能指的是"鲁克沁镇"。但"鲁克沁"镇乃汉代的"柳中"县之所在,"鲁克沁"与明代文献中的"柳城""鲁陈""柳陈""鲁珍"等均是"柳中"的转音,从来没有明代或者之前之后的文献以"必儿哈吞炭"代称"鲁克沁"。

"必儿哈吞炭"能够录入《委兀儿译语》,必然是明代丝绸之路上的一个重要补给站。如果不生硬地翻译为"一个女人城",那么其名称应该就是"哈吞城"或"可敦城"。"可敦城"在文献中是可以找到踪迹的。明永乐年间,陈诚在"阿里忽思脱因"以东约170里处经过一地曰"可敦卜剌","初四日,晴。早起,向西行,四望空阔。约有五十余里,有泉水一处,地名可敦卜剌安营"[66]。在《大明一统志》中,"可敦卜剌"被明确称为"娘子泉","娘子泉,在畏吾儿河东,胡呼可敦卜剌"[67]。

戈壁地区丝绸之路的补给站点，不似中原地区每一程均有驿站或者店肆，其所谓城者往往是仅有水源而已，上文"必儿哑禄兀子脱因"翻译为"一个圣人城"即是证明。另外，如《西域土地人物略》中自哈喇帖乩而西的"察黑儿，有川中双泉城。又西百里有中中泉，又西百里有双泉儿墩"[68] 也可作为证明，《辛卯侍行记》也已经指出"所云城者未必有城"[69]；近年来我们对这些地点的考察，也仅仅发现有驿站或者烽燧遗址，没有发现城市的迹象。因此，"可敦卜剌"应该就是"可敦城"。

从"可敦卜剌"与"阿里忽思脱因"相距 170 里来看，北道上的"阿赤"西距"克力把赤" 170 里，而"克力把赤"西距"阿里忽思脱因"约 10 里，则"可敦卜剌"约在北道上"阿赤"西 10 里处，"必儿哈吞炭"约在今星星峡北偏东一带，具体位置不详。

7. 脱库子卜剌——九眼泉

转写为"Toquz bulaq"，《委兀儿译语》中数字"九"的发音为"脱哭子"，转写为"toquz"；"卜剌"即"泉"之意，合起来为"九眼泉"。

"九"概是约数，并非实指，应是形容泉水众多之意，凡是泉水众多处皆可名"脱库子"，因此《蒙古山水地图》中标有两处"toquz"，一作"脱忽思孛罗"，一作"脱谷思"。

胡小鹏先生等认为《蒙古山水地图》在沙州与哈密之间标识的"脱忽思孛罗"即是"脱库子卜剌"（图四），在今瓜州县布隆吉乡布隆吉旧城一带，是明代用兵哈密、吐鲁番的军事集结点[70]。这个说法前后矛盾，《蒙古山水地图》已经很明确地绘制"脱忽思孛罗"于沙州以西，既认为这是"脱库子卜剌"，怎可能又会标定到沙州以东 100 多公里的布隆吉去？况且明代布隆吉这一带本身是有地名的。明弘治八年（1495），右佥都御史、甘肃巡抚许进发兵攻打占据哈密的吐鲁番阿黑麻，"调集各处卫所官军，简其精锐者凡四千员名……初六日发嘉峪关，历扇城、赤斤、苦峪、王子庄等处，凡八日至羽集乜川，营于卜陆吉儿之地"[71]。由此可知，"羽集乜川"为布隆吉一带的大地名，而"卜陆吉儿"是其小地名，与九眼泉无关。

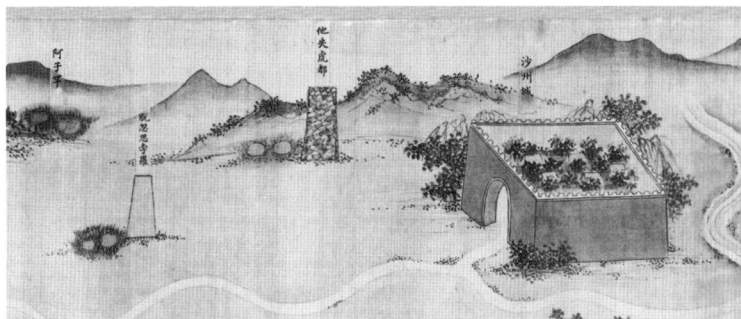

图四 《蒙古山水地图》中的脱忽思孛罗

（采自林梅村《蒙古山水地图》，第27页）

　　《蒙古山水地图》中的"脱忽思孛罗"位于他失虎都以西，图中标示为烽燧，旁有水源，林梅村先生定名为"九泉烽"，应是沙州往哈密路上一处重要补给站点。"他失虎都"为今敦煌北山的"石板洞井"，此处有"石板山烽燧"（石板墩）。由石板墩往哈密，自古皆是向北行，则"九眼泉"当在石板墩以北，唐代称此道为"稍竿道"。随着时代变迁，现今敦煌哈密间已无"九眼泉"的地名，解决"脱忽思孛罗"的定位问题只能寄希望于对现有自然环境的考察。

图五　大水泉烽燧（西—东）

（作者摄）

　　现敦煌以北，过石板墩、吊吊泉，与哈密交界处有一地名"大水泉"，《哈密志》称"东南界自（哈密）城属哈什布拉卡子共三百一十里至大泉接沙州界"[72]，《西域图志》称大泉"一带山川饶裕"[73]。大水泉北侧的小山上有"大水泉烽燧"，烽燧以南的山谷中有众多已干涸的泉源，遍布盐碱地，生长芦苇近百亩，此处地形地貌非常符合对"脱忽思孛罗"的描述，应该就是"脱忽思孛罗"之所在（图五、六）。笔者对大水泉烽燧土坯层中的红柳枝进行了碳 –14 测年，树木年轮校正后年代为公元 770~900 年，说明大水泉烽燧修建于唐代。《元和郡县图志》载唐代伊州"正南微东至沙州七百里"[74]，沙州"北至故碱泉戍三百三十六里，与伊州分界"[75]，碱泉戍为沙州伊州的分界点，距伊州 364 里。大水泉烽燧清代里程距哈密 311 里，附近 30 公里内再未发现唐代烽燧，考虑到不同时代的道路及里程差异，大水泉烽燧应该就是唐代沙州伊州的分界碱泉戍及明代的"脱忽思孛罗"。现今新疆维吾尔自治区与甘肃省的分界即位于大水泉南侧不远处，大水泉烽燧在第三次文物普查中曾被敦煌市作为文物点纳入普查范围，并公布为全国重点文物保护单位[76]。

图六　大水泉（九眼泉）附近的地貌（北—南）

（作者摄）

　　《蒙古山水地图》中的"脱谷思"，位于比站（鄯善）东南方向，为一"城市"标志（图三）。付马认为"脱谷思"应在赤亭一带，距赤亭故城不远，西盐池古城可能与脱谷思城有关[77]；宋立州引证众多清代文献，认为"脱谷思"即"特库斯""特古斯""托古斯"，具体位置为鄯善东的三十里大墩[78]。《蒙古山水地图》中道路在脱谷思以东分为三股，一股到比站，一股到脱谷思，一股向西延伸，可见脱谷思不在大道上。陈诚使西域因行经通鄯善的大道，没有记录到脱谷思[79]。

清代《三州辑略》载吐鲁番差营管理的六处卡伦中有一处名"沱吉［古］斯卡伦"[80]，距吐鲁番城240里；该"沱古斯卡伦"在《西陲总统事略》的《吐鲁番图说》中标在了辟展到七克台大道以北的山岭北侧[81]，说明沱古斯卡伦应在辟展以东。《新疆识略》载："沱古斯卡伦亦作特库斯卡伦，距（吐鲁番）城二百四十里。"[82]《新疆四道志》载："特库斯卡伦，今名托古斯［卡伦］，在城东南二百七十里。"[83]故而"脱谷思""沱古斯""特库斯""托古斯"如宋立州所言，皆是突厥语 toguz（九）一音之转。

清代辟展与吐鲁番城之间相距210里，吐鲁番底台90里胜金台60里连木沁台60里辟展台[84]，特库斯在《三州辑略》《西陲总统事略》《新疆识略》中均作距离吐鲁番城二百四十里。两者距离相减，则特库斯当在辟展城东三十里，恰是今天的三十里大墩处。《西域图志》记载特库斯在辟展以东二十里，"特斯，齐克塔木西三十里，西距辟展四十里，有墩有台；特库斯，特斯西二十里，有墩有台，有水北流，名'巴哈'言小也"[85]。因清代特库斯所在地水源较小，又名"巴哈"。《新疆四道志》与《西域图志》记载一致，"特库斯水（亦名托古斯），在辟展城东二十里。其源出托古斯庄南平地泉穴，北流三十里，分荫地亩"[86]。疑似托古斯庄在托古斯水北三十里，因处托古斯水下游，水少故名"巴哈"。以上文献记载托古斯与辟展之间的距离远近不同，可能是由于有的文献记载的是辟展与托古斯泉源的距离，有的文献记载的是托古斯庄的距离，而托古斯庄与托古斯泉源不在一处，因此距离上有差异。

地名作为一种文化现象，是活动于此的人群所赋予的。如果人群的活动不曾断绝，那么文化传承也往往会延续，因此有些地名会持续很久甚至上千年。《西域图志》所载的"特斯"与"特库斯"的另一个名称

"巴哈"便是如此，一直在沿用。"特斯"今转音作"台孜"，在鄯善七克台镇西 1 公里处的台孜村；"特库斯"的另一个名称"巴哈"今转音为"巴喀"，今七克台镇巴喀村，即《新疆四道志》所载的托古斯庄。因此，笔者倾向于认为鄯善县七克台镇巴喀村就是之前的特库斯，也就是明代的脱谷思，则脱谷思既不在付马认为的西盐池古城，也不在宋立州认为的三十里大墩。

综上，笔者重点考证了以上 7 个与吐鲁番哈密有关的畏吾儿语地名。另外，"大天方""小天方"应该与伊斯兰教有关，反映了明代伊斯兰教在原西州回鹘地区的传播情况，具体位置不详；"黑羊群"笔者不知在何处；"黑风川"即今哈密与鄯善之间的百里风区，这个基本没有疑问；其余诸如"撒马尔罕""苦峪城""肃州"等地名多可望文见义。

《委兀儿译语》作为《华夷译语》中《高昌馆译语》的一个版本，应该是由明代四夷馆出面编著的，而非胡小鹏先生等认为的哈密卫方面提供给明廷的。笔者考证的 7 个地名，除噶剌巴儿思、伯律叶儿、脱库子卜剌外，其余 4 个都在沁城一带，具体而言，它们反映的是从哈密经黄芦岗、东庙尔沟（必儿哑禄兀子脱因）、河尾（肯儿把儿赤）等地到苦峪的路线，该路线属于明代的北道。永乐十二年陈诚出使西域，基本也是行经的这条路线，但陈诚并未记录到沿途这么多地点的名称，说明《委兀儿译语·地名》可能晚于陈诚出使西域的时代。至于这些地名不是按照地理位置排列，胡小鹏先生等认为是哈密卫方面有意所为，以巩固其"掌西域贡事"之地位，笔者看来这可能是四夷馆的无心之举。退一步讲，即便这个《委兀儿译语·地名》是哈密方面提供的，但明廷所封哈密忠顺王在明前期尚能自立，成化之后则屡为吐鲁番所侵，金印、城池被夺，屡次求救于明廷，哈密方面是无暇在这些地名上做文章的。

附记：本文修改过程中曾得到马健教授的悉心指点，在此谨致谢忱！

注　释

［1］佚名《委兀儿译语》，见北京图书馆古籍出版编辑组编《北京图书馆古籍珍本丛刊·经
部》，书目文献出版社，1988 年，第 6 册，第 597~612 页。

［2］《高昌馆译书》，见北京图书馆古籍出版编辑组编《北京图书馆古籍珍本丛刊·经部》，
第 6 册，第 365~414 页。

［3］《高昌馆杂字》，见北京图书馆古籍出版编辑组编《北京图书馆古籍珍本丛刊·经部》，
第 6 册，第 415~464 页。

［4］胡振华《明代文献〈委兀儿译语〉研究》，见中央民族大学中国少数民族语言文学学院
编《胡振华文集》（中），中央民族大学出版社，2011 年，第 418~451 页。

［5］胡小鹏、丁杨梅《明代丝绸之路双语文献〈委兀儿译语·地名〉考述》，《中国边疆史地
研究》2018 年第 2 期，第 81~90、214~215 页。

［6］付马《〈蒙古山水地图〉中的“洗儿乞”、“脱谷思”与回鹘时代的伊西路》，《中国边疆
史地研究》2021 年第 1 期，第 174~182、217 页。

［7］宋立州《明清丝绸之路哈密——吐鲁番段“沙尔湖路”研究》，《历史地理研究》2021
年第 1 期，第 92~104 页。

［8］（明）火源洁《华夷译语》，明经厂刊本，见孙毓修编《涵芬楼秘笈》第四集，国家图书
馆出版社，2000 年，第 154 页。

［9］（清）傅恒等《西域同文志》卷二，乾隆二十八年（1763）武英殿刻本，第 2 页。

［10］《沙州伊州地志》，见郑炳林《敦煌地理文书汇辑校注》，甘肃教育出版社，1989 年，
第 68 页。

［11］《宋史》卷四九〇《外国六》，中华书局，1977 年，第 14111 页。

［12］（清）丁谦《元经世大典图地理考证》卷三，见浙江图书馆编《浙江图书馆丛书》，民
国四年（1915）刻本，第 12 页。

［13］林梅村《元经世大典图考》，见北京大学考古文博学院编《考古学研究》（六），科学
出版社，2006 年，第 552~571 页。

［14］（明）郭绅《哈密分壤》，见（明）万表编《皇明经济文录》卷四〇《甘肃》，四库禁
毁书丛刊编纂委员会《四库禁毁书丛刊》集部，北京出版社，1997 年，第 19 册，第
560 页。

［15］《明宪宗实录》卷二九〇，成化二十三年，台北：“中研院”历史语言研究所校印，1962
年，第 4917~4918 页。

［16］（明）许进《平番始末》下卷，见中国西北文献丛书编辑委员会编《中国西北文献丛
书》第 3 辑《西北史地文献》第 27 卷，兰州古籍书店，1990 年，第 23 页。

［17］（清）陶保廉《辛卯侍行记》，中国国际广播出版社，2016 年，第 238 页。

［18］（唐）李吉甫撰，贺次君点校《元和郡县图志》卷四〇《陇右道下》，中华书局，1983

年，第 1028~1030 页。

［19］（清）傅恒等《钦定皇舆西域图志》卷九《疆域二·安西北路一》，武英殿刻本，第 13 页。

［20］中国新闻网，https://www.chinanews.com.cn/sh/2018/08-04/8589212.shtml。

［21］胡小鹏、丁杨梅《明代丝绸之路双语文献〈委兀儿译语·地名〉考述》，第 81~90 页。

［22］林梅村《蒙古山水地图》，文物出版社，2011 年，第 127 页。

［23］（明）李应魁撰，高启安、邰惠莉校《肃镇华夷志校注》，甘肃人民出版社，2006 年，第 59~60 页。

［24］岑仲勉《从嘉峪关到南疆西部之明人纪程》，《中外史地考证（外一种）》（下），中华书局，2004 年，第 649 页。

［25］《高昌馆译书》，第 375 页。

［26］（清）梁份著，赵盛世、王子贞等校注《秦边纪略》，青海人民出版社，1987 年，第 396 页。

［27］（明）郭绅《哈密分壤》，第 560 页。

［28］胡小鹏、丁杨梅《明代丝绸之路双语文献〈委兀儿译语·地名〉考述》，第 81~90 页。

［29］（清）傅恒等《钦定皇舆西域图志》卷九《疆域二·安西北路一》，第 10 页。

［30］（清）钟方《哈密志》卷六《疆域四》，台北：成文出版社，1968 年，第 33 页。

［31］（清）陶保廉《辛卯侍行记》，第 227 页。

［32］（清）常钧《敦煌随笔》卷上，见中国西北文献丛书编辑委员会编《中国西北文献丛书》第 3 辑《西北史地文献》第 23 卷，兰州古籍书店，1990 年，第 383~384 页。方括号文字为笔者所加。

［33］（明）李应魁撰，高启安、邰惠莉校《肃镇华夷志校注》，第 59~60 页。

［34］（明）李应魁撰，高启安、邰惠莉校《肃镇华夷志校注》，第 59~60 页。

［35］谢晓钟《新疆游记》，中国国际广播出版社，2016 年，第 76 页。

［36］林竞《西北考察日记》，中国国际广播出版社，2016 年，第 138~139 页。

［37］（唐）李吉甫撰，贺次君点校《元和郡县图志》卷四〇《陇右道下》"伊州"条，第 1030 页。

［38］《旧唐书》卷四〇《地理志》，中华书局，1975 年，第 1645 页。

［39］《中国历史大辞典·历史地理卷》编纂委员会编《中国历史大辞典·历史地理卷》"蒲类海"条，上海辞书出版社，1996 年，第 938 页。

［40］（清）徐松《新疆识略》卷一《新疆道里表》，第 27 页；《新疆水道表》，第 64 页，武英殿刻本。

［41］《清实录》，乾隆四十七年五月，"定哈拉巴尔噶逊新建城名曰嘉德"，中华书局，1986 年，第 23 册，第 491 页。

［42］（清）王树枏等纂修，朱玉麒等整理《新疆图志》卷六一《山脉三》，上海古籍出版社，

2015 年，第 1077 页。

［43］胡小鹏、丁杨梅《明代丝绸之路双语文献〈委兀儿译语·地名〉考述》，第 81~90 页。
"布鲁英克"见〔芬兰〕马达汉著，王家骥译《马达汉西域考察日记（1906~1908）》，
中国民族摄影艺术出版社，2004 年，第 296 页。"叶赫"见（清）黄文炜《重修肃州新
志》，甘肃省酒泉县博物馆翻印，内部资料，1984 年，第 636 页。

［44］林梅村《蒙古山水地图》，第 134 页。

［45］付马《〈蒙古山水地图〉中的"洗儿乞"、"脱谷思"与回鹘时代的伊西路》，第
174~182 页。

［46］宋立州《明清丝绸之路哈密——吐鲁番段"沙尔湖路"研究》，第 92~104 页。

［47］《高昌馆译书》，第 379 页；《高昌馆杂字》，第 429 页。

［48］（明）佚名《西域土地人物略》，见李之勤编《西域史地三种资料校注》，新疆人民出
版社，2012 年，第 24 页。

［49］钟兴麒编著《西域地名考录》，国家图书馆出版社，2008 年，第 1076 页。

［50］陈国灿《唐西州蒲昌府防区内的镇戍与馆驿》，《魏晋南北朝隋唐史资料》第 17 辑，武
汉大学出版社，2000 年，第 85~105 页。

［51］《沙州伊州地志》，见郑炳林《敦煌地理文书汇辑校注》，第 67 页。

［52］《高昌馆译书》，第 383 页；《高昌馆杂字》，第 433 页。

［53］林梅村《蒙古山水地图》，第 129 页。

［54］《高昌馆译书》，第 384 页。

［55］（明）陈诚著，周连宽校注《西域行程记》，中华书局，2000 年，第 35 页。

［56］张坤《玄奘行经伊吾考》，《敦煌研究》2019 年第 2 期，第 120~125 页。

［57］西北大学丝绸之路文化遗产与考古学研究中心等《新疆哈密庙尔沟佛寺遗址考古调查
报告》，《西部考古》第 5 辑，三秦出版社，2011 年，第 3~66 页。

［58］（清）钟方《哈密志》卷三《舆地志十三》，第 67 页。

［59］哈密市地方志编纂委员会《哈密县志》，新疆人民出版社，1989 年，第 400 页。

［60］（明）陈诚著，周连宽校注《西域行程记》，第 35 页。

［61］《沙州伊州地志》，见郑炳林《敦煌地理文书汇辑校注》，第 68 页。

［62］《新唐书》卷二一五上《突厥上》，中华书局，1975 年，第 6028 页。

［63］《辽史》卷三二《营卫志》，中华书局，1974 年，第 378 页。

［64］柯劭忞《新元史》卷一〇三《后妃附诸公主传》，上海古籍出版社，1989 年，第 481 页。

［65］（清）龚自珍《蒙古册降表序》，见贺长龄辑《皇朝经世文编》卷五六《礼政三》，同
治重校本，第 10 页。

［66］（明）陈诚著，周连宽校注《西域行程记》，第 35 页。

［67］（明）李贤、彭时等撰《大明一统志》卷八九《外夷·哈密卫》，天顺五年（1461）御
制序本，第 18 页。

［68］（明）佚名《西域土地人物略》，第 22 页。

［69］（清）陶保廉《辛卯侍行记》，第 240 页。

［70］胡小鹏、丁杨梅《明代丝绸之路双语文献〈委兀儿译语・地名〉考述》，第 81~90 页。

［71］（明）许进《平番始末》下卷，第 19~20 页。

［72］（清）钟方《哈密志》卷六《疆域四》，第 34 页。

［73］（清）傅恒等《钦定皇舆西域图志》卷九《疆域二・安西北路一》，第 13 页。

［74］（唐）李吉甫撰，贺次君点校《元和郡县图志》卷四〇《陇右道下》"伊州"条，第 1029 页。

［75］（北宋）乐史撰，王文楚等点校《太平寰宇记》卷一五三《陇右道四》"沙州"条，中华书局，2007 年，第 2956 页。

［76］甘肃省社会科学院编《甘肃省文化资源名录・不可移动文物Ⅰ》，中国书籍出版社，2017 年，第 232 页。

［77］付马《〈蒙古山水地图〉中的"洗儿乞"、"脱谷思"与回鹘时代的伊西路》，第 174~182 页。

［78］宋立州《明清丝绸之路哈密——吐鲁番段"沙尔湖路"研究》，第 92~104 页。

［79］（明）陈诚著，周连宽校注《西域行程记》，第 36 页。

［80］（清）和宁《三州辑略》卷五《台站门》，台北：成文出版社，1968 年，第 195 页。

［81］（清）祁韵士《西陲总统事略》卷二《图说》，见中国西北文献丛书编辑委员会编《中国西北文献丛书》第 3 辑《西北史地文献》第 27 卷，兰州古籍书店，1990 年，第 409 页。

［82］（清）徐松《新疆识略》卷三《吐鲁番》，第 83 页。

［83］佚名著，李德龙校注《〈新疆四道志〉校注》，中央民族大学出版社，2014 年，第 84 页。

［84］（清）徐松《新疆识略》卷三《吐鲁番》，第 82 页。

［85］（清）傅恒等《钦定皇舆西域图志》卷一四《疆域七・天山南路一》，第 11 页。

［86］佚名著，李德龙校注《〈新疆四道志〉校注》，第 83 页。

A Study on The Ming Dynasty Document *Weiwuer Yiyu: Diming*

Zhang Kun

Abstract: *Weiwuer Yiyu* is a kind of *Gaochangguan Yiyu* in the *Huayi Yiyu* officially compiled in the Ming Dynasty. The *Weiwuer Yiyu: Diming* reflects the North Road's Traffic conditions which is from Kuyu to Hami in the Ming Dynasty. Although most of these Weiwuer language place names have disappeared, we can still find the specific location from the literature and field investigation.

Keywords: Hami; Ming Dynasty; Silk Road; *Huayi Yiyu*

《夏小正》的丝路新篇[*]

夏国强

（新疆师范大学中国语言文学学院）

摘　要：作为新疆农业生产生活实况记录的《新疆小正》，对中华文化有着良好的传承。其命名与《夏小正》同源，承继了"以小正之"的"正名"传统。其内容中又显示了政教天下同一、顺应自然，民族和谐共融、务实力行的中华优秀传统文化精神，是新疆史志中各民族交往交流交融的重要篇章。

关键词：《新疆小正》　《夏小正》　共融

王树枏在宣统二年（1910）完成《新疆小正》的定本[1]，以《物候志》之名将其并入《新疆图志》中，1918 年以《新疆小正》为名将之收入《陶庐丛刻》[2]。《新疆图志》本录有袁大化序，《陶庐丛刻》本篇末有王恩绶跋。其体例大致与《夏小正》相同，分为正文和传文。正文以二十四节气为纲目，分条叙天象、气候、物候，其下又有传文解读。撰者王树枏家学深厚[3]，深受中华文化浸润，为《新疆小正》取名"小正"，承继了《夏小正》"以小正之"的"正名"传统。在记录新疆农业生产生活的同时，王树枏又以细腻的笔触将中华文化的文德教化精神融会在新疆史志之中，写下了交流共融的篇章。

---

　　* 本文系国家社科基金重点项目《汉书·律历志》历代资料汇编校注及思想价值研究"（24AZX009）阶段性成果。

一、"以时正名"的历史回响

王恩绶在《陶庐丛刻》本跋文中提到《新疆小正》的命名原因："是书稽物候，广异闻，专用羲和遗法，故亦以'小正'名其篇。"[4]已明确指出本书体例用意与《夏小正》一致，故取"小正"为名。王树枏于《陶庐老人随年录》"二年庚午六十岁"条云"余自撰成……《新疆小正》二卷"，自述其编为《新疆小正》，且他28岁校正过《大戴礼记》，32岁又对《夏小正》经传进行订补[5]，对"夏小正"之名有自己的发现。其《校正孔氏大戴礼记补注》"夏小正第四十七"云：

> 朱子《仪礼经传通解》移"缇缟"下"何以谓之《小正》，以小著名也"二句于篇题下，金履祥《通鉴前编》同。又《蔡邕明堂月令论》引《夏小正传》曰："阴阳生物之候，王事之次，则夏之月令也。"十六字，亦疑此处传文，今以意补在"以小著名也"下。又此文皆是解"夏小正"三字，则"何以谓之《小正》"上应有"夏小正"三字，后人因移其次，遂妄删，今补正。[6]

王树枏所引朱熹所移之文，与今本《夏小正》"何以谓之，《小正》以著名也"相较[7]，多出一个"小"字，应是朱熹为解释《夏小正》之名而改动了经文，这一认识为王树枏所延续[8]。"夏小正"之"正"，是用以正时的月令。《汉书》颜注引李奇之说："时政，月令也。"[9]又《左传·文公六年》释"正时"云："闰以正时，时以作事，事以厚生，生民之道，于是乎在矣。不告闰朔，弃时政也。何以为民？"[10]当时国政以农为本，《夏小正》的功能在于记录物候变化，管理者根据物候次序安排农事，使之符合自然规律。而"小"的含义则来自"以小著名"，通过物候这样的微小征兆来为四季农时提供参证，使之正名不移。

古代先贤观象授时，从时空一体的角度建立"溥天之下，莫非王土"这一宇宙与社会同构模式：人类所能亲自达到的地理空间有限，山川形貌、河流土壤各有不同，但观测的天空却有一致性；所能经历的时间有限，但日出日落，四季变换却周而复始，循环不变。因此，人类仰观于天，突破地理空间的限制，把天体运行作为恒定的法则，使空间认识趋向稳定可知；俯察于物，观测自然万物的变化，记录时间变动的次序，让时间形成重复循环的概念。先民发现并利用时空运行的恒定规则，使人类社会活动得以有序开展，文明才能逐步形成和发展。因此，中国的先贤把对世界的认知叫作"名"，保持认识与自然规律的一致就是"正名"，将"正名"用于人事就是政教的开端。我们在中国古代政治哲学中，常常可以看到这一观点。《春秋公羊传》有云："王正月也，何言乎王正月，大一统也。"何休注："统者，始也，总系之辞。夫王者，始受命改制，布政施教于天下，自公侯至于庶人，自山川至于草木昆虫，莫不一一系于正月，故云政教之始。"[11] 管理者遵从自然，确定界限，受天改制，就是定"名"；制定历法，分派任务，把万物都系在名下，彰明规律，是为"正名"；然后才能兴教化，行政治。物候虽小，却是自然规律的体现，是用来修正人事管理的基础，这就是"以小正之"的内涵。

王树枏传续正名之道，以《新疆小正》为名，兼具两重含义。

一是新疆月令与中原月令本是同源，夏是《史记》记载的最早的中国王朝，已经具有了较为成熟的礼制和文化形态。夏之月令制度移用于新疆，是源与流的具体表现。袁大化序《物候志》有云："天地之运，日月之行，寒暑之代谢气化，人物之终始生息，尽于此矣。"[12] 中原与新疆同处天下，皆是国土，遵从一样的自然法则，无疑有着共同的认识基础。在此基础之上，齐同风俗，一体政教，不分区域，无论民族，共是一家。正如《汉书·王吉传》所说："春秋所以大一统者，六合同风，九州共贯也。"[13]

二是因地制宜的表现。王树枏光绪三十二年（1906）九月至新疆任布政使，于新疆物产颇有认识 [14]。又以新疆地广教化不易，阐述了不拘定例的观念 [15]。王恩绶跋文有云："新疆去京九千里，北极出地四十四度，气候不同，物产亦异。先生仰观俯察，择要而书，质而文，简而有则，岂第善拟古人而已哉。"[16] 传承不是一成不变，王树枏一方面用"羲和遗法"另一方面又不全拟古人。虽然地域有别，物候有异，但"仰观俯察"的认知方法全然一致。在他看来，如果为政者详细观察治理区域的实况，用合适的方式，就可以达到"务使无病于民，无累于官，上下相安"的目的[17]。《论语·子罕》记载孔子欲往东部各民族聚居的区域去，有人认为过于偏远。孔子说："君子居之，何陋之有。"[18]先贤认为在政令教化施行的过程中，人的主观能动性可以克服地域的差别。只要把握住中华优秀传统文化中人与自然和谐相处的先进经验，总能与具体实际相结合，找到恰当的治理办法。袁大化在《物候志》序中也表达了同样的想法："倘官斯土者，能曲体夫朝廷宵旰之意，不待物候之有变征，而惴惴焉无所不用其诚敬，将见因人事以达天道，因一月之候以观夫世运会元，以探万物之幽赜，而穷造化之功用。则广袤二万里之疆域，皆将拭目而望隆平之有日矣，乌容以化外置之哉！"[19]

二、"以文化人"的文脉延续

《新疆小正》命名的文化传承内涵在正文中表现得更为明显，在编撰体例上既保留传统，又结合现实。史明文指出《新疆小正》是在张应选《新疆全省物候表》实调的基础上，以《夏小正》的体例撰写的[20]。考察全文，其物候记载除了采用《夏小正》经、传模式，还吸取了《礼记·月令》的记录方式。现将三者比较如下（见表一）。

表一　正月物候对照

《夏小正》	《礼记·月令》	《新疆小正》
正月：启蛰。雁北乡。雉震响。鱼陟负冰。农纬厥耒。初岁祭耒始用畅。囿有见韭。时有俊风。寒日涤冻涂。田鼠出。农率均田。獭献鱼。鹰则为鸠。农及雪泽。初服于公田。采芸。鞠则见。初昏参中。斗柄县在下。柳稊。梅、杏、杝桃则华。缇缟。鸡桴粥	孟春之月，日在营室，昏参中，旦尾中。其日甲乙。其帝大皞，其神句芒。其虫鳞。其音角，律中大蔟。其数八。其味酸，其臭膻。其祀户，祭先脾。 东风解冻，蛰虫始振，鱼上冰，獭祭鱼，鸿雁来。……行冬令，则水潦为败，雪霜大挚，首种不入	立春日在女。昏娄中，旦角中。阴弸于野。时有条风。冻雪载途。 雨水日在虚。昏昴中，旦亢中。明庶风至。阳跃于渊。寒燠不恒。 惊蛰日在危。昏参旗中、旦氐中。阴赤阳白。饮牛。黑鸟格

　　《新疆小正》将"日所在"和"昏旦中星"的观测记录前置，又借用了《礼记·月令》每月首标太阳位置、昏旦中星，依次说明阴阳变化、气候、物候特征的整齐模式，但并不照搬《礼记·月令》中过于繁复的阴阳五行，更为客观自然。最终形成了先叙天象，后及阴阳气候，再至物候变化的"简而有则"空间结构。相较于《夏小正》原文中较为散乱的记录，这一结构体系化更强，使读者能清楚看出自然和人事之间的对应关系。

　　《新疆小正》的撰写体例并不以历法月名为开头，而是通过天文实测指向节气和月份，直接使用二十四节气分布全年物候，并配有较为详细的实测数据。"立春日在女"下传文云：《七政历》：日在女，三度。迪化省城太阳午正高三十度二十五分，摄氏寒暑表冰点下二十三度。"[21]其中引用了时历《七政历》中的太阳所在星宿的具体度数、正午太阳高度以及每个节气日的摄氏温度，科学性显然更强。也是作者"拟古而不复古"，更注重与当时社会结合的体现。王恩绶在跋文中指出，《新疆小正》所记太阳在黄道的位置并未机械承袭《夏小正》的记录，而是根据观测及时更改了数据[22]。这种动态认识在《新疆小正》序文中说的很明确："今志物候，以乌鲁木齐为率，其南北之特著者并记之。近十余年来，天气转寒为暖，物候为之一变。后此者不知更何如也。"[23]因此，详细地记下此时此刻的实况，可以避免后来者误读。《新疆小正》通过对《夏小正》《礼记·月令》形式的模拟，明确本书"道法自然"的传统文化认识本源，同时又体现了"法与时转则治，治与世宜则有功"[24]的中国古代社会治理思想，保持了创新传承的活力，正是王恩绶所谓"岂第善拟古人而已哉"。

　　《新疆小正》行文古雅，虽然鲁靖康认为有刻意搬用《夏小正》之嫌[25]，但这种摹写正体现了作者"政教同风"的思想内核。中国各地拥有共同的自然基础，抬头所见的天空中，日行位置、昏旦中星、阴阳转化的规律都是一样的。虽然具体表现各有不同，但通过观测物候引导人类活动，探知规律来构建社会的自然与人事互动关系的目的并无区别。

　　人与自然的和谐共生加强了传统农耕社会的稳定性，使得自然物候从身边实感上升为国家礼制，以教化的形式向四方传播，而不同的地域和物产又不停丰富着这一体系，呈现出中华文明多元一体风貌。王利华在《〈月令〉中的自然节律与社会节奏》中论述了《月令》式农书具有教化地方、整齐风俗和塑模社会的功能，而"敬奉天时、顺时而动"的月令思想也促成了汉代及其后的各类月令式著述的产生[26]。这些著述各有特点，但其要旨皆同。袁大化在《物候志》序中说："气候之运行，由于天时，而实有关于人事。是以古之君臣，必谨修政令以奉若夫天道，默察气运以警惕夫人为。"[27]《新疆小正》也不例外。

王树枏视《夏小正》为中华礼制代表，认为其语句有范式作用，袭用并非炫耀才学，而是强调《新疆小正》的正统表达，以便撰者行使教化功能。尽管新疆气候与中原有别，物候早晚不同，甚至还有一些特有的物产和生产活动，但是作者在编写过程中，始终秉持"中华文化一体同源"的原则，其具体表现有以下三点。

第一，《新疆小正》记录物候直接引用典籍原文，申明同源关系。正文中两处言农，都是直引《夏小正》正月经文，区别仅在于时间不同：三月清明"农及雪泽"，四月立夏"农率均田"。尽管新疆与中原地区全年气温变化存在差异，但是看天时而尽人事的农业耕种及管理经验同样适用于边疆。《新疆小正》沿用《夏小正》经文，是中央政府颁布农书、讲求农政、推广经验、一体共融的具体外现。

第二，仿用《夏小正》语句，在凸显新疆本地特色的同时，又赋予其中华文化精神，异中见同。北疆冬季寒冷，人们恐怕桃树过冬不易，因此在农历九月后，把桃树压倒，覆盖草土，次年立夏后扶起。《新疆小正》称之为"启桃"[28]。其意化自《夏小正》正月首句"启蛰"。"启蛰"指春天已至，万物复苏。而"启桃"是指将埋在地下的桃树扶起，如同冬眠后复苏。"启桃"这一特有的地域种植方式，在被命名之后，就带有了生生不息、源远流长的共有文化精神。又如六月大暑"天汉屋脊"引姚元之《竹叶亭杂记》云："《夏小正》'汉案户'，谓天河也。献山言吐鲁番于六月望，河乃当东厢屋脊，盖其地在天河之西也。"[29]《夏小正》本句为七月经文，其传文云："汉也者，河也。案户也者，直户也，言正南北也。"张汝舟校释云："古人南其户，当户，则天河正指南北矣。"[30] 六月、七月星空璀璨，作者从地理角度记录新疆所处地势较高，所见河汉宽广 [31]。因此，其仿拟《夏小正》的记录方式，写下河汉与人居处的相对位置。可以想见，两个时代的记录者以所处之处为中心，跨越时空，一体仰望。无论中原还是新疆，都共处一片天空之下，正是《礼记·礼运》"天下为一家"思想的反映 [32]。

第三，在传文中写明文化传承与共融。《新疆小正》正文拟古，有王树枏自作传文帮助解读和传播。传文中引用清以前经史著作、诸子及诗赋 40 余种，充分展现了中华优秀传统文化的根底。六月小暑"河柳华"传文记下了特有的河边柳树，当地人六月采柳花，用以代茶，胜于龙井。这正是"茶文化"融入的实况。十二月小寒"耀鱼"传文则写出利用鱼的向光性，在冰孔旁点燃火堆，引鱼自来的捕鱼方法。传文末按语以贾谊"耀蝉之术"点明了知物候明人事的道理 [33]。《荀子·致士》云："夫耀蝉者，务在明其火，振其树而已，火不明，虽振其树，无益也。今人主有能明其德，则天下归之，若蝉之归明火也。"[34] 贾谊《新书》中使用这一典故，意在阐明在政治管理上，若修明德行，则人民归附 [35]。王树枏将这些上及社会管理、下至生活风俗的中华优秀传统文化用传文活泼自然地呈现出来，诚如袁大化序文所说"因人事以达天道，因一月之候以观夫世运会元"，其中承载的中华文明同风同俗的发展脉络也就更为清晰可见。

三、"因地因时"的时代转化

良好的传承需要与时代发展相适应，《新疆小正》中也不缺乏时代特征。其传文中引用《广雅疏证》《乌鲁木齐杂记》《竹叶亭杂记》《天山赋》《三州辑略》等清人著作，更有纪昀、程瑶田、孔广森、王引之、薛福成等清代学者言论，可谓古今兼采。

这些研究成果，除传统朴学语词考据外，还有丰富的实地考察内容。

如纪昀对哈密瓜种植、存储的介绍；徐松对白草的特征描述；曹麟开《塞上竹枝词》中所记"一样地形天气异，庭州多雪火州炎"天山南北气候现场；叶城知县张应选亲见鸿雁夏季褪毛场景；等等[36]。作者本人也多次记录自己的所见所闻。其务实的精神，与刘向《说苑·政理》所言"夫耳闻之，不如目见之；目见之，不如足践之，足践之不如手辨之"是为一源[37]。《新疆小正》所本实践精神的现实发展还体现在以下两方面。

其一，尝试用科学的方式解释典籍内容或生活现象。如三月清明"清明风至"传文引薛福成"中国在海西北，东南风自海吹来，故暖"的地理科学知识解读《史记·律书》东南风主生万物之说；再如五月夏至"厥民窟居"传文以"凡人处热带之下，妇女容貌易衰"说明吐鲁番妇女早衰现象的原理[38]。这些记录是中华民族对事物认识逐步科学化、系统化的真切反映。记录者从表象观测到理论类推，行走在辽阔疆域的同时，其格物致知的能力也随之增强，使得这些知识的文化内涵更为丰富且具有生命力。

其二，《新疆小正》以农牧业为根本，但也兼及与物候相关的交通、商业和工矿业。三月清明"冻途"传文提到"北疆自清明以后雪消冻释，泥泞满途，车马阻滞"。十一月大雪"大雪塞山"传文云："十月以后，雪满山谷，道路不通，俗谓之封山。"五月芒种"茧成"传文详细说明了左宗棠设立蚕桑局，经营发展，售卖出境获利的过程，连售价利润都记录在案。四月立夏"金夫入山"传文，记有于阗大小金厂的位置。十二月大寒"硙硵砂"传文中也引《竹叶亭杂记》中徐松所述采砂之法，并作按语说明库车白硵砂能够长途运输，可供电报局使用[39]。记载地方社会经济状况是地方志的功能之一，而以物候为纲目，可使观者的时空代入感更为具体强烈，光绪三十一年（1905）六月颁发的《乡土志例目》中阐明了这一地方志特点，说："盖以幼稚之知识，遽求高深之理想，势必凿枘难入。惟乡土之事，为耳所习闻，目所常见，虽街谈巷论，一山一水，一木一石，平时供儿童之嬉戏者，一经指点，皆成学问。"[40]于民众教育而言，贴近生活则更易接受。生活改变，但浸润在生活中的民本思想与务实精神等中华文化元素一直存在。《新疆小正》构建了物候与民生的联系，并使之与时代变化相适应，而自古以来为政者顺应自然规律、注重社会发展的治理观念在其中也能得到体现。

　　无论是法古还是察今，《新疆小正》在编撰上都不离以文正名、德教育化的主题。袁大化在序文中说："离物以觇候，则智穷；泥物以觇候，则智更穷。惟必熟察夫天地纯杂之气，日月运行之度，星辰昏旦之次，风土燥湿之宜，使各了然于心目，而无少障蔽，然后形形色色，涵育于其中。"[41] 为政者需要了解物候变征的本质，才能正确地实施教化，也就是《汉书·艺文志》"观风俗知得失"[42] 的观念。《新疆小正》记录的天象物候对于具体生产生活有着一定的指导作用。但从技术层面来看，其仅是搭建框架，仍显疏阔。其中的实况描写诚如作者所言，不过记其代表，志其大略[43]。而传承天下同一、顺应自然、和谐共融、务实力行的中华优秀传统文化精神才是其本质所在。

注　释

[1] 王树枏《陶庐老人随年录》，中华书局，2007 年，第 73 页。

[2] 上海聚珍仿宋印书局所印《陶庐丛书·新疆小正》牌记为"戊午仲秋校印"，系 1918 年刊行。

[3] 王树枏《陶庐老人随年录》录其在家塾、书院学诗、属对、学文学赋事（第 9~15 页）。

[4] 王树枏《新疆小正》，《中国地方志丛书》"西部地方"第卅八号，台北：成文出版社，1968 年，第 69 页。

[5] 王树枏《陶庐老人随年录》，第 23、25 页。

[6] 王树枏《校正孔氏大戴礼记补注》卷二，《续修四库全书》第 108 册，上海古籍出版社，1992 年，第 11 页。

[7] （清）王聘珍《大戴礼记解诂》卷二《夏小正》，中华书局，1983 年，第 29 页。

[8] "缇缟"下原文作"何以谓之，《小正》以著名也"，王引其文多一"小"字，断句也不同。

[9] 《汉书》卷一〇《成帝纪》，中华书局，1962 年，第 312 页。

[10] 《春秋左传正义》文公六年，北京大学出版社，1999 年，第 516 页。

[11] 《春秋公羊传注疏》隐公元年，北京大学出版社，1999 年，第 8~10 页。

[12] 王树枏等纂修，朱玉麒等整理《新疆图志》，上海古籍出版社，2015 年，第 931 页。

[13] 《汉书》，第 3063 页。

［14］王树枬《陶庐老人随年录》云："窃谓新疆地方二万余里，农田、水利、桑棉、瓜果之盛，牧畜之繁，五金之矿，富甲海内。"（第68~69页）

［15］王树枬《陶庐老人随年录》云："新疆新设行省，本属特别之区。""务使无病于民，无累于官，上下相安，不必拘定通省一律之例。"（第70、66页）

［16］王树枬《新疆小正》，第70页。

［17］王树枬《陶庐老人随年录》，第66页。

［18］程树德撰，程俊英、蒋见元点校《论语集释》，中华书局，2006年，第604~605页。

［19］王树枬等纂修，朱玉麒等整理《新疆图志》，第932页。

［20］史明文《〈新疆图志·物候志〉作者及版本考略》，《前沿》2011年第4期，第14页。

［21］王树枬等纂修，朱玉麒等整理《新疆图志》，第912页。

［22］王恩绶跋文云："又阅二千一百余年以至于今，列宿东移又一宫，故是书冬至日在尾，而立春则日在女。"

［23］据史明文研究，此序言内容与张应选《新疆全省物候表》大致相同。

［24］（清）王先慎《韩非子集解》卷二〇《心度》，中华书局，1998年，第475页。

［25］鲁靖康《王树枬〈新疆小正〉评识》，《新疆地方志》2010年第2期，第40页。

［26］王利华《〈月令〉中的自然节律与社会节奏》，《中国社会科学》2014年第2期，第185~203、208页。

［27］王树枬等纂修，朱玉麒等整理《新疆图志》，第931页。

［28］王树枬等纂修，朱玉麒等整理《新疆图志》，第918页。

［29］王树枬等纂修，朱玉麒等整理《新疆图志》，第924页。

［30］张汝舟《〈"夏"小正〉校释》，张汝舟《二毋室古代天文历法论丛》，贵州大学出版社，2016年，第150页。

［31］《竹叶亭杂记》记云："同年宝献山相国兴云：'此地高之故也。地高去天觉近，故望星之空处觉宽。'宝时自吐鲁番来，因言彼地望月中影似加明晰，望天河中白气乃是小星。吐鲁番较京师高一百五十余里，去天较京师将近一度。"（清）姚元之《竹叶亭杂记》卷三，中华书局，1982年，第78页。

［32］（清）孙希旦《礼记集解》卷二二《礼运》，中华书局，1989年，第606页。

［33］王树枬等纂修，朱玉麒等整理《新疆图志》，第923、930页。

［34］王先谦《荀子集解》卷九《致士篇》，中华书局，1988年，第261~262页。

［35］（汉）贾谊撰，阎振益、钟夏校注《新书校注》卷四《匈奴》，中华书局，2000年，第134页。

［36］王树枬等纂修，朱玉麒等整理《新疆图志》，第925、923、922页。

［37］（汉）刘向撰，向宗鲁校证《说苑校证》卷七《政理》，中华书局，1987年，第158页。

［38］王树枬等纂修，朱玉麒等整理《新疆图志》，第914、922页。

［39］王树枬等纂修，朱玉麒等整理《新疆图志》，第914、929、921、920、931页。

[40]《学务大臣奏请饬省各属调查乡土志目片（附乡土志例目）》，《东方杂志》第 2 卷第 9 期，1905 年，第 81~87 页。

[41] 王树枏等纂修，朱玉麒等整理《新疆图志》，第 931 页。

[42]《汉书》，第 1708 页。

[43] 王树枏等纂修，朱玉麒等整理《新疆图志》，第 912 页。

The New Silk Road Chapter of *Xia Xiaozheng*

Xia Guoqiang

Abstract: As a record of the actual agricultural production in Xinjiang, *Xinjiang Xiaozheng* has a good inheritance of Chinese culture. Its name shares the same origin as *Xia Xiaozheng* and inherits the tradition of "naming with details to prove harmony". The content also demonstrates the spirit of excellent traditional Chinese culture, such as political management and education being the same in the world, following the development of nature, promoting harmony among all ethnic groups, and working diligently and conscientiously. It is an important chapter of communication, exchange, and integration in the history of Xinjiang.

Keywords: *Xinjiang Xiaozheng*; *Xia Xiaozheng*; Integration

黄文弼与中瑞西北科学考察研究补遗*

——以黄文弼相关档案为中心

王新春

（西北师范大学历史文化学院　中国历史研究院田澍工作室）

摘　要： 1930 年，黄文弼结束西北科学考查团的野外考察返回北平，在西北科学考查团理事会的组织下从事考古材料的整理与研究，迅速出版了三种关于高昌的著作。在此期间，他与考查团的瑞典成员有着密切的交流，并与瑞典探险家斯文·赫定有数次通信，延续了考察期间的合作态势。1933~1935 年，随绥新公路查勘队考察期间，黄文弼为保护中国西北文化遗产举报斯文·赫定违规考古，二人关系因此恶化。香港大学冯平山图书馆和瑞典国家档案馆收藏的档案文献中保存有部分关于黄文弼的材料，反映了 1930~1935 年黄文弼的考古研究和考察活动的诸多细节，以及他与斯文·赫定交恶的复杂背景，可为黄文弼的学术史研究增添部分新史料。

关键词： 黄文弼　斯文·赫定　贝格曼　西北科学考查团　绥新公路查勘队

　　近年来，黄文弼与瑞典探险家斯文·赫定（Sven Hedin）冲突记述的再发现及二人通信的刊布，引发了学界关于黄文弼与斯文·赫定关系的探讨[1]，推动了黄文弼与西北科学考查团相关的学术史研究。学界关注和讨论的诸多问题也为进一步研究提供了思路。本文以黄文弼与斯

---

　　* 本文系国家社科基金中国历史研究院重大历史问题研究专项 2021 年度重大招标项目"河西走廊与中亚文明"（LSYZD21008）阶段性成果。

文·赫定的通信为线索，检索并梳理瑞典国家档案馆藏斯文·赫定档案、香港大学冯平山图书馆藏《居延汉简整理文件》[2] 中与黄文弼有关的内容，讨论 1930~1935 年黄文弼与中瑞西北科学考察的学术研究、人际交往等内容，为黄文弼相关学术史研究做一注脚。

一、西北科学考查团时期的交往

瑞典国家档案馆是斯文·赫定档案的主要收藏机构，从 20 世纪 70 年代陆续从瑞典民族学博物馆的斯文·赫定基金会接收档案，最后一批档案于 2023 年交付。目前已整理和录入的档案中，有黄文弼 1930~1931 年的书信 4 封，另有一张白纸，上面有用铅笔书写的中英文地址信息 "Mr. Hwang Wen-Pi, Tuan Ch'eng, Pei Hai, Peiping" "北海团城黄文弼先生"[3]。日期为 1930 年 12 月 17 日和 1931 年 10 月 10 日、12 月 28 日的三封中、英文信内容已有国内学者刊布，兹不赘述[4]。

黄文弼致斯文·赫定的信件中，第四封信为 1931 年 12 月 26 日的德文信，是他 12 月 28 日中文信的译文，由斯文·赫定聘请至北平的德国汉学家费迪兰德·莱辛（Ferdinand Lessing）翻译[5]。德文信末有一行译者致斯文·赫定的附文 "Herrzlichen Gruss Dein Lessing Hilla is angekommen"[6]，中译即 "衷心问候您的莱辛。希拉已抵达"。"Hilla" 即莱辛的女儿希尔德加德·莱辛·科尔纳（Hildegard Lessing Körner），是一位年轻的民族学学者，她作为父亲的助手于 1931 年抵达北平，参与西北科学考查团的民族学考察和研究工作。这封信在斯文·赫定档案中还有其他的记录。1932 年 1 月 3 日，瑞典考古学家贝格曼（Folke Bergman）在寄给斯文·赫定的信中提到，书信后附有 "黄文弼先生给您的一封信，由莱辛翻译"[7]。也就是说，黄文弼请莱辛将中文信翻译成德文后，交给贝格曼寄给了在瑞典的斯文·赫定。

黄文弼、贝格曼致斯文·赫定的书信显示，黄文弼与几位瑞典学者在西北科学考查团期间关系非常友好，往来颇为频繁。这种关系首先建立在西北科学考查团理事会（以下简称理事会）的成立及与斯文·赫定签署合作协议的基础上。理事会的成立及合作协议的签署为中国、瑞典等国学者平等交流与合作提供了机构和制度上的保障。在西北科学考查团考察初期，斯文·赫定就对黄文弼等中国学者和学生持有非常好的印象。他在致德国政府和汉莎航空公司的信中多次表示中国成员视考察为学习科学研究的重要机会，并强调他们的加入无论从科学还是从人事角度来说都是达成考察目标不可或缺的条件。

我在北京遇到的所有欧美人士都对参加这次考察的 10 个中国人非常怀疑和悲观，并预言我们将与这些同伴有无穷无尽的困难和摩擦。只有法国耶稣会士德日进（Pere Teilhard de Chardin）持乐观态度，相信我能取得中国人的信任。到目前为止，他是对的。5 位学识渊博的中国人都是非常和蔼可亲的绅士，他们和我们一样，对探险的伟大任务充满热情。5 位学生很高兴终于出发了，10 个人都公开表示这次探险是他们研究和学习现代研究方法的学校。将要留在 4 个站的 4 个学生认真听郝德博士的课，在日记本里做笔记，然后自己朗读。白种人和黄种人在完美的和谐和友谊中。我有一个明确的印象，这种好心情只会继续加强。[8]

中瑞双方达成合作和建立友好关系的基石在于双方有共同的学术追求。斯文·赫定与德国政府秘密合作的目的是开辟欧亚航空线，而他本人的合作动机和考察目标在学术层面。1926 年底至 1927 年初，他抓住与中国政府、学术界谈判的时机，与德国政府反复交涉，设法增加了多位瑞典科学考察成员，并驱逐了私下联络德国政府、要求停止与中国学术界谈判并终止考察的德国探险队长迪沃（V. Dewall）上校。

由于与中国学者在科学考察方面有着共同目标，斯文·赫定在考察期间关注并支持中方成员的活动，尤其是地理学、气象学等学科内容。随着考察的行进，他与德国成员之间的矛盾越来越多，而中方成员的合作与支持对他而言愈发珍贵。因此，他在德国成员指责中国学者擅自延长考察时间时多有维护，招致德国成员的不满。他曾一再向德国政府和汉莎航空公司解释："没有中国人，我们永远不会取得最后的成功。但有了他们，我们就可以做任何事情。"[9]1928 年 3 月，西北科学考查团抵达乌鲁木齐后，德国成员与斯文·赫定发生了严重冲突，对中国学者友好及关注科学考察也成了他的"罪状"。德国政府终止合作并退出考察后，在瑞典、中国等国资金的支持下，中、瑞成员之间的合作愈加密切，这种友好的关系在考察结束之后依然延续。

1930~1931 年，西北科学考查团在新疆的中国成员陆续返回北平，时常与瑞典成员联络、往来，共同参加与西北科学考查团有关的活动。1930 年 7 月，黄文弼、丁道衡等中方成员结束考察，从乌鲁木齐经苏联西伯利亚铁路返回北平。瑞典成员、天文学家安博特（Nils Ambolt）和助手沃罗德尼科夫（Paul Vorotnikov）为他们送行，他们特意为黄、丁二人留影，记录了他们在马车旁喜笑颜开的时刻[10]。9 月 15 日，黄文弼在抵达北平后的次日拜访了斯文·赫定。此后，大凡斯文·赫定在北平参加的西北科学考查团活动，在东兴楼、撷英番菜馆等中西餐厅的宴会上，总能见到黄文弼的身影。如 1931 年 1 月 22 日徐旭生[11]、1932 年丁文江[12]等人邀请斯文·赫定参加宴会的宾客名单里，都有黄文弼的名字。

1931 年，为便于民族学考察及贝格曼、莱辛等人在北平长期居住，斯文·赫定在北平租用西观音寺街 31 号作为考察总部，将之命名为"瑞典人之家"，这里成为西北科学考查团中外成员重要的聚会场所。黄文弼是"瑞典人之家"的常客，他在 1932 年 5 月就至少两次参加了在这里举办的宴会和庆祝活动[13]，此即黄文弼 1930~1932 年与斯文·赫定通信往来的背景。

黄文弼在两封中文书信中，均提及他在新疆搜集了一批西域文献，这显示他在考古研究之初就试图整理和研究非汉文文书。他曾求教于斯文·赫定和其他西方学者[14]，大概只有德国突厥语文学大师葛玛丽（Annemarie von Gabain）为他释读了回鹘文《土都木萨里修寺碑》[15]。关于这段学术交流的历史，黄文弼言之不详，葛玛丽相关论著亦无记载，以至于这段黄文弼与西方学者关于丝绸之路古文献研究的学术交流史的细节不为人知。

值得庆幸的是，笔者在整理斯文·赫定档案时，发现了一些关于葛玛丽在北平留学时期的资料，可补葛玛丽在华留学活动研究之阙，亦揭示出黄文弼与她的交往正是通过瑞典学者进行的。1931 年 11 月，葛玛丽抵达北平后，受她的"忘年交"莱辛的邀请，居住于"瑞典人之家"，在 1932 年 1 月中旬莱辛的女儿希拉抵达北平之前搬离。在此期间，葛玛丽兼任莱辛的助手，参与西北科学考查团的科学研究工作，与同住于此的贝格曼一家关系也非常密切。

1931 年 12 月 1 日，贝格曼和莱辛邀请黄文弼、理事会成员及其他宾客在一家中餐厅共进晚餐，葛玛丽也一同出席。在宴会主人介绍来宾之时，黄文弼得知葛玛丽是一位突厥语专家，欣喜地说终于找到一位可以帮助他释读西域文献的学者[16]。在这之后不久，黄文弼将在乌鲁木齐所得回鹘文《土都木萨里修寺碑》拓片提供给了葛玛丽，很快便得到了前述 12 月 22 日的释文和译文。在葛玛丽的协助下，黄文弼对他搜集的西域文献有了一定认识，也希望能与西方学者有更为深入的合作，遂在 12 月 28 日的书信中言："在新疆发现古时西域语文字数量及种类很多。"待斯文·赫定返回北平再做计划[17]。

另外，以释读黄文弼所获西域文献为开端，葛玛丽对西北科学考查团所获回鹘文文书的价值有了初步了解和浓厚的兴趣。随后，她在贝格曼、莱辛等人的联络和帮助下，又系统研究了袁复礼新疆所获回鹘文《玄奘传》和贝格曼所得回鹘文文书，成为最早较为全面了解和研究西北科学考查团所获回鹘文文书的学者[18]。

总之，在西北科学考查团的六年中外合作期间，黄文弼与斯文·赫定等瑞典成员关系非常融洽，在资源（西文著作）和人脉（西方学者）等方面得到了他们的襄助，这对于拓展他的学术视野和深化新疆考古研究颇有助益。

二、黄文弼的考古研究

黄文弼在几封书信中，向斯文·赫定介绍了自己的考古研究论著，说明他在考察期间和结束后非常短的时间内，就已有多种成果问世。从当时发表的论著来看，除 1929 年初返回北平的斯文·赫定和徐旭生基于考察日记的著作及译作外，只有黄文弼在考察结束后不久连续出版了三种关于高昌的著作。这首先归功于他本人数年来发愤忘食、夙夜匪解的整理和研究，而理事会和主持工作的常务理事刘复也是功不可没。刘复在筹集研究和出版经费、调配研究人员、翻译资料、设立西安办事处、支付工资津贴等方面提供了支持。

理事会在成立之初，就确立了合作考察和组织研究两项重要的工作目标。西北科学考查团成员尚在考察期间，理事会就已经开始组织研究工作[19]。刘复多方筹措资金，并聘请专人将经费开支情况记录于《现金出纳簿》。如今，《现金出纳簿》仍然完好地保存在香港大学冯平山图书馆。《现金出纳簿》共三本，香港大学冯平山图书馆在整理时将之分为 A、B、C 三册：C 册是 1927 年 7 月至 1937 年 1 月理事会经费记录；A、B 两册正文首页题头三行均为"西北科学考查团 / 中华教育文化基金董事会补助费 / 现金出纳簿"，表明它们是中华教育文化基金董事会（以下简称中基会）资助经费的开支记录，时间分别为 1931 年 7 月 1 日至 1936 年 6 月底和 1936 年 7 月 1 日至 1937 年 2 月。三本出纳簿详细地记录了理事会的日常开支和研究经费支出情况，内容琐碎而丰富，包含很多黄文弼考古研究的细节。

按照中瑞之间的协议，采集品运输至北平由理事会主持和监管，斯文·赫定承担费用。《现金出纳簿》中关于黄文弼最早的记录是 1930 年上半年他致函理事会要求支付费用，反映的是考古采集品的运输情况。黄文弼新疆考古采集品主要在 1930 年上、下半年分两次运输[20]。《现金出纳簿》有 1930 年按黄文弼嘱咐支付"富狗子"总共 331.6 元、"徐桂棻赴绥远运采集品"费用 385.99 元、"徐芳五第二次赴绥运采集品"费用 549.15 元的记录，与黄文弼采集品运输记录完全吻合[21]。

黄文弼返回北平后，理事会在东兴楼设宴接风，刘复安排他在北大做考古材料的整理、研究，资金来自斯文·赫定和教育部（大学院）[22]。1931 年，在中基会的资助下，理事会开始组织考查团员进行采集品的整理和研究。1935 年 2 月 24 日，理事会在第四次全体理事大会上，提到研究工作分为三组，与《现金出纳簿》所载甲、乙、丙 a 丙 b 分组一致。

甲组，汉简及同地发现之古物，即马衡、贺昌群等 6 人的居延汉简整理小组。

乙组，历史考古及气象，历史考古由黄文弼负责，气象由刘衍淮负责[23]。

丙组，地质及史前考古，由丁道衡与袁复礼分别整理各自的采集品[24]。

在研究场所和经费得到保障的情况下，黄文弼迅速完成了两种关于高昌的著作。据《现金出纳簿》，1930 年 2 月出版《高昌》（第一分本），记录有"河北第一工厂印刷费（高昌第一分本）五百部"，耗资 185 元；1931 年 8 月出版《高昌砖集》，记录有"高昌第二分本印费二百五十本"，以及"制版费（高昌第二分本用）""考古登记簿""高昌蓝布书套"等开支 1000 余元[25]。《高昌陶集》资料的整理、研究和出版改由中基会资助，该书"自二十年秋开始编辑，至二十二年春，方始脱稿付印"[26]，理事会在 1932 年支付"印高昌第三付定洋"600 元，1933 年分四次支付"（第一工厂）预付印书价（高昌陶集）"1910 元，并"做高昌陶集蓝布书套三百个"[27]。

黄文弼在《叙言》中提到"幸得多方之帮助，同人之努力，方得以有成功"[28]，表达了对诸多北平学者和中基会的谢意，并提到乙组的工作："张寅君为余校录，荆林君绘画各种器物图，梁荣秀君清绘地形图及各种工作图，白万玉君修理破损陶器。"[29] 据统计，1931~1937 年乙组负责校录、制图、书记、修理采集品等工作的工作人员有 24 人，大部分参与了黄文弼的考古工作。黄文弼提到的四人在《高昌陶集》出版后，继续参与了《罗布淖尔考古记》材料的整理。1933~1934 年，黄文弼第二次赴新疆考察期间，乙组的考古资料整理工作并未停滞，除前述四人，又陆续增加了新的成员，陈执中、温赞雍、杨伯南、刁德顺、孙明、耿振德、李国祥等，丙组的汪纯明等人也有参与制图[30]。

理事会在西北科学考查团第二阶段考察期间开始组织西文论著翻译，首先聘请北大西语系师生翻译斯文·赫定 1929 年出版的西北科学考查团首部著作《回到亚洲：我在 1927~1928 年与瑞典人、德国人和中国人一起穿越戈壁沙漠》的德文版。该书初名为《西北长征记》，出版时更名为《长征记》，初印 500 册。理事会支付李述礼翻译费 1000 元，系主任杨丙辰（震文）翻译、校对和缮写费用 460 元。随后，理事会又聘请多人翻译其他西文著作 [31]。除孙仲宽和李述礼分别翻译斯文·赫定自传《我的探险生涯》外，为黄文弼翻译其他西方学者的著作是工作的重点。

黄文弼在考古研究初期，因资料较少，对西方学者的丝绸之路研究缺乏了解。1931 年，贝格曼看到莱辛所译黄文弼书信时，曾毫不客气地批评黄文弼关于罗布泊和丝绸之路的论述"完全不了解西方世界出版的东西" [32]。黄文弼亦曾言"藏书不多"，因此广泛参考了国立北平图书馆、清华大学等北平学术机构和钱稻孙、斯文·赫定等学人提供的西文、日文图书资料。《现金出纳簿》记录乙组有英、法、德、日等文字的多项翻译费用，包括"朱廷翊斯坦因中国流沙考古记""何铁厂译高昌""稿费（伊地库特）何铁厂""（王俊瑜）大夏的历史""梅尔资翻译法文文件""（钞遗物图说）（德文译稿）""译东亚与地图日文名二幅"等 [33]，均与考古、历史相关，反映出从编纂《高昌陶集》始，黄文弼已经参阅了各种西人论著，探讨并回应了论著中的诸多观点，得到西方学者的重视。贝格曼在研究新疆考古时期，专门请莱辛将黄文弼的论著翻译成西文，作为参考的重点 [34]。

《现金出纳簿》记录，黄文弼从 1935 年初开始整理、研究罗布淖尔考古材料。同年冬，他被中央古物保管委员会委派至西安整理碑林，"西北科学考查团亦因余故，在西安设研究分所，继续编纂工作" [35]。1935 年 6 月 25 日，理事会向西安寄出了乙组的部分物品。11 月 22 日，有"采集品二十箱由平运西安运费"。12 月 1 日，乙组成员张寅、陈执中、李国祥三人由北平抵西安，协助黄文弼的考古研究工作。1936 年 1 月，又从北平运采集品 20 箱及工具等物至西安。黄文弼至西安工作期间，理事会汇去研究经费 1000 元，运送采集品 40 箱，派遣了三位乙组成员，为黄文弼在从事中央古物保管委员会工作期间研究罗布淖尔考古材料提供了重要帮助 [36]。

黄文弼在考古研究期间，工资、津贴来自多个机构。1927年，斯文·赫定承诺考察期间向每位中国学者支付150元月薪，向每位中国学生支付50元月薪，并每月向理事会提供310元经费[37]。中方成员工资自1927年5月发放，返回北平后停止。理事会在1932年下半年开始停止发放中方成员的工资，后补发了黄文弼三次欠薪。北京大学于1933年3月3日至11月16日分10次向理事会拨款2000元，支付黄文弼1932年10月至1933年7月每月200元的欠薪。1933年8月、9月，黄文弼的工资改由中基会经费发放，10月起因黄文弼赴新疆考察中止，至1935年8~12月复由中基会按月支付工资，1936年1~10月改为每月津贴100元[38]。在黄文弼工资被拖欠、生活陷入困境的时候，是北京大学为他提供了至关重要的资助，因此他在《高昌陶集》中特别感谢了北京大学，"北京大学帮助余之生活费，使余得专心作研究工作"[39]。

1936年4月，中基会最后一笔资助金支付完毕，至1937年1月，账面余额约为1000元，理事会的运行经费至1937年1月终止，账面余额不足20元[40]。这两处记录与黄文弼所言"1937年夏中基会资金用完后，研究经费来源断绝"之语大体一致。经费来源中断，致使黄文弼的考古研究著作出版工作停滞，他不得不在1937年初赴北平与胡适等理事会成员商议筹集经费之事[41]。

《现金出纳簿》反映了1930~1937年黄文弼从结束野外考察至抗日战争全面爆发前考古研究经历的诸多细节。理事会的悉心组织与安排，是黄文弼出版"高昌三集"及整理罗布淖尔考古材料的重要保障，而刘复是其中的关键人物，黄文弼也曾感慨："返平后，又由刘复先生主持一切，助余实多。"[42]同时，通过这些繁多、琐碎、细微的流水账以及拖欠工资等内容，也可窥见黄文弼在考古研究期间辗转于多处，研究工作"万方多难"和"身心交困"[43]。

三、绥新公路查勘队考察前后的黄文弼

黄文弼同斯文·赫定交恶的是非曲直已有定论，他秉承峻峭刚直的

学术人格，在中国西北科学材料严重流失的时代挺身而出、仗义执言，有力地阻止了近代中国西北地区科学材料流散的正义之举得到了承认，遭受的不公对待也得到了中外学者的同情[44]，但二人冲突的"实际情况应该远为复杂"[45]，前后相关细节值得进一步探究。

（一）黄文弼的派出

1933 年 10 月，黄文弼以教育部特派员的身份随绥新公路查勘队（以下简称查勘队）前往新疆视察教育。斯文·赫定称理事会不同意这一做法，并希望由该会任命成员加入[46]，以此表示黄文弼的派出与理事会无关。那么，事实如何呢？

首先，黄文弼并非由理事会派出。从前文可以看出，黄文弼涉及理事会的工作由该会支付工资，北大和中基会的资助也是通过理事会支付。自 1933 年 10 月至 1935 年 8 月，《现金出纳簿》并无支付黄文弼工资的任何记录[47]，他至新疆的工资和其他费用当由教育部提供。另外，理事会在斯文·赫定与黄文弼发生冲突之后，同意了"斯文·赫定暂借古物运往瑞典研究案"[48]，若黄文弼由理事会派遣，后者断然不会支持该案。

其次，理事会是否计划派员参加查勘队？开展中国人独立自主的西北科学考察是中国学术团体协会建立理事会的目标之一[49]。1931 年 3 月 30 日，南京国民政府曾仿照理事会组织"西陲学术考查团理事会"，任命蔡元培、翁文灏、傅斯年、徐炳昶等人为理事，蔡元培为理事长，派遣中国学者前往新疆，做地理、地质、生物、人种、考古五个学科的考察[50]，但最终未能成行。1933 年夏，刘复得知斯文·赫定在组建查勘队，遂与之交涉，希望派员参与，赴新疆考古，此事在《现金出纳簿》中有所反映。1933 年 9~10 月，理事会的开支记载有 9 月底"租汽车费（刘理事赴清华与梅月涵、袁希渊商事）"和"刘理事赴清华商事租汽车费"；10 月"付（旅费）刘理事为赫定西行考古事往京接洽计往返车资等""刘理事与赫定洽谈汽车费""汽车费（刘理事与赫定接洽及送赫定）"及在东兴楼为赫定钱行等支出条目，表明刘复曾与袁复礼、梅贻琦等人商议考查团事务，然后前往南京与斯文·赫定等人商议合作赴新疆考古事宜。最终未能成事，或与教育部已派遣黄文弼随行，且明令禁止查勘队考古有关。

教育部和中央古物保管委员会对斯文·赫定等西方探险家在中国西北的考古活动一直持比较明确的反对态度。1929 年，教育部在《古物保存法》颁布之前，就针对斯文·赫定制定了限制外国人考古的"三条办法"[51]。30 年代初，教育部陆续出台了多部文物保护法律法规，尤其是《古物出国护照规则》《外国团体或私人参加采掘古物规则》等明显针对斯文·赫定，这背后都有中央古物保管委员会的推动。尽管中央古物保管委员会与理事会颇有渊源[52]，但对待斯文·赫定考古的态度差异较大，最明显的是 1935 年"斯文·赫定暂借古物运往瑞典研究案"和"查勘队罗布泊考古采集品借出案"。委员会以违反《古物保存法》为由，旗帜鲜明地两次反对借出，最终都是迫于南京国民政府高层的施压才妥协。在随后具体的借出程序上，中央古物保管委员会也是极为严格：派遣傅斯年、董作宾等委员监督清点借出古物，中外双方共同登记造册，所有当事人签字，并由瑞典政府担保[53]，以确保借出古物能如期归还。

1933 年，斯文·赫定选定考古学家贝格曼以测绘员的身份参加查勘队，目的已经非常明显，引起了教育部和中央古物保管委员会的担忧。黄文弼是中央古物委员会委员中少有的亲自进行考古实践、熟悉中国西北考古遗存、了解西方探险家考古活动的考古学者，同时，他也计划再次前往新疆考古，遂成为监督查勘队的最佳人选[54]，被中央古物保管委员会和教育部推到了前台。

（二）考察途中的矛盾

黄文弼和斯文·赫定的论著中均未提及二人在查勘队赴新疆途中的交往，以至于黄文弼在此期间的遭遇不为人知，而贝格曼日记为这段历史留下了目前唯一的记录。

贝格曼查勘时期的日记多处提到了黄文弼，最早的记录是从北平出发的当日。1933 年 10 月 21 日，黄文弼与查勘队从北平出发，乘坐火车抵达考察的起点归化城，在附近的托克托开始了他的第二次考古考察。

11 月 10 日，查勘队从归化出发，黄文弼乘坐 1 号卡车，被安排在驾驶室内，坐在会说中文的司机生得本（Georg Söderbom）身边的行李堆上，贝格曼则坐在车厢顶观察和测绘[55]。1934 年 1 月 9 日，斯文·赫定收到了从酒泉取回的一件铁道部电报，内容为要求他一视同仁地对待黄文弼，"显然，他已经背着我们从归化发了一封电报，抱怨说要坐货车顶而不是在驾驶室"[56]。这封电报表明黄文弼在查勘队出发之初，就已遭到区别对待。由于驾驶舱内极为拥挤，沿途又颠簸，旅行非常不适，黄文弼大概是与斯文·赫定等人有所交涉而无法解决，遂向教育部发送电报求助，教育部随后将该信转交铁道部处理。1934 年 1 月 16 日，贝格曼在出发时换至 3 号卡车，显然是电报的作用。

另外，在考察之初，由于一辆车已经损毁，另外三辆车也相继发生事故，查勘队不得不在 1933 年 11 月 14 日将超重的行李取出送回归化，待新的车辆从天津抵达后再行运输。作为"编外成员"的黄文弼，就在这些意外事故中，无妄地被贝格曼等人抱怨携带了太多行李[57]。

贝格曼非常关注黄文弼的考古活动，并在日记中做了详细记录。或许是因为禁令在身，当黄文弼至黑城及周边遗址考察时，他对黄文弼以研究教育为名进行考古颇有微词。在收到铁道部电报之后，斯文·赫定等人对待黄文弼的态度似乎有所缓和，贝格曼提到黄文弼基本上是关于他参与宴会、沐浴等集体活动的事。1934 年 2 月 21 日，斯文·赫定在吐鲁番同意借给黄文弼 300 元用于罗布泊之行，后者"答应在库尔勒分别时再为我们唱歌"[58]。由于新疆南部发生战事，贝格曼等人曾建议他从吐鲁番直接前往罗布泊。3 月 2 日，查勘队准备将汽车运过开都河，黄文弼则停留在旧营地，计划在此购买骆驼前往罗布泊，贝格曼、艾菲和陈宗器计划至库尔勒后再至罗布泊与他会合。

贝格曼日记显示，黄文弼与斯文·赫定在公开场合维持着和平关系。他在考察期间多次离队在驻地周边考古，显然与斯文·赫定有过商议。他还与贝格曼交流考古经验，并给后者看了他采集的考古遗物。这些记录大抵也只能证明黄文弼的坦荡，而斯文·赫定慑于铁道部的电报不敢公开刁难。在文字之外，还可以发现双方关系微妙的一些端倪，如查勘队拍摄的人物照片中，几乎看不到黄文弼的身影。值得注意的是，贝格曼日记所载"黄文弼的行李太多占用了车辆"和"以教育部特派专员的身份考古"等内容，在斯文·赫定考查团史中几乎完整地呈现了出来。考虑到斯文·赫定在查勘队期间部分日记是由贝格曼代劳[59]，而瑞典出版的考查团史也是由贝格曼整理，斯文·赫定对黄文弼的部分看法很可能来自贝格曼。

（三）宴会的背后

斯文·赫定本人和很多中外学者的论著总能给人这样的印象：斯文·赫定性格沉稳、谦和，为人处世客观、隐忍，少与人冲突，面对何种情况都能保持绅士风度。但其实不然。无论是英军入侵中国西藏致使他进入拉萨梦碎后对英国政府的强烈批评[60]，容克斯航空公司被合并导致考察计划破产后对德国政府的猛烈抨击[61]，还是西北科学考查团德国成员前后数次暗中联系德国政府、汉莎航空公司试图阻止中瑞合作和科学考察时与德国多个方面的激烈对抗……大凡遇到危及他考察的情况时，斯文·赫定的反应总是非常迅速而强烈。在斯文·赫定的探险生涯中，与黄文弼这样的冲突并不少见，只是在最终的处理方式上再无他例。这大抵是因为对其他冲突的处理大多发生在考察之前，他会因顾忌能否实现考察而投鼠忌器，而对黄文弼的刁难则是在他最后一次考察结束之后。

1934 年 3 月 14 日，西北科学考查团理事会和地质调查所共同为将要离开中国的斯文·赫定举办宴会。当斯文·赫定见到黄文弼也参加晚宴时，立即向宴会的主人之一胡适表达抗议，要求黄文弼要么为举报考古之事公开道歉，要么离开。斯文·赫定在宴会上如此咄咄逼人，与查勘队的背景有莫大关系。斯文·赫定在论述查勘队组建背景时，意在表现他受聘于南京国民政府的契机是因熟悉新疆局势和科学知识而得到外交部次长刘崇杰的邀请，然而事实上他之所以受聘于南京国民政府，是因为他向刘崇杰提供了外交部部长罗文干赴新疆的参考情报^[62]。1934 年 1 月，查勘队在额济纳时，中方工程师尤寅照翻译了罗文干新疆之行的新闻报告，贝格曼直言"他去过的地方我们都知道"^[63]。斯文·赫定通过展现他在南京国民政府统合新疆的策略中所具有的独特价值，获得了行政院院长汪精卫及其他政府高层的青睐，随后查勘队执行的考察任务也并非单纯的勘测公路，最终的考察成果除了众所周知的勘路报告，还有关于新疆局势的秘密报告。查勘队由铁道部领导，但它真正的决策人是汪精卫。铁道部在斯文·赫定罗布泊违法考古案处理过程中完全偏向斯文·赫定，在一开始问责的时候，就直接将举报人黄文弼的电报全文转给了他。在斯文·赫定和查勘队回复数封电报后，问责很快变成了安抚。

1935 年 2 月，斯文·赫定结束查勘队的考察，在南京参加了汪精卫亲自主持的授勋仪式，并得到国民政府主席林森等多位政要的接见。随后，他又赶赴汉口拜访了蒋介石夫妇。在返回瑞典后，他与蒋介石、戴季陶等政要及南京（重庆）国民政府中央机关保持着通信往来。这些人际关系被斯文·赫定视为与中国社会各界交往及两次借出考古采集品的倚仗。坚持公理与正义的黄文弼，正是在这样的背景下败在了政治手段与人情世故面前，最终愤而离席。

（四）斯文·赫定与胡适

有关斯文·赫定与宴会的主人胡适交往的记录不多，最广为人知的是斯文·赫定曾提名胡适为诺贝尔文学奖候选人^[64]。据斯文·赫定档案保留的他与诺贝尔委员会主席佩尔·霍斯特罗姆（Per Hallström）的两篇推荐词草稿，他们对胡适在中国文学、思想研究等各个领域的贡献作出了全面的评价，并特别提及胡适提倡文学革命之功^[65]。

斯文·赫定与胡适的交往，主要是关于西北科学考查团的事务。1934 年 12 月 2 日，理事会召开第三次全体理事大会，胡适出席了会议，并由会议主席周肇祥报告，北大推举胡适和陈受颐为理事。此次推举是常务理事刘复去世后，理事会中北大成员的补充。这次会议讨论了西北科学考查团科学材料的整理和研究工作，主题与内容基本由胡适提出，包括三项重要提议：一是分五个学科邀请国内各学科专业人员编写考察报告；二是居延汉简在北大整理，并增加陈受颐等六人整理汉简材料；三是请中方团员撰写总报告[66]。在"斯文·赫定暂借古物运往瑞典研究案"中，胡适、徐森玉和袁复礼代表理事会向教育部部长王世杰和中央古物保管委员会傅汝霖和李济致电报，申请借出西北科学考查团瑞典成员的部分采集品[67]。在1935年3月23日的第五次常务理事会议上，胡适与傅斯年就借出案的公函内容提出了关键意见[68]。从这些活动来看，胡适很显然是接替刘复的位置主持研究工作，在之后又顺理成章地担任了常务理事[69]。

斯文·赫定档案中保存的唯一一封胡适来信，时间是1935年3月27日——斯文·赫定离开中国的前一天。从这封书信的内容中，我们也可对3月14日宴会的背景增加些许了解。

> 米粮库胡同4号
> 北平
> 1935年3月27日
> 亲爱的赫定博士：
> 非常抱歉前几天您打电话时我在家里没有接到。我已经退烧了，但是被建议这几天不要出门。
> 如果您的团队明天离开北平，我恐怕不能到车站送您了。因此，我写这封信祝愿您、诺林博士和其他成员归程愉快。
> 我还想补充一点，如果您能在离开之前给汪精卫先生发电报或写信，感谢他在敦促古物保管委员会加快放行您的藏品方面给予的帮助，那将是非常好的。丁文江先生告诉我，汪精卫先生给古物保管委员会的傅汝霖写了一封亲笔信。
> 再次衷心祝愿您一路顺风，早日归来。
> 谨上
> 胡适

　　附：请收下这两罐来自杭州山上的绿茶，供您在长途旅行中品尝[70]。

　　这封胡适致斯文·赫定的告别信提到的主要事情是"斯文·赫定暂借古物运往瑞典研究案"。斯文·赫定先是通过南京国民政府行政院院长汪精卫致信中央古物保管委员会主席傅汝霖游说，后又得到考试院院长戴季陶承诺协助[71]，并在丁文江、傅斯年等人的协助下迫使中央古物保管委员会同意借出古物。在前述第五次常务理事会议两日后，理事会在中央古物保管委员会的监察下完成了借出古物的清点和交接工作，斯文·赫定和诺林（Erik Norin）是瑞典方签字人，胡适则是代表理事会的签字人之一。随后，斯文·赫定向中央博物院筹备处借出罗布泊考古遗物——也就是黄文弼所举报的非法考古的采集品，胡适也被认为是筹备处对他最友善的委员之一[72]。最终，同样在南京国民政府高层的施压和傅斯年等人的协助下，罗布泊考古遗物也被运至瑞典。

余　论

　　1939 年，贝格曼利用罗布泊考古遗物整理与研究完成了他唯一一部中国西北考古研究报告《新疆考古记》。同年，斯文·赫定致函重庆国民政府外交部，称将按照他与中国政府签署的"借约"归还古物。由于在抗日战争期间运输和保存不便，中央博物院筹备处在征得中央古物保管委员会同意后，"请瑞典斯文·赫定博士暂行代为保管，一俟转运便利，本处再随时通知，约期归还"[73]。此后，又因抗日战争和解放战争，归还之事便一直搁置。直到 1950 年，中华人民共和国和瑞典王国建立外交关系，在黄文弼等原西北科学考查团成员的呼吁下，中国科学院通过我国政府向瑞典政府提出要求归还借出的考古遗物[74]。在中国驻瑞典大使馆与斯文·赫定交涉下，这批经黄文弼举报后又被借出国境的罗布泊考古遗物，最终回到了中国。这大概就是对黄文弼的坚守和坚持最好的见证吧！

注　释

［1］韩琦《黄文弼和斯文·赫定的书信往来》，荣新江、朱玉麒主编《西域考古·史地·语言研究新视野——黄文弼与中瑞西北科学考查团国际学术研讨会论文集》，科学出版社，2014 年，第 124~127 页；吴华峰、徐玉娟《黄文弼与斯文·赫定——“中国西北科学考查团”中外学者关系之一》，《丝绸之路考古》第 7 辑，科学出版社，2023 年，第 19~54 页；黎镜明《第二次中瑞西北科学考察中的黄文弼》，《读书》2023 年第 9 期，第 150~158 页。

［2］《居延汉简整理文件》，香港大学冯平山图书馆特藏（索书号：796.7/10）。

［3］黄文弼中英文地址（1931 年），瑞典国家档案馆藏斯文·赫定档案，第 420 卷。

［4］杨镰《亲临秘境——新疆探险史图说》，新疆人民出版社，2003 年，第 170 页；韩琦《黄文弼和斯文·赫定的书信往来》，第 124~127 页。

［5］〔瑞典〕汉肯·瓦尔奎斯特（即魏浩康，Håkan Wahlquist）《斯文·赫定与中亚考古学——赫定及其团员贝格曼、黄文弼的考古工作》，荣新江、朱玉麒主编《西域考古·史地·语言研究新视野——黄文弼与中瑞西北科学考查团国际学术研讨会论文集》，第 120 页。

［6］黄文弼致斯文·赫定通信（1931 年 12 月 26 日），瑞典国家档案馆藏斯文·赫定档案，第 420 卷。

［7］贝格曼致斯文·赫定通信（1932 年 1 月 3 日），瑞典国家档案馆藏斯文·赫定档案，未编号档案。

［8］斯文·赫定致米尔希（Milch）通信（1927 年 6 月 4 日），瑞典国家档案馆藏斯文·赫定档案，第 480 卷。

［9］斯文·赫定致米尔希、施罗德（Joachim V. Schröder）通信（1928 年 3 月 30 日），瑞典国家档案馆藏斯文·赫定档案，第 479 卷。

［10］王新春、曾庆盈、〔瑞典〕魏浩康《斯德哥尔摩藏斯文·赫定档案图集：西北科学考查团（上）》，敦煌文艺出版社，2024 年，第 55 页。

［11］徐炳昶致斯文·赫定通信（1931 年 1 月 22 日），瑞典国家档案馆藏斯文·赫定档案，第 423 卷。

［12］丁文江致斯文·赫定通信（1932 年 5 月 31 日），瑞典国家档案馆藏斯文·赫定档案，第 423 卷。

［13］贝格曼致斯文·赫定通信（1932 年 5 月 19 日、6 月 3 日），瑞典国家档案馆藏斯文·赫定档案，未编号档案。

［14］刘子凡《黄文弼与胡适——20 世纪上半叶中国西北考察与研究之侧影》，荣新江、朱玉麒主编《西域考古·史地·语言研究新视野——黄文弼与中瑞西北科学考查团国际

学术研讨会论文集》，第 184 页。

［15］葛玛丽考释的德文稿和中文译文如今保存于新疆师范大学黄文弼图书馆。荣新江《黄
　　　文弼所获西域文献的学术价值》，荣新江、朱玉麒主编《西域考古·史地·语言研究新
　　　视野——黄文弼与中瑞西北科学考查团国际学术研讨会论文集》，第 254~255 页。

［16］贝格曼致斯文·赫定通信（1931 年 12 月 3 日），瑞典国家档案馆藏斯文·赫定档案，
　　　未编号档案。

［17］黄文弼致斯文·赫定通信（1931 年 12 月 28 日），瑞典国家档案馆藏斯文·赫定档案，
　　　第 420 卷。

［18］葛玛丽 1931~1932 年在北平留学期间，最初居住于“瑞典人之家”，因为莱辛的关系，
　　　与贝格曼、斯文·赫定交往颇多。1931 年，葛玛丽在抵达中国前就已从报纸上得知西
　　　北科学考查团在额济纳发现汉代木简的信息。西北科学考查团负责运输的丹麦成员周
　　　涵生（Bent Friis Johansen）在酒泉购买了一批回鹘文文书，到北平后交给了贝格曼，葛
　　　玛丽得知后表示非常希望研究这些书文，并得到了莱辛的支持，最后获得了斯文·赫
　　　定的许可，袁复礼所获回鹘文《玄奘传》也是通过西北科学考查团交给了葛玛丽，由
　　　她一并带回了德国进行研究。

［19］目前关于“研究工作”论述不多，参见邢义田《香港大学冯平山图书馆藏居延汉简整
　　　理文件调查记》，《古今论衡》2009 年第 20 期，第 20~60 页；张九辰《中国科学院接
　　　收“中国西北科学考查团”的经过》，《中国科技史杂志》2006 年第 3 期，第 238~246 页。

［20］王新春《西域考古时代的终结》，甘肃文化出版社，2018 年，第 128~130 页。

［21］《现金出纳簿》（C），《居延汉简整理文件》，香港大学冯平山图书馆特藏（索书号：
　　　796.7/10）。

［22］理事会的经费来自多家机构和个人，包括斯文·赫定、教育部（大学院）、中华教育文
　　　化基金董事会（中基会）、北京大学、燕京大学等，此外还有南京国民政府提供的发售
　　　邮票资助等，总金额超过 10 万元。参见《现金出纳簿》（A、B、C），《居延汉简整理
　　　文件》，香港大学冯平山图书馆特藏（索书号：796.7/10）。

［23］张九辰文与会议记录有所出入，提到乙组只记载了黄文弼在北大负责整理考古资料。
　　　张九辰《中国科学院接收“中国西北科学考查团”的经过》，第 240 页。

［24］《中国学术团体协会西北科学考查团会议录》，《居延汉简整理文件》，香港大学冯平山
　　　图书馆特藏（索书号：796.7/10）。

［25］《现金出纳簿》（A、B）。

［26］黄文弼《高昌陶集》叙言，西北科学考查团理事会印行，1933 年，第 1 页。

［27］《现金出纳簿》（A）。

［28］黄文弼《高昌陶集》叙言，第 12 页。

［29］黄文弼《高昌陶集》叙言，第 4 页。

［30］《现金出纳簿》（A、B）。

［31］《现金出纳簿》（C）。

［32］黄文弼致斯文·赫定通信（1931 年 12 月 26 日）。

［33］《现金出纳簿》（A、B）。

［34］贝格曼的档案中有《蒙新旅行之经过及发现》等黄文弼文章内容的翻译。瑞典国家档案馆藏斯文·赫定档案，未编号档案。

［35］黄文弼《罗布淖尔考古记》自叙，国立北京大学出版部，1948 年，第 1 页。

［36］《现金出纳簿》（B）。

［37］《现金出纳簿》（C）。

［38］《现金出纳簿》（A、B）。

［39］黄文弼《高昌陶集》叙言，第 13 页。

［40］《现金出纳簿》（B）。

［41］刘子凡《黄文弼与胡适——20 世纪上半叶中国西北考察与研究之侧影》，第 186~187 页。

［42］黄文弼《高昌陶集》叙言，第 13 页。

［43］黄文弼《高昌陶集》叙言，第 13 页。

［44］具体论述可参见荣新江、朱玉麒主编《西域考古·史地·语言研究新视野——黄文弼与中瑞西北科学考查团国际学术研讨会论文集》和《丝绸之路考古》第 7 辑相关文章。

［45］黎镜明《第二次中瑞西北科学考察中的黄文弼》，第 154 页。

［46］Sven Hedin, *History of the Expedition in Asia 1927-1935*, part 2, Stockholm: Elanders boktryckeri aktiebolag, 1943, p.213.

［47］《现金出纳簿》（A、B）。

［48］王新春、曾庆盈《"斯文·赫定暂借古物运往瑞典研究案"研究》，敦煌市博物馆编《丝绸之路与敦煌历史文化学术研讨会论文集》，万卷出版公司，2019 年，第 267~277 页。

［49］《中国学术团体协会西北科学考查团报告》，王忱编《高尚者的墓志铭——首批中国科学家大西北考察实录（1927~1933）》，中国文联出版社，2005 年，第 529 页。

［50］《南京成立西陲学术考察团》，《科学月刊》第 3 卷第 3 期，1931 年，第 156~157 页。

［51］王新春《近代西北考察与新疆政治社会——以西北科学考查团赴新疆考察案为中心》，《西北民族论丛》第 16 辑，社会科学文献出版社，2018 年，第 317 页。

［52］王新春《西域考古时代的终结》，第 81~82 页。

［53］贝克 – 弗里斯男爵致斯文·赫定通信（1936 年 11 月 27 日），瑞典国家档案馆藏斯文·赫定档案，第 644 卷。

［54］黎镜明《第二次中瑞西北科学考察中的黄文弼》，第 153 页。

［55］贝格曼日记（1933 年 11 月 10 日），瑞典国家档案馆藏斯文·赫定档案，未编号档案。

［56］贝格曼日记（1934 年 1 月 9 日），瑞典国家档案馆藏斯文·赫定档案，未编号档案。

［57］贝格曼日记（1933 年 11 月 14 日），瑞典国家档案馆藏斯文·赫定档案，未编号档案。

［58］贝格曼日记（1934 年 2 月 21 日），瑞典国家档案馆藏斯文·赫定档案，未编号档案。

［59］贝格曼在日记中曾提到他代写了一部分斯文·赫定的考察记录。参见贝格曼日记
（1933 年 12 月 10 日），瑞典国家档案馆藏斯文·赫定档案，未编号档案。

［60］赵光锐《斯文·赫定：游走在德英俄之间的探险者》，《德国研究》2017 年第 1 期，第
120~121 页。

［61］Hans Böhm, Finanzierung der Zentralasienexpedition Sven Hedins: Strengste Geheimhaltung
wird von allen Beteiligten als unerlässlich angesehen, *Erdkunde*, Bd. 57, H. 1, Jan. – Mar.,
2003, pp. 40–54.

［62］《赫定博士关于前往新疆旅行的提案》（1933 年 7 月 2 日），瑞典国家档案馆藏斯文·
赫定档案，第 646 卷。

［63］贝格曼日记（1934 年 1 月 11 日），瑞典国家档案馆藏斯文·赫定档案，未编号档案。

［64］胡适著，曹伯言整理《胡适日记全编（五）》，安徽教育出版社，2001 年，第 357 页。

［65］提名胡适诺贝尔文学奖的推荐词草稿，瑞典国家档案馆藏斯文·赫定档案，第 420 卷。

［66］《中国学术团体协会西北科学考查团会议录》，《居延汉简整理文件》，香港大学冯平山
图书馆特藏（索书号：796.7/10）。

［67］中国西北科学考查团理事会发出的电报（1935 年 3 月 14 日），瑞典国家档案馆藏斯文·
赫定档案，第 645 卷。

［68］《中国学术团体协会西北科学考查团会议录》，《居延汉简整理文件》，香港大学冯平山
图书馆特藏（索书号：796.7/10）。

［69］刘子凡《黄文弼与胡适——20 世纪上半叶中国西北考察与研究之侧影》，第 187 页。

［70］胡适致斯文·赫定通信（1935 年 3 月 27 日），瑞典国家档案馆藏斯文·赫定档案，第
420 卷。

［71］戴季陶（传贤）致斯文·赫定通信（1936 年 7 月 16 日），瑞典国家档案馆藏斯文·赫
定档案，第 423 卷。

［72］陈宗器向斯文·赫定提供了中央博物院筹备处理事的名单，并指出在所有理事中，对
他最友好，并最有可能为他提供帮助的是翁文灏和胡适。参见陈宗器提供的中央博物
院筹备处理事名单（1937 年），瑞典国家档案馆藏斯文·赫定档案，第 526 卷。

［73］谭旦冏《中央博物院廿五年之经过》，"中华丛书委员会"印行，1960 年，第
123~124 页。

［74］张九辰《中国科学院接收"中国西北科学考查团"的经过》，第 242 页。

An Addendum to the Study of Huang Wenbi and the Sino-Swedish Scientific Expedition to the North–Western Provinces of China

— Centered on the Archives Related to Huang Wenbi

Wang Xinchun

Abstract: Huang Wenbi returned to Peking from the field work of the Sino–Swedish Scientific Expedition to the North–Western Provinces of China. He was organized by the Board of Directors of the Chinese Scientific Mission to the Northwest to engage in archaeological material organization and research, and quickly published three works on Gaochang. During this period, he had close communication with the Swedish members of the expedition and had several letters of correspondence with the Swedish explorer Sven Hedin, continuing the state of cooperation during the expedition. During the period of Suiyuan Xinjiang Highway Expedition from 1933 to 1935, Huang Wenbi reported Sven Hedin's archaeological violations for protecting the cultural heritage of the North–Western Provinces of China. As a result, their relationship deteriorated and conflicts arose. The archives in the Fung Ping Shan Library of the University of Hong Kong and the National Archives of Sweden contain some materials about Huang Wenbi, reflecting many details of Huang Wenbi's archaeological research and expedition activities in 1930–1935, as well as the complex background of his feud with Sven Hedin, some new historical materials to the study of Huang Wenbi's academic history.

Keywords: Huang Wenbi; Sven Hedin; Folke Bergman; The Sino–Swedish Scientific Expedition to the North–Western Provinces of China; Suiyuan Xinjiang Highway Expedition

喀喇巴剌噶孙碑研究：粟特文碑文辑释（下）

——附录

吉田丰（Yoshida Yutaka） 著

陈泳君　吐送江·依明　译　白玉冬　校对
（兰州大学敦煌学研究所）

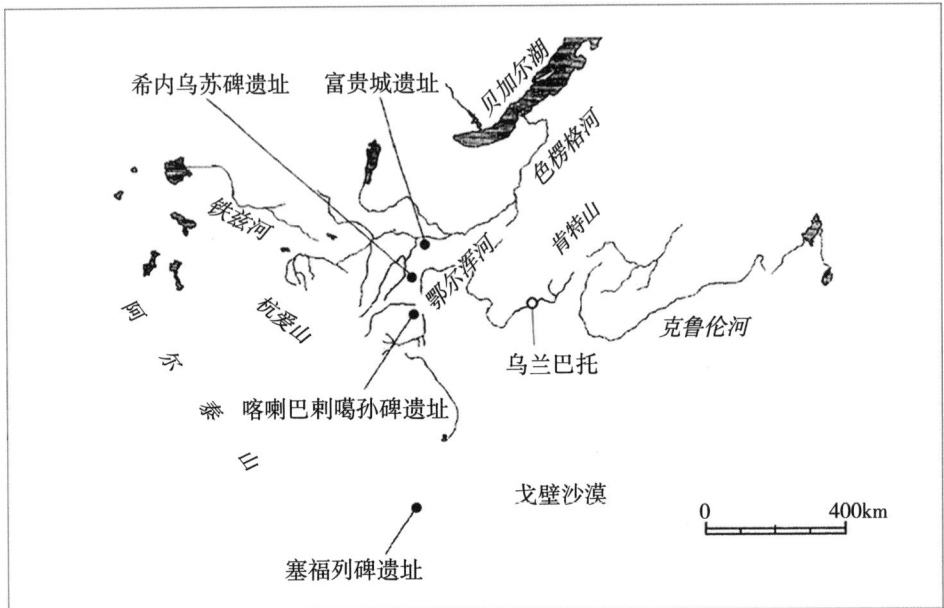

地图 1　蒙古国喀喇巴剌噶孙遗址（在 *SIAL* XXIV 之后，p. 91）

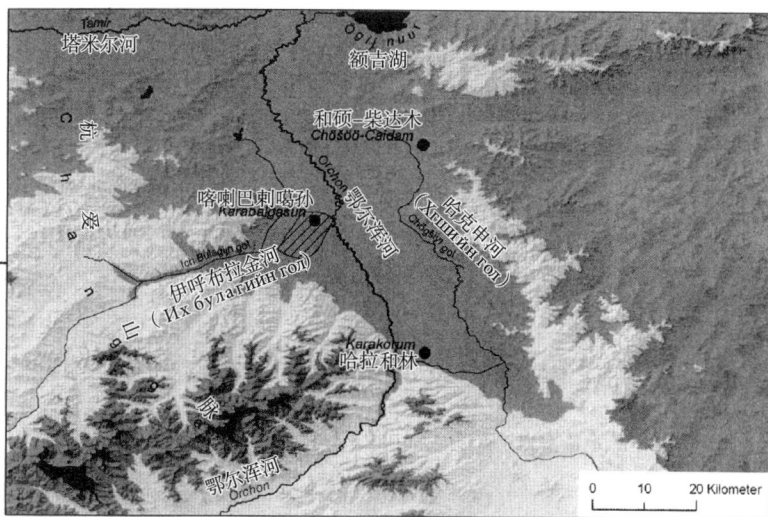

地图 2　鄂尔浑河沿岸的考古遗址（在 Dähne 2017 之后，p.12）

地图 3　截至 1891 年的喀喇巴剌噶孙遗址平面图（在 Atlas XXVII –1 之后）

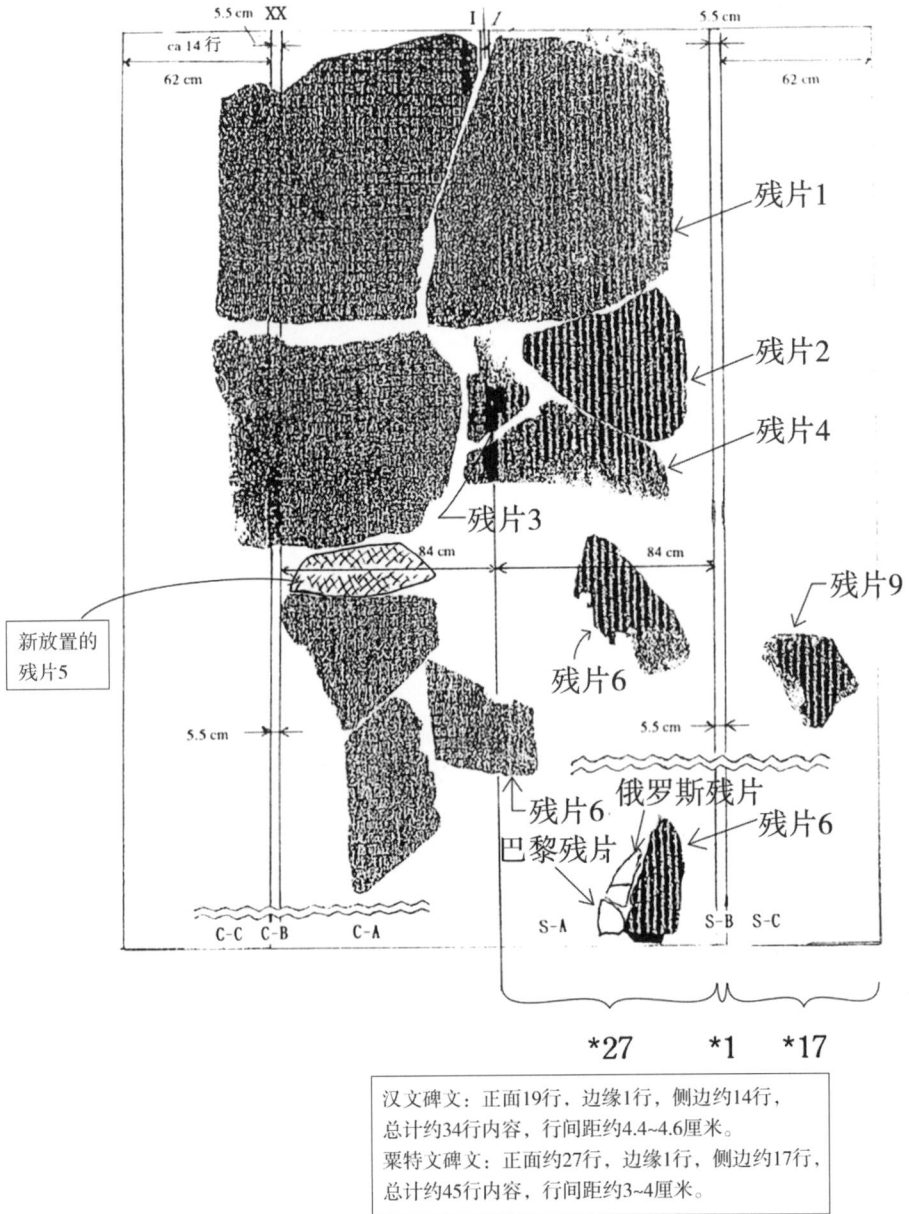

图版 1　保存下来的汉文－粟特文面残片的放置位置

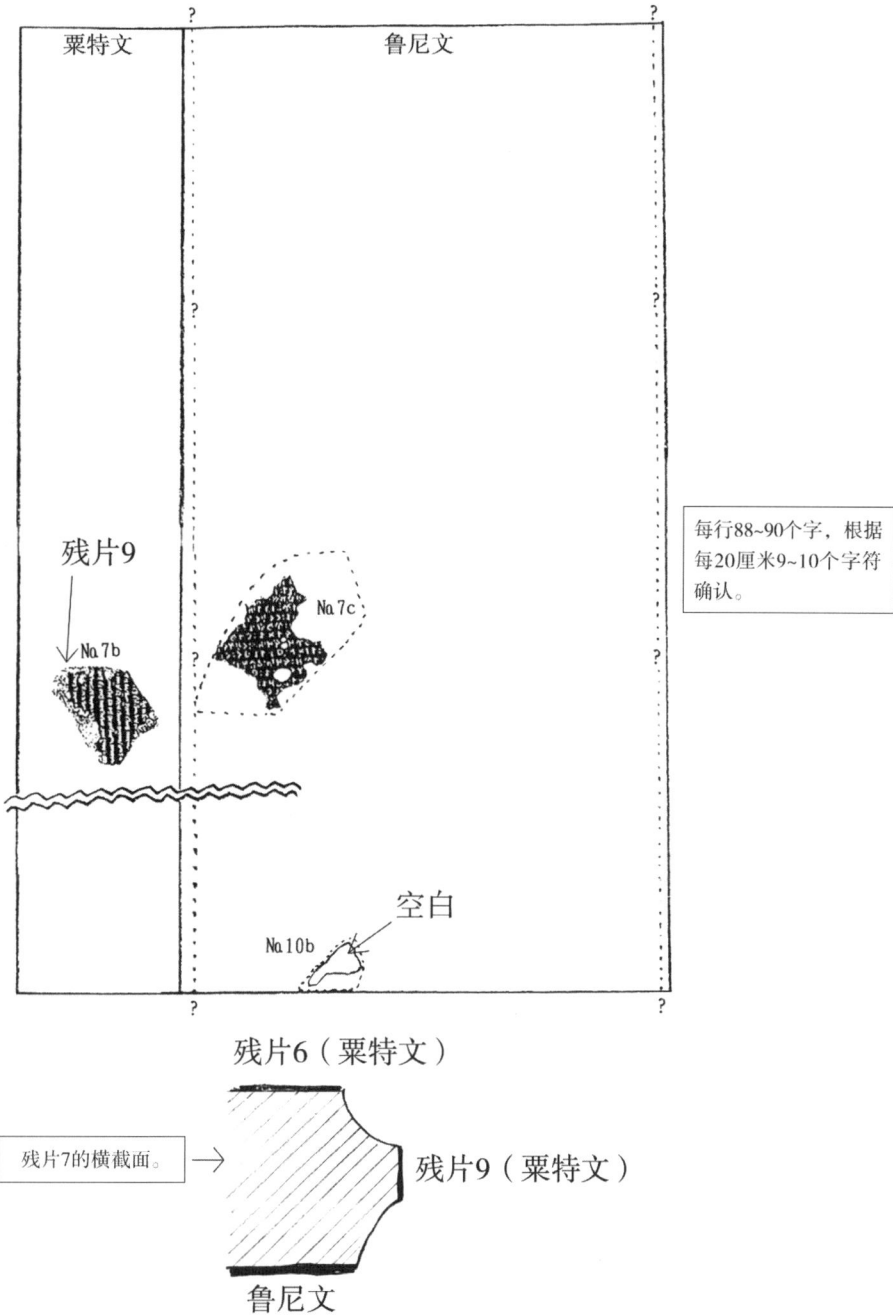

图版 2　保存下来的粟特文 – 突厥鲁尼文面残片的放置位置

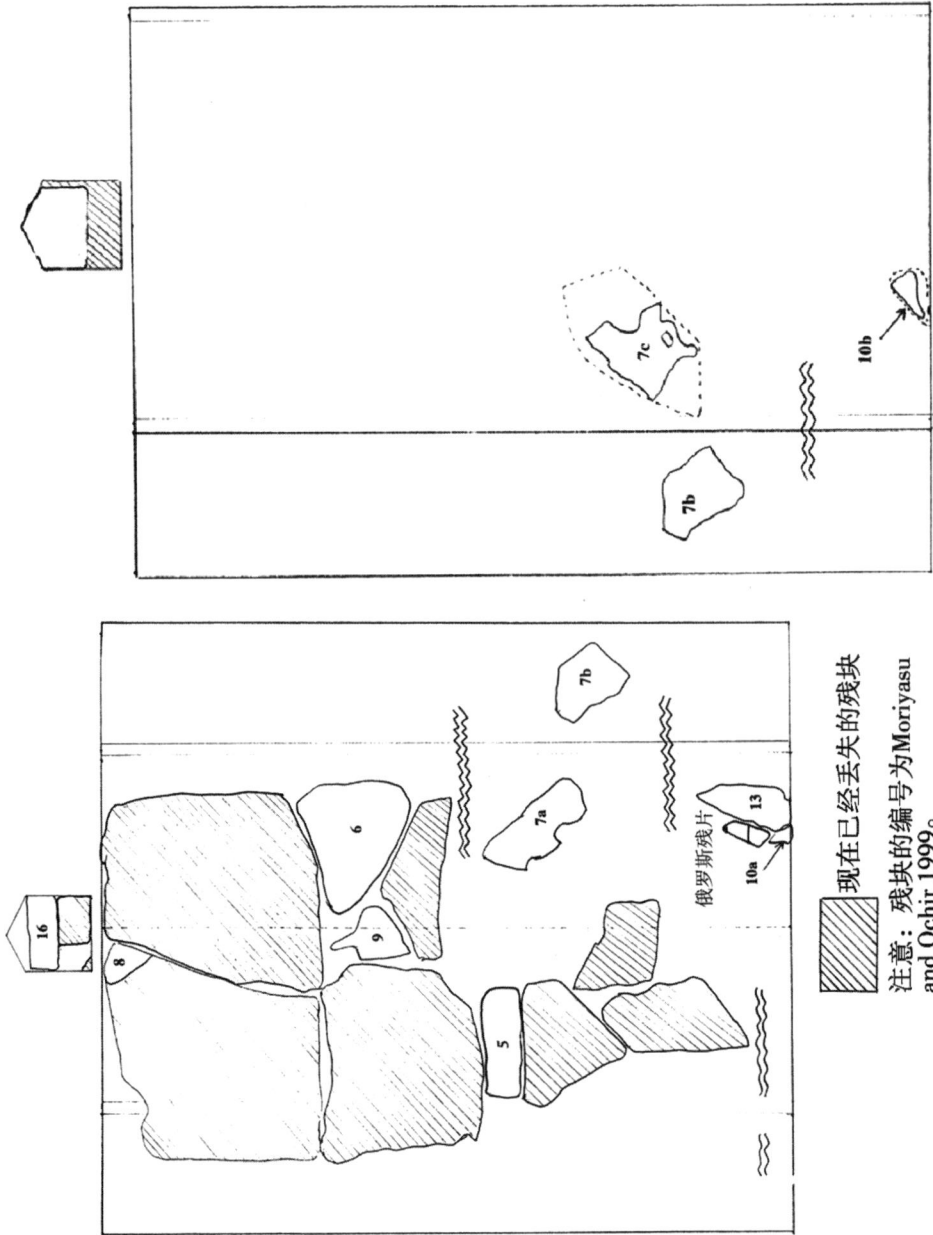

注意：残块的编号为Moriyasu and Ochir 1999。

现在已经丢失的残块

图版 3、4 遗址目前丢失的残块

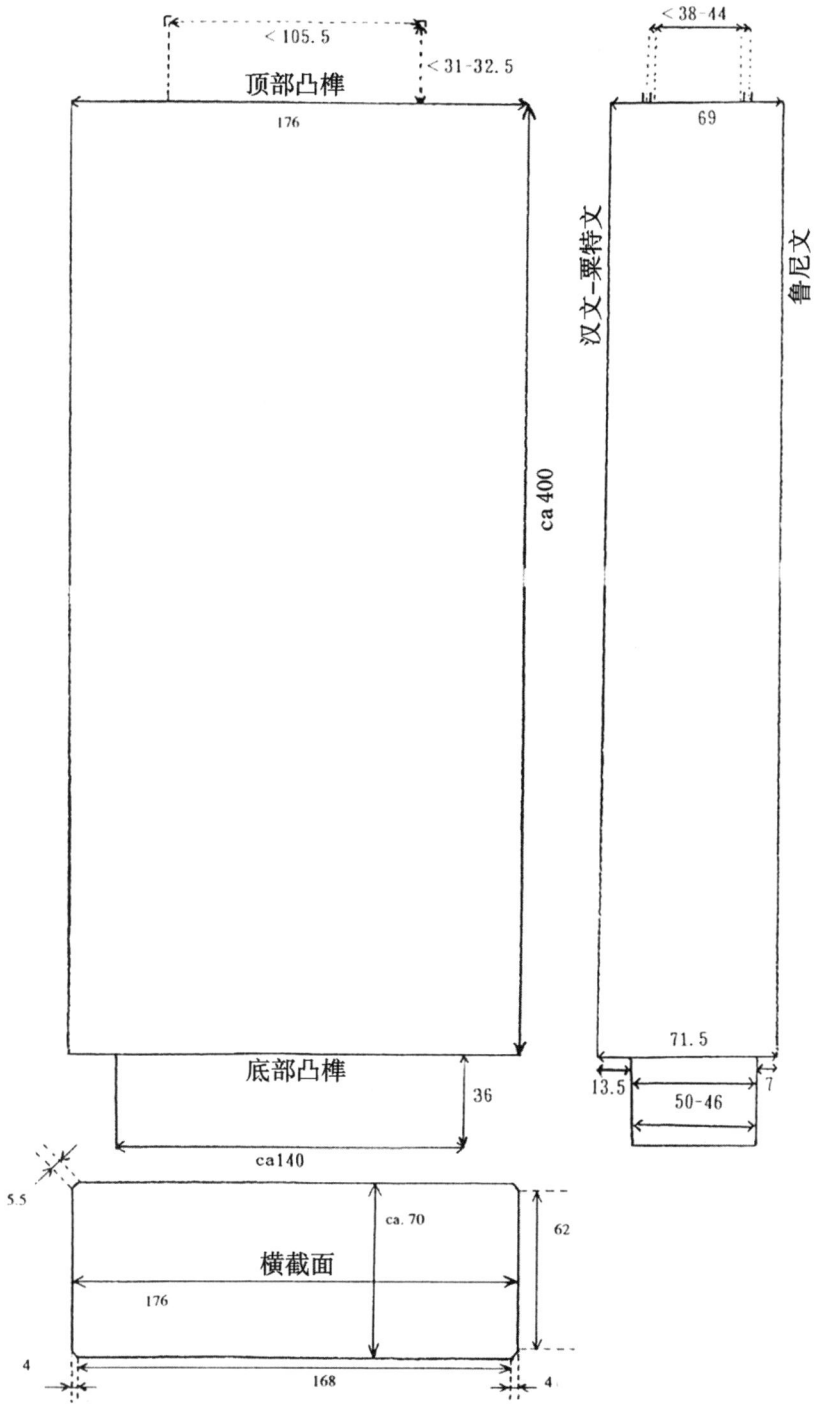

图版5　喀喇巴剌噶孙碑重建后的尺寸

说明：图中数据单位均为厘米。

左側　　　　转角　　　　前面（左半部分）

残片1

残片3

残片4

残片5

凡例　Explanation of symbols and conventions employed in this edition
Bold ——— Suggested restorations of wholly damaged letters.
太字 ——— 破損して完全に欠けている文字を推定復元したもの。
Italic ——— Letters partly damaged but restored with certainty.
斜体字 ——— 線画が多くあって、ほぼ確実に復元できるもの。
Italic in bold ——— Traces compatible with the reading proposed.
斜体字の太字 ——— 提出された読みが残画と矛盾しないことを示す。
ただし他の読みの可能性を排除しない。

19行目までは正面、20行目は衝どり部、21行目から側面で、34行目までは存在したと推定される。

汉文　粟特文

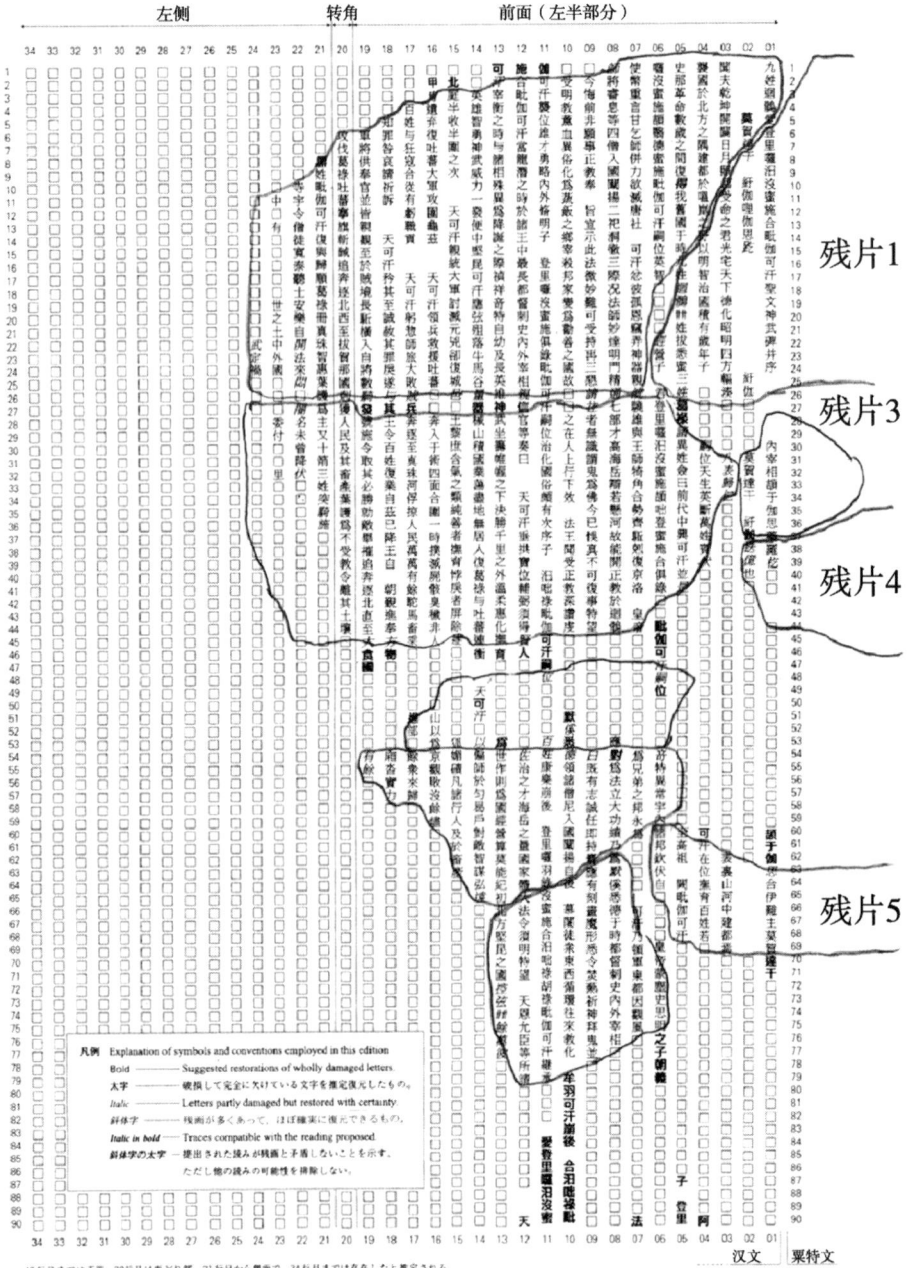

图版 6　汉文文本垂直排列

图形（a）

规范的 ’（alif）字体

So 14830: ’nt’y

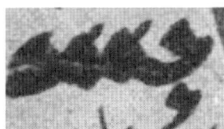
So 14830: l”y

残片 9，行 7: ’xš’w’nh

残片 1，行 15: nsty ’skwδ’skwn

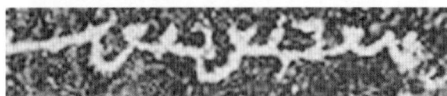
残片 9，行 6: γrβ’ky’kh

残片 9，行 5: γrβ

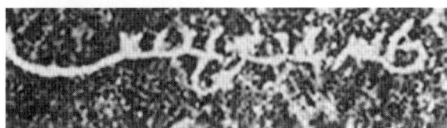
残片 9，行 7: t’z-’yk’n’k

残片 9，行 10: x’γ-’n

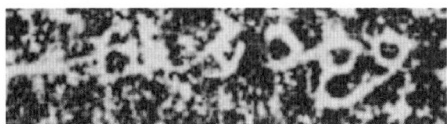
残片 1，行 12: pty-synt

残片 9，行 10: pyl-k’

So 14830: ly

图版 7　字母样本

图形（b）：所讨论形式的说明

行 1

1(1–1) 'lp or 'lp[w]

 1(1)

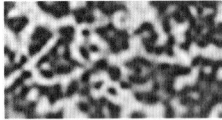 13(1) 'l–pw

 14(1) 'l–pw

 <*41> ''l–pw

1(3) (ny)–'kw

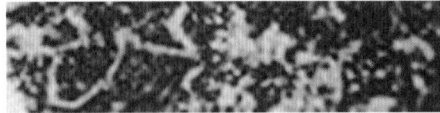

1(4) '[l]p(yn'ncw)

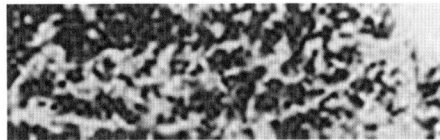

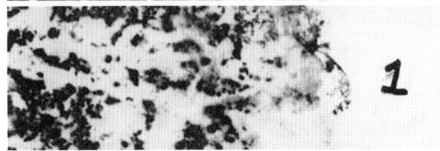 （京都）

1(5–1) mwnk vs 16(1) mwn'kw

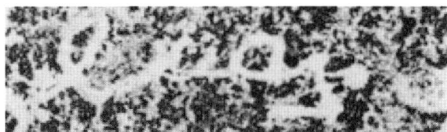

1(5)（京都）

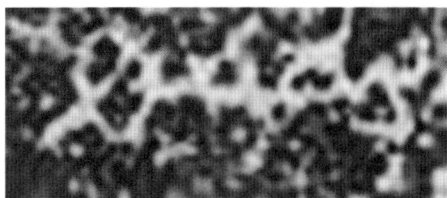

16(1)

1(5–2，3, 4) ms βγpwr'k np(')[yk

（京都）

行 2

2 (1–1) ny'k

（京都）

2 (1–2) xwtpwl–mys[

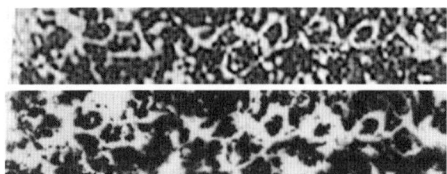

（京都） –mys

2(3)](•••y–γ)w(r) tykyn

2(4) YY2 γr](')n γny ZY m[rt'nyh]

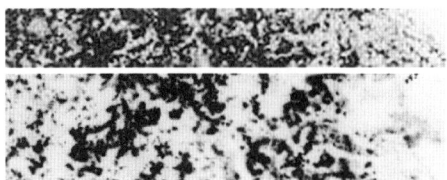

（京都）

2(5) JH/SW pt]s'k np'xštw, YY2](•••) np'xštw

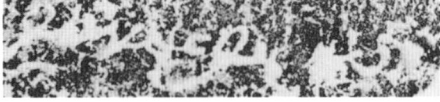

2(5) sγ[tm'n

行 3

3(1–1) γw'δwk

（京都）

3(1–2) 'l-p'yn'cw

（京都）

3(1–3) YY t(.) yγ(l-'x)r, JH t(•• 'l-p)yγl-'γyr, YY2 pγ'trx'n 空白 yγl-'xr

（京都）

翻模：在 pr'trx'n 后面大概有 8 厘米的空白空间

3(1–4) 'wtyr or 'wtwr

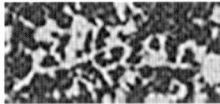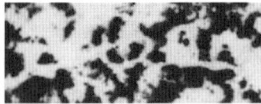（京都）

3(3)](•••)r 'wk' 空白

3(4) JH]p•šd (k)w (•)rd (•)ds pc(yp)y[..., SW]p•šδ (k)w [s]rδ•δs pc(yp) y[..., YY2](•••••••••)δ(•δ)s (•••••)[

（京都）

3(5) 'wk' 空白

行 4

4(1–1) JH 'βy–'wny ny, YY/SW/YY2 wm't'y ZY

（京都）

4(1–2) JH/SW γny–(n)t, YY2 γ(nk)yn

（京都）

γ(nk)yn w(m't)['n](t) rt[y

4(1–3) JH/SW 'wyγwr x'γ'n, YY2 w(m't)['n](t)

4(1–4) YY2 w(m't)['n](t) rt[y

4(4–1) JH]l (t)s(')nt, SW](pty)s(y)nt, YY2](pry)s'nt

（京都）（京都）

4(4–2) JH (•)p'r, SW *[y](w)'r, YY2 (prw)

4 (5)](••)yk ywk

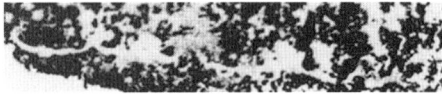

行 5

5(1–2) JH p'r'cy, YY/SW/YY2 p'ryc

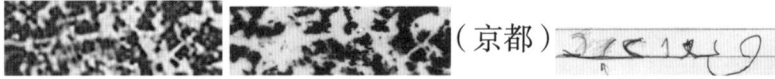（京都）

5(1–3) JH/SW xy(p) δ , YY2 γy(rt)r

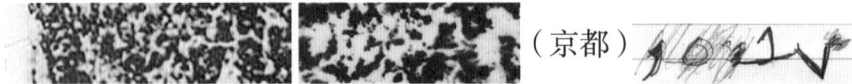（京都）

5(4–1)](M)N

（京都）

5(4–2) JH (w)yd(yt)y, SW/YY2 (')y δ (yt)y

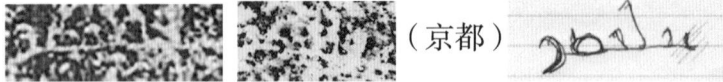（京都）

5(4–3) (y)x(w)st(')y

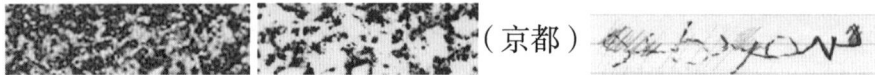（京都）

5(4–3, 4) JH (β)γ(w)stry γ••••••, SW *(y)x(w)st(')y x[..., YY2 (y)x(w)st(')y (γnk)[yn?

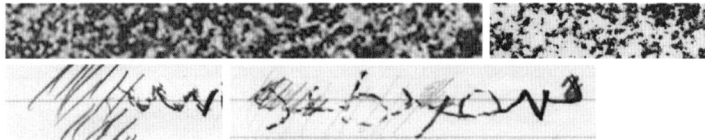

行 6

6(1–1) JH p(')y(')'w, p(r)y(r)'w, etc., SW *pc''w, YY pr'yw.

（京都）

6(1–2) ''šn's knty

（京都）

6(1–2) JH kynβr mnd, SW ky••• m(')δ, YY kyZY i s(r)δ

（京都）

6(1)–(2) YY2 βxtw[ny (2)tw](γ)

（京都）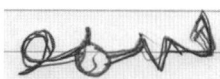

6 (2) JH /// wm't, SW] wm't, YY2 [tw](γ) wm't

（京都）

6(4–1) JH] ••βγ(y) (γw)nh,YY/SW ('xš'w'n)h, /YY2 ('xš'wn)h

（京都）

6(4–2) JH (')y t(y)p('y)t ny/ / / /, YY/SW ''y-t δ('r'n)t, YY2 'y-t δ('r'n)t

（京都）

行 7

7(1–2) OH/YY/JH/SW 'xš'wnδ'r, YY2 'xš'w'nδ'r

（京都）

7(1–3)YY2 m(n)x(yr)š

（京都）

7(1–4) šyn for *šyr

（京都）

7(4) JH/SW ʼl[p, YY (p)[, YY2 ʼ[wl-wγ?

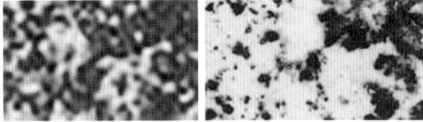

（京都）

行 8

8(1–1) YY m(..), JH/SW m(r)ty, YY2 (š)xy.

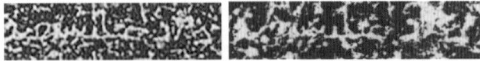

（京都）

Cf. mwnkw 1(5)

8(1–2) OH/YY/JH/SW <ctβʼr> kyrʼnw, YY2 kyrʼn

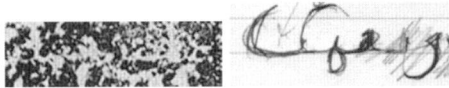

8(1–3) wyzpʼ

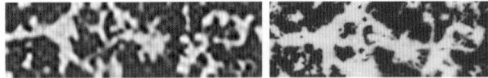

（京都）

8(1–4) pckwyr

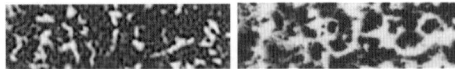

（京都）

8(1)–(2) SW (p)[t(2)y](m)wxs, YY [wy(2)](δβʼ)xs.

残片 2　　　　　残片 1

8(4) JH p/ / / / (4)/ / /(•šzn)y γrβʼkyh, SW p[r (4)](•šz) ZY γrβʼkyh, YY p[r (4) py](rʼy) ZY γrβʼkyh.

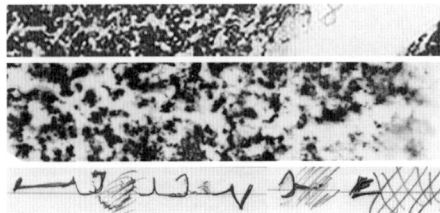

（京都）

行 9

9(1-1) βr'yδt

9 (1-2) ZKn

（京都）

9(1-3) OH δynδ'ry, JH dynd'(r)y, YY/SW δβrδ' ZY, YY2 *δβrδ' Z

（京都）

9(1-4) JH βwty'm or ywty'm, SW/YY2 xwty 'M

（京都）

9 (2-1) OH (t)γyw, YY (..)yw, JH/SW/YY2 pr'yw

9(2-2) 和 9(2-3) JH zkw βγpcystrw, SW/YY2 kw βγp(wr)st(n)w

9 (4-1) JH γ/ / / /[(4)](š/γ)td'rt, SW x[rt ... (4)](γ)tδ'rt, YY2 x[r'(4)](m)tδ'rt

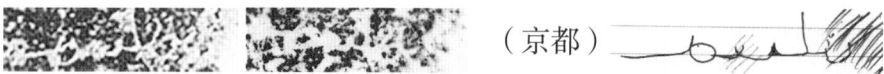（京都）

9(4) JH 'sp'yš/'sp'ys, YY/SW 'sp'(δy), YY2 'sp'(δy)['n]

（京都）

行 10

10(1-1) JH (dβ)ty(k)y, SW (δβ)ty(k)y, YY2: (δβ)tyk(w)

10(1-2) JH 'nγwncy, SW 'nxwncy, YY/YY2 'nxwncw

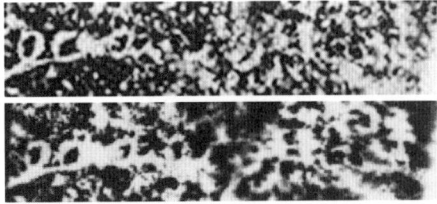

（京都）

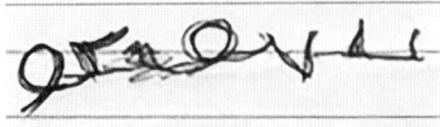

10(1–3) JH (zw'z)-y('nt), SW *(pt)z-(')'nt, YY2 "z-y<r>'nt

（京都）

10(1–4) JH: (w'βd), etc., SW (w'βyδ), YY2 (w'βr).

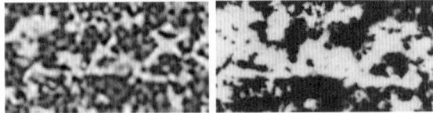（京都）

10(1–5) JH 'yny '(dp)t, SW 'yny 'δpt, YY2 'yny (n'p)t

（京都）

10 (2–1, 2) JH (y)ty (•)prm[']('y), SW (rty) prm('n), YY2 pr'yw mδy

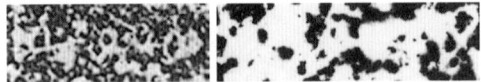（京都）

10 (2–3) JH/SW γrβtwk'n, YY2 ('w)ytwk'n.

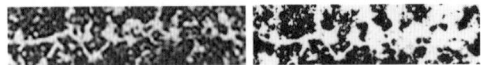（京都）

10 (4–1) JH](k)pγ p(y)z'nt "(s)t, SW](k)pγ p(t)z('n)t "(s)t, YY (''γ')
z-'nt ''(γ)t

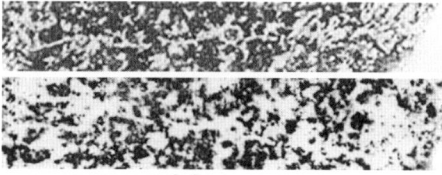

（京都）

10 (6–1) OH .. ctβ'r ptšmr. . . . .δ . . .tw, YY](..) ctβ'r p(tš)[m'r?, JH ///(t) ctβ'r ptšm(rt) •••δ• •••tw///, SW](t) ctβ'r ptšm('r) •δ• •••tw[, YY2](n) ctβ'r ptšm('r••••δ•••)[

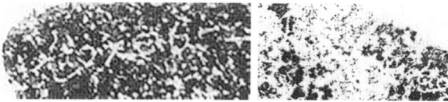

（京都）

行 11

11 (1–1) JH 'spyšy-my-k(')rw, SW *'spyšy-m(s)k(wn)w, YY(2) [•](p•) yšy-m(s)k(wn)w

（京都）

11 (1–3) JH (p')y y('n)t, SW *(pt)y-(syn)t, YY(2) 'rky βynt

（京都）

11 (1–4) JH (p)'ty 'pyšm/(r)t, SW (p)'ty 'pyšm(r)t, YY(2) 'krty p(tkr'y)t

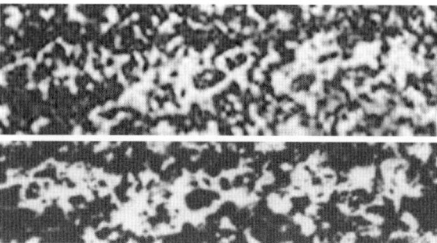

（京都）

11(2)–(4) JH ptcγšδ ////š, SW *ptcxšδ['r'nt ...]š, YY2 ptcxš(')[(4)](y)

11(6) JH ptcγt kw(n)d' pty (mw), SW ptcγt kwnδ' pty (mw)[z'k', YY2 ptcγt kwnδ' (p)['r]ZY[

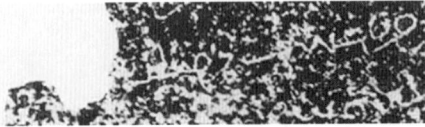

行 12

12(1–1) JH (wy)p(y)t or ''p't, SW/YY2 (wyδ)p(')t

（京都）

12(1–2) JH pšγtd'rym, SW pšγtδ'rym, YY/YY2 ('')γtδ'rym

（京都）

12(1–3) JH γm(d) or γm(y), SW γm(y), YY2 xyδ

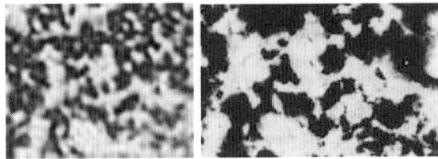（京都）

12(1–4) JH 'št///, SW 'št[, YY2 'krt(y)

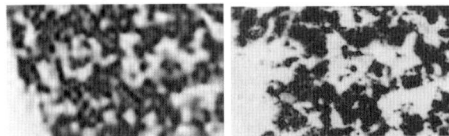（京都）

12(2–1) JH/SW γr't'kw, YY2 γr'(m)'kw

12(2)–(4) JH s/ / / /(4)/ /d(')rym, SW (s)[wγtw(4)]δ(')rym, YY/YY(2): (s)
[w(4)](c)ym

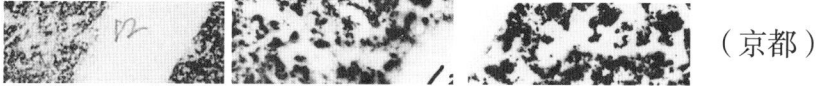

（京都）

12(4–1) JH s(nβ)w(š) βγy, SW *('š'n)w(x) βγy, YY(2) (γr)'n βγy

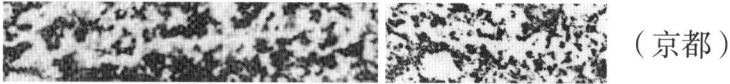

（京都）

12 (4–2) JH/SW/YY2 βγy m'rm'ny

（京都）

12 (6–1) JH /•γšy (z)kw(y), SW *(')xšy-(wn'kw)(?), YY2('sky?) ZY

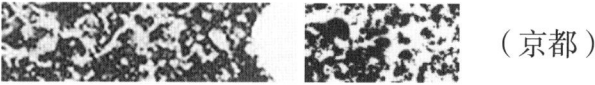

（京都）

12(6–2) JH βγy 'γšy-wny, SW βγy ('xšy-wny)(?) (•••), YY2 βγy mry
nywrw'n

nyw rw'n   βγy mry（大阪）

行 13

13(1–1) JH [wy]dβγs, SW [wy]δβxs, YY2 [w](yδβx)s

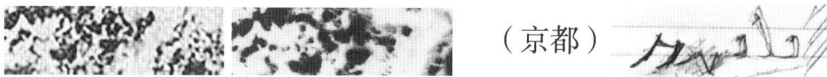

（京都）

13(2–1) YY 's(ky), JH 'γ's(')tk(w)γsyr γrβ, SW '(s•s•••w)xsyr γrβ, YY2
'(sky c'δ)r γrβ

13 (2/4) JH (w)/ / / /[ʼ]krtw dʼrt, SW (w)[ʼ]krtw δʼrt, YY2 (ʼ)[](k)rtw δʼrt

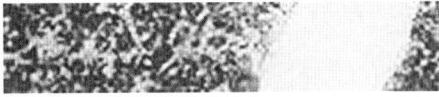

行 14

14(2) JH p(yry), SW p••••, YY2 p(yrʼy)

行 15

15(1–1) JH p(š)mʼγprn, YY/SW/YY2 (ʼšm)ʼxprn.

（京都）

15(1–2) k(w)z-py

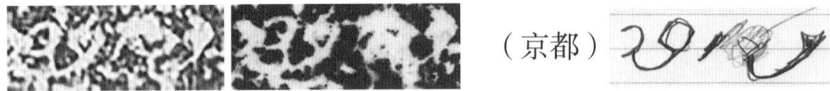（京都）

15 (2–1) YY sʼn, JH sʼ(t), OH/SW sʼ(r), YY2 *sʼ(r)

（京都）

15 (2–2) JH ptzʼnty, SW ptzʼnty, YY2 p(t•••)nty

（京都）

15 (4–1) SW/YY2 [z-]ʼwr

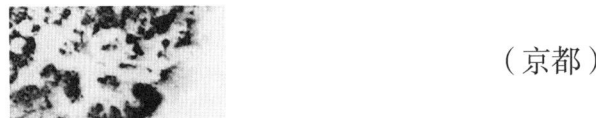（京都）

15 (4–2) JH/SW ʼxšʼwʼnδ[ʼ]ry (w)[ʼ]δy, YY2 ʼxšʼwʼnδ(ʼr••••••••)

15(4–3) YY2 wyspδ(ryt)[

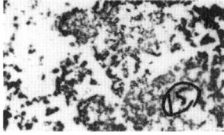（京都）

行 16

16(1–3) JH ptškw't, YY/SW ptškw'nh, YY2 *ptškw'nh

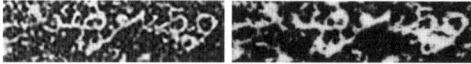（京都）

16 (1–3) OH/JH pw(rn)βγty, SW *pw(rny'n)ty, YY2 pw(yrw)xty

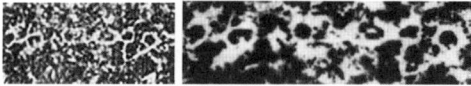（京都）

16 (1–5) JH '(š)t n'm, SW (t)[wγ ZY] n'm, YY2 t(yk)'yn n'm

［京都：t(yk)'yn］

［拓片：t(yk)'yn)］

16 (2)–(4) JH (cn)t/ / / /(4)/ / /(t), SW 'ny'z–'nk[(4)](w), YY2 'ny'z–'
nk[(4)](#)

16 (4–2) JH d(β)yš('n)t z'/ / / /, SW δ(β)yš('n)t z'[yh, YY2](L') xypδ[

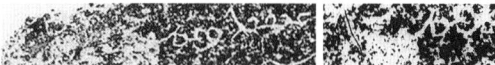

16 (6–3) JH/SW cywyδ p't (šrγw), DMSB cywyδ p't mrxw, YY2 cywyδ
p't (••••)

（京都）

16 (7–1) JH / / /kryd', SW tn]kryδ', YY2](k)[••](')n

16(7–2) JH 'šmrw, SW ('z)m(n)w, YY2 ('ncm)nw

行 17

17(1–1) OH wn'kw, YY w'nkw, JH/SW/YY2 (p)wkw

 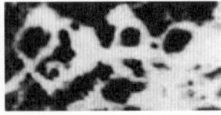　（京都）

17 (1–2) JH '(')γw(nš), SW *'(')x('ns), YY2 ''xw'š

17 (1–2) JH '(')γw(n)št, SW '(n)xw('s)t, YY2 ''(x)w('š)t

 　（京都）

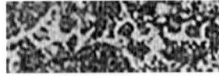 　（京都）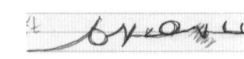

17(1–3) YY δ(βt-ykw), JH d(ysy)w, SW δ(βtyk)w, YY2 δ(βty)w

 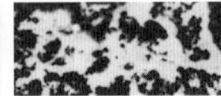　（京都）

17 (1)–(2) JH k'////(2)///šy-wn'k, SW/YY2 (')[(2)x]šy-wn'k

17 (4–1) JH (p)y(š)ydt, SW (n)y(š)yδt, YY2: *(pyst)δ(')t

 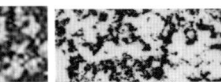　（京都）

17 (4–2) JH pt(y•)d •••t, SW pty•δ•••t, YY2 (rty δnn)

 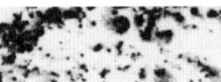　（京都）

17 (6–1) OH c'δr(!), JH/SW (nm'c), YY2 *(z-)mn(w)

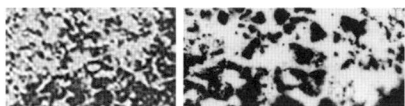

（京都）

行 18

18 (1–1) JH (w)'γ•••//••(š)ty, SW (w)'γ[•• βr'y](š)ty, YY2 y'(k)[wβ βr] ('yš)ty

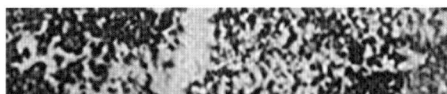

（京都）

18 (1–2) OH/JH 20, YY/SW/YY2 40

（京都）

18 (1–3) JH p/ / /, SW p[r], YY2 (pr)

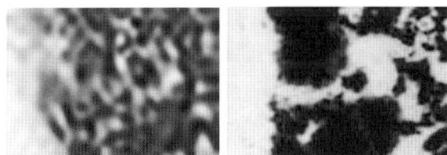

（京都）

18 (2–1) JH p(r pw) prd, YY pr (s..p.)δ, SW pr wysprδ, YY2 pr š(yr) p(')δ

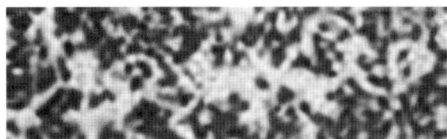

18 (4–1, 2) JH / / /'syd' kw(n)d', SW]'syδ' kw(n)δ', YY2](•)syrk kw(r)δ

（京都）

18(4–3) JH/SW ••••••••, YY2 mr(t)[xm'yt].

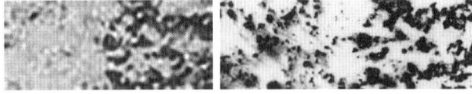

（京都）

18 (6–1) JH/SW]t(yn), YY2 ky](m')k

（京都）

18 (7–1) krt'k/knt'k

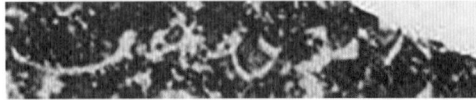

18 (7–2) JH δynyntskwn, δββyntskwnw, or δβryntskwnw, YY2 δβr'ntskwnw

行 19

19(1–1) JH prwr(y)t'(•k) kr(n), SW prwrt['](k) *(ZKn), YY2, prwrt['k M]N k(ws)'n

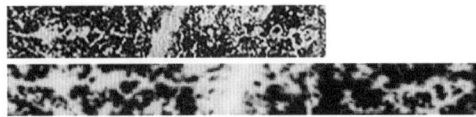

（京都）

19 (1–2) JH twγr(y)k'tny, SW twγr(y)k(c')ny, YY2 twγr'y(s)tny

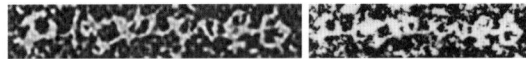

（京都）

19 (1–3) JH 'ny 'ty, YY/SW 'ny 'ny, YY2 'ny-'ty

（京都）

19 (2–1) JH ('s)pty, YY/SW/YY2 (xw)ty

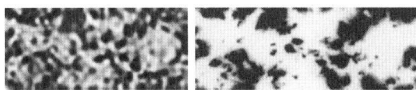

（京都）

19 (2)–(4) JH t/ / / /(4)/ / /d(•t), SW t[.(4)]δ(•t), YY2 [s(4)']n

（京都）

（翻模：残片 4）

19 (6) JH γ('nt) / γ(w'y), SW/YY2 γ(n')y

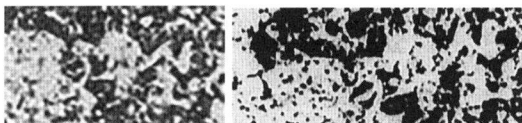

（大阪）

19 (7–1) JH / / /γd'rt, SW]γδ'rt, YY2](t)δ'rt

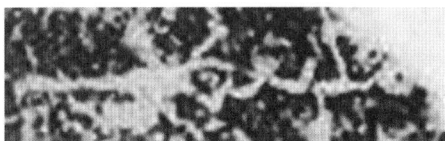

行 20

20(1–1) YY2 (r)[t]y

（京都）

20(1–2) SW ptw'sty, JH/YY2 ptwysty.

（京都）

20 (1–3) OH s'rβ'γty, YY/JH s'rβγtyJ, SW (xrl-w)γty, YY2 xrl-wγty

20 (1–4) JH '(nw'z)kr, YY/SW 'nβrz-kry, YY2 'nβrz-kr.

（京都）

Cf. 20 (7) 'n β rz–kr w'sty

20 (1–6) JH mnd, SW *m(')δ, YY2 m('y)δ

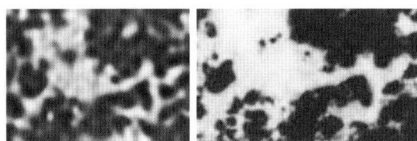

（京都）

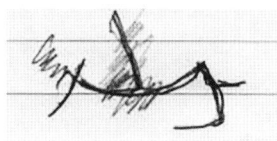

20 (1–7) JH (')'st(n')k, SW (')'st('r)k, YY2 (')'st(ny)k

（京都）

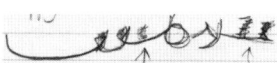

20 (6) JH /p(cw)m', SW]p(c')m', YY2] (')mn

（京都）

20(7) YY2 [p](r) wyš'nt

行 21

21(1–1) JH/SW p(y•)t, YY2 (pyz)t

（京都）

21 (1–2) JH/SW p(')šk'r, YY2 p(r)šk'r

（京都）

21 (1–3) JH/SW kw pt[(2)]t, YY2 kw ('n)[y (2) γr](β)

（京都）

21(2–1) JH rtšy ~ ptšy ~ ktšy, YY/SW (β r')šy, YY2 (pr')šy

（京都）

21 (2–2) YY wym'nt, JH/SW/YY2 wyš'nt.

（京都）

21 (7–1) JH / / /(y)m(w)m(d'), SW](')mwmyn, YY2]mwmyn

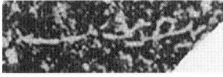

行 22

22 (1–1) JH ...(t)/ny (or ..γšny, etc.), SW (••t) ZY, YY2 [p'](š)

22(1–2) JH/SW γrβ, YY [γ](r)β, YY2 [w]'β

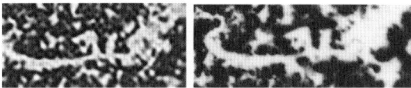

（京都）

22 (1–3) JH (')'zy(ty)t(y'd) ny, SW *'('z'ty)t(y *δn), YY2 (''z'ty)t ZY

（京都）

22(1–4) JH pylk', YY/SW/YY2 p(rnxw)[nt'k]

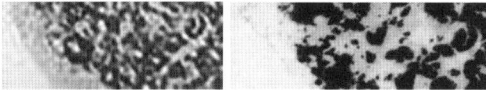

（京都）

22 (2) JH (np)/ / / /, SW/YY2 (p)[ts'k]

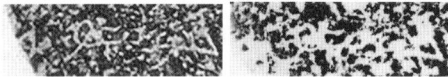

（京都）

22(6) JH/SW [p]ts'r, YY](•) s'r.

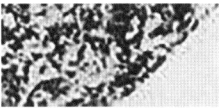

22(7) JH pr βγ(y) (•), SW/YY2 pr βγ(y)

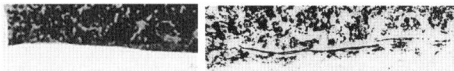

（大阪）

行 23

23 (1–1) JH ••'γšy, SW](w)γšy, YY2 wγ](š)y

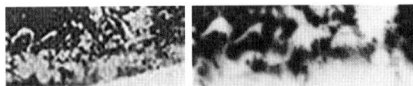

（京都）

23 (1–2) YY ('y)w, OH/SW 'yw, JH/YY2 cw

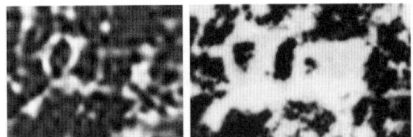

（京都）

行 *33 = 残片 9, 行 2

JH βγy ny, SW βγy ZY, YY2 (βγ)y ZY

JH d(yw')t, SW δ(ynh), YY2 δ(w••)

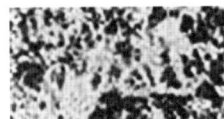

Cf. βγy ZY δynh (Frag. 8, 行 2)

行 *34 = 残片 9, 行 3

JH (r)m(•) (w')'yw, SW (r)m['](p)r'yw, YY2 ••• (pr)'yw

行 *35 = 残片 9, 行 4

JH prβry'(.)t, SW prβ'yr(')t[, YY2 prβ'yrt[δ'rt?

行 *36 = 残片 9, 行 5

JH (z)ds•••, SW δp[yry'kh, YY2 1-(LPw)[

JH •••(kyyw) •••, SW •••w•••, YY2](’p)ryw[

行 *39 = 残片 9, 行 8

OH/YY/JH/YY2 ky, SW pr

行 *40 = 残片 9, 行 9

JH ’γš’w’nty d/ / /, SW ’xš’w’nty δ[, YY2 ’xš’w’nty-(h)[

残片 8, 行 4

JH ’krty •••(n)yd s(γ)[, SW ’krty (cyw)yδ sx••[, YY2 ’kr(ty)[cyw]yδ sγ[tm’n

残片 8, 行 5

JH ’βt’d’nyh[, SW ’βt’δ’nyh[, YY2 ’βt’δ’ny’ [

残片 8, 行 6

JH dβ’nz pty(r’yd)[, SW δβz(’) pty(’r•••)[, YY2 δβnz pty(’r •••)[

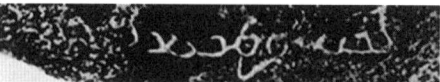

入华粟特人石葬具的发现与研究史*

马伯垚

（西北大学文化遗产学院）

摘 要：入华粟特人石葬具的研究已经超过百年，其图像装饰中浓厚的异域风格自20世纪初即吸引了诸多关注。不过，在缺乏比较材料的情况下，讨论持续了近80年，方才辨识出其族群身份与宗教特征。千禧年前后，入华粟特人墓葬的连续出土引起了学界轰动，彻底改变了这一领域的研究面貌，对袄教美术、中亚宗教与丧葬习俗的讨论迅速丰富起来。近年来，入华粟特人石葬具的研究仍然热烈，在共识与分歧并存的情况下，已然形成了成熟的研究路径与明确的问题域。这既说明这一领域已相当成熟，同时也意味着研究开始趋于同质化。回顾入华粟特人石葬具的研究历程，探究关键性突破的形成，反思存在的问题，可以为研究方向的拓展提供新的可能性。

关键词：石葬具 入华粟特人 研究史

入华粟特人石葬具是北朝考古与艺术史研究中长盛不衰的议题，20世纪初就已出现在海外艺术品市场，得到艺术史家持久的关注。千禧之交，虞弘墓、安伽墓、史君墓等一系列入华粟特人墓葬的发现在中国引起了粟特研究的热潮，其所使用的石葬具以复杂、精湛的图像而成为研

---

* 本文受到"国家资助博士后研究人员计划"（GZC20232147）资助。

究的重中之重，产生了无数丰富而精彩的研究成果。入华粟特人石葬具的新发现已渐趋沉寂，相关研究纷繁复杂、观点各异，却又存在一定程度的同质化。重新回顾入华粟特人石葬具的研究史，对百年以来的主要观点与研究方法进行梳理，反思研究现状的形成，无疑将有助于这一重要研究领域的推进与拓展。

如果以时间为序进行回顾，入华粟特人石葬具的研究在千禧年前后呈现出完全不同的面貌。造成这一差异的原因，一方面是研究材料的更新，有关入华粟特人石葬具若干重要认识的形成，都离不开当时新见资料的直接影响，可以说资料既是研究的推进剂也是绊脚石，在丰富研究对象的同时，也限制了问题边界与论证依据；另一方面是研究理念的变化，起初石葬具是作为"艺术品"而得到关注的，随后其作为"图像史料"的价值得到重视，成为中外文化交流史的重要议题，近年来，石葬具作为"墓葬礼仪用具"的属性得到了更多的关注，形成了新的研究取向与路径。材料的更新可以带来新的观点与认识，理念的转变可以带来新的学术问题与研究方法。下文将详细梳理入华粟特人石葬具的发现与研究历程，力求勾勒出"问题域"的形成过程与研究理念的变化轨迹，探究关键性突破的形成，反思存在的问题。

一、20 世纪流散海外的入华粟特人石葬具

（一）"安阳床"：入华粟特人图像的最早辨识

在中国艺术品大规模流向海外的初期，石质雕刻并未受到太多关注，彼时中外收藏家对石刻的兴趣还停留在其上的文字内容，直到 19 世纪末，欧美收藏家才逐渐将佛像、画像石等石刻视为具有审美价值的"雕塑"（Sculpture）[1]。与此同时，不少海外古董商活跃在洛阳、安阳、开封等地，无数器物被盗掘出土，自此大量北朝石葬具构件开始流亡海外 [2]。

被当今学界称作"安阳床"的石葬具，分散收藏于美、法、德三国

的多家博物馆，是最早受到海内外学界关注的入华粟特人石刻。不过，对其时代与性质的准确辨识却花费了相当长的一段时间。1914 年，在纽约大都会艺术博物馆举办的"早期中国的陶器与雕塑"（Early Chinese Pottery and Sculpture）展览上，出现了弗利尔（C. L. Freer）收藏的 3 件石刻（现藏于弗利尔美术馆）。在展览图录中，执笔者霍布森（R. L. Hobson）将其认定为唐代作品，并指出图像受到印度与波斯文化的强烈影响 [3]。1922 年，萨尔莫尼（Salmony）公布了一对科隆博物馆收藏的石阙模型（即石床围屏中的双阙形前板）[4]。三年后，勒科克（Le Coq）对这组石刻进行了简要的说明，将其上的人物解释为贵霜国王派往中国的大使 [5]。

图一　大都会艺术博物馆展览图录中出现的"安阳床"构件

（采自 S. C. Bosch Reitz, *Catalogue of an Exhibition of Early Chinese Pottery and Sculpture*, Plate 330–331）

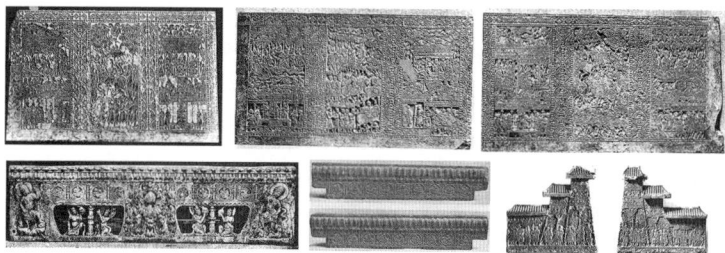

图二　喜龙仁公布的"安阳床"组合

（采自 Osvald Sirén, *Chinese Sculpture: From the Fifth To The Fourteenth Century*, PL.444–450）

1925 年，喜龙仁（Sirén）第一次将上述石刻以及收藏于波士顿美术馆、卢浮宫（现藏于吉美博物馆）的 3 件石围屏组合起来，指出这些是同一套器物上的构件，共同出土于河南北部的彰德府附近（即今安阳周边），被当地人称作"曹操床"。至此，"安阳床"首次相对完整地呈现在海内外学界的目光中。不过，喜龙仁认为其应是唐代作品，他指出遍布其上的联珠纹、茴叶纹具有明显的中亚风格，围屏主体人物则有突厥人的特点[6]。此后索泊（A. Soper）在研究阿育王塔时也提及了该葬具图像，认为围屏中出现的穹顶建筑表现的是突厥人的世俗建筑形式[7]。

"安阳床"图像上显著的异域风格从一开始就引起了多位学者的兴趣，产生了印度、波斯、贵霜、突厥等多种指向。由于北朝石刻对比材料的缺乏，早期学者多误认其为唐代石刻。直到 1947 年，罗兰（Rowland）注意到了该图像与响堂山石刻之间的相似性，因此断定其时代应当在 6 世纪晚期，图像风格来源则很可能与萨珊文化有关[8]。这实际上已经非常接近当今学界对其时代与来源的共识。此后西克曼（Sickman）与索泊延续了他的观点，指出联珠纹框内的乐伎有明显的波斯风格，与萨珊宫殿的图像装饰非常相似。围屏图像中出现的来通、银碗、建筑也都是萨珊风格的。因此，他们认为这件石刻是外国工匠为某位入华中亚人墓葬所制作的[9]。

1958 年，斯卡利亚（Scaglia）完成了对"安阳床"最为重要的早期研究[10]。她注意到，围屏图像有两个最基本的主题，一是坐在葡萄藤架下或亭子里饮酒的贵族人物，二是有随从相伴的骑马贵族人物，这都是萨珊图像的传统。而图像中的宴饮场景，则与萨珊传统下新日节（Nowroz）、密特拉节（Mihrgahn）的仪式内容具有高度的相似性，因此围屏上的图像很可能反映的就是萨珊文化中的节日场景。在此基础上，她意识到萨珊文化当时在中亚的广泛影响力，因此继续对石刻的族属来源进行了探索。根据乐器与服饰方面的特点，她首先指出了其与巴克特里亚地区的紧密联系，然后结合北朝文献记载中对中亚民族服饰、习俗、地理位置的描述，否定了贵霜、突厥的可能性，最终将目标认定在嚈哒控制下的粟特人身上，提出墓主人很可能是邺城附近的粟特人首领"萨保"。

斯卡利亚在当时缺乏同类图像比较的情况下，依靠对文献记录的考察，准确地将这套石床与北齐的粟特人联系起来，可以说是十分有洞察力的。不过，由于参照依据是响堂山石窟，对于"安阳床"图像的宗教文化特点，她只是强调了其中的佛教元素。她认为萨珊文化在兴都库什山南侧受到印度宗教的影响，因此其文化中的统治者崇拜与佛教信仰发生了融合。尽管她也注意到了火坛与祭司戴的口罩（文中称作 chin strap，即"下巴带"），但囿于当时学界对祆教图像的认识，她将火坛认定成了佛教的香炉，从而忽视了祆教信仰在该图像中的反映。

此后加伯特（Gabbert）继续在佛教信仰的方向上对"安阳床"进行了探讨，推测其来自北响堂山第 4 窟，并尝试对整体形制进行了复原[11]。另外，耶茨（Yetts）曾于 1929 年公布了伦敦维多利亚和阿尔伯特博物馆收藏的一件石床前挡，从其图像特点来看很可能也是入华粟特人的遗物。不过耶茨与斯卡利亚的思路相同，通过与云冈石窟、天龙山石窟的比较，认为其描绘的是佛教主题[12]。

图三　维多利亚和阿尔伯特博物馆收藏的石床前挡

（采自 Patrick Wertmann, *Sogdians in China: Archaeological and Art Historical Analyses of Tombs and Texts from the 3rd to the 10th Century AD*, Fig.99）

（二）"安阳床"祆教美术色彩的揭示

在斯卡利亚揭示了"安阳床"与粟特人之间的关系后，学界对其宗教属性的认识仍然以佛教为主。不过，随着中亚考古的进展，特别是片治肯特（Panjikent）古城的发掘，粟特人与祆教美术的面貌逐渐清晰起来。1994 年，马尔沙克（Marshak）依据大使厅壁画等考古发现，指出"安阳床"门阙侧面的图像是祆教祭祀的场景，其正面则是在仪式中向祭祀地点行进的队伍。他认为尽管石床基座的图像与佛教相似，但表达的并非佛教内容，整体图像都是中亚节日的场景[13]。

1999 年，"安阳床"的内容及其与祆教美术的关系被介绍至国内学界（此前海外学者称之为"彰德府床"，国内学者即以当今地名改称"安阳床"）。施安昌出于谨慎的态度，没有把双阙与围屏视作一物，只详细讨论了围屏图像的内容。他认为各屏正中的是主图，包括节庆、游猎、出行等主题，而两侧只是配图，文中并未详细描述。随后他依次讨论了图中的服饰、酒器、建筑，认为均与萨珊文化有关。最后他联系到冯邕妻元氏墓志与苟景墓志纹饰中的祆教文化图像，认为该石床与中亚祆教有渊源，不过是在中国制作的[14]。

姜伯勤更为详细地介绍了"安阳床"的结构、尺寸、图像与研究概况。他首先针对丧葬形式进行了探讨，认为其与普通祆教徒使用纳骨瓮的做法不同，应当是受到波斯王族在崖葬中保存尸体的影响。此外，胡人在北齐受到重用，也促使他们使用汉式棺葬。随后他展开了对图像的讨论，认为双阙图像的主题符合萨保拥有仪仗随从、主持祭祆仪式的特点；围屏宴饮图反映的是野外的祆教祭祀、庆祝活动，但建筑都是北齐式的，因此其描绘的场景发生在北齐。他还将图像中的波斯式吉祥鸟图像、宴饮图像、植物祭祀图像抽出来单独讨论，指出其受到粟特美术的影响[15]。

通过喜龙仁、罗兰、斯卡利亚、马尔沙克等学者的层层推进，流散各地的"安阳床"被一步步地揭示出年代、族群与宗教文化信息，并在 20 世纪末被引入国内学界。尽管"安阳床"被介绍至国内学界的时间相当晚，但此前的深厚铺垫使得国内学界的认识已相当深入。

（三）"美秀床"

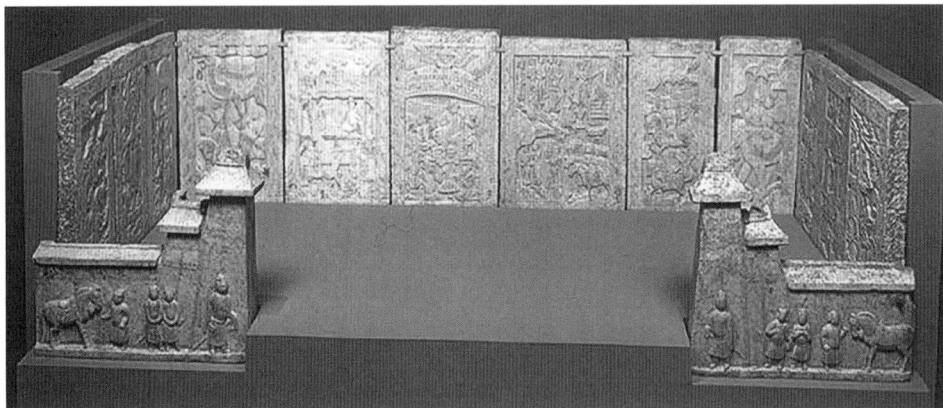

图四　美秀美术馆收藏的围屏石床

（采自美秀美术馆官网，https://www.miho.jp/booth/html/artcon/00000432e.htm）

在"安阳床"被介绍到国内学界之时，另外一套与入华粟特人相关的围屏石床进入了国际学界的视野。这套石床出现在大都会艺术博物馆的展览上，后来收藏于日本美秀（Miho）美术馆。1992 年，"美秀床"的基本信息由拉里（J. J. Larry）首次在图录中披露。朱安耐撰写了前言，她指出其图像反映出印度艺术、萨珊艺术的影响，与"安阳床"的不少图像细节都很接近。图像贴金、彩绘的特点，与北齐佛造像一致，反映了北朝晚期不同文化调和共存的整体特点[16]。乐仲迪随后围绕其中一屏展开讨论，认为内容是祆教葬礼中的感恩仪式（afrinagan），狗的出现则反映了祆教葬礼中的"犬视"，以葬礼图像装饰葬具的做法，与粟特纳骨瓮的装饰手法类似[17]。

此后朱安耐与乐仲迪又合作发表了两篇研究文章。一篇专门讨论了两幅图像中的乐舞图，认为分别是中亚的胡旋舞与中国的长袖舞或盘鼓舞，同时对出现的各种乐器类型进行了分析，特别指出其中属于中亚的拉巴巴琴（rabab）与奇特拉琴（zither）的刻画存在错误，显然工匠并不熟悉原物，可能只是复制了图像[18]。另一篇则重在讨论图像的整体逻辑，认为火坛仪式与宴饮场景位于围屏正中心，是整个石床的视觉焦点，其他图像都被正面的双阙遮挡，因此图像表达的主题是墓主人参与婚礼、葬礼的场景[19]。

此外，大都会艺术博物馆的展览图录提供了石材性质、彩绘颜料与拼合方式等重要信息。执笔者认为墓主是居住在北周的突厥人，并以北周、北齐佛造像的风格差异，论证其与"安阳床"之间的风格差异，而图像中的粟特因素只是源于突厥对粟特的统治[20]。

与"安阳床"认知的曲折历程不同，"美秀床"从一开始就与入华粟特人、祆教美术建立起联系，其图像主题更加复杂多变，使得图像细节方面的讨论更加深入。不过，"美秀床"的真实性在面世之初存在不小的争议，参与研究者寥寥。尽管"安阳床""美秀床"引起的关注有限，但为入华粟特美术的研究打下了充分的基础，以至于后来虞弘、安伽等墓葬被发现时，学界能迅速辨识出其中的粟特美术元素。

二、世纪之交：考古发现与入华粟特人葬具研究的热潮

（一）第一次浪潮：虞弘墓与安伽墓的发掘

1999 年 7 月，太原发现了隋代虞弘墓；2000 年 5 月，西安发现了北周安伽墓。这两座墓葬的发现迅速成为学界研究的热点，几乎改变了北朝石葬具的整体研究面貌。在 2000 年召开的"汉唐之间艺术与考古"国际学术会议上，虞弘石葬具的材料得到了充分的讨论，产生的成果恰好涵盖了此后入华粟特人石葬具研究的三种基本研究路径。

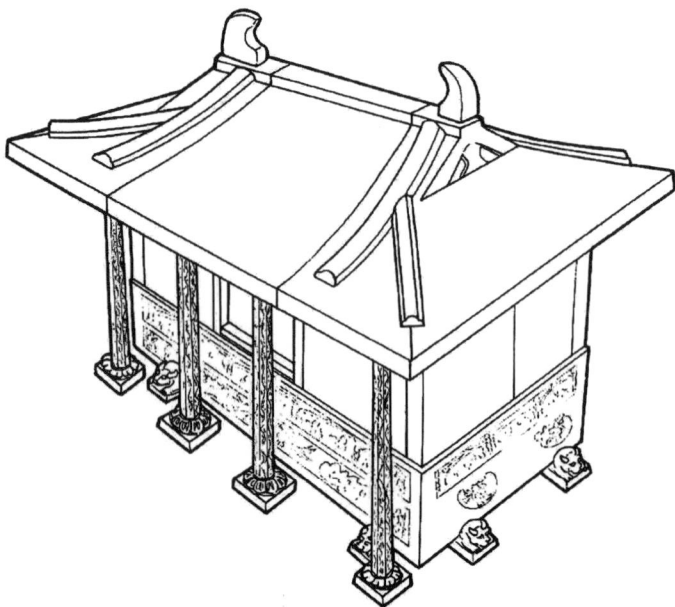

图五　虞弘墓出土的石葬具

（采自山西省考古研究所、太原市文物考古研究所、太原市晋源区文物旅游局《太原隋虞弘墓》，文物出版社，2005 年，图 15）

图六　安伽墓出土的石葬具

（采自陕西省考古研究所《西安发现的北周安伽墓》，《文物》2001 年第 1 期，图一三）

　　张庆捷介绍了九块壁板的浮雕图像，认为图像内容显然与墓主的民族生活、宗教信仰有关，歌颂了其信仰虔诚、能歌善舞、勇敢善战的特质。他指出，图像多以侧面、半侧面表现人物，源自波斯、亚述等西方

的图像传统 [21]。

姜伯勤指出，虞弘出使过大夏故地，而葬具上的火坛形象正与大夏故地神庙遗址的火坛有很多共同点。他试图解释这组图像的"图像程序"，并与中亚、西亚图像进行了大量的比较，认为这组画像的主题是尘世之人通过善言善行进入天界的过程 [22]。不过他径直将最精致的图像设定为一组，并未考虑图像的空间位置与空间逻辑。

荣新江指出，粟特人的纳骨瓮上往往装饰有神像、乐舞等内容，但这种形式却不见于中原，进入中原的粟特人多使用石床，或是更为彻底的汉式葬具。对于使用石床的葬式，他认为是入华粟特人融合中原土洞墓结构、汉式石棺、粟特浮雕纳骨瓮的结果。他还指出，粟特美术进入中国后，一方面与不少中国传统图像融合起来，另一方面祆神形象也难免被误读，常与佛像混淆 [23]。与之类似，罗森（Rawson）也指出，入华胡人接受了中国墓葬传统，不少异域图像实际上都转化自中原传统图像，如墓主像、宴饮、侍从、出行、狩猎，都能从中原墓葬或佛教图像中找到同类。尽管入华胡人图像表达了自身风俗，但其墓葬有两个中式基本特点：以汉字为书写语言、中国传统的宇宙表现。这揭示了中国墓葬观念的强韧性与灵活性 [24]。

这四篇研究文章恰好反映了在面对入华西域人墓葬时，学界的三种基本研究路径：其一是将图像内容拆解成不同主题，通过与中亚、西亚图像的比较，寻找其外来的文化元素；其二是对图像的整体内容进行分析，讨论其图像程序与主题表达；其三是综合考虑葬制葬俗的特点，讨论其丧葬观念与中国墓葬传统的关系。这三种思路在此后二十年的研究中反复出现，为行文方便，后文将第一种研究路径简称为"外来元素路径"，第二种简称为"图像程序路径"，第三种简称为"葬俗属性路径"。

"外来元素路径"是分析这批葬具图像的基础，不少文章都或多或少有所涉及，张庆捷、姜伯勤在此方向继续进行着讨论，强调中亚艺术文化对中原的影响，马尔沙克则指出不少图像的用法都与中亚的传统不符，应是中国工匠努力制造异域风情却不熟悉相关图像的结果 [25]。

"图像程序"在当时的国内学界还是一种较新的概念，引起了不少学者的兴趣，由于这两套葬具都是完整出土的，结构位置相对清晰，也为这种研究提供了基础。对图像程序的不同分析，得到的图像含义也有所不同。姜伯勤认为图像表现的是亡灵经历审判与最终复活的过程；张庆捷认为图像表现了虞弘生前在本民族与突厥部落间的见闻，以及死后进入天界、像波斯王一样生活的愿望；马尔沙克则指出图像强调了生与死的对比 [26]。荣新江对安伽葬具进行了讨论，他结合了空间逻辑，认为图像应该由中间向两边读，核心是萨保夫妇坐像、突厥粟特盟誓图，两侧以对称的方式排布了狩猎、宴饮、车马等相对应的主题。[27] 姜伯勤则认为应该以古人的习惯自右向左读 [28]。

"葬俗属性路径"的研究在缺乏完整考古发掘资料的情况下难以进行，只能基于图像内容做出推测，虞弘墓、安伽墓的发现大大改变了这一点。安伽墓中出现了遗骨不在石床上的反常状态，立即引起了发掘者的注意。发掘简报中就已经提出，石床是否属于葬具还有待讨论 [29]。韩伟认为安伽选择了粟特天葬的习俗，石床只是随葬品而非葬具 [30]。随后出版的考古报告也明确了石榻不是葬具的观点，理由是图像中所见屏风床均为坐具而非卧具、墓主人遗体位于甬道、粟特王族应用纳骨瓮等。此外，报告还认为入华粟特人墓葬存在纳骨瓮—围屏石榻—房形石椁的汉化演变过程 [31]。姜伯勤则认定安伽墓中的火烧与遗骨是中和了突厥人烧葬与粟特人天葬的结果 [32]。巫鸿注意到不只是安伽，虞弘夫妇的遗骨也不在葬具内，或许"石葬具"并非用来安放死者，他认为这是域外移民寻求"华化"的结果，利用了旧有的中国美术传统，使自己融入本地 [33]。

在葬俗属性的研究中，有两个现象值得注意：其一是海外学者倾向于关注入华粟特人墓葬与中原墓葬相似的内容，强调其入乡随俗的属性，而国内学者则较多关注其与中原墓葬不同的内容，强调其难忘故土的属性；其二是安伽墓考古报告把几例个案联结在一起，认为其间存在阶段式的演变，这种线性发展史的叙事逻辑，实际上有些放大了个案的代表性。考古发掘不可能获得一个时代所有的墓葬资料，以有限的个案来勾勒历史全貌是非常危险的，后来出土的史君石椁、魏庆石床就打破了安伽墓报告中的推论。然而，这种将个案组织成线性叙事的做法，却仍然在此后的研究中屡见不鲜。

（二）其他入华粟特人石葬具的"再发现"

虞弘墓与安伽墓引发的研究热潮，也让学界注意到了一些北朝墓葬与入华粟特人之间的联系。郑岩揭示了青州傅家画像石中的粟特美术风格，并讨论了其出现在青州的历史背景，认为墓主很可能与萨保等粟特人曾有密切联系。他还指出了安伽墓石葬具、"美秀床"等入华粟特人葬具受到的华夏影响，以及崔芬墓等华夏墓葬受到的中亚影响，认为傅家画像石可以算作二者之间的"混同形式"，能够反映两种文化间的互动、吸收、改造，同时也使得傅家画像石在文化基调上有一定模糊性[34]。同年，夏名采补充发表了刻有"送葬图"的一副石板的资料，该图中的犬使学者们联想起祆教丧葬传统中的"犬视"，加强了其与入华粟特人之间的联系[35]。姜伯勤即认为该葬具是房形石椁，其中出现的火焰与万灵节有关。他还考定了图像中的神兽，认为西亚的森莫夫（Sēnmurv）、赫瓦雷纳（Hvarenah）均有出现，象戏图的主题则为祆教的万灵节[36]。

图七　青州傅家画像石中的"送葬图"

（采自郑岩《青州北齐画像石与入华粟特人美术——虞弘墓等考古新发现的启示》，图九）

"安阳床"也在祆教美术的视野下得到了学界的持续关注，张林堂、孙迪首次在国内学界提出了"安阳床"出自北响堂山，实属文宣帝高洋陵寝的观点[37]。曾布川宽也讨论了这一葬具，认为其基座与石阙、围屏显示出的祆教元素不同，应当并非一套[38]。

得到了更多讨论的是"美秀床"，在虞弘、安伽石葬具发现后，学界大多认可了这套葬具的真实性，姜伯勤、张庆捷先后展开讨论，指出了其图像内容与"胡腾舞""石坟""张家样"等文献记载的关系[39]。荣新江、腊丝波波娃（Raspopova）延续了自己此前的研究思路，分别讨论了图像的程序及其中不符合中亚族群文化的细节[40]。朱安耐与乐仲迪依据新发现进一步总结了"美秀床"中的外来文化。值得注意的是，她们认为戴口罩的人首鸟身生物在粟特本土墓葬中并无发现，"美秀床"上的相关图像可能是受到了中原传统瑞兽图像、印度佛教天人图像的影响。对于墓主选择了中国传统墓葬而非粟特天葬的做法，她们提出，使用石葬具是一种保持尸体与土地分隔的办法，与使用纳骨瓮有同样的作用[41]。

马尔沙克在"美秀床"的基础上，综合分析入华粟特人石葬具的图像，他特别关注图像中汉文化因素与中亚文化因素的消长，认为吉美石床、虞弘石椁间的差异源于不同地域艺术流派，而"安阳床"、"美秀床"和安伽床之间的胡汉差异则源于时代不同[42]。

几位海外学者在研究中都注意到了 1982 年天水石马坪出土的围屏石床，姜伯勤专门撰文讨论，他以《安城祆咏》《隋书》《班达希申》等历史、传说记载为依据，认定兽头吐酒的图像，正是粟特人祆祭"酒如绳"的反映。其他图像还表现了祆教徒的日月祭拜、离别之桥审判等内容[43]。

卡特（Carter）讨论了大都会艺术博物馆收藏的两件石床前挡（即近来归国的两件），分析了其图像与祆教、佛教图像之间的关联性，她指出中亚地区的宗教文化受到了南亚印度的强烈影响，因此其神灵形象与佛教神灵具有很多相似性，在传入中国后引起了混淆与融合，文献中灵太后所崇奉的胡天神可能就不是严格意义上的祆教神灵[44]。

图八　天水石马坪出土的石葬具

（笔者 2020 年 7 月 8 日摄于天水市博物馆）

1

2

图九　近来归国的两件石床前挡

（1 卢素文 2022 年 3 月 19 日摄于大都会艺术博物馆；2 采自 Martha L. Carter, "Notes on Two Chinese Stone Funerary Bed Bases with Zoroastrian Symbolism", Fig.8）

（三）第二波热潮与入华粟特人美术整体认识的形成

虞弘墓与安伽墓引发的研究热潮尚未褪去，很快又出现了第二波入华西域人墓葬的发现浪潮。2003~2005 年，史君墓、康业墓、李诞墓先后在西安被发掘，其间吉美博物馆展览并发表了一套盗掘于天水的围屏石床。这些新发现激起了学界更为广泛的兴趣，2004 年举办的"粟特人在中国：历史、考古、语言的新探索"国际学术研讨会也发挥了极大的影响力，使得对入华粟特美术的讨论进入了更为热烈的阶段。

图一〇　史君墓出土的石葬具

（采自西安市文物保护考古研究院《北周史君墓》，文物出版社，2014 年，图 77）

史君葬具一经出土就得到了海内外学者的关注，学者们迅速展开了对其图像细节的讨论。葛乐耐（F. Grenet）与黎北岚（R. Pénélope）率先发表了研究，他们认为图像描绘了两位嚈哒王的历史故事[45]。毛民也注意到了图像中的嚈哒人形象，她指出葬具北壁人物所戴的巨大新月形宝冠，与钱币中嚈哒王所戴的头冠十分相似，文献中也有对应记录[46]。罗丰指出粟特曾依附嚈哒，而嚈哒人"累石为藏"，因此粟特人也爱好石制品[47]。

对于史君葬具图像中的宗教元素，葛乐耐认为祆教、佛教、摩尼教、印度教等多种宗教的神灵都有出现[48]。杨军凯提出，葬具东壁图像表达了墓主经过审判后通过钦瓦特桥（Cinwat）升入天国的祆教信仰[49]。姜伯勤也支持这一观点，并认为其中出现的神灵为祆教风神（Weshparkar）[50]。

吉田丰释读了葬具上的粟特文题记，认为该墓是史君的三个儿子建造的，并且试图将图像中的人物解释为史君与他的三个儿子[51]。荣新江则通过图像内容对粟特商队的问题进行了探讨。他认为经商记忆对萨保来说极为重要，因此有意刻画在葬具上，以告诫子孙后代延续经商本领[52]。此外，尹夏清讨论了葬具及其墓门的组合与等级问题[53]。

吉美博物馆所展览的围屏石床，引起的关注最初主要集中在海外学界。2004 年出版的图录中收录了马尔沙克、德凯琳（C. Delacour）、黎北岚等学者的初步认识，探讨了图像所反映的葬礼习俗、宗教文化、乐舞场景等内容[54]。此后德凯琳、黎北岚向国内学界介绍了这套石床的图像内容，认为图像反映了更多印度吠陀神话与希腊传统题材的内容，并融合了伊朗艺术的传统[55]。康马泰（M. Compareti）讨论了其中的兽头鸟身蹄足兽，他认为这是伊朗艺术中的神兽森莫夫，并依据该神兽与娄睿墓、湾漳墓图像中所见神兽的相似性，认定该葬具应当出自北齐[56]。这套葬具实际上被盗掘于天水，显然与北齐无关，该文也忽视了该神兽蹄足的特征与森莫夫的爪足完全不一致的事实，尽管他注意到了齐东方对"飞廉"形象的考证，但仍然坚信这种形象具有外来神兽的因素。更加值得引起反思的是，该文通过一个神兽图像就确定了整个葬具的文化属性与出土地域，似乎有些过于见木不见林了。

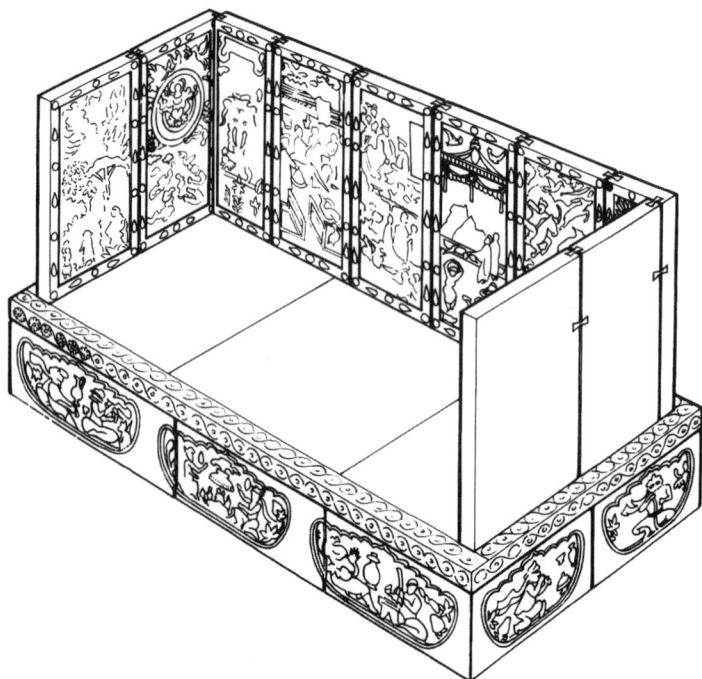

图一一 吉美博物馆收藏的石葬具

（ 采 自 Musée Guimet, *Lit de pierre, sommeil barbare : présentation, après restauration et remontage, d'une banquette funéraire ayant appartenu à un aristocrate d'Asie centrale venu s'établir en Chine au VIe siècle*, Fig.39 ）

图一二 康业墓出土的石葬具

（采自西安市文物保护考古所《西安北周康业墓发掘简报》，图七）

郑岩讨论了康业墓出土的围屏石床，以墓主像为核心问题，对构图类型进行了分类与比较，指出其形式大于内容的基本特点，因此不能将墓葬图像简单地视为墓主生前的经历，不少墓葬图像是工匠根据现成画稿制作的，图像的"著作权"不是墓主个人，而是整个社会阶层。康业葬具图像将原本坐在山林中、坐榻上的佛陀、天尊、孝子替换成了墓主，将死后世界中的康业塑造成了理想中的华夏士大夫形象[57]。

新发现的热潮与旧材料的再发现，使得入华粟特人石葬具有了相当数量的积累，不少学者开始试着讨论整体性的问题。首先是图像的风格来源，姜伯勤梳理了汉代画像石、萨珊艺术两种不同来源，并从中古画派的角度予以阐释[58]。陈继春则在中亚文化元素的比较中，进一步区分出波斯崖雕融合汉代风格（分层排列、内容多，内容复杂）与波斯银盘风格（内容简单、布局疏朗，可能源于波斯崖雕和银盘）两类[59]。

对于图像的丧葬功能与文化意义，张庆捷认为图像是各个国家、族群的体貌与服饰特征、日常生活特点的直接反映[60]。他还注意到火坛图像在各葬具中都占据了较为中心的位置，体现了袄教观念在粟特人观念中的重要性[61]。葛乐耐提出，这些葬具图像是粟特人自我表达的手段，葬仪、火坛图像表达了宗教信仰，而安伽墓中的宴饮、狩猎、出行图像则展示了外交家的形象[62]。沈睿文也认为墓主有意通过图像展现宗教习俗和生活，他以唐代别敕葬中的石葬具作为参考，认为北族首领使用石葬具也属于别敕葬，因此安伽得以在葬具图像上大做文章[63]。毛民同样认为葬具图像是墓主的表达，甚至是自传，不过她强调入华胡人放弃了纳骨瓮，而以豪门贵族为自我画像，是受汉人厚葬风俗的影响[64]。

为什么会出现这么一批特殊的粟特人石葬具？姜伯勤强调北朝隋唐的萨保体制是重要前提，入华胡人通过萨保府获得了中原王朝的认可，才被允许建造各种类型的石坟[65]。张庆捷认为这些西域移民在初入中原时过于封闭，而迁居较长时间后又会完全被汉化，因此这些粟特人的石葬具是汉化中间状态的产物[66]。盛余韵（Angela Sheng）的分析层面则较为具体，她认为大量粟特人石葬具的出现一方面源于粟特商人积蓄的财富，另一方面源于周武帝灭佛以后，粟特人可以轻松地雇用到原以佛

教雕刻为业的石工 [67]。

　　无法忽视的是，使用石葬具与粟特人传统的天葬习俗不同。对此，乐仲迪指出粟特人信仰多元，不一定都遵从拜火教葬俗，在片治肯特也曾发现直接放在陵墓内的遗体 [68]。更多学者则以汉化作为解释。姜伯勤即认为石床的葬式为中原固有，《西京杂记》中就有记载，粟特石床是中原高等级墓葬文化与祆教文化结合的产物 [69]。王维坤也认为粟特、罽宾人的墓葬均承袭了北周葬制，图像内容也多见汉化元素，即便是人首鹰身的祭司，也不排除其受到千秋、万岁图像的影响 [70]。张桢也偏重于分析石葬具中粟特、中亚、中国多种因素的融合 [71]。此外，沈睿文认为鲜卑的葬俗对入华粟特人也有影响，他注意到安伽墓、康业墓、李诞墓都发现了火烧烟熏的痕迹，可能是文献中鲜卑 “烧物葬” 的体现，安伽墓内甚至可能还出现了突厥的烧葬习俗 [72]。

（四）“泛祆教化” 与反思的声音

　　学界围绕入华粟特人石葬具展开的热烈讨论，大大丰富了我们对祆教美术的认识，不过这也不可避免地带来了一些 “泛祆教化” 的现象，一些研究极力地在石葬具中寻找粟特文化因素，几乎把一切见于粟特人葬具上的图像元素都归结于祆教美术。这种努力反而混淆了祆教美术的概念与边界，也引发了一些学者的反思。

　　首先，在粟特人石葬具图像的分析中，已经出现一些过于强调祆教因素的问题，上述康马泰将所有带翼神兽全部归结为森莫夫的研究就是一例。不过，万毅在文章中认同了这种判断，他认为吉美石床图像中的神兽受到中亚影响，牛车、鞍马图表达的是墓主接受祆神的接引，基座上充满佛教氛围的场景也被他认定为祆教的火祭，至于不符合一般火坛形象的质疑，他解释为受不同地域风格的影响 [73]。姜伯勤在讨论虞弘葬具基座图像时，凭借火坛形象的出现，就笃定旁边的水壶装的是豪摩汁，乐队也是祆教乐队，进而推定安伽墓门额、“安阳床” 围屏表现的都是豪摩祭，其中出现的花朵也是豪摩花。他还认为，祆教乐队常出现琵琶、箜篌、笛和舞人，因此伊朗系音乐影响了中国[74]。这种对豪摩的认定未免有些缺乏证据，琵琶、箜篌、笛原本也是中国传统的乐器，在祆教传入前就已存在。

在对非粟特人石葬具的讨论中，这一问题更为严重。施安昌将沁阳出土的石床认定为粟特人的葬具，认为图像中的"千秋""万岁"分别是鸟足人身的祆教祭司和中亚神兽森莫夫，畏兽是祆教的焰肩神，香炉与摩尼珠是祆教的火坛，侍从手中的莲花被解释为火炬，形成逢迎祆教圣火的情景[75]。他还认为明尼阿波利斯石棺中出现的半兽半鸟图像也是伊朗神兽森莫夫或法尔恩（Farn）[76]。陈财经则在李和石棺中极力寻找祆教因素，他将联珠纹内的兽头与琐罗亚斯德教圣书《西鲁泽》中的神祇联系起来（尽管该书并未提及神祇的外形）；认为棺底板侧面出现的兽头外形像狗，因此与祆教葬礼中的"犬视"有关；墓葬发现的尸骨数量少，他也解释为可能经过了祆教仪式的处理。作者将李和误认为氐人，还以此个案断定氐人都深受祆教文化的影响[77]。

图像研究的"泛祆教化"也影响了对葬俗属性的判断。李永平、周银霞认为使用石床、房形石葬具与祆教习俗有关，他们将入华粟特人葬具中出现的所有元素一律认定为祆教文化的内容，甚至兽面、火焰、叵罗杯、泡钉这些在北朝墓葬中常见的元素也不例外。在此情况下，宋绍祖墓使用的三开间悬山顶殿堂建筑也成了祆祠的形象[78]。谢氏、冯僧晖夫妇墓出土了以孝子故事图为主要图像的围屏石床，其发掘简报却仍然强调北朝石葬具刻画的人物多为粟特人，因此该葬具也是汉族与中亚民族文化融合的例证[79]。

实际上，谨慎判断祆教美术的提醒，一直伴随着入华粟特人葬具的研究。郑岩早在探讨青州傅家画像石的文章中就指出，要避免把单一墓葬的结论扩大化，外来文化在山东地区的北朝墓葬中并不都是如此显著，要克制地看待墓葬中的粟特美术因素[80]。德凯琳、黎北岚在讨论"犬视"时，也谨慎地指出狗的形象在中国丧葬艺术中一直有出现，在鲜卑文化中狗也很重要，因此不能贸然将图像中的狗与祆教建立联系。另外，祭祀图像如果没有出现典型的火坛和戴口罩的祭司，就不能视之为祆教火祭的反映[81]。

　　杨泓认为，学界所谓的"粟特人葬俗"只有文献依据，缺乏中亚考古发掘的实例，而入华胡人的墓葬均是中国普遍流行的形制，没有族属特征的暗示。葬具从形制上看也都是中国传统的葬具，没有域外色彩，墓内还出现了中国传统的墓志。他指出，西域政权林立，文化、宗教各异，并不存在统一的"粟特民族"，也没有一致规范的宗教仪轨。综上，他认为这些入华胡人的墓葬体现出的主要是力图融入中国的势头[82]。尽管此文不免有些过于强调粟特人墓葬与中原相近的部分，而忽视了二者的差异性，但其指出的粟特墓葬整体倾向，以及粟特内部文化差异问题，确是非常值得引起重视的。

　　在对祆教葬俗问题的反思中，林悟殊的文章最为重要。他考察了波斯琐罗亚斯德教、粟特祆教的传统葬俗，指出波斯奉行拜火教有阿契美尼德王朝与萨珊王朝两个阶段，其天葬特点各不相同，而粟特人并不受萨珊的直接统治，因此没有接受重新规范化的琐罗亚斯德教，吸收杂糅了不少其他宗教的成分。中亚发现了不少粟特文的佛教、基督教、摩尼教经典，反而未见粟特文版本的拜火教经典。因此，他指出不能把粟特人与祆教直接画等号。粟特人流行火葬、用纳骨瓮，这一葬俗不等于祆教信仰，文献记载中康国用狗处理尸体、石国火化后用金瓮，都无法肯定是祆教的影响，特别是石国国王的葬俗，更接近于突厥葬俗，而与祆教有一定差异。

　　在此基础上，林悟殊还参照了康业墓的尸体处理情况，指出康业、安伽的葬俗与波斯、粟特的葬俗都不相同，且违背了拜火教尸体不污染土地、死亡时去除衣物的原则，因此他认定这两座墓葬的葬俗并非来自琐罗亚斯德教的教旨。作者还以印度巴斯人为例，指出虔诚的教徒在离开波斯本土千年之后，仍然坚持琐罗亚斯德教葬仪，并未轻易改变葬俗，这与入华粟特人采用汉式墓葬的情况大相径庭。林悟殊最后强调，不能轻易将波斯的琐罗亚斯德教徒、中亚的祆教徒、移居中土的粟特人画等号。一种文化会随着时空推移发生变异，因此在解释入华胡人葬具图像时，不能一味从琐罗亚斯德教原典中寻求解释[83]。

林悟殊的讨论廓清了萨珊琐罗亚斯德教葬俗、粟特本土葬俗、入华粟特人葬俗间的区别，指出了粟特人与祆教之间的复杂关系，并且辨析了一些可靠性存疑的文献。其以不轻易改变琐罗亚斯德教葬仪的巴斯人作对比，更是引人深思。可惜的是，林文似乎并没有引起学界足够的重视，他所提醒的一些误区仍然在此后的研究中反复出现。

21 世纪初入华粟特人墓葬的接连发现，掀起了相关研究的热潮。大量学者参与到石葬具图像的讨论中，对个案特点与整体情况都有非常丰富的讨论，形成了三种主要的研究路径，最常见的即辨析图像的外来文化因素，讨论其与中亚族群、祆教信仰之间的关系。图像程序的研究此时也流行起来，不少学者都讨论了图像间的空间逻辑关系，而不只是将葬具图像简单地作为视觉记录使用，他们注意到了其作为墓葬礼仪器具的一面。对葬俗的讨论，更是直接与葬具本身的丧葬属性有关，不过有关这方面的讨论，最终都落在了对其民族文化属性的争论上。

在众多学者参与、多种研究路径并行的态势下，如果说形成了什么一致的认识，或许是这些石葬具图像存在多种族群文化、多种宗教信仰混杂出现的状态。实际上，情况各异的新材料给学者们带来的分歧与争论更多。图像程序的空间逻辑如何展开？图像是历史细节的真实反映，还是更加主观的自我表达，抑或是社会阶层的整体认同？神兽、神人究竟是本土起源还是中亚起源？石葬具的选择更多地是受到中亚葬俗的影响，还是入华胡人汉化的反映？各种层面都存在着不小的认识差异。

三、热潮延续：争辩、共识与问题域的形成

入华粟特人墓葬的接连发现并没有持续太久，在 21 世纪的最初十年过后，考古发现鲜有突破，仅有几件不乏争议的馆藏品现世。不过入华粟特人墓葬的研究热潮仍然持久，"粟特人在中国"的国际学术研讨会于 2014 年的又一次召开，即研究热潮的反映之一。此次会议参与者更多，讨论更加激烈，问题无疑也更加深入。

（一）外来文化因素的辨识与甄别

在石葬具图像中寻找外来文化因素的努力在研究史中持续不断，核心问题之一即图像与祆教信仰的关系，可以分为仪式、神灵、神兽等内容。葛承雍披露了中国国家博物馆新入藏的北朝石堂的情况，他认为其中的墓主夫妇对坐图表现了祆教拜火祈祷中的献祭仪式（Yasna），两侧的胡汉侍者表现的是万方来朝的盛况 [84]。康马泰指出墓主头冠与片治肯特壁画上的粟特王冠相似，而无人骑乘的马与牛车可能与葬礼相关，类似图像在中亚纳骨瓮上也有发现，或许都暗示宗教庆典 [85]。乐仲迪指出来通在粟特具有宗教含义，墓主坐在葡萄园中手持来通的图像，具有天国的意象 [86]。她还总结了图像中的犬视、亡灵裹布、过钦瓦特桥等仪式内容，指出葬仪图像的主题不见于粟特本土壁画，是入华粟特美术的特色 [87]。

图一三　中国国家博物馆收藏的石葬具

（采自吕章申《中国国家博物馆百年收藏集粹》，安徽美术出版社，2014，第 740~741 页图）

对祆教神灵身份的探讨引起了相当多学者的兴趣。乐仲迪指出"美秀床"图像中四臂女神托举日月的双手是"原生"手臂，而非"附加"手臂，这与其他四臂女神像不同，在花剌子模（Chorasmia）银碗图像中也出现过，但墓主的胡须、帽子较为不同，因此该葬具的墓主可能是花剌子模人[88]。吴瑞满（Mandy J. Wu）分析了康业石床图像中的墓主姿态、花瓣等细节，认为该组图像表达的也均是祆教神灵主题[89]。沈睿文在此方向用力颇深，他认为天水石床中水榭泛舟的图像可能是过冥河的故事，酿酒图像源自祭祀狄奥尼索斯的仪式[90]。吉美石床第 8 石描绘了伊朗神话中的乌鲁卡沙海，反映了宇宙起源神话；第 2 石中的神灵是太一和雷公的合体，并融合了伊朗雷神的形象[91]。他还将史君葬具中的莲台神像认定为阿胡拉马兹达，将墓主像手中抱的婴孩认定是妲厄娜[92]。在虞弘葬具图像中，他指出骑马人物身前的侍者手持果盘，水果应该是从旁边果树所摘，该果树外形接近石榴树，石榴是豪摩汁的辅料，又可替代豪摩，因此骑马人物是豪摩神[93]。

　　神兽的研究一直以来都是热门领域。康马泰收集了各种有翼神兽，指出其在伊朗文化中暗示着神佑，可能是对拜占庭艺术的借用[94]。黎北岚梳理了半人半鸟形象在琐罗亚斯德教、佛教图像中的原型与演变，以及其在中国墓葬语境中与大门、四象之间的联系[95]。张小贵指出人首鸟身的祭司在波斯神话、波斯祭祀图像中都没有直接对应的原型，学者们此前引用的苏尔赫·科塔尔（Surkh Kotal）贵霜火坛，其顶部被毁坏，无法确定鸟足以上是否为人首。因此他认为应该从"千秋"、"万岁"、迦陵频伽等形象出发寻找答案[96]。

图一四　据传出自安备墓的石葬具构件

（采自 Li Yusheng, "Study of Tombs of Hu People in Late 6th Century Northern China", *Newsletter di Archeologia CISA*, Vol. 7, 2016, Fig.20–21）

还有很多对外来文化的探索是从服饰与器物的细节出发的。葛承雍分析了安备墓出土的石床图像，认为存在七叶树、波斯王冠、萨珊式长杯等中亚艺术元素，表现出粟特人对自身文化信仰的坚持，反映了北齐晚年社会的"西胡化"[97]。沈睿文从图像中的动物出发，认为吉美石床图像中的帷帐是唐代文献中安禄山所用的"金鸡帐"，而鸡在祆教中是圣禽，表达了宗教意涵[98]。另外，他注意到史君葬具 N5 中洞中老者身上有七道衣纹，以此认定其是祆教圣衫，山洞则是圣山圣所，表现了暮年史君在圣山朝圣的场景[99]。

在探索图像与外来文化关系的潮流下，也有不少学者注意到本土因素的重要性。孙博认为畏兽在汉魏图像中多有发现，与粟特人无关；飞鱼图像常与畏兽一起出现，也是来自汉魏的图样，南北朝以后二者经常作为神辂的护驾兽。依据这些细节，他认为国博石堂中出现了大量北朝墓葬美术的常规格套，因此当为汉人工匠所为[100]。赵超注意到翟育来自西域，但围屏图像显示出浓厚的中原文化色彩，他认为北朝石床图像的发展存在不同阶段，在翟育石床出现的东魏时期，西域人士葬具的祆教因素还不多，依然沿袭了中原的丧葬文化[101]。

孙武军也较为谨慎地甄别祆教的影响与中原传统图像，他提出入华粟特人的墓主像多以表演者姿态出现，与宗教偶像有严格区别，与中原墓葬墓主像的表现目的也不同。而畏兽图像均出现在相对次要的位置，作力举状，可能是对"乌获"的借鉴和模仿，而非祆教天神。他对装饰纹样也进行了细致的总结，认为其与所在位置没有对应关系，只是"纯粹装饰性的母题"，原有的宗教含义已经较为隐晦[102]。

齐东方指出葬具图像中固然有明显的祆教内容，但数量上看更多画面是狩猎、宴饮、出访、会客等。特别是宴饮图，其构图方式与汉地墓葬壁画相近，而非粟特壁画中一字排开的多人聚饮。图像设计也多以汉式的对称构图为原则。他还注意到图像中经常出现葡萄园，但葡萄并未在北朝大面积种植，葡萄园与宴饮、搏斗等主题的时间、场地也不符，因此这不是对现实生活的反映，而是墓主对故乡生活、理想家园的想象与塑造。粟特人从墓葬形制、葬具到随葬品都选择了中国丧葬系统中的

图一五　翟育墓出土的石葬具

（采自吴强华、赵超《翟门生的世界：丝绸之路上的使者》，文物出版社，2022 年，图版 12）

做法，只是在图像中竭力确认自我的文化身份。同时也反映出了粟特人努力从边缘到主流的进程中，接受中国当地基本礼俗的过程[103]。韦特曼（Wertmann）也认为这些葬具图像的重点在于世俗而非宗教，其乐舞图中的乐器与粟特本土图像共同性不大，主要体现出入乡随俗的特点。尽管墓主像的塑造方式有所不同，但整体而言仍然是基于中国传统的，与粟特核心地带的图像主题有差异，体现出移民生活方式的改变，以及多元文化的塑造[104]。

通过对图像细节的勾勒与比较，入华粟特人葬具图像与外来文化之间的关系得到了充分讨论，各种可能性要素都得以阐发，揭示出北朝时期文化交流的繁荣面貌。不过，不少图像类比都有些单薄，一些逻辑推导更是稍显武断，这难免使得部分结论有空中楼阁之嫌。因此，也有不少研究者强调图像中存在的本地因素。

（二）图像程序与意义表达

对图像程序、丧葬含义的研究在 21 世纪初就已取得了不少成果，形成了观察图像整体叙事逻辑的研究方法，近年来这方面的讨论渐趋成熟，并且形成了一定共识。大多数葬具的图像都以墓主像为中心，两侧对称分布着主题相应的图像。李宁民、康马泰对天水石床、国博石堂的讨论

均是如此 [105]。沈睿文根据图像中的人物运动方向将青州傅家画像石分为左右两侧，并凭借边框形状将乘马的男性认定为墓主像，两侧排布简化的出行仪仗 [106]。他也用同样的排列逻辑对"美秀床"的图像组合进行了复原，并讨论了其中的"盟誓图"，认为其是"将佛似袄"的表现，属于宗教、丧葬场景，与另一侧的"丧礼图"主题相同 [107]。

林圣智指出围屏图像具有重复性构图的布局特点，因此不宜追究其中的叙事性先后关系，在此基础上，他提出粟特人葬具画像三幅成组，即三个画面构成一组叙事单位，表现的核心主题均是墓主，使得图像配置由单中心转向多中心 [108]。此外，康业石床还糅合了北魏洛阳葬具的图像配置原则 [109]。

孙武军对入华粟特人石葬具的图像布局进行了总结，他认为其图像程序大多严格遵照了"空间"的布局原则，共同为墓主营造另一个"家"。同时还有一种"时间"原则，出现在青州石葬具与史君石葬具上，可能来自粟特艺术传统 [110]。实际上，时间性一直以来都是史君葬具图像程序的解读方式，即图像按照时间次序，环绕葬具外壁展开。考古报告认为除正面以外的三壁表现了史君的一生，从出生到死后进入天国，兼容了袄教、佛教、希腊神话和汉文化因素 [111]。沈睿文则认为图像叙事与丧葬、亡灵审判有关，并非墓主个人经历 [112]。徐津提出史君葬具的图像类似佛塔，需要"绕行"观看，其中出现的许多宗教内容，源于工匠借用的佛本生、佛传故事的表现手法，呈现了史君夫妇从前世到来生的精神之旅 [113]。

图像程序的研究在近年来形成了相对成熟的理念，对布局复原、空间逻辑、读图次序的讨论构成了其基本路径，学者们也意识到要解释葬具图像的整体含义，离不开对图像程序、空间关系的分析。尽管学者们在个案细节、图像含义方面仍然不乏分歧，但在"空间对称""时间叙事"这两个原则上形成了一些基本共识。

（三）葬俗特征：入乡随俗还是难忘故土？

在图像之外，石葬具中出现的葬俗特征也相当特殊，同样引人关注。

早期研究大多笼统地强调多种丧葬传统发生融合，例如史君墓考古报告即提出其葬式糅合了中原土洞墓、石棺椁和粟特纳骨瓮传统[114]。近年来，研究在细化的同时观点的倾向性也增强了，"入乡随俗"与"难忘故土"之间，究竟哪一方的影响更大？争论相当激烈。

罗丰注意到石床之上不使用棺木敛尸的现象，认为是入华粟特人的特殊葬俗[115]。孙武军认为这是入华粟特人的权宜之计，他们身份较高、必须遵守国家礼制，无法按照祆教传统进行天葬[116]。刘振东称其为"无棺葬"，他认为传统葬制重视用棺，因此无棺葬并非中土葬制，应当是粟特葬俗，并以粟特流行天葬、不用棺椁来解释其丧葬含义[117]。宋馨将之称为"丧床"，她指出基座图像一直有宗教背景，早期与佛教装饰有关，6世纪则出现了道教的神兽、祆教的祭司，总体都是希望墓主死后进入天国，这符合祆教死亡观，床象征了曝尸台或纳骨瓮，因此6世纪后期也被祆教徒接受并改造[118]。赵超则将此现象称为"裸葬"，认为思想来源是汉代黄老思想对薄葬的提倡，即"杨王孙裸葬"的典故。裸葬比儒家丧礼的繁文缛节更容易被游牧民族接受，又与祆教的天葬相似，因此被外来人士接受[119]。

姚崇新在入华粟特人的葬式方面做了大量的分析与推测，极力回避盗扰的影响，认为这几座墓葬是以二次葬为主的，遗体进入墓葬以前就处理为骨骸了，符合祆教的做法。他以此认定，图像中的祆教葬俗不可能只是程式化的内容，而应是实际行动的反映。即便是存在佛教因素，也只是艺术手段的借用，性质还是祆教图像。他认为粟特人在华墓葬尽管与本地有所融合，但对祆教葬俗的坚持更加突出[120]。裴严华也强调粟特人具有单独的管理体系与贸易网络（按：作者在此使用的文献依据主要来自唐代，有时代错位），尽管石葬具出土地分散、时代也有差异，但高级别粟特人之间往来密切，有共同认知。因此石葬具的使用是为了与当时的其他墓葬区分，实际上是一种创新行为而非汉化[121]。

沈睿文也持类似观点，并不认为入华粟特人有"华化"的努力，他相信祆教徒的宗教信仰都无比坚定，又得到了北朝政府"从夷俗"的许可，其使用的围屏石床实为粟特"重床"，是中亚贵族的象征。他认为尽管汉地有石葬具传统，但使用者多受西域、中亚的影响，因此石葬具体现出的还是胡裔文化。石葬具在墓葬中多呈东西向，也是为了遵循袄教徒尸体头部不朝北的习俗。同时，他认为中亚袄教葬俗中把骸骨放在地面纳吾斯（naus）里的行为，与使用墓葬类似，因此入华粟特人使用汉式墓葬并不与袄教信仰相悖。此外，他还认为波斯王族的葬俗影响了入华粟特人，康业即王族后裔，史君腹部的水银也表现出尸体防腐痕迹 [122]。

与之相反，不少学者坚持入华粟特人的葬制葬俗仍然是汉文化内容。白云翔认为房形石椁、围屏石棺床模仿的形态都是汉式建筑与屏风，可以上溯到东汉的房形石棺，因此属于汉文化的传统 [123]。高世华对天水石马坪墓主的粟特人身份提出了质疑，他指出墓葬使用木棺敛尸、图像袄教内容不明显、图像中的墓主没有胡人特征、随葬品接近北周非粟特贵族墓葬，因此图像中的粟特因素只是"胡风"的反映，并不意味着墓主一定是粟特人，他进而依据文献推测墓主可能是宇文广 [124]。

在粟特葬俗的讨论中，《通典》中记录的康国葬俗几乎是必不可少的文献资料。然而，张小贵指出这一记载是中国使臣记录的孤证，与中亚的丧葬记载都有冲突，并不可靠。另外《隋书·石国传》中记载的葬俗与突厥关系密切，也不能简单认定为袄教葬俗。袄教葬俗强调弃尸，与中国传统的入土观念相抵触，经常受到官府禁止，因此入华袄教徒很难严格实践 [125]。他还指出虞弘葬具中的火坛上部呈三层仰莲形，在波斯琐罗亚斯德教考古与文献中都未曾见到，可能是受到佛教影响的产物，并不意味着其具有袄教属性 [126]。

从史君葬具上的双语铭文出发，徐津注意到了其蕴含的二元性，认为其反映了墓主儒家官员与宗教圣人的双重身份。他指出双语铭文所表达的内容有所偏差，汉文强调世系、功德，格式符合东汉献词，是对汉代地面石祠堂的模仿，展示了对中国文化的认同。粟特铭文强调婚礼与死后世界，铭文中"god's house"的说法不见于其他粟特文本，其语义上还有"天宫"的意思，很可能源于佛教词汇。"天宫"在佛教中可指存放舍利的佛塔，史君葬具图像的"绕行"性质，即对佛塔的模仿，表达了宗教性。徐津指出，其铭文汉文部分面向生者，与葬具外的墓葬空间相联系，在华夏社会中起到社会性与公共性的功能；粟特文部分面向死者，建构了葬具的内部空间，只在其家人与侨胞中起作用，更具私密性[127]。

韦特曼全面检视了 6~7 世纪中国境内的粟特人墓葬，指出墓主只能代表粟特社群中政治地位较高的一小部分人，其墓葬结构与丧葬实践非常多元，但大多与祆教传统非常不同。他将这些葬俗实践分为三组：一是 5~7 世纪的新疆，主要以粟特本土葬俗为主；二是 6~7 世纪的北朝粟特贵族，用汉式墓葬与石葬具，墓葬建制标准高，反映出较强的经济实力与中央的特别允许；三是固原的唐代粟特家族墓地，葬式、葬具均与汉地相似。石葬具在其中第二组，他认为围屏石床与房形石椁这两种形式都源自中国传统，但类似的形式在中亚也存在，并且具有重要的文化与宗教含义，这影响了粟特人的选择[128]。

贺西林曾提出一个有意思的问题：安伽、康业、李诞墓的墓志与葬具画像之间都有矛盾之处，二者究竟谁更能体现墓主内心的文化取向。[129]

（四）石葬具的使用与政治形势

粟特人在中亚并没有使用石葬具的传统，为什么入华后却开始大规模使用？房形石葬具、围屏石床曾为北魏多种族群使用，在 6 世纪后期却成了入华胡人的专属。这是北朝墓葬考古不得不解释的问题。早年间不少学者将石葬具的使用与粟特人擅长经商的特质联系起来，经过十数年讨论，如今学者们对这一问题的阐释更多地强调北朝政治形势的改变。

贺西林认为入华粟特人墓葬没有遵守北周规制，是因为北魏解体后社会胡化严重、胡人地位提高[130]。林圣智提出北魏政权一统北方，且皇室对祆教友善，使得粟特人在汉地扩大了聚落与商业活动，留下了特殊的历史记忆，因此粟特人有意选择了区别于北齐、北周高等级墓葬的葬具，回到了北魏葬具的传统[131]。此外，他提出葬具图像与观看行为、政治秩序间具有联系，认为图像的使用是体制化的政治社会行为，具有建构文化机制、塑造政治认同、强化社会秩序的作用[132]。沈睿文认为石材在当时是高等级墓葬的象征，几座入华粟特墓葬使用了石葬具，因此其墓葬等级超过一般的北周皇室贵族，应当也是"别敕葬"的范畴。他还提出康业墓能使用简化的卤簿图像，墓葬等级一定非常高，是比别敕葬还要高的"诏葬"[133]。孙武军在研究中也强调了统治者特别礼遇这一因素带来的影响[134]。

对于入华粟特人石葬具的阶段性变化，政治形势也成为重要的阐释路径。林圣智指出康业石葬具的风格、图像相较北魏没有大变，而安伽、史君葬具显然发生了剧烈变化，这可能源于北周消灭北齐的政治形势，使得粟特首领的政治地位有所提升[135]。吴瑞满注意到，安伽、史君、康业这几座墓葬完成前后，发生了武帝崇儒灭佛、杨坚代周等事件，她认为这些重要事件一定影响了丧家对墓葬的建构：皇室崇儒的政治气氛影响了康业葬具的制作，使得葬具上出现了与孝子故事形似的图像。史君葬具与宗教图像联系紧密，可能与灭佛后比较容易雇用到曾经的佛教工匠有关。安伽与其父都有军事称号，因此葬具更关注狩猎等世俗主题，其下葬时北周王室开始衰微，政治方面的顾忌也比较少[136]。

李梅田、黄晓赢再次重申了"安阳床"前挡板来自响堂山陵藏的观点，但认为陵藏之主应当是文宣帝高洋，陵藏是以祭祀为主的纪念性设施。此外，他们提出了对"安阳床"来源的质疑，认为其前挡板长度为234厘米，而波士顿所藏的两块石屏风加起来只有180厘米（按：该文并未提及尺寸数据来源，据波士顿美术馆官网提供的尺寸信息，两块围屏宽度加起来为230厘米），尺寸相差过大，因此不可能出自同物[137]。林圣智则认为前挡图像也有很多祆教的特点，与围屏从属一套问题不大，而东魏北齐等级较高的墓葬并不使用围屏石床，因此不太可能是响堂山石窟中的皇帝灵座[138]。

（五）石葬具的匠作体系

近年来，对石葬具与政治形势关系的探索越发深入，同时也有不少研究目光向下，探讨石葬具的材料、制作与工匠来源等问题。

林圣智比较了冯僧晖石床、康业石床的差异，认为北魏分裂后，洛阳的葬具工坊分别由东西魏掌控，出现了分化。他注意到康业石床的贴金方法是将金箔切碎以配合线刻内容，与安伽、史君墓大面积贴金的手法不同，可能是对鲜卑葬具传统的延续[139]。

贺西林也讨论了这几件葬具，他注意到安伽、史君墓图像多有中亚、西亚的艺术元素，可能是粟特画师与工匠创作的，还夹杂了不少佛教内容；李诞、康业墓图像中土文化基调浓厚，可能为汉人工匠所作，是洛阳匠作体系的延续。二者是两种不同的视觉传统，出现差异的原因可能是北周灭齐后，北齐宫廷匠署的粟特匠师流入了北周宫廷或胡人聚落[140]。

郑如珀注意到中亚并未发现如此精致的祆教图像，且石葬具图像中存在技术、图像的多种融合，她推测这可能是太武帝推行灭法运动，使得佛教工匠不得不从事其他领域工作的结果[141]。此后徐津、吴瑞满在史君葬具的研究中，通过诸多图像细节、构图方式的比较论证了这一观点[142]。

实际上，对于石葬具制作工匠的探讨自20世纪以来就持续不断，不过早些年学者们关注的问题是工匠的族群身份，试图解释部分图像错误表达中亚文化的现象，认为其是汉地工匠不熟悉中亚文化的结果。近年来对石葬具制作的关注则更多偏重于官方作坊、匠作传统的讨论。

结　语

对入华粟特人石葬具的研究已经超过百年，自20世纪初"安阳床"的部分构件得到公开展览起，其图像装饰中浓厚的异域风格就吸引了诸多艺术史学者的关注。在缺乏同类材料进行比较的情况下，讨论持续了近80年，方才辨识出其背后的族群身份与宗教特征。千禧年前后，入华粟特人墓葬的连续出土引起了学界轰动，彻底改变了这一领域的研究面貌。自此之后，对祆教美术内涵、外来文化因素辨析、中外文化交融过程的讨论异常丰富，大大加深了我们对中古多元文化融合历史的认识。近年来，入华粟特人石葬具的新发现再次归于沉寂，但学界的研究兴趣似乎仍然热烈，新作频出。学者们在胡汉文化融合、图像空间逻辑、北朝政治影响等问题上形成了一些共识，然而在入乡随俗与难忘故土的大方向上仍然存在不小的分歧。从当下研究的问题与方法来看，入华粟特人石葬具的研究路径明确，形成了几个稳定的问题域，这既说明这一领域的研究进入了相当成熟的阶段，同时也意味着突破性的进展有限。入华粟特人的研究绝非已经题无剩义，在研究历程的回顾中，探究关键性突破的形成过程，反思存在的问题，或许能够为研究方向的拓展提供新的可能性。

20 世纪与 21 世纪的入华粟特人石葬具研究面貌完全不同，最关键的当然在于研究材料的更新。20 世纪最主要的研究对象是经盗掘出土、四散在各地的"安阳床"，学术界对其出土地、墓主身份、墓葬形制乃至葬具结构都一无所知，可参照的比较材料也相当有限。21 世纪初，几座入华粟特人墓葬经科学发掘出土，不仅有明确的墓主身份，还有墓葬形制、葬具结构、人骨状态等信息，为图像程序、葬制葬俗的讨论提供了可能性。近年来出现了数件馆藏新资料，提供了更多参互比较的依据，但原始墓葬信息的缺乏，使其对研究的推进作用无法与前者相提并论。

材料是研究的基础，同时也是研究的限制，"安阳床"在 20 世纪的认知史即是值得深思的例子。在响堂山石窟造像流失于欧美之前，由于缺乏北朝石刻的对比资料，其时代一直被错定为唐；在中亚片治肯特遗址大规模发掘之前，由于缺乏祆教图像的对比资料，对其图像的研究一直限于对佛教信仰的探讨。新资料的出土推进了"安阳床"的研究，也意味着其研究一直受到资料的限制。如今回看早年间学者们的结论，不免有许多错误与疏漏之处。实际上，如今入华粟特人石葬具的总量也不过十数套，有完整墓葬信息者更是寥寥，资料仍然是十分局限的。安伽墓的考古报告曾凭借当时发现的几件粟特石葬具来讨论阶段性变化，事后证明，其结论没能经受住新出土资料的检验。这一教训对当下的研究仍然具有启示意义，以现存个案来断言入华粟特人墓葬的阶段性、整体性特点，是危险的。实际上，几例粟特石葬具特点各异，差异远大于共性，而粟特人在中亚分居各国，其族群边界相当模糊。

入华粟特人石葬具的研究热潮，使其成为北朝石葬具研究的核心问题之一。然而，以粟特石葬具为中心观察其他北朝石葬具，难免有先入为主的印象。不少学者都过高估计了粟特人在北朝历史中的影响力，甚至颠倒了局部与整体的关系，认为石葬具是受到西来胡人的影响才出现的。实际上，北朝石葬具的资料是相当丰富的，大同、洛阳、西安发现的许多石葬具，时代早、数量多，结构外形、使用方式也都与入华粟特人石葬具无异。从长时段的视角来看，入华粟特人对石葬具的使用，只是北朝石葬具大传统的一个部分。扩大研究资料的范围，在北朝石葬具发展的长时段背景中探索入华粟特人石葬具议题，或许能够避免相关研究"泛祆教化"的问题。无节制地扩大祆教美术的范畴，反而消解了祆教美术的重要性与特殊性。

在资料更新之外，推动研究突破的另一大动力是理念的革新，新的研究理念促成了新的研究路径，进而扩展出了新的问题域。在 20 世纪初，石葬具之所以流亡海外并得到关注，是因为其获得了"艺术品"的身份。早期研究也都围绕其图像的艺术价值展开，探讨"艺术家如何用线条表现图像"[143]。在此后的很长一段时间内，入华胡人葬具图像的研究主要出于绘画史、名物史、思想史、中外文化交流史领域学者的兴趣，研究思路与方法都深刻地受到了这些领域内的研究范式的影响。从更深的层面来说，这些研究是将石葬具视为古代艺术品，或是古代历史的视觉记录来进行考察的。这当然能从石葬具中挖掘出不少历史信息，但一定程度上忽视了石葬具作为墓葬礼仪用具的基本属性。

进入 21 世纪后，墓葬考古、墓葬美术的研究方法渐趋成熟，石葬具丧葬属性的研究得到了更多的重视，形成了几种新的研究路径：其一是图像程序的探讨，主要是讨论石葬具图像的布局逻辑与读图次序，以此解释图像的意义；其二是墓葬原境的还原，探讨葬具与尸体之间的关系，分析其所体现的民族习俗、地方习俗、传统观念等；其三是结合文献，从政治史的角度讨论石葬具的使用背景与差异；其四是从葬具制作着手，探索作坊、工匠的不同影响。

从理念变化来看，石葬具在 20 世纪更多地作为艺术品与历史文物受到关注，其"墓葬礼仪用具"的属性在近年来才得到了足够多的重视。在此转变之下，学界探索出了多种新的研究路径，使得入华粟特人石葬具的研究问题域得到了充分的扩展。因此，入华粟特人石葬具研究在 21 世纪得以大发展，并不只是材料更新的缘故，研究理念的革新、研究路径的丰富、问题域的扩展也起着至关重要的作用。

入华粟特人石葬具研究的理念变化，至少可以带来两点启示。第一，葬具作为丧葬礼仪用具的功能与意义，仍然有探索的余地。其在墓葬原境内的状态，与墓室建筑、随葬品的空间关系，以及其在丧葬礼仪程序中发挥的功能，都能引出新的问题。第二，中外学人对文化交流史的兴趣长时间主导着入华粟特人相关课题的研究取向，如今，古代世界不同文化交流的繁荣面貌已得到了充分的论证，文化融合的事实也得到了大多数学者的肯定，似乎无需再执着于"包容与开放"的自证，而应以更加审慎的态度来探索不同人群身份、习俗、信仰、认同的形成与转换。

注　释

［1］Stanley Abe, "From Stone to Sculpture: The Alchemy of the Modern", in Miriam and Ira D. Wallach Art Gallery, *Treasures Rediscovered: Chinese Stone Sculpture from the Sackler Collections at Columbia University*, New York: Columbia University Press, 2008, pp.7–16.

［2］Orvar Karlbeck, *Treasure Seeker in China*, London: Cresset Press, 1957, pp.97–106. Karl E. Meyer, Shareen Blair Brysac, *The China Collectors: America's Century-Long Hunt for Asian Art Treasures*, New York: St. Martin's Press, 2015, pp.81–99.

［3］S. C. Bosch Reitz, *Catalogue of an Exhibition of Early Chinese Pottery and Sculpture*, New York, The Metropolitan Musemu of Art, 1916, p.69.

［4］Alfred Salmony, *Die chinesische Steinplastik*, Berlin: Verlag fur Kunstwissenschaft, 1922.

［5］Albert von Le Coq, *Bilderatlas zur Kunst und Kulturgeschichte Mittel-Asiens*, Berlin: Dietrich. Reimer, 1925, p.46.

［6］Osvald Sirén, *Chinese Sculpture: From the Fifth To The Fourteenth Century*, London: Ernest Benn, 1925. Reprinted by Hacker Art Books, New York, 1970, Vol.1,120–122; Vol.4, Plates 444–450.

［7］Alexander C. Soper, "Japanese Evidence for the History of the Architecture and Iconography of Chinese Buddhism", *Monumenta Serica*, Vol.4, No.2(1940), p.653.

［8］Benjamin Rowland, "Chinoiseries in T'ang Art", *Artibus Asiae*, Vol.10, No.4(1947), pp.276–278.

［9］Laurence Sickman, Alexander Soper, *The Art and Architecture of China*, pp.120–121.

［10］Gustina Scaglia, "Central Asians on a Northern Ch'i Gate Shrine", *Artibus Asiae*, Vol.21, No.1(1958), pp.9–28.

［11］Gunhild Gabbert, *Buddhistische Plastik aus China und Japan: Museum für Ostasiatische Kunst der Stadt Köln*, Wiesbaden: F. Steiner, 1972, pp.279–285, 414–417.

［12］W. Perceval Yetts, *The George Eumorfopoulos Collection: Catalogue of the Chinese & Corean Bronzes, Sculptures, Jades, Jewellery and Miscellaneous Objects*, London: Ernest Benn, 1929, Vol.3, pp.56–57, plate XXVI – XXVII.

［13］Boris Marshak, "Le programme iconographique des peintures de la «Salle des ambassadeurs» à Afrasiab (Samarkand)", *Arts Asiatiques*, Vol.49(1994), pp.5–20.

［14］施安昌《北齐粟特贵族墓石刻考——故宫博物院藏建筑型盛骨瓮初探》，《故宫博物院院刊》1999 年第 2 期，第 70~78 页。

［15］姜伯勤《北齐安阳石棺床画像石与粟特人美术》，《艺术史研究》第 1 辑，中山大学出版社，1999 年，第 151~186 页。后收入氏著《中国祆教艺术史研究》，生活·读书·新知三联书店，2004 年，第 33~62 页。

［16］Annette L. Juliano, "Northern Dynasties: A Perspective", in J. J. Larry, *Chinese Archaic Bronzes, Sculpture and Works of Art: June 2 to June 27, 1992*, New York, 1992.

［17］Judith Lerner, "Central Asians in Sixth-century China: a Zoroastrian Funerary Rite", *Iranica Antiqua*, Vol.30(1995), pp.179–190. 中译版见〔美〕乐仲迪撰，毛铭译《中亚人在北朝：一种拜火教葬俗》，氏著《从波斯波利斯到长安西市》，漓江出版社，2017 年，第 87~100 页。

［18］Annette L. Juliano, Judith A. Lerner, "Cultural Crossroads: Central Asian and Chinese Entertainers on the Miho Funerary Couch", *Orientations*, Vol.28(1997:10), pp.72–78.

［19］Annette L. Juliano, Judith A. Lerner, "Eleven Panels and Two Gate Towers with Relief Carvings from a Funerary Couch", *Miho Museum: South Wing*, 1997, pp.247–257. 中译版见〔美〕乐仲迪撰，苏银梅译《日本美穗博物院藏中国十一围屏双塔柱门石榻》，《宁夏社会科学》2003 年第 1 期，第 83~87 页。

［20］Metropolitan Museum of Art, *Ancient Art from the Shumei Family Collection*, New York: Metropolitan Museum of Art, 1996, pp.142–145.

［21］张庆捷《太原隋代虞弘墓石椁浮雕的初步考察》，〔美〕巫鸿主编《汉唐之间文化艺术的互动与交融》，文物出版社，2001 年，第 3~24 页。

［22］姜伯勤《隋检校萨宝虞弘墓石椁画像石图像程序试探》，〔美〕巫鸿主编《汉唐之间文化艺术的互动与交融》，第 29~47 页。

［23］荣新江《粟特祆教美术东传过程中的转化——从粟特到中国》，〔美〕巫鸿主编《汉唐之间文化艺术的互动与交融》，第 51~67 页。

［24］Jessica Rawson, "Creating Universes: Cultural Exchange as Seen in Tombs in Northern China between the Han and Tang Peridods"（创造宇宙：汉唐时期中国北方墓葬中所见的文化交

流），〔美〕巫鸿主编《汉唐之间文化艺术的互动与交融》，第 113~149 页。

［25］张庆捷《太原隋代虞弘墓图像中的波斯文化因素》，见叶奕良《伊朗学在中国论文集》
　　　第 3 集，北京大学出版社，2003 年；后收入氏著《民族汇聚与文明互动——北朝社会
　　　的考古学观察》，商务印书馆，2010 年，第 455~480 页。姜伯勤《西安北周萨宝安伽
　　　墓图像研究——伊兰文化、突厥文化及其与中原文化的互动与交融》，《华学》第 5 辑，
　　　中山大学出版社，2001 年，第 14~37 页；后收入氏著《中国祆教艺术史研究》，第
　　　95~120 页。Boris I. Marshak, "The Sarcophagus of *Sabao* Yu Hong, a Head of the Foreign
　　　Merchants(592–98)", *Orientations*, Vol.35, No.7(2004:10), pp.57–65.

［26］姜伯勤《隋检校萨宝虞弘墓祆教画像石图像的再探讨》，《艺术史研究》第 4 辑，中
　　　山大学出版社，2002 年，第 183~198 页；张庆捷《虞弘墓石椁图像整理散记》，《艺
　　　术史研究》第 5 辑，中山大学出版社，2003 年，第 199~222 页，后收入氏著《民族
　　　汇聚与文明互动——北朝社会的考古学观察》，第 481~502 页；Boris I. Marshak, "The
　　　Sarcophagus of *Sabao* Yu Hong", pp.58–59.

［27］Rong Xinjiang, "The Illustrative Sequence on An Jia's Screen: A Depiciton of the Daily Life
　　　of a Sabao", *Orientations*, Vol.34, No.2(2003:2), pp.32–35. 中文增补版名为《有关北周同
　　　州萨保安伽墓的几个问题》，见张庆捷、李书吉、李钢主编《4~6 世纪的北中国与欧亚
　　　大陆》，科学出版社，2006 年，第 126~139 页。

［28］姜伯勤《西安北周萨宝安伽墓图像研究——伊兰文化、突厥文化及其与中原文化的互
　　　动与交融》，见氏著《中国祆教艺术史研究》，第 112~117 页。

［29］陕西省考古研究所《西安发现的北周安伽墓》，《文物》2001 年第 1 期，第 4~26 页。

［30］韩伟《北周安伽墓围屏石榻之相关问题浅见》，《文物》2001 年第 1 期，第 90~101 页。

［31］陕西省考古研究所《西安北周安伽墓》，文物出版社，2003 年，第 86~91 页。

［32］姜伯勤《西安北周萨宝安伽墓图像研究——伊兰文化、突厥文化及其与中原文化的互
　　　动与交融》，见氏著《中国祆教艺术史研究》，第 117~120 页。

［33］Wu Hung, "A Case of Cultural Interaction: House–shaped Sarcophagi of the Northern
　　　Dynasties", *Orientations*, Vol.33(2002:5), pp.34–41. 中译版见〔美〕巫鸿撰，郑岩译《"华
　　　化"与"复古"——房形椁的启示》，《南京艺术学院学报》（美术与设计版）2005 年
　　　第 2 期，第 1~6 页。

［34］郑岩《青州北齐画像石与入华粟特人美术——虞弘墓等考古新发现的启示》，〔美〕巫
　　　鸿主编《汉唐之间文化艺术的互动与交融》，第 73~106 页。后收入氏著《逝者的面具：
　　　汉唐墓葬艺术研究》，北京大学出版社，2013 年，第 266~306 页；氏著《魏晋南北朝
　　　壁画墓研究（增订本）》，文物出版社，2016 年，第 212~255 页。

［35］夏名采《青州傅家北齐线刻画像补遗》，《文物》2001 年第 5 期，第 92~93 页。

［36］姜伯勤《青州傅家北齐画像石祆教图像的象征意义——与粟特壁画的比较研究》，《艺
　　　术史研究》第 5 辑，中山大学出版社，2003 年，第 169~188 页，后收入氏著《中国祆
　　　教艺术史研究》，第 63~76 页。

［37］张林堂、孙迪《响堂山石窟造像杂考之三：石棺床与文宣陵藏》，见氏著《响堂山石窟——流失海外石刻造像研究》，外文出版社，2004年，第95~112页。

［38］〔日〕曾布川宽《中国出土のソグド石刻畫像試論》，《中國美術の圖像學》，京都大學人文科學研究所，2006年，第100页。

［39］姜伯勤《图像证史：入华粟特人祆教艺术与中华礼制艺术的互动：MIHO博物馆所藏北朝画像石研究》，《艺术史研究》第3辑，中山大学出版社，2001年，第241~259页。张庆捷《日藏入华粟特人石床榻舞蹈图》，见北京大学考古文博学院、中国国家博物馆《俞伟超先生纪念文集·学术卷》，文物出版社，2009年，第436~447页；后收入氏著《民族汇聚与文明互动——北朝社会的考古学观察》，第399~414页。张庆捷《北朝隋唐粟特的“胡腾舞”》，见《法国汉学》丛书编辑委员会编《粟特人在中国——历史、考古、语言的新探索》，中华书局，2005年，第390~401页；后收入氏著《民族汇聚与文明互动——北朝社会的考古学观察》，第369~398页。

［40］荣新江《Miho美术馆粟特石棺屏风的图像及其组合》，《艺术史研究》第4辑，中山大学出版社，2002年，第199~221页；〔俄〕瓦伦蒂娜·腊丝波波娃《Miho石雕上的粟特生活和艺术样式》，见〔俄〕马尔夏克著，毛铭译《突厥人、粟特人与娜娜女神》，漓江出版社，2016年，第129~153页。原文见于《Miho博物馆研究纪要》2004年第3期，第43~57页。

［41］Annette L. Juliano, Judith A. Lerner, "The Miho Couch Revisited in Light of Recent Discovery", *Orientations*, Vol.32(2001:10), pp.54–61.

［42］〔俄〕马尔夏克《Miho石棺屏风及北朝粟特艺术（550~579年）》，见〔俄〕马尔夏克著，毛铭译《突厥人、粟特人与娜娜女神》，第154~184页。原文见于《Miho博物馆研究纪要》2004年第3期，第16~31页。

［43］姜伯勤《天水隋石屏风墓胡人“酒如绳”祆祭画像石图像研究》，《敦煌研究》2003年第1期，第13~21页。

［44］Martha L. Carter, "Notes on Two Chinese Stone Funerary Bed Bases with Zoroastrian Symbolism", in *Iran, questions et connaissances: actes du IVe Congrès européen des études iraniennes*, Vol. I , ed. by philip Huyse (Paris: Association pour l'avancement des études iraniennes, 2002), pp.263–287.

［45］Frantz Grenet, Riboud Pénélope, "A Reflection of the Hephtalite Empire: the Biographical Narrative in the Reliefs of the Tomb of the Sabao Wirkak (494–579)", *Bulletin of the Asia Institute*, Vol. 17(2003), pp.133–143.

［46］毛民《史君石堂上所见嚈哒人形象初探》，见张庆捷、李书吉、李钢主编《4~6世纪的北中国与欧亚大陆》，第199~214页。

［47］罗丰《北周史君墓出土的拜占庭金币仿制品析》，《文物》2005年第3期，第57~65页。

［48］Frantz Grenet, "Religious Diversity among Sogdian Merchants in Sixth-century China: Zoroastrianism, Buddhism, Manichaeism, and Hinduism", *Comparative Studies of South Asia,*

Africa and the Middle East, Vol. 27 Issue.2 (2007:8), pp.463–478.

［49］杨军凯《入华粟特聚落首领墓葬的新发现——北周凉州萨保史君墓石椁图像初释》，见荣新江、张志清《从撒马尔干到长安——粟特人在中国的文化遗迹》，北京图书馆出版社，2004 年，第 17~26 页。该文主要观点后以《西安北周史君墓石椁图像初探》为题，收录于《法国汉学》丛书编辑委员会编《粟特人在中国——历史、考古、语言的新探索》，第 3~17 页。外文版见 *Les Sogdiens en Chine*, Paris：École française d'Extrême-Orient, 2005。

［50］姜伯勤《入华粟特人萨宝府身份体制与画像石纪念性艺术》，见《法国汉学》丛书编辑委员会编《粟特人在中国——历史、考古、语言的新探索》，第 43~48 页。

［51］〔日〕吉田丰《西安新出史君墓志的粟特文部分考释》，见《法国汉学》丛书编辑委员会编《粟特人在中国——历史、考古、语言的新探索》，第 32 页。

［52］荣新江《北周史君墓石椁所见之粟特商队》，《文物》2005 年第 3 期，第 47~56 页。

［53］尹夏清《北周史君墓石墓门及其相关问题研究》，《考古与文物》2006 年第 2 期，第 73~88 页。

［54］Boris I. Marshak, Les tombs sogdiennes de chine: point de rencontre entre les cultures du moyen-orient et de l'asie orientale, Musée Guimet, *Lit de pierre, sommeil barbare : présentation, après restauration et remontage, d'une banquette funéraire ayant appartenu à un aristocrate d'Asie centrale venu s'établir en Chine au VIe siècle*, avril, 2004, pp.6-7; Catherine Delacour, Les banquettes en pierre. Une particularite des coutumes funeraires des chefs de communautes sogdiennes inhumes en chine au VIe siecle, pp.9-14; Catherine Delacour, Etude preliminaire des divertissements musicaux evoques sur les blocs et panneaux du lit funeraire, pp.37-42; Penelope Riboud, Quelques remarques sur L'iconographie religieuse du monument, pp.43-47.

［55］〔法〕德凯琳、黎北岚撰，施纯琳译《巴黎吉美博物馆展围屏石榻上刻绘的宴饮和宗教题材》，见张庆捷、李书吉、李钢主编《4~6 世纪的北中国与欧亚大陆》，第 108~125 页。

［56］〔意〕康马泰撰，毛民译《对北朝粟特石屏所见的一种神异飞兽的解读》，见张庆捷、李书吉、李钢主编《4~6 世纪的北中国与欧亚大陆》，第 166~189 页。

［57］郑岩《北周康业墓石榻画像札记》，《文物》2008 年第 11 期，第 67~76 页。延续此文的核心思路，作者又撰写了《逝者的"面具"——再论北周康业墓石棺床画像》，《美苑》2010 年第 2 期，第 7~14 页。随后将二文合并成为《逝者的"面具"——再论北周康业墓石棺床画像》，见《古代墓葬美术研究》第 1 辑，文物出版社，2011 年，第 219~244 页；后收入氏著《逝者的面具：汉唐墓葬艺术研究》，第 219~265 页。

［58］姜伯勤《中国祆教画像石在艺术史上的意义》，《中山大学学报》（社会科学版）2004 年第 1 期，第 70~78 页。

［59］陈继春《中国美术中琐罗亚德教因素研究——以南北朝至隋唐石窟、石棺床和丝绸纹

样为中心》，中央美术学院博士学位论文，2006 年。

［60］张庆捷《入乡随俗与难忘故土——入华粟特人石葬具概观》，见荣新江、张志清《从撒马尔干到长安——粟特人在中国的文化遗迹》，第 9~16 页；后收入氏著《民族汇聚与文明互动——北朝社会的考古学观察》，第 429~454 页。

［61］张庆捷《入乡随俗与难忘故土——入华粟特人石葬具概观》，见荣新江、张志清《从撒马尔干到长安——粟特人在中国的文化遗迹》，第 9~16 页；后收入氏著《民族汇聚与文明互动——北朝社会的考古学观察》，第 429~454 页。

［62］〔法〕葛乐耐撰，毛民译《粟特人的自画像》，见《法国汉学》丛书编辑委员会编《粟特人在中国——历史、考古、语言的新探索》，第 312~314 页。

［63］沈睿文《夷俗并从——安伽墓和北朝烧物葬》，《中国历史文物》2006 年第 4 期，第 4~17 页。

［64］毛民《史君石堂上所见哒人形象初探》，见张庆捷、李书吉、李钢主编《4~6 世纪的北中国与欧亚大陆》，第 199~214 页。

［65］姜伯勤《入华粟特人萨宝府身份体制与画像石纪念性艺术》，见《法国汉学》丛书编辑委员会编《粟特人在中国——历史、考古、语言的新探索》，第 43~48 页。

［66］张庆捷《入乡随俗与难忘故土——入华粟特人石葬具概观》，见荣新江、张志清《从撒马尔干到长安——粟特人在中国的文化遗迹》，第 15 页。

［67］〔加〕盛余韵撰，张小贵译《从石到丝：公元 475~650 年前后粟特、鲜卑、汉、朝鲜与日本等各民族间葬具的文化转换》，见《法国汉学》丛书编辑委员会编《粟特人在中国——历史、考古、语言的新探索》，第 324~364 页。

［68］Judith A. Lerner, "Aspects of Assimilation: the Funerary Practices and Furnishings of Central Asians in China", *Sino-Platonic Papers*, No.168(2005:12), pp.1–51. 中译版见〔美〕乐仲迪撰，毛铭译《理念的同归：入华粟特人石葬具艺术》，氏著《从波斯波利斯到长安西市》，第 115~136 页。

［69］姜伯勤《中国祆教画像石的"语境"》，见氏著《中国祆教艺术史研究》，第 25~32 页。

［70］王维坤《论西安北周粟特人墓和罽宾人墓的葬制和葬俗》，《考古》2008 年第 10 期，第 71~81 页。

［71］张桢《北朝至隋唐时期入华胡人石质葬具的研究》，西北大学硕士学位论文，2009 年，第 29~45 页。

［72］沈睿文《夷俗并从——安伽墓和北朝烧物葬》，《中国历史文物》2006 年第 4 期，第 4~17 页。

［73］万毅《巴黎吉美博物馆展胡人石棺床图像试探》，《艺术史研究》第 12 辑，中山大学出版社，2010 年，第 15~37 页。

［74］姜伯勤《中国祆教画像石所见胡乐图像》，《九川学林》2003 年冬季第 1 卷第 2 期，第 116~141 页，后收入氏著《中国祆教艺术史研究》，第 299~314 页。

［75］施安昌《河南沁阳北朝墓石床考——兼谈石床床座纹饰类比》，见氏著《火坛与祭司

鸟神——中国古代祆教美术考古手记》，紫禁城出版社，2004 年，第 100~117 页；后收录于《法国汉学》丛书编辑委员会编《粟特人在中国——历史、考古、语言的新探索》，第 365~374 页。

[76] 施安昌《关于森穆鲁和法尔灵光——北魏元谧石棺图像解释》，见氏著《火坛与祭司鸟神——中国古代祆教美术考古手记》，第 150~158 页。

[77] 陈财经《隋李和石棺线刻图反映的祆教文化特征》，《碑林集刊》第 8 辑，陕西人民美术出版社，2002 年，第 94~103 页。

[78] 李永平、周银霞《围屏石榻的源流和北魏墓葬中的祆教习俗》，《考古与文物》2005 年第 5 期，第 72~77 页。

[79] 河南省文物考古研究所《河南安阳固岸墓地考古发掘收获》，《华夏考古》2009 年第 3 期，第 19~23 页。

[80] 郑岩《青州北齐画像石与入华粟特人美术——虞弘墓等考古新发现的启示》，〔美〕巫鸿主编《汉唐之间文化艺术的互动与交融》，第 100 页。

[81] 〔法〕德凯琳、黎北岚撰，施纯琳译《巴黎吉美博物馆展围屏石榻上刻绘的宴饮和宗教题材》，见张庆捷、李书吉、李钢主编《4~6 世纪的北中国与欧亚大陆》，第 109、120 页。

[82] 杨泓《北朝至隋唐从西域来华民族人士墓葬概说》，见新疆吐鲁番地区文物局《吐鲁番学研究：第二届吐鲁番学国际学术研讨会论文集》，上海辞书出版社，2006 年，第 269~273 页。

[83] 林悟殊《西安北周安伽墓葬式的再思考》，《考古与文物》2005 年第 5 期，第 60~71 页。

[84] 葛承雍《北朝粟特人大会中祆教色彩的新图像——中国国家博物馆藏北朝石堂解析》，《文物》2016 年第 1 期，第 71~84 页。

[85] 〔意〕Matteo Compareti 撰，李思飞译《两件中国新见非正规出土入华粟特人葬具：国家博物馆藏石堂和安备墓围屏石榻》，《丝绸之路研究集刊》第 4 辑，商务印书馆，2019 年，第 67~78 页。

[86] Judith A. Lerner, "The Anyang Bed and Other 'Sino-Sogdian' Funerary Furniture, in Susanne Ebbinghaus", *Animal-shaped Vessels from the Ancient World : Feasting with Gods, Heroes, and Kings*, Cambridge, Mass: Harvard Art Museums, 2018, pp.342–343.

[87] Judith A. Lerner, "Zoroastrian Funerary Beliefs and Practices Known from the Sino-Sogdian Tombs in China", *Silk Road*, Vol. 9 (2011) pp.18–25. 中译版见〔美〕乐仲迪撰，毛铭译《信仰与葬仪：粟特人在中国的拜火教墓葬》，氏著《从波斯波利斯到长安西市》，第 101~114 页。

[88] 〔美〕乐仲迪撰，李昀译《美秀（Miho）美术馆所藏石棺床上的粟特祆教女神：墓主线索新探》，见荣新江、罗丰主编《粟特人在中国：考古发现与出土文献的新印证》（上册），科学出版社，2016 年，第 167~175 页。

[89] Mandy Jui-man Wu, "Contact and Exchange in Northern China: A Case Study on the Tomb

of a Zoroastrian Sogdian, Kang Ye (512–571 CE)", *Asian Archaeology*, Vol.3(2015), pp.107–128.

［90］沈睿文《中古中国祆教信仰与丧葬》，上海古籍出版社，2019 年，第 145~165 页。

［91］沈睿文《中古中国祆教信仰与丧葬》，第 59~102 页。

［92］沈睿文《中古中国祆教信仰与丧葬》，第 166~205 页。

［93］沈睿文《中古中国祆教信仰与丧葬》，第 61 页。

［94］〔意〕康马泰撰，罗帅译《入华粟特人葬具上的翼兽及其中亚渊源》，见荣新江、罗丰《粟特人在中国：考古发现与出土文献的新印证》（上册），第 71~80 页。

［95］〔法〕黎北岚撰，包晓悦译《鸟形祭司中的这些祭司是什么？》，见荣新江、罗丰《粟特人在中国：考古发现与出土文献的新印证》（下册），第 396~413 页。

［96］张小贵《虞弘墓祭火图像宗教属性辨析》，见氏著《中古华化祆教考述》，文物出版社，2010 年，第 121~135 页。

［97］葛承雍《隋安备墓新出石刻图像的粟特艺术》，《艺术史研究》第 12 辑，中山大学出版社，2010 年，第 1~13 页。

［98］沈睿文《中古中国祆教信仰与丧葬》，第 59~102 页。

［99］沈睿文《中古中国祆教信仰与丧葬》，第 166~205 页。

［100］孙博《国博石堂的年代、匠作传统和归属》，《古代墓葬美术研究》第 4 辑，湖南美术出版社，2017 年，第 135~154 页。

［101］赵超《介绍胡客翟门生墓门志铭及石屏风》，见荣新江、罗丰《粟特人在中国：考古发现与出土文献的新印证》（下册），第 673~684 页。

［102］孙武军《北朝隋唐入华粟特人墓葬图像的文化与审美研究》，西北大学博士学位论文，2012 年，第 116~140 页。部分内容还可见于《北朝隋唐入华粟特人死亡观研究——以葬具图像的解读为主》，《考古与文物》2012 年第 2 期，第 89~97 页；《入华粟特人墓葬畏兽图像述考》，《装饰》2012 年第 2 期，第 94~95 页。

［103］齐东方《现实与理想之间——安伽、史君墓石刻图像的思考》，《古代墓葬美术研究》第 1 辑，文物出版社，2001 年，第 205~218 页。

［104］Patrick Wertmann, *Sogdians in China: Archaeological and Art Historical Analyses of Tombs and Texts from the 3rd to the 10th Century AD*, Darmstadt: Verlag Philipp von Zabern, 2015, pp.89–121.

［105］李宁民《天水出土屏风式石棺床的修复及研究》，见荣新江、罗丰《粟特人在中国：考古发现与出土文献的新印证》（上册），第 191~206 页；〔意〕Matteo Compareti 撰，李思飞译《两件中国新见非正规出土入华粟特人葬具：国家博物馆藏石堂和安备墓围屏石榻》，《丝绸之路研究集刊》第 4 辑，第 67~78 页。

［106］沈睿文《中古中国祆教信仰与丧葬》，第 223~235 页。

［107］沈睿文《中古中国祆教信仰与丧葬》，第 236~259 页。

［108］林圣智《北朝晚期汉地粟特人葬具与北魏墓葬文化——以北齐安阳石棺床为主的考

察》,《"中央研究院"历史语言研究所集刊》第 81 本第 3 分, 2010 年, 第 513~595 页; 后收入氏著《图像与装饰: 北朝墓葬的生死表象》, 台北: 台大出版中心, 2019 年, 第 159~170、221~270 页。

[109] 林圣智《北周康业墓围屏石棺床研究》, 见荣新江、罗丰《粟特人在中国: 考古发现与出土文献的新印证》(上册), 第 237~263 页; 后收入氏著《图像与装饰: 北朝墓葬的生死表象》, 第 271~307 页。

[110] 孙武军《北朝隋唐入华粟特人墓葬图像的文化与审美研究》, 第 90~91 页。

[111] 西安市文物保护考古研究院编著, 杨军凯著《北周史君墓》, 文物出版社, 2014 年, 第 169~171 页。

[112] 沈睿文《中古中国祆教信仰与丧葬》, 第 166~205 页。

[113] Jin Xu, *Engraving Identities in Stone: Stone Mortuary Equipment of the Northern Dynasties(386–581 CE)*, Ph.D. dissertation, the University of Chicago, 2017, pp.179–207.

[114] 西安市文物保护考古研究院编著, 杨军凯著《北周史君墓》, 第 171 页。

[115] 罗丰《北周史君墓出土的拜占庭金币仿制品析》, 第 63 页。

[116] 孙武军《北朝隋唐入华粟特人墓葬图像的文化与审美研究》, 第 96 页。

[117] 刘振东《论北朝时期无棺葬》,《考古与文物》2014 年第 5 期, 第 84~94 页。

[118] Shing Müller, "Funerary Beds and Houses of the Northern Dynasties", in *Early Medieval North China: Archaeological and Textual Evidence*, pp.383–474.

[119] 赵超《"一牀锦被遮盖"与中国古代"裸葬"习俗》,《大众考古》2015 年第 12 期, 第 45~51 页。

[120] 姚崇新《北朝晚期至隋入华粟特人葬俗再考察——以新发现的入华粟特人墓葬为中心》, 见荣新江、罗丰《粟特人在中国: 考古发现与出土文献的新印证》(下册), 第 594~620 页。

[121] 裴严华《相互联结的聚落——北齐、北周与隋朝时期中国中北部地区的粟特人及其下葬方式》,《古代墓葬美术研究》第 2 辑, 湖南美术出版社, 2013 年, 第 215~231 页。

[122] 沈睿文《论墓制与墓主国家和民族认同的关系——以康业、安伽、史君、虞弘诸墓为例》,《西域文史》第 6 辑, 科学出版社, 2011 年, 第 205~232 页; 后收入氏著《中古中国祆教信仰与丧葬》, 第 18~58 页。

[123] 白云翔《北朝时期民族文化交流与融合的宏观考察: 以北朝墓葬遗存为中心》(The Confluence of Cultures during the Northern Dynasties Period from the Aspect of Tomb Findings), in Shing Müller, *Early Medieval North China: Archaeological and Textual Evidence*, pp.475–497.

[124] 高世华《天水棺床墓、墓主人及石棺床屏风画相关问题新论》,《敦煌研究》2021 年第 1 期, 第 47~56 页。

[125] 张小贵《祆教葬俗及其在北朝隋唐的遗迹》, 见氏著《中古华化祆教考述》, 第 160~206 页。

［126］张小贵《虞弘墓祭火图像宗教属性辨析》，见氏著《中古华化祆教考述》，第121~135页。

［127］Jin Xu, *Engraving Identities in Stone: Stone Mortuary Equipment of the Northern Dynasties(386-581 CE)*, Ph.D. dissertation, the University of Chicago, 2017, pp.84–136.

［128］Patrick Wertmann, *Sogdians in China: Archaeological and Art Historical Analyses of Tombs and Texts from the 3rd to the 10th Century AD*, Darmstadt: Verlag Philipp von Zabern, 2015, pp.32–151.

［129］贺西林《胡风与汉尚——北周入华中亚人画像石葬具的视觉传统与文化记忆》，《美术大观》2020年第11期，第39页。

［130］贺西林《胡风与汉尚——北周入华中亚人画像石葬具的视觉传统与文化记忆》，第38~39页。

［131］林圣智《北朝晚期汉地粟特人葬具与北魏墓葬文化：以北齐安阳石棺床为主的考察》，第513~595页；后收入氏著《图像与装饰：北朝墓葬的生死表象》，第159~170、221~270页。

［132］林圣智《图像与装饰：北朝墓葬的生死表象》，第310~312页。

［133］沈睿文《论墓制与墓主国家和民族认同的关系——以康业、安伽、史君、虞弘诸墓为例》，第205~232页；后收入氏著《中古中国祆教信仰与丧葬》，第18~58页。

［134］孙武军《北朝隋唐入华粟特人墓葬图像的文化与审美研究》，第361~362页。

［135］林圣智《北周康业墓围屏石棺床研究》，见荣新江、罗丰《粟特人在中国：考古发现与出土文献的新印证》（上册），第237~263页；后收入氏著《图像与装饰：北朝墓葬的生死表象》，第271~307页。

［136］Mandy Jui-man Wu, *Mortuary Art in the Northern Zhou China(557-581CE): Visualization of Class, Role, and Cultural Identity*, Ph.D. dissertation, the University of Pittsburgh, 2010, pp.138–160.

［137］李梅田、黄晓赢《弗利尔美术馆石棺床与响堂山石窟皇帝陵藏》，《美术研究》2021年第1期，第46~47页。

［138］林圣智《北朝晚期汉地粟特人葬具与北魏墓葬文化——以北齐安阳石棺床为主的考察》，第513~595页；后收入氏著《图像与装饰：北朝墓葬的生死表象》，第159~170、221~270页。

［139］林圣智《北周康业墓围屏石棺床研究》，见荣新江、罗丰《粟特人在中国：考古发现与出土文献的新印证》（上册），第237~263页；后收入氏著《图像与装饰：北朝墓葬的生死表象》，第271~307页。

［140］贺西林《胡风与汉尚——北周入华中亚人画像石葬具的视觉传统与文化记忆》，第34~37页。

［141］〔美〕郑如珀撰，莫阳译《再论石材——以北朝墓葬为中心》，《古代墓葬美术研究》第1辑，文物出版社，2011年，第191~204页。

[142] Jin Xu, *Engraving Identities in Stone: Stone Mortuary Equipment of the Northern Dynasties(386-581 CE)*, Ph.D. dissertation, the University of Chicago, 2017. Mandy Jui–man Wu, *Mortuary Art in the Northern Zhou China(557-581CE): Visualization of Class, Role, and Cultural Identity*, Ph.D. dissertation, the University of Pittsburgh, 2010, pp.138–160.

[143] C. T. Loo, *An Exhibition of Chinese Stone Sculpture*, New York: William Bradford Press, 1940, plate XXⅦ – XXXⅢ .

Review of the Sino–Sogdians' Stone Mortuary Equipments

Ma Boyao

Abstract: Over a century has passed since the Sino–Sogdians' stone mortuary equipments was first studied. From the turn of last century, a lot of attention has been drawn to the exotic manner of its iconograph. However, due to the absence of comparison, its ethnic and religious identity had not been recognized for about eighty years. The successive unearthing of Sogdians' tombs in China around the year 2000 caused a sensation in academia and completely changed the direction of this subject of study. Conversations on burial customs, Central Asian faiths, and Zoroastrian art quickly became more insightful. The research of the stone mortuary equipments used by the Sino–Sogdians has continued to be active in recent years. With both agreement and disagreement, a mature research path and a distinct issue area have been developed. This indicates that the field has matured considerably, but it also signals a homogenization of the research. Reviewing the research history of the Sino–Sogdians' Stone Mortuary Equipments, exploring the formation of key breakthroughs, and reflecting on the existing problems may offer fresh perspectives for expanding the field of study.

Keywords: Stone Mortuary Equipment; Sino–Sogdians; Academic History

《丝绸之路考古》征稿启事

　　《丝绸之路考古》由中国考古学会丝绸之路考古专业委员会、西北大学文化遗产学院、宁夏文物考古研究所联合主办，主要刊发有关丝绸之路文物考古、历史、语言、民族、宗教、艺术等方面的学术论文及相关的学术著作书评（含译文），旨在加强学术交流，促进丝绸之路考古研究的发展。

　　《丝绸之路考古》2017年开始出版，目前已出版9辑。自2023年起，计划每年稳定出版两辑。现诚邀相关专家学者赐稿，中、英、日文稿件均可。为保证编辑工作的顺利进行，现将有关事项说明如下。

　　一、本书力求以专号的形式出版，每辑选取某个主题来集中发表相关文章。

　　二、本集刊支持电子邮箱或纸质投稿。来稿电子文本（包含论文、插图或照片）请提交至：

　　slkg2025@163.com，文末或邮件中请写明作者姓名、工作单位和职称、通讯地址和邮编、研究方向及联系电话。

　　来稿纸质本请寄至：

　　陕西省西安市长安区学府大道1号西北大学文化遗产学院《丝绸之路考古》编辑部（邮编：710127）。

　　电话：马老师 13829740507。

　　三、稿件内容在遵守国家相关法律法规的基础上，论文须主题明确，原创性突出；译文须得到原作者或相关责任者的授权；书评对象为国内外已经公开出版的正式出版物。

　　四、遵循学术争鸣原则，文责自负。编辑部有权对文字内容进行适当修改或提出修改意见，作者如不同意，请在投稿时予以注明。

五、来稿请勿一稿多投，并请遵守《丝绸之路考古》稿件书写格式，正确引用。

六、论文电子版或纸本收到即发回执。《丝绸之路考古》编辑部负责组织审稿，审稿结果将在收稿后 3 个月内通知作者。一经采用出版，将向作者寄赠成书 2 册，抽印本 20 册，以及本年度出版另外一辑《丝绸之路考古》1 册，稿酬从优。

未尽事宜，请随时与我们联系，欢迎您的建议和批评！

《丝绸之路考古》编辑部

2025 年 3 月 20 日

《丝绸之路考古》稿件书写格式
及图片要求

一、《丝绸之路考古》将以简体中文版发表（必须使用的繁体、异体、俗体字除外），电子版请使用与方正排版系统兼容的 WPS、Word 等软件。来稿字数不作限制。

二、来稿一律使用新式标点符号，除破折号、省略号占两格外，其他标点均占一格。中文书刊与论文题目均用《》括示，单书名号用〈〉括示，尤请海外作者注意。

三、标题采用黑体，行距为固定值 20 磅。一级标题为三号字，段前空 24 磅，段后空 6 磅；二级标题字号为小三，段前空 12 磅，段后空 6 磅；三级标题为四号字，段前空 12 磅，段后空 6 磅。各级标题分别用一、（一）、1、（1）排序。

四、正文采用小四号字、宋体，英文和阿拉伯数字采用 Times New Roman 字体，行距为固定值 20 磅。注释用小五号字，单倍行距，段前段后无空行，悬挂缩进 1.5 个字符。

五、第一次提及帝王年号，须加公元纪年，公元前纪年加"前"字；第一次提及外国人名、地名，须附原名。中国年号和古籍卷、叶数，用中文数字表示，如开元十五年、《旧唐书》卷一四八《李吉甫传》、《金石萃编》卷七八叶七正；其他公历和期刊卷、期、号、页等均用阿拉伯数字。

六、注释一律采用尾注方式。采用平角括号［1］，全篇连续编号。

如果是间接引用，注释号一般放于句号内，如：……的结果[1]。

如果是直接引用，则放在后双引号的外面，如："……的结果。"[1]

再次征引，用"作者＋文章名，第××页"或"作者＋书名，第

××页"格式，不用合并注号方式。

七、除廿四史点校修订本以及一些常用古籍可以略去著者信息外，一般引用古籍应标明著者、版本、卷数、页码或叶数；引用专书及新印古籍，应标明著者、章卷数、出版者及出版年代、页码；引用期刊论文，应标明期刊名、年代卷次、页码。

例一：（唐）张彦远《历代名画记》，浙江人民美术出版社，2011 年，第 389 页。

例二：宿白《白沙宋墓》，文物出版社，1957 年，第 66 页。

例三：宿白《西安地区的唐墓形制》，《文物》1995 年第 12 期，第 41~49 页。

历史文献及研究文献引文，短引文可用引号直接引入正文，如果征引较长（一般超过三行），则另起段落。其格式为：左右两侧缩进 2 个字符，首行缩进 2 个字符。

引用的研究文献，若有收在不同论著中，需注明首次发表的期刊或论著，及后来收录的论著，最后指明本论文所使用的该研究文献的文本依据。

引用西文论著，依西文惯例，书名、期刊名用斜体。如：

例一：David L. McMullen, The Death Rites of Tang Daizong, In：Joseph P., McDermott,(ed.), *State and Court Ritual in China*, Cambridge University Press, 1999, pp.150–196.

例二：B. I. Marshak, The Sarcophagus of Sabao Yu Hong, a Head of the Foreign Merchants (592–98), *Orientations*, 2004, 35 (7), p. 59.

以上引用，再次出注时，可以省略版本、出版社、出版年代、期刊名、年代卷次等项。

八、论文应附中英文摘要及关键词，摘要字数限定在五百字以内，关键词三到五个。

九、文稿插图（照片及线图）要求高分辨率，线图为 jpg 或 tif 格式，像素不低于 600dpi，单幅图片大小 2~5MB。图片插入正文，并标注图片说明。图号用图一、图二……表示，同一图中的子图号用阿拉伯数字 1、

2、3……标明。投稿时请将所有图片及说明汇总并建立单独文件夹。引用网络文献需慎重，如确需引用，宜写明其详细来源，并下载图片所在网页一并汇总提交。

彩版一　石磨盘（HDM1：2）

彩版二　石杵（HDM1：4）

彩版三　石杵、石磨盘（TN03E04 ①：17、TN03E04 ①:18 ）

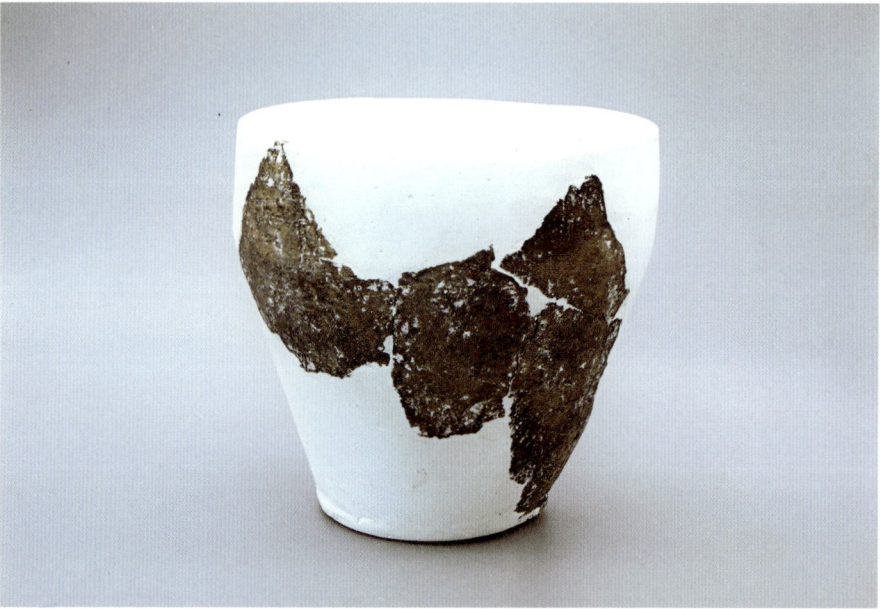

彩版四　陶罐（TN03E04 ①：4 ）